Unpolitisches Geld

Europäische Hochschulschriften
Publications Universitaires Européennes
European University Studies

Reihe V
Volks- und Betriebswirtschaft

Série V Series V
Sciences économiques, gestion d'entreprise
Economics and Management

Bd./Vol. 2559

PETER LANG
Frankfurt am Main · Berlin · Bern · Bruxelles · New York · Wien

Antje Lechner

Unpolitisches Geld

Die Wechselwirkungen von Währungsunion und Politischer Union am Beispiel des Deutschen Reichs vor 1914 und der Vereinigten Staaten

PETER LANG
Europäischer Verlag der Wissenschaften

Die Deutsche Bibliothek - CIP-Einheitsaufnahme

Lechner, Antje:

Unpolitisches Geld : die Wechselwirkungen von Währungsunion und Politischer Union am Beispiel des Deutschen Reichs vor 1914 und der Vereinigten Staaten / Antje Lechner. - Frankfurt am Main ; Berlin ; Bern ; Bruxelles ; New York ; Wien : Lang, 2000

(Europäische Hochschulschriften : Reihe 5, Volks- und Betriebswirtschaft ; Bd. 2559)

Zugl.: Hohenheim, Univ., Diss., 1999

ISBN 3-631-35883-0

D 100

ISSN 0531-7339

ISBN 3-631-35883-0

Meinem Vater, der mir meine akademische Ausbildung ermöglichte und mir dabei alle Freiheiten ließ.

Vorwort

Die vorliegende Arbeit wurde im Sommersemester 1999 von der Fakultät Wirtschafts- und Sozialwissenschaften der Universität Hohenheim als Dissertation angenommen. Zu diesem erfolgreichen Ende haben viele Menschen beigetragen, ohne die eine Promotion nicht möglich gewesen wäre.

Ich möchte meinem Doktorvater Prof. Dr. Peter Spahn danken für seine fachliche Unterstützung und die Freiheit, die er mir in der Erstellung der Arbeit ließ. Ihm ist auch die offene Atmosphäre am Lehrstuhl zu verdanken. Frau Prof. Dr. Renate Ohr und Herrn Prof. Dr. Jürgen Frhr. von Kruedener danke ich für die Erstellung des Zweitgutachtens, die Mitwirkung an der mündlichen Prüfung und für wertvolle Hinweise. Herr Prof. Dr. H. Hagemann hatte immer ein offenes Ohr für alles, was mit der formalen Anerkennung meines ausländischen Hochschulabschlusses zusammenhing

Nicht nur die wissenschaftliche Seite, auch das soziale Umfeld im Institut hat wesentlich zur Erstellung der Dissertation beigetragen. Meinen Kollegen danke ich für ihre Hilfe und für anregende Diskussionen fachlicher und nicht fachlicher Natur. Insbesondere möchte ich Dr. Marion Benesch, Andreas Böse, Dr. Christian Braun, Steffi Hegner, Guntram Hepperle, Bernhard Holwegler, Dr. Thomas Keil, Dr. Gerhard Mauch, Gabriele Meinert, Jürgen M. Schechler, Dr. Olaf Schneider, Dr. Stephan Seiter, Lenka Severova, PD Dr. Hans-Michael Trautwein und Klaus Weißenberg hervorheben.

Ganz herzlicher Dank gilt meinem Freund Michael Zepp, bei dem ich immer „Urlaub von Hohenheim" nehmen konnte, meiner Mutter, deren Meinung und Ansichten ich so oft teile, und meinem Vater, der viel für mich getan hat und mir doch nie Vorschriften machte.

Stuttgart, im September 1999 — Antje Lechner

Inhaltsverzeichnis

0 Einleitung 1
0.1 Fragestellung der Arbeit 1
0.2 Gang der Arbeit 4

1 Theoretische Betrachtung der Wechselwirkungen von Währungsunion und Politischer Union 7
1.1 Einleitung 7
1.2 Die Vergemeinschaftung souveräner Staaten 8
1.2.1 Das Souveränitätskonzept 9
1.2.2 Ausprägungen des Begriffs 'Politische Union' 11
1.3 Wechselwirkungen zwischen Finanzpolitik und Geldpolitik 14
1.3.1 Definition von Finanzpolitik 14
1.3.2 Verschiedene Gründe gegen die automatische Finanzdisziplin in einer Währungsunion 15
1.3.2.1 Externalitäten einer undisziplinierten Schuldenpolitik 15
1.3.2.2 Druck auf die Zentralbank 17
1.3.3 Lösungsmöglichkeiten zur Disziplinierung der Finanzpolitik 21
1.3.3.1 Voraussetzungen für eine automatische Finanzdisziplin 21
1.3.3.2 Regellösungen 26
1.3.3.3 Sanktionen zur Durchsetzung von Regeln 32
1.3.3.4 Beispiele von existierenden, fiskalpolitischen Regeln 34
1.4 Allgemeine Probleme der Integration 35
1.4.1 Der Trade-off zwischen demokratischer Legitimierung und Unabhängigkeit 35
1.4.2 Die Öffentliche Meinung und der Stabilitätskonsens in der Bevölkerung 37
1.4.3 Die Finanzierung in einer Währungsunion - Darstellung und Vorschläge 38
1.4.3.1 Automatische Stabilisatoren 38
1.4.3.2 Transfers aus gemeinschaftlichen Fonds 41
1.4.3.3 Nationale Steuerhoheit vs. Steuerharmonisierung 43

1.4.3.4 Wettbewerb der öffentlichen Systeme 44
1.4.3.5 Fiskalischer Föderalismus 45
1.5 Parallelismus: Währungsunion und Politische Union 46
1.5.1 Verschiedene Gründe für eine Kombination von Währungsunion und Politischer Union 47
1.5.2 Verschiedene Gründe gegen eine Kombination von Währungsunion und Politischer Union 50
1.6 Schlußbetrachtung des Kapitels 53

2 Entstehung und Entwicklung der Reichsbank im Deutschen Reich vor 1914 57
2.1 Einleitung 57
2.1.1 Einführung 57
2.1.2 Währungsunionen im 19. Jahrhundert 59
2.2 Die Funktionsweise des Internationalen Goldstandards vor 1914 62
2.2.1 Mechanismen zum Ausgleich eines Zahlungsbilanzungleichgewichts 63
2.2.2 Die Spielregeln der Goldwährung 66
2.2.3 Die Sonderstellung der Bank of England 69
2.3 Die Vereinheitlichung des deutschen Geldwesens seit 1871 71
2.3.1 Gesetze zur Vereinheitlichung des Geldwesens 72
2.3.2 Das Bankgesetz vom 14. März 1875 73
2.4 Die Organisation der Reichsbank 75
2.4.1 Aufgaben und Ziele 75
2.4.2 Der Verwaltungsapparat 77
2.4.3 Eine vorläufige Diskussion bzgl. der Unabhängigkeit der Reichsbank 80
2.5 Die Geldpolitik der Reichsbank 82
2.5.1 Implementierung einer Mindestreservepflicht mit Hilfe der Dritteldeckung 82
2.5.2 Die Reserven der Reichsbank 84
2.5.2.1 Metallreserven 84
2.5.2.2 Verstöße gegen die Spielregeln: Gold Devices 85
2.5.2.3 Währungsreserven und Devisenpolitik 87
2.5.3 Die Notenausgabe 89
2.5.4 Die Wechsel- und Diskontpolitik 95
2.5.4.1 Allgemeine Darstellung der Politik 95

2.5.4.2 Der Privatsatz der Reichsbank und die Diskontpolitik der Privatnotenbanken 97
2.5.4.3 Diskontsatzvariationen 98
2.5.4.4 Die Reichsbank als Lender of Last Resort 100
2.5.5 Lombard- und Offenmarktpolitik 101
2.5.6 Neuerungen des Geldverkehrs im vereinten Deutschen Reich 102
2.5.6.1 Neuorganisation des Giroverkehrs 103
2.5.6.2 Abrechnungsstellen 104
2.5.7 Die strukturelle Geldpolitik der Reichsbank 105
2.6 Die Ausgestaltung der Politischen Union im Deutschen Reich 108
2.6.1 Konjunkturverlauf in der betrachteten Periode 109
2.6.2 Entwicklung der Reichsfinanzen und der Reichsschulden 110
2.6.3 Die Beziehungen zwischen Reich und Bundesstaaten 111
2.6.3.1 Föderale Fiskalpolitik 111
2.6.3.2 Steuern und Matrikularbeiträge 112
2.6.4 Die Kreditgewährung der Reichsbank an das Reich 113
2.7 Schlußbetrachtung des Kapitels 115

3 Entstehung und Entwicklung des Federal Reserve System in den Vereinigten Staaten 117
3.1 Einleitung 117
3.2 Der Goldstandard in den Vereinigten Staaten 119
3.2.1 Die Entscheidung zwischen Gold und Silber als Währungsstandard 119
3.2.2 Verstöße gegen die Spielregeln: Gold Devices 122
3.3 Das amerikanische Bankensystem im 19. Jahrhundert 123
3.3.1 Die Notenbanken der Einzelstaaten 124
Exkurs: Der amerikanische Bürgerkrieg und die Emission der Greenbacks 124
3.3.2 Das National Banking System 125
3.3.3 Erfahrungen mit Zentralbanken und anderen Institutionen in der Rolle der Zentralbank 127
3.3.4 Die Gründe für die Errichtung eines Zentralbanksystems in den Vereinigten Staaten 136

3.4 Die Organisation des Federal Reserve System 140
3.4.1 Aufgaben und Ziele 141
3.4.2 Das Federal Reserve Board 143
3.4.3 Die Distriktbanken 144
3.4.4 Die Mitgliedsbanken 147
3.4.5 Weitere Organe 149
3.5 Die Geldpolitik des Federal Reserve System 150
3.5.1 Die Real-bills Doktrin 151
3.5.2 Der Instrumenteneinsatz 152
3.5.3 Der Geldumlauf 157
3.5.4 Die strukturelle Geldpolitik 162
3.5.5 Die Unabhängigkeit der Fed und ihre Ausgestaltung durch Optimale Kontrakte 165
3.6 Die auftretenden Probleme und die anschließende Anpassung des neuen Systems 169
3.6.1 Die Verteilung der Kompetenzen 170
3.6.1.1 - zwischen Board und Distriktbanken 170
3.6.1.2 - zwischen Board und Schatzamt 173
3.6.1.3 - zwischen den Distriktbanken 176
3.6.2 Die Krise nach dem Ersten Weltkrieg 176
3.6.3 Wirtschaftskrise und Depression 1929-1935 177
3.6.4 Die Weiterentwicklung und Anpassung des Federal Reserve System 180
3.7 Schlußbetrachtung des Kapitels 185

4 Zusammenfassung der Ergebnisse und Ausblick auf die Europäische Union 189
4.1 Die Wechselwirkungen zwischen Währungsunion und Politischer Union 189
4.2 Das Europäische System der Zentralbanken in der Europäischen Union 198
4.2.1 Aufbau und Geldpolitik der EZB 199
4.2.1.1 Die Organe und ihre Befugnisse 199
4.2.1.2 Aufgaben und Ziele 203
4.2.1.3 Die geldpolitische Strategie 206
4.2.1.4 Die Instrumente der EZB 207
4.2.1.5 Die Unabhängigkeit der EZB und ihre Ausgestaltung durch Optimale Kontrakte 208

4.2.2 Die Ausgestaltung der Politischen Union in der EU 212
4.2.2.1 Das Verfahren bei einem übermäßigen Defizit 212
4.2.2.2 Der Stabilitäts- und Wachstumspakt 213
4.2.2.3 Die Politische Union im Maastrichter Vertrag und das Subsidiaritätsprinzip 214
4.3 Implikationen und Handlungsanweisungen der beiden historischen Betrachtungen für die EU 216

5 Schlußwort 229

Anhang I: Die Reichsbank im Deutschen Reich 231

Anhang II: Das Federal Reserve System in den Vereinigten Staaten 249

Literaturverzeichnis 265

Abbildungsverzeichnis Seite

Abbildung 1: Die mittlere Inflationsrate in einer Währungsunion 18

Abbildung 2: Schuldendynamik I 29

Abbildung 3: Schuldendynamik II 30

Abbildung 4: Der Verwaltungsaufbau der Reichsbank 77

Abbildung 5: Die Organisation des Federal Reserve System 143

Abbildung 6: Die Organisation des Eurosystems 200

Tabellenverzeichnis

Tabelle 1: Entwicklung der Golddeckung der Banknoten verschiedener Länder 1892-1908 85

Tabelle 2: Der Münzumlauf im Deutschen Reich 94

Tabelle 3: Umsatz der Reichsbank in ausgewählten Gebieten 107

Abkürzungsverzeichnis (Auswahl)

BIP	Bruttoinlandsprodukt
Board	Board of Governors of the Federal Reserve System
BSP	Bruttosozialprodukt
EMU	European Monetary Union
ESZB	Europäisches System der Zentralbanken
EU	Europäische Union
EWS	Europäisches Währungssystem
EZB	Europäische Zentralbank
FDIC	Federal Deposit Insurance Corporation
Fed	Federal Reserve System
FOMC	Federal Open Market Committee
GASP	Gemeinsame Außen- und Sicherheitspolitik
HVPI	Harmonisierter Verbraucherpreisindex
IBRD	International Bank for Reconstruction and Development
IWF	Internationaler Währungsfonds
New York Fed	Federal Reserve Bank of New York
NYCHA	New York Clearinghouse Association
OCC	Office of the Comptroller of the Currency
OMIC	Open Market Investment Committee
OMPC	Open Market Policy Conference
UNO	United Nations Organisation (Vereinte Nationen)

„So much of barbarism, however, still remains in the transactions of most civilised nations, that almost all independent countries choose to assert their nationality by having, to their own inconvenience and that of their neighbours, a peculiar currency of their own."
J.S. Mill[1]

0 Einleitung

0.1 Fragestellung der Arbeit

Die Geschichte des europäischen Einigungsprozesses beginnt in den 1950er Jahren mit der Gründung der drei europäischen Gemeinschaften. Nach dem Zusammenbruch des Wechselkurssystems von Bretton Woods wurde 1972 zunächst der Europäische Wechselkursverbund und dann 1979 das EWS gegründet. Die Mitgliederzahl der Gemeinschaft wuchs im Laufe der Jahre bis auf 15 an. 1989 wurde mit dem Delors Report die Entwicklung zu einer weiteren Integrationsstufe - der Währungsunion - begonnen. Gleichzeitig mit der Regierungskonferenz über die Wirtschafts- und Währungsunion wurde Ende 1990 innerhalb der Europäischen Gemeinschaften auch die Regierungskonferenz über die Politische Union etabliert, die sich mit der politischen Integration Europas befaßte. Die Ergebnisse der Untersuchungen wurden in den Vertrag über die Europäische Union 1992 integriert. Danach soll sich die europäische Union auf drei Säulen stützen: die gemeinsame Außen- und Sicherheitspolitik, die Zusammenarbeit in den Bereichen Justiz und Inneres und die Wirtschafts- und Währungsunion. Die gemeinsame Geldpolitik begann Anfang 1999, indem die Europäische Zentralbank die Souveränität der nationalen Zentralbanken übernahm. Die gemeinsame Währung wird im Jahr 2002 eingeführt. Bei der Entwicklung der weiteren zwei Säulen ist bei weitem kein solcher Fortschritt zu beobachten. Es scheint, als ob die Nationalstaaten eher Souveränität über die Währungspolitik aufzugeben bereit sind als über andere Politikbereiche.

Die vorliegende Arbeit befaßt sich mit dem Zusammenhang von Währungsunion und Politischer Union. Die Fragestellung ist insbesondere im Hinblick auf die Europäische Währungsunion interessant. In Europa wird im allgemeinen diskutiert, ob die Währungsunion eine Politische Union braucht, bzw. ob eine reine Währungsunion zwischen souveränen Nationalstaaten funktioniert. Dabei wird der Begriff der Europäischen Politischen Union nur

[1] Mill, J.S., Principles of Political Economy, Vol. II, New York 1894, S. 176, zitiert in: Theurl, 1992, S. 308

sehr vage gebraucht und ist nicht konkret bestimmt. In dieser Arbeit soll der Akzent der Fragestellung etwas anders gesetzt werden. Es wird argumentiert, daß mit einer Währungsunion in den meisten Fällen eine Politische Union - die verschiedene Formen aufweisen kann - einhergeht. In allen Unionen, in denen die Währungsunion gemeinhin als ein Erfolg betrachtet wird, sind beide Formen der Vergemeinschaftung immer zusammen aufgetreten. In der EU existieren ebenfalls Strukturen, die als gemeinsame, politische Institutionen im weitesten Sinne bezeichnet werden können, beispielsweise die europäischen Transfers als Teil der Struktur- und Kohäsionsfonds, das Europäische Parlament, der Stabilitätspakt oder auch die geplante Gemeinsame Außen- und Sicherheitspolitik.

Zunächst stellt sich die Aufgabe, den Begriff 'Politische Union' zu definieren. Die Ausgestaltung einer solchen Union kann von fiskalpolitischen Regeln über die Vergemeinschaftung einzelner Politikbereiche bis zu einer Unifizierung im Sinne eines Bundesstaats gehen. Der Begriff Politische Union wird in dieser Arbeit immer in seiner allgemeinsten Form verwandt, falls eine konkrete Ausgestaltung diskutiert wird, wird darauf hingewiesen.

In einer Union beeinflussen die politischen Ausgestaltungen die gemeinsame Geldpolitik und haben somit negative oder positive Auswirkungen auf die Funktionsfähigkeit der Währungsunion. Diese Wechselwirkungen und deren Lösungsmöglichkeiten werden in dieser Arbeit genauer beleuchtet. Die Fragestellung lautet also: Welche Wechselwirkungen ergeben sich zwischen beiden Politikbereichen und welche Lösungsmöglichkeiten existieren, bzw. wie müssen beide Unionen ausgestaltet sein, damit das gemeinsame Gebilde funktioniert?

Diese Frage wird in der Arbeit zunächst theoretisch beleuchtet und dann anhand von zwei historischen Beispielen analysiert. Im theoretischen Teil wird der Frage nachgegangen, ob fiskalpolitische Regeln oder die Zentralisierung eines Teils der Finanzpolitik auf Gemeinschaftsebene vorgenommen werden sollen. Negative Auswirkungen der Politik auf das gemeinsame Geld können entweder durch den Markt verhindert werden oder durch fiskalpolitische Regeln. Reine Währungsunionen funktionieren in der Theorie unter bestimmten Bedingungen, u.a. den Kriterien der Theorie Optimaler Währungsräume. Wenn diese Optimalitätsbedingungen nicht erfüllt sind oder wenn politische Gründe für ein Auseinanderfallen der Union verhindert werden sollen, müssen Währungszusammenschlüsse von einer weiteren Ausgestaltung der Politischen Union, beispielsweise in der Form von fiskalpolitischen Regeln oder einem Finanzausgleich, begleitet werden. Konkret sind finanzielle Ausgleichszahlungen nicht zu umgehen und für die Aufrechterhaltung der

Währungsunion unerläßlich, wenn die teilnehmenden Staaten z.B. verschiedene Wachstumsraten aufweisen oder von asymmetrischen Schocks getroffen werden. Eine weitere Möglichkeit neben der Markt- und der Regellösung, um negative Auswirkungen von Finanzpolitik auf die Funktionsfähigkeit einer Währungsunion zu verhindern, ist die Institutionalisierung einer unabhängigen Zentralbank.

Außer der theoretischen Betrachtung in bezug auf die Fragestellung kann auch eine historische Antwort gesucht werden, die sich auf die Ergebnisse des ersten Teils stützt. Die Reichsbank im Deutschen Reich und das Federal Reserve System in den Vereinigten Staaten werden bezüglich der Ausgestaltung der verschiedenen Politikbereiche und bezüglich des Zusammenspiels zwischen politischer und monetärer Union detailliert analysiert. Sowohl in den Vereinigten Staaten als auch im Deutschen Reich kann der Zusammenschluß von teilweise souveränen Staaten unter ein gemeinsames Währungssystem beobachtet werden, außerdem die Vereinheitlichung des Geldwesens, die Schaffung einer neuen Währung[2] und die Neugründung einer Zentralbank. In den USA kam noch der Aspekt eines Zentralbanksystems dazu, mit regionalen Zentralbanken als ausführenden Organen. Im Reich war die monetäre Vereinigung eine direkte Folge der politischen, welche nur wenige Jahre zuvor stattfand. In den Vereinigten Staaten folgte die Vereinheitlichung des Geldwesens ebenfalls der Staatsgründung, allerdings erst mehr als 120 Jahre später. Sowohl die deutschen Kleinstaaten als auch die amerikanischen Staaten behielten jedoch nach der gemeinsamen Verfassung signifikante Souveränität. So kann man in beiden Fällen die Auswirkungen von dezentraler und zentralisierter Finanzpolitik auf die Währungsunion beobachten und die Ergebnisse des ersten Teils darauf übertragen. Bei der Reichsbank tritt v.a. der Aspekt der Unabhängigkeit in den Vordergrund, und zwar nicht nur der Unabhängigkeit von der Politik, sondern auch teilweise vom Goldstandard. Der Schluß liegt nahe, daß die deutsche Währungsunion gerade wegen der Unabhängigkeit der Reichsbank funktionierte, und daß aus demselben Grund keine größeren Wechselwirkungen zwischen den Politikbereichen auftraten. Beim Federal Reserve System gewinnt ein anderer Aspekt an Wichtigkeit, hier sind zu Beginn ausgeprägte Wechselwirkungen aufgrund der hohen Abhängigkeit der Bank zu beobachten, die sich im Laufe der Jahre durch die ausgeprägte Anpassungsfähigkeit der gemeinsamen Geldpolitik verminderten. Die historischen Beispiele wurden also aufgrund der Ähnlichkeit der Ausgestaltung der Union - föderale Fiskalpolitik, gemeinsame Geldpolitik - und der unterschiedlich möglichen Schlußfolgerungen - unabhängige Zentralbank und ausgeprägte Anpassungsfähigkeit - gewählt.

---

[2] In den Vereinigten Staaten wurden neue Banknoten, die Federal Reserve Notes, emittiert, die im gesamten Staat kursierten und gesetzliches Zahlungsmittel waren. Die Währung, der Dollar, existierte jedoch schon.

0.2 Gang der Arbeit

Die Arbeit gliedert sich in der Hauptsache in einen theoretischen und zwei empirische Teile. Im ersten Kapitel werden mögliche Interdependenzen zwischen einer Währungsunion und einer Politischen Union vorgestellt. Zunächst wird der Begriff 'Politische Union' definiert. Ausgehend von einer Währungsunion ohne Politische Union, sprechen verschiedene Gründe gegen automatische Finanzdisziplin, was negative Auswirkungen auf die gemeinsame Geldpolitik haben kann. Daraufhin werden Lösungsmöglichkeiten für dieses Dilemma dargestellt: Es ist möglich, daß der Markt für die Lösung sorgt. Falls das nicht funktioniert, sind fiskalpolitische Regeln notwendig, für die verschiedene Ausgestaltungen denkbar sind. Weiterhin kann auch eine unabhängige Zentralbank die negativen Effekte der Fiskalpolitik auf die Geldpolitik verhindern. Anschließend werden Probleme der wachsenden Integration einer Union angesprochen, darunter fallen das Demokratiedefizit einer unabhängigen Notenbank und die Finanzierung des Zusammenschlusses von vormals souveränen Staaten; auch hier sind verschiedene Ausgestaltungen möglich, von Transferzahlungen über automatische Stabilisatoren bis zu einer gemeinsamen Fiskalpolitik. Als Abschluß dieses Kapitels werden die Ergebnisse des Parallelismus' von Währungs- und Politischer Union zusammengefaßt. Die Hauptschlußfolgerung dieses Kapitels lautet, daß eine wichtige Voraussetzung für eine Währungsunion unabhängig von der politischen Ausgestaltung die Unabhängigkeit der Zentralbank ist.

Die Gründung und Entwicklung der Reichsbank ist das Thema des zweiten Kapitels. Für das Verständnis der historischen Zentralbanken ist die Funktionsweise des internationalen Goldstandards vor dem Ersten Weltkrieg von Bedeutung. Es werden v.a. die Spielregeln der Goldwährung herausgearbeitet, und untersucht, ob die Notenbanken der Länder diese einhielten, bzw. inwieweit innenpolitische Belange Vorrang vor der internationalen Währungsordnung hatten. Daraufhin werden die Reichsbank und ihre Funktionsfähigkeit innerhalb des Deutschen Reichs analysiert. Nach dem deutsch-französischen Krieg 1870/71 wurde das Deutsche Reich gegründet und das Geldwesen der verschiedenen Kleinstaaten vereinheitlicht; es wurde eine gemeinsame Währung, die Mark, geschaffen und 1876 eine gemeinsame Notenbank, die Reichsbank, errichtet. Das Reich übernahm bestimmte Politikbereiche und finanzierte sich hauptsächlich aus den Matrikularbeiträgen der Einzelstaaten. Die Kleinstaaten besaßen bis 1914 noch erhebliche Entscheidungsbefugnisse, sie waren weitgehend souverän. Es werden verschiedene Gründe herausgearbeitet, die belegen, daß die Reichsbank als unabhängig bezeichnet werden kann. Die Autonomie der Notenbank war mit ein Grund, daß die Währungsunion funktionierte und nicht durch die

Finanzpolitik der Einzelstaaten oder des Reichs torpediert wurde. Eine Ausnahme bildete die Notwendigkeit der Kriegsfinanzierung und -vorbereitung. Während eines Krieges wurde die Unabhängigkeit einer Notenbank regelmäßig außer Kraft gesetzt. Mit erhöhten Verteidigungsausgaben ab der Jahrhundertwende kann auch die vermehrte Kreditvergabe der Reichsbank an das Reich seit dieser Zeit erklärt werden.

Kapitel 3 befaßt sich mit der Entstehung und Entwicklung des amerikanischen Bankensystems und insbesondere des Federal Reserve System. 1787 wurde die amerikanische Verfassung proklamiert, 1913 das Federal Reserve System geschaffen.[3] Selbständige Staaten, die politisch durch eine Föderation vereinigt waren, schlossen sich unter ein gemeinsames, monetäres Regime zusammen. Die Einzelstaaten hatten in den über 120 Jahren nach der Unabhängigkeitserklärung 1776 zuviel Einfluß, als daß ein Zentralbanksystem hätte entstehen können. Daß aber nichtsdestotrotz die Notwendigkeit und der Wunsch nach einer monetären Vergemeinschaftung vorhanden war, kommt in den wiederkehrenden Bestrebungen im 19. Jahrhundert, eine zentralbankähnliche Institution zu schaffen, zum Ausdruck. Hierunter fallen die First and Second Bank of the United States, das Independent Treasury System und die Clearinghouse Associations. Das zersplitterte Bankensystem - zu den genannten Institutionen kamen noch die Notenbanken der Einzelstaaten und die von der Regierung gegründeten Notenbanken - hatte jedoch erhebliche Nachteile, die im Laufe der Zeit zur Forderung nach einem einheitlichen Zentralbanksystem führten. Die Entscheidungsträger der Einzelstaaten, aber auch die amerikanische Bevölkerung im allgemeinen, waren bei der Planung und in den ersten Jahren sehr skeptisch gegenüber dem Federal Reserve System eingestellt, da sie ein dezentrales System bevorzugten. Die Fed war zunächst nicht unabhängig. Es wird gezeigt, daß die Bundesregierung und die Einzelstaaten großen Einfluß auf die Fed hatten. Wegen der Abhängigkeit und der nicht optimalen, institutionellen Ausgestaltung, die v.a. in der nicht ausreichend geregelten Kompetenzverteilung zwischen dem Board in Washington, den regionalen Distriktbanken und dem Schatzamt zum Ausdruck kam, funktionierte die gemeinsame Geldpolitik nicht optimal. Die Probleme wurden v.a. in der Krise nach dem Ersten Weltkrieg und der Weltwirtschaftskrise nach 1929 deutlich. Der Prozeß, durch den die Fed im Laufe der Jahre immer unabhängiger wurde, läßt sich nachvollziehen. Wegen der inhärenten Veränderungen des Systems und der Anpassung der Gesetze an die veränderten Gegebenheiten verbesserte sich die Funktionsfähigkeit der

[3] Die Behauptung, daß die USA 120 Jahre lang ohne eine Institution waren, die Zentralbankfunktionen übernahm, muß allerdings relativiert werden: Der Zeitraum ohne ein einheitliches Zentralbank- und Währungssystem wurde von speziellen Bankenstrukturen in den USA ausgefüllt, siehe Kap. 3.3.

Geldpolitik. Auch bei der Fed wurde die erlangte Stufe der Unabhängigkeit während der Kriege regelmäßig außer Kraft gesetzt.

Das vierte Kapitel zieht zunächst Vergleiche zwischen dem Federal Reserve System und der Reichsbank und faßt die Schlußfolgerungen der vorangegangenen Kapitel zusammen. Nachdem die Reichsbank und das Federal Reserve System auf ihre tatsächliche Unabhängigkeit, den institutionellen Aufbau und die Beziehungen zum Staat untersucht wurden, werden die Ergebnisse auf die Funktionsfähigkeit der Europäischen Zentralbank übertragen. Da die mittelfristige Funktionsfähigkeit der Währungsunion durch die Unabhängigkeit der Zentralbank gewährleistet ist, wird auf die Wichtigkeit der Anpassungsfähigkeit der Union hingewiesen. Außerdem stellt sich das Problem, daß die Europäische Notenbank zu unabhängig sein könnte. Dieses könnte gelöst werden, indem die europäischen, politischen Institutionen umgestaltet oder erweitert werden, so daß die Beziehungen zur EZB eine erhöhte Verantwortlichkeit gewährleisten.

1 Theoretische Betrachtung der Wechselwirkungen von Währungsunion und Politischer Union

1.1 Einleitung

Innerhalb der Debatte über die wechselseitige Abhängigkeit von Währungsunion und Politischer Union sind drei theoretische Szenarien vorstellbar. Erstens: Die politische Integration ist eine automatische Folge der Vereinigung mehrerer souveräner Staaten. Unabhängig davon, ob sich die bisherige Vergemeinschaftung in einer Währungsunion oder einer anderen Form manifestierte, ist eine weitergehende politische Unifizierung unumgänglich. Zweitens: Die Politische Union ist notwendig für die Stabilität der Währungsunion, da verschiedene Probleme der erreichten Integrationstiefe die Einführung einer Politischen Union erzwingen. Die Nachteile einer gemeinsamen Geldpolitik können durch eine politische Integration ausgeglichen werden. Drittens: Eine Politische Union ist für die Funktionsfähigkeit einer Währungsunion nicht notwendig. Wenn aber eine solche Vergemeinschaftung als politisch notwendig erachtet wird, so sind ihre Kosten höher als ihr Nutzen.

Die erste Möglichkeit kann verworfen werden, da kein Integrationsschritt automatisch sein kann. Jede weitere Vergemeinschaftung erfordert diskretionäre Entscheidungen, über die im Vorfeld sehr ausführlich und konträr diskutiert wird, und für die in manchen Bereichen sogar Einstimmigkeit beim entscheidungstragenden Organ verlangt wird. V.a. in Bezug auf die Einführung einer Politischen Union ist jeder Automatismus abwegig, da keine Regierung eine automatische Beschränkung ihrer Kompetenzen zulassen wird.

Im folgenden werden die zweite und dritte Möglichkeit diskutiert. Dabei sollen diese beiden Szenarien differenziert betrachtet werden. Es wird davon ausgegangen, daß im Zuge einer Währungsunion auch immer Teile einer Politischen Union eingeführt werden. Dabei kann eine solche Union verschiedene Ausprägungen annehmen, die unter dem Oberbegriff Politische Union zusammengefaßt werden. Diese kann negative Auswirkungen auf die Funktionsfähigkeit der gemeinsamen Geldpolitik haben. Es wird analysiert, welche Teilbereiche der politischen Vergemeinschaftung die Währungsunion negativ beeinflussen können und welche für das Funktionieren der gemeinsamen Geldpolitik notwendig sind.

In diesem Kapitel werden zunächst verschiedene Integrationsschritte, das Souveränitätskonzept und die Möglichkeit von mehreren Geschwindigkeiten innerhalb der Integration vorgestellt. Dann werden die verschiedenen Definitionen oder Ausgestaltungen einer Politischen Union beschrieben. Diese kann von Zusammenarbeit in nur einzelnen

Politikbereichen bis zu einem Bundesstaat reichen. Darauffolgend werden die Anreize für eine überhöhte Schuldenaufnahme in einer Währungsunion analysiert, die durch verschiedene Mechanismen, wie z.B. die Markt- oder Regellösung oder eine unabhängige Zentralbank verringert werden können. Weiterhin werden Probleme der wachsenden Integration in einer Währungsunion, wie das Demokratiedefizit, der notwendige Stabilitätskonsens der Bevölkerung und außerdem die Finanzierung in einer Währungsunion durch automatische Stabilisatoren, Transfers und Steuern dargestellt. Der letzte Abschnitt faßt das Für und Wider von konkreten Ausgestaltungen einer Politischen Union in Verbindung mit einer Währungsunion zusammen.

1.2 Die Vergemeinschaftung souveräner Staaten

Ganz allgemein sind drei Integrationstheorien zu unterscheiden:[1] Der Funktionalismus postuliert, daß sich politische Integration zunächst über wirtschaftliche, soziale und technische Sektoren vollzieht. Teilbereiche der Politik werden vergemeinschaftet, danach wird von der partiellen auf die umfassendere Integration übergegangen. Der Föderalismus räumt der Politik einen Vorrang gegenüber der Ökonomie ein. Nicht das Wirken von Sachzwängen - also beispielweise eine Kosten-Nutzen-Analyse gemeinsamer Geldpolitik -, sondern das Verhalten nationaler Politiker bedingt die Integration. Die Sicherung von internationalem Frieden und Sicherheit unter Aufrechterhaltung nationaler Selbstbestimmung sind die Hauptbestandteile der Kommunikationstheorie. Zur Erleichterung der Kooperation und der Verständigung werden gemeinsame Institutionen geschaffen. In diesem Szenario erstreckt sich die Vergemeinschaftung nicht auf alle Politikbereiche, die nationale Souveränität bleibt bestehen.

In ihrer reinen Form sind diese Theorien in der Realität in Vereinigungsprozessen wohl nicht beobachtbar. Es werden immer verschiedene Gründe für die wachsende Integration vorliegen. Speziell bei der Einführung einer Währungsunion[2] sind zwei Szenarien denkbar. Sie kann entweder graduell oder sofort erfolgen:

1. Krönungs- oder ökonomistische Theorie: Der Übergang zu einer Währungsunion erfolgt graduell, zunächst müssen monetäre und strukturelle Anpassungen in den Teilnehmerländern stattfinden, bevor feste Wechselkurse oder eine gemeinsame Währung eingeführt werden.
2. Monetaristische Theorie: Die Währungsunion wird sofort eingeführt, damit wird die erst danach erfolgende Anpassung erleichtert. Es kann argumentiert werden, daß die

[1] Vgl. Harder, 1997, S. 295ff
[2] Mit der Europäischen Währungsunion beschäftigt sich die Studie der Europäischen Kommission, 1990.

Konvergenz bei Bestehen einer gemeinsamen Geldpolitik schneller und kostengünstiger erfolgt.

Die Integration souveräner Staaten kann sich in mehreren Geschwindigkeiten vollziehen. Wenn alle Mitgliedsländer der Gemeinschaft nur gemeinsam weitere Integrationsschritte unternehmen, wird das zwangsweise mehr Zeit in Anspruch nehmen, da für jeden Schritt gewisse Voraussetzungen erfüllt sein müssen.[3] Also könnte die Integration flexibel gehandhabt werden: Entweder weisen einzelne Integrationsbereiche unterschiedliche Mitgliederstrukturen auf, oder innerhalb eines Integrationsbereiches werden mehrere Integrationstiefen verwirklicht. Flexible Integration bedeutet, daß die Partizipation an den Bereichen der Union und deren Ausgestaltung von den Mitgliedsländern frei wählbar ist. Bei dem Modell mehrerer Geschwindigkeiten besteht auch der Widerspruch zwischen Erweitern und Vertiefen einer Union nicht. Dieses Konzept birgt jedoch die Gefahr, daß die zunächst nicht teilnehmenden Länder dauerhaft ausgeschlossen werden. Der erste Kreis darf sich nicht als geschlossene Gruppe sehen, sondern die Gemeinschaft muß jederzeit jedem Land offen stehen. Die Differenzen im Integrationsprozeß sollten also temporär und nicht dauerhaft sein.

1.2.1 Das Souveränitätskonzept

„*I am the lord of my castle, the sovereign, the liege. I treat my subjects - servants, children, wife - with a firm but gentle hand. Noblesse oblige.*"
aus „Mary Poppins"

Da im Laufe der Arbeit der Begriff der Souveränität eine wichtige Rolle spielt, wird dieses Konzept kurz erläutert. Souveränität beschreibt den den modernen Staat nach innen und außen konstituierenden Herrschaftsanspruch.[4] Er bezeichnet die höchste Autorität des Staates, die oberste und absolute Autorität in der politischen Gemeinschaft. Der Staat hat die Rechtsetzungsbefugnis, darf letztverbindliche Regeln aufstellen und Gehorsam erwarten. Andere Gewalten im Staat können sich nur innerhalb der staatlichen Rechtsordnung entfalten, der Staatsgewalt steht das höchste Recht zu. Als Träger der Souveränität stehen je nach Staatsform der Staat, die Nation, das Parlament oder das Volk im Vordergrund. Im internationalen Kontext impliziert äußere Souveränität den Anspruch auf Unabhängigkeit, da anderen Staaten die gleiche Freiheit auf Souveränität gelassen werden muß. Das Prinzip der

---

3 Vgl. Tietmeyer, 1994, S. 458ff; Thygesen, 1997
4 Zum Souveränitätskonzept vgl. Harder, 1997, Teil B, Kap. 1, S. 51ff.

Nichteinmischung in innere Angelegenheiten ist im klassischen Völkerrecht seit 1648 verankert.

Die Aufweichung des Souveränitätsbegriffs fand im 20. Jahrhundert auf mehreren Ebenen statt. Einerseits durch das humanitäre Völkerrecht - bei Verstoß gegen die Menschenrechte oder Völkermord ist es der Staatengemeinschaft, beispielsweise den Vereinten Nationen, erlaubt, in die inneren Angelegenheiten eines souveränen Staates einzugreifen - andererseits durch internationale Organisationen wie die EU, durch die Implementierung von Currency Boards oder Wechselkurssystemen oder durch völkerrechtlich bindende Verträge. Alle diese Institutionen kommen zwar nicht als Souveränitätsträger in Frage - die nationale Souveränität wird nicht abgegeben -, aber sie kann doch erheblich eingeschränkt werden. Weitere Faktoren, die für diese Entwicklung verantwortlich gemacht werden, sind die wachsende Komplexität internationaler Beziehungen, die größere Differenziertheit des internationalen Rechts, die Liberalisierung und Deregulierung der internationalen Transaktionen, Finanzinnovationen, Wechselkursziele sowie die Internationalisierung der Wirtschaft und die Globalisierung der Märkte.

Den Staat als eine Einheit zu sehen, ist simplifizierend, tatsächlich existiert ein pluralistisches System von verschiedenen Politikbereichen. Bei Vorliegen eines bestimmten Kernbestands an Kompetenzen gilt ein Staat souverän. Souveränität ist ein qualitatives Konzept, es gibt keine Abstufungen der Souveränität. Die Substanz der Verfassungsrechte oder die wesentlichen Staatsfunktionen könnten als Kernbestand der Souveränität bezeichnet werden, konkret wären das z.B. Außen- und Verteidigungspolitik, Wirtschafts-, Finanz- und Budgetpolitik.[5]

Bezogen auf eine Vergemeinschaftung der Geldpolitik stellt sich die Frage, ob die Währungspolitik zu den Kerngebieten der Souveränität gehört.[6] Theurl meint, daß die geldpolitische Souveränität einer der essentiellen Bestandteile von Nationalstaaten sei.[7] Auch bei Disintegration, wie sie beispielsweise in der ehemaligen Sowjetunion oder den osteuropäischen Staaten zu beobachten ist, falle das Staatsgebiet immer mit dem Währungsgebiet zusammen; die sich abspaltenden Staaten führen eine eigene Währung ein.[8]

5 Vgl. Harder, 1997, S. 75; Eichengreen, 1996, S. 16 betont, daß die Fiskalpolitik den Hauptteil der nationalen Souveränität ausmacht.

6 Das Ergebnis einer solchen Diskussion hätte allerdings keine greifbaren Konsequenzen: Wenn die Währungspolitik tatsächlich zum Kernbestand der Souveränität gehört, dann wäre ein Staat in einer Währungsunion nicht mehr souverän und wahrscheinlich dürfte er sich dann nicht mehr Staat nennen. Die eigentliche Frage ist jedoch, ob das Volk, bzw. die Regierung einer solchen Souveränitätsaufgabe zustimmt.

7 Vgl. Theurl, 1995, S. 127

8 Die These des Zusammenfallens von Staats- und Währungsgebiet ist nur eine logische Folgerung ihrer Hypothese, daß Währungsunionen ohne Politische Unionen nicht lange Bestand haben, vgl. Theurl, 1992. Nichtsdestotrotz ist diese These zumindest diskussionswürdig, z.B. mit Bezug auf die Dollarisierung oder die Franc-Währungsgebiete in ehemaligen, französischen Kolonien.

Geldpolitische Souveränität bedeutet: Seigniorageeinnahmen, Instrumente für die Wirtschaftspolitik und damit eine eigene, nationale Geldpolitik und nationales Geld als Symbol der nationalen Identität (Prestigeerwägungen). Allerdings wurde die autonome Geldpolitik und ihre Effektivität, wie oben beschrieben, schon in der Vergangenheit eingeschränkt. Davon abgesehen ist eine beliebige nationale Geldpolitik ohnehin nur eingeschränkt möglich, da eine stabile Währung eine wichtige Voraussetzung für das Funktionieren der nationalen Wirtschaft ist.[9]

1.2.2 Ausprägungen des Begriffs 'Politische Union'

„Political Union has many dimensions“[10]

Mit dem Begriff der Politischen Union können sehr viele Ausgestaltungen verbunden werden. In diesem Abschnitt wird nicht auf Definitionen von Begriffen wie Staat oder Nation eingegangen, sondern durch die Beschreibung von drei Möglichkeiten auf die Vielfalt der Ausprägungen einer Politischen Union hingewiesen.[11] Die konkrete Form eines europäischen Staates ist nicht Thema dieser Arbeit.[12] Im folgenden werden verschiedene Ausgestaltungen von Integrationstiefen dargestellt, die alle unter dem Oberbegriff Politische Union zusammengefaßt werden können, nämlich Zusammenarbeit in nur einzelnen Politikbereichen, gemeinsame Fiskalpolitik bzw. fiskalpolitische Regeln und eine Föderation.

Zusammenarbeit in einzelnen Politikbereichen bedeutet, daß die Mitgliedsstaaten noch große Entscheidungsbefugnisse behalten. Gebiete, auf denen mehr Integration möglich ist, sind beispielsweise die Administration öffentlicher Güter, deren Vorteile nicht auf einzelne Staaten beschränkt sind; beispielsweise Verkehrs-, Energie- und Kommunikationsnetze, die sich über Staatsgrenzen hinweg ausbreiten. Konkret sind die Gemeinsame Außen- und Sicherheitspolitik der EU (GASP), oder Zusammenarbeit in den Bereichen Inneres und Justiz zu nennen.[13] In diesen Bereich fällt auch die Umweltpolitik (Luft, Wasser). Auf dem Gebiet des kulturellen Erbes ist eine Zusammenarbeit ebenfalls sinnvoll. Weder private noch nationale Interessen können das supranationale Interesse an der Erhaltung der Kultur repräsentieren.

---

9 Vgl. Fröhlich, 1994, S. 131
10 Vgl. Issing, 1996, S. 5
11 Die Vielschichtigkeit des Begriffs Politische Union wird auch verdeutlicht durch die Möglichkeit, auch eine Währungsunion als Politische Union zu bezeichnen, da ein großer Politikbereich auf die Gemeinschaftsebene verschoben wird. Umso mehr wird eine Währungsunion zur Politischen Union, wenn die Geldpolitik zu den Kernbereichen der Souveränität gerechnet wird. Im folgenden wird diese Möglichkeit aber vernachlässigt.
12 Siehe z.B. Fuest, 1996; Vaubel, 1997; Vibert, 1991; Buchanan, 1991; Voigt, 1994
13 Vgl. Sinn, 1994, S. 91

Eine begrenzte, supranationale Zusammenarbeit läßt sich auch durch eine Sozialunion verwirklichen. Die Vor- und Nachteile, die eine Sozialunion als Form einer Politischen Union in bezug auf die Währungsunion haben kann, werden nun anhand dieses konkreten Beispiels diskutiert.[14] Issing ist der Meinung, daß in einer Währungsunion der Arbeitsmarkt flexibel bleiben muß, um auf veränderte Bedingungen zu reagieren.[15] Dieses Argument stützt sich auf das Kriterium von Mundell für einen Optimalen Währungsraum.[16] Bei Wegfall des Wechselkursinstruments können Nachfrageverschiebungen oder Schocks durch Arbeitsmarktflexibilität ausgeglichen werden. Ein negativer Schock wird um so weniger in höherer Arbeitslosigkeit resultieren, je schneller sich nominale Löhne und Gehälter anpassen. Die negativen Effekte auf Output und Beschäftigung könnten durch Anpassungen auf dem Arbeitsmarkt ausgeglichen werden. Eine Sozialunion schränkt die Flexibilität auf dem Arbeitsmarkt durch Harmonisierung der Sozialstandards ein und gefährdet damit den Bestand der Währungsunion. Auch hier kann argumentiert werden, wenn ein Instrument, wie z.B. die Geldpolitik, vergemeinschaftet wird, müssen die anderen um so flexibler gehandhabt werden. Vor allem sollten Standards im Sozialbereich nicht auf dem höchstmöglichen Niveau reguliert werden, weil dann für die wenig produktiven Länder ein Wettbewerbsvorteil, die niedrigen Lohnkosten, wegfällt. Bei niedrigen Standards wird theoretisch Arbeitsmobilität zur Anpassung nach Schocks erzwungen. Die Frage ist allerdings, ob eine solche Mobilität für die Beschäftigten besser ist, bzw. ob sie überhaupt stattfindet. Eine Sozialunion wäre andererseits vorteilhaft, weil sich bei zentraler Regelung von Standards im Sozialsystem kein Land über Wettbewerbsvorteile durch niedrige Standards oder soziales Dumping beklagen könnte oder sich die Arbeitsmobilität erhöhen würde. Daß trotzdem eine dezentrale Sozialpolitik auch in Europa funktionieren könnte, zeigen die Erfahrungen in vielen europäischen Staaten, den USA und Kanada, in denen es dezentrale Sozialversicherungssysteme gibt, bzw. in denen Teile der Systeme auf regionaler Ebene organisiert sind.[17]

Eine weitere Stufe der politischen Integration kann aus einer gemeinsamen Fiskalpolitik oder fiskalpolitischen Regeln bestehen. Eine Politische Union kann also im Sinne des fiskalischen Föderalismus ausgestaltet sein; entweder nur Teilbereiche oder die gesamte Fiskalpolitik werden vergemeinschaftet. Auch die Festsetzung von fiskalpolitischen Regeln für die nationalen Regierungen ist durch die Beschneidung der fiskalpolitischen

---

[14] Die Vor- und Nachteile einer Sozialunion im Zusammenhang mit einer Währungsunion sind am Beispiel der Wirtschafts-, Währungs- und Sozialunion der Bundesrepublik Deutschland und der Deutschen Demokratischen Republik im Jahr 1990 zu beobachten.

[15] Vgl. Issing, 1996; siehe auch Watrin, 1997, S. 185

[16] Vgl. Mundell, 1961

[17] Vgl. Rompuy/Abraham/Heremans, 1991, S. 118f

Souveränität eine Form der Politischen Union (vgl. Kap. 1.3.3.2). Unter dem Gesichtspunkt der fiskalpolitischen Regeln kann auch der Stabilitäts- und Wachstumspakt der EU, der verbindliche Höchstwerte für Budgetdefizite und Sanktionen bei Verfehlung aufstellt, als eine Ausprägung einer Politischen Union gesehen werden.[18] Der Stabilitätspakt ersetzt diskretionäre, politische Entscheidungen durch institutionelle Regelungen und bedeutet eine formale Aufgabe der finanzpolitischen Souveränität der Staaten.[19] Insgesamt könnte eine föderative Finanzverfassung die öffentlichen Finanztransfers unter den Mitgliedstaaten und zwischen ihnen und der Gemeinschaft auf ein neues, die wirtschaftliche Entwicklung in der Union förderndes, Fundament stellen und gleichzeitig die Disziplinierung der Finanzpolitik ergänzen und unterstützen.[20] Wichtig für eine gemeinsame Finanzverfassung ist eine einheitliche und problemadäquate Messung der Budgetdefizite und der Staatsverschuldung.

Eine weitere Integrationstiefe wird in einer Konföderation (Staatenbund) erreicht. Bei dieser Staatsform wird eine zentrale Verwaltung eingerichtet, die eine begrenzte Anzahl an Kompetenzen hat. Diese wurden ihr von den Mitgliedern zugeteilt, bleiben jedoch unter deren einstimmiger Kontrolle. Die bestehende Souveränität der einzelnen Staaten und wird durch das Vetorecht aufrechterhalten.

In einer Föderation (Bundesstaat) dagegen werden innerhalb einer Verfassung Kompetenzen an eine zentrale Regierung übertragen, diese wird durch ein Parlament und eine zweite Kammer, die die Länder repräsentiert, kontrolliert. Zwei Gesetzgebungskammern sind notwendig, wobei die zweite jedem Gesetz zustimmen muß, damit es in Kraft tritt und bei Entscheidungen, die auf eine niedrigere Ebene gehören, ein Vetorecht haben könnte. In traditionellen Föderationen liegt die Hauptsouveränität bei den Gemeinschaftsorganen. Eine Föderation beinhaltet eine gemeinsame Geld-, Wechselkurs-, Fiskal-, Einkommens- und Sozialpolitik. Die Verteilung des Steueraufkommens ist eine der Hauptaufgaben in einer Föderation, da die Gemeinschaft und die Mitgliedstaaten Finanzmittel brauchen, um ihre Aufgaben auszuführen.[21] Eine Föderation eignet sich zur Konfliktlösung, Minderheiten können sich in kleinen Gebieten besser entfalten, die Verwaltungen sind näher an der Bevölkerung. Politische Erneuerungen und die aktive Beteiligung der Bevölkerung an der Politik werden gefördert. Allerdings könnten die Bundesstaaten in einer Föderation abhängig von Überweisungen des Bundes und dem Länderfinanzausgleich werden.

---

[18] Vgl. Steuer, 1997

[19] Für die genaue Ausgestaltung des Stabilitätspakts, vgl. Kap. 4.2.2.2.

[20] Vgl. Issing, 1992, S. 5 und Issing, 1993, siehe auch Kap. 1.4.3.

[21] Vgl. Hailbronner, 1991

Zentrale Organe einer Gemeinschaft müssen erstens in wichtigen Fragen, wie der Wirtschafts- und Finanzpolitik, den Ordnungsrahmen und die Richtung vorgeben, und zweitens in den ihr zufallenden Teilkompetenzen handlungs-, beschluß- und durchsetzungsfähig sein.[22]

1.3 Wechselwirkungen zwischen Finanzpolitik und Geldpolitik

In diesem Abschnitt werden nach einer kurzen Definition von Finanzpolitik, zunächst die Wirkungen dargestellt, die nationale, unkoordinierte Fiskalpolitiken auf die zentralisierte Geldpolitik und damit auf die Inflationsrate in einer Währungsunion haben können. Es werden solche Mechanismen kritisch betrachtet, die in diesem Szenario zu einer erhöhten, nationalen Neuverschuldung führen können. Dabei werden die Wirkungen bei fixen Wechselkursen teilweise solchen bei flexiblen Wechselkursen gegenübergestellt. Die Argumente beschreiben Auswirkungen auf die Funktionsfähigkeit der Union. Danach werden verschiedene Lösungsmöglichkeiten vorgestellt. Die Institutionen in einer Währungsunion, wie z.B. eine unabhängige Zentralbank, oder der Markt können für automatische Finanzdisziplin sorgen. Außerdem sind verschiedene Ausgestaltungen von fiskalpolitischen Regeln und die zur Erzwingung wichtigen Sanktionen denkbar.

1.3.1 Definition von Finanzpolitik

Unter Finanzpolitik versteht man im allgemeinen die Festlegung von Einnahmen und Ausgaben, um folgende Aufgaben zu erfüllen:[23]

- Bereitstellung eines angemessenen Angebots an öffentlichen Gütern (Allokation),
- Anstreben von Chancen- und/oder Einkommensgleichheit (Distribution) und
- Makroökonomische Stabilisierung.

Fiskalpolitik im speziellen hat die Stabilisierung von Konjunkturschwankungen zum Ziel. In dieser Arbeit werden die beiden Begriffe jedoch austauschbar und in der allgemeinen Definition verwendet. Wenn fiskalpolitische Maßnahmen auf ein spezielles Ziel ausgerichtet sind, dann wird jeweils darauf hingewiesen.

Haushaltsdisziplin bezieht sich zum einen auf die nachhaltige Finanzierbarkeit der öffentlichen Haushalte, die langfristige Bilanzrestriktion des Staates, zum anderen in der kurzen Frist auf die Vermeidung einer stabilitätswidrig expansiven Haushaltspolitik.[24] Diese

---

[22] Vgl. Tietmeyer, 1994, S. 460
[23] Vgl. Andel, 1998, S. 15ff
[24] Vgl. Gandenberger, 1993, S. 67

kurzfristige staatliche Bilanzrestriktion kann z.B. an der Relation des Defizits zum BIP oder zur öffentlichen Investition gemessen werden (siehe Kap. 1.3.3.2).

Für das Folgende wichtig sind auch „tax smoothing" Überlegungen, die tendenziell nicht mit Haushaltsdisziplin bzw. fiskalpolitischen Regeln vereinbar sind: Um die Steuersätze auf einem einheitlichen Niveau zu halten, werden in einer Rezession, in der mehr Ausgaben anfallen, Schulden aufgenommen, die in Boomphasen wieder abgebaut werden.

1.3.2 Verschiedene Gründe gegen die automatische Finanzdisziplin in einer Währungsunion

Zwei Hauptmerkmale des politischen Systems können zu überhöhten Staatsschulden führen:[25] Instabilität (Anzahl der Regierungswechsel, Länge der Amtsperiode) und Polarisation (politische Unterschiede zwischen den Regierungen). Instabile und polarisierte, politische Systeme verhalten sich kurzsichtiger und werden deshalb mehr Schulden anhäufen. Auch Mehrheits- oder Minderheitsregierungen und Koalitionen aus mehreren Parteien haben höhere Defizite, weil die Konsensfindung bzgl. der Schuldenreduzierung komplizierter ist. Ebenso könnten ideologische Unterschiede der Parteien, der zeitliche Abstand zum Wahltermin und solide Budgetverfahren („sound budgetary procedures"), innerhalb derer sich die Regierung auf eine nachhaltige Budgetpolitik festlegen kann, Bedeutung haben.

In einer Währungsunion besteht die Möglichkeit, daß nationale, expansive Fiskalpolitiken, die keinen Regeln unterliegen, aber auch eine zentralisierte Fiskalpolitik, die Geldpolitik torpedieren. Folgende Szenarien der Wechselwirkungen zwischen Fiskal- und Geldpolitik sind denkbar:

1.3.2.1 Externalitäten einer undisziplinierten Schuldenpolitik

Im folgenden werden Externalitäten beschrieben, die Anreize zu undisziplinierter Fiskalpolitik geben können. Hohe Haushaltsdefizite haben einen inflationären Charakter, weil die Nachfrage und die Inflationserwartungen, und damit möglicherweise auch die Lohnforderungen steigen. Zinserhöhungen durch hohe Defizite eines Staates würden sich auf den gesamten Kapitalmarkt der Union verteilen, weil es nach Wegfall der Kapitalverkehrskontrollen nur noch einen Kapitalmarkt und einen Zinssatz gibt. Das Land muß die Folgen nicht allein tragen, die Kreditkosten sinken für das einzelne Land. Gravierende Auswirkungen haben solche Zinserhöhungen nur, wenn die Schulden des Landes einen großen Teil des Gemeinschafts-BSP ausmachen.[26] Hohe Defizite könnten durch eine

[25] Vgl. Haan/Sturm, 1994; Corsetti/Roubini, 1992
[26] Vgl. Wyplosz, 1991, S. 171

Währungsunion noch gefördert werden, weil der Teil der Risikoprämie, der das Wechselkursrisiko kompensiert, wegfällt.

Andererseits ist die internationale Zinsübertragung eine monetäre Externalität und somit ein normaler Marktmechanismus, bei steigender Nachfrage steigen die Preise für alle Marktteilnehmer.[27] Die Zinssteigerung hat lediglich verteilungspolitische Konsequenzen: Anstelle einer sofortigen Steuererhöhung findet eine Umverteilung von Schuldnern zu Gläubigern statt. Durch die Defizitfinanzierung steigt der nominale Zinsatz, dadurch sinkt bei moderater Verschuldung und normaler Reaktion der nominale Wechselkurs der gemeinsamen Währung der Union. Die reale Aufwertung wird dadurch verstärkt, daß das Unionspreisniveau schneller steigt als das ausländische. Die Reaktion des Realzinses hängt vom Größenverhältnis zwischen Inflationsrate und Zinssteigerung ab: In der kurzen Frist, weil Zinsen schneller reagieren als Preise, und langfristig, wenn der Inflationsanstieg kleiner ist als der Zinsanstieg, steigt der Realzins. Importeure werden benachteiligt, Exporteure als Gläubiger haben Vorteile.[28] Wenn ein Land diese Konsequenzen als nicht wünschenswert betrachtet, stehen ihm Umverteilungsmaßnahmen zur Verfügung. Bei dieser Externalität sollte nicht durch Regeln eingegriffen werden. Allerdings schafft der Zusammenhang auch negative Anreize, da es für jedes Land optimal ist, Schulden aufzunehmen. Das Ergebnis sind suboptimal hohe Zinsen. Gleichzeitig mit der Erhöhung der Zinsen in der gesamten Union, die die Nachfrage einschränkt, führt eine expansive Budgetpolitik aber auch direkt zu höherer Nachfrage in der gesamten Union; wenn sich diese beiden Effekte ausgleichen, sind Regeln nicht notwendig.[29] Finanzielle Spillovers haben weitere Effekte.[30] Der Zinsanstieg und die erhöhte Unsicherheit können zu Kreditrationierung, geringerer Investition und weniger Wirtschaftsaktivität führen. Um die negativen Effekte auf die Finanzmärkte und die Realwirtschaft einzudämmen, wird die gemeinsame Notenbank gezwungen, den Geldumlauf auszudehnen. Das hat zunächst keine Auswirkungen auf die Inflation, da sich die Gemeinschaft in einer Krise befindet, aber es ist wichtig, die Liquidität zum rechten Zeitpunkt wieder zu verringern.

Bei flexiblen Wechselkursen hat eine expansive Budgetpolitik Auswirkungen auf die heimische Volkswirtschaft. Die Auswirkungen sind allerdings umstritten, einerseits können die höheren Zinsen zu einer Aufwertung und damit zum Verlust von Wettbewerbsfähigkeit

27 Vgl. Fuest, 1993, S. 131; Buiter/Corsetti/Roubini, 1993, S. 81f

28 Zuende gedacht, würden die Nachteile aber durch die Aufwertung des Unions-Wechselkurses wieder ausgeglichen. D.h. es kommt darauf an, ob der Handel innerhalb der Union größer als der Außenhandel zwischen Union und Drittländern.

29 Vgl. Eichengreen, 1994, S. 171

30 Vgl. Giovannini/Spaventa, 1991, S. 21f; Rompuy/Abraham/Heremans, 1991, S. 114

und Crowding Out von Investitionen führen. Andererseits muß langfristig bei einer undisziplinierten Finanzpolitik auch mit einem Verlust der Reputation der Währung und damit einer Abwertung gerechnet werden. Expansive Budgetpolitik bei flexiblen Wechselkursen hat aber nur Auswirkungen auf die heimische Volkswirtschaft. In einer Währungsunion hat undiszipliniertes Verhalten eines Staates Auswirkungen auf den gemeinsamen Wechselkurs und auf die Zinshöhe in der gesamten Gemeinschaft je nach Größe des Landes.[31] De Grauwe argumentiert allerdings, daß die Stärke einer Währung nichts mit der Budgetpolitik zu tun hat, sondern ausschließlich von der Geldpolitik abhängt.[32] Dafür gibt er als Fallbeispiele die Erfahrungen in Frankreich und den Niederlanden an. Die Niederlande verfolgten eine expansive Fiskalpolitik, gleichzeitig eine sehr glaubwürdige Geldpolitik und konnten damit den Wechselkurs zur DM im EWS konstant halten. Im Gegensatz dazu half auch die sehr disziplinierte Fiskalpolitik Frankreichs nicht, dessen Probleme im EWS zu lösen.

1.3.2.2 Druck auf die Zentralbank

Es gibt verschiedene Möglichkeiten, wie Druck auf die Zentralbank tatsächlich durchgesetzt werden kann. Ganz allgemein kann eine solche Einflußnahme über Medien oder öffentliche Meinungsäußerungen ausgeübt werden. Konkreter kann Einfluß über die Mehrheitsverteilung im Rat einer Zentralbank bei Abstimmungen genommen werden. In einer Währungsunion werden die Mitglieder des Rats durch nationale und gemeinschaftliche Prozeduren ernannt. Das Gremium besteht aus regionalen (nationale Zentralbankpräsidenten) und zentralen (Direktorium) Vertretern. Wenn Entscheidungen mit einfacher Mehrheit getroffen werden, ist das Stimmenverhältnis der Mitglieder von Bedeutung. Wenn die nationalen Präsidenten tatsächlich nationale Interessen vertreten, dann wäre das Direktorium bei geldpolitischen Entscheidungen überstimmt. Aber gerade das ist im allgemeinen nicht beabsichtigt: Die nationalen Zentralbankpräsidenten sollen nicht als Interessenvertreter ihres Landes, sondern im Interesse der gemeinsamen Geldpolitik handeln. Dies würde durch die Implementierung des Prinzips „one man one vote" verstärkt: Alle Vertreter des Rats wären bei Abstimmungen gleichberechtigt, während bei gewichteter Stimmabgabe ein paar große Länder die Entscheidungen dominieren könnten. Die Überlegenheit der nationalen Vertreter gegenüber dem Direktorium wird natürlich dadurch abgeschwächt, daß die ökonomischen Bedingungen

---

[31] Jarchow argumentiert, daß anhaltende, expansive Schuldenpolitik wegen des erhöhten Zinsniveaus zu einer Aufwertung der Unionswährung führen kann. Dadurch wird der Druck auf die Zentralbank größer, die Geldmenge auszudehnen, wenn sie den Außenwert der Unionswährung beachtet, vgl. Jarchow, 1993, S. 198f.

[32] Vgl. De Grauwe, 1990, S. 9f

und auch das Auftreten von Schocks zwischen den Ländern differieren. D.h. auch die Interessen der Vertreter werden differieren, das stärkt das Direktorium. Außerdem stimmen nicht unbedingt alle Zentralbankpräsidenten für eine höhere Inflationsrate: Manche Zentralbanken sind dafür bekannt, daß sie das Ziel der Preisstabilität schon jetzt verfolgen; manche unabhängige Zentralbank verfolgt auch gegen den Willen der Politik und Bevölkerung eine stabilitätsorientierte Politik und manche wird möglicherweise durch die Vorkehrungen eines Unionsvertrags und durch den Beckett-Effekt[33] dazu gebracht.

Wenn von der Stimmberechtigung des Direktoriums abgesehen wird, und wenn die nationalen Zentralbankpräsidenten als Vertreter ihrer Länder stimmen, wird die Geldpolitik des Rats bei Mehrheitsabstimmungen die mittlere Inflationsrate der teilnehmenden Länder widerspiegeln.[34] Die angestrebte Inflationsrate ist dann ein Mittelwert aller nationalen Inflationspräferenzen. Die Phillips-Kurve bildet den Zusammenhang zwischen Inflation (π) und Arbeitslosigkeit (U) in der kurzen Frist ab. In der folgenden Abbildung 1 sind die verschiedenen Präferenzen von zwei Ländern auf dieser Kurve dargestellt.

Abbildung 1: Die mittlere Inflationsrate in einer Währungsunion

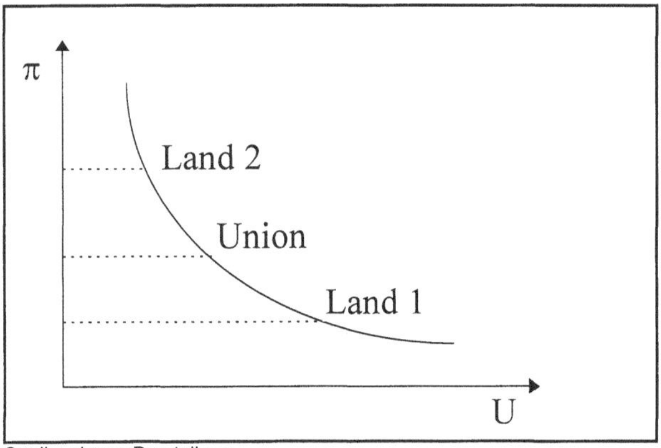

Quelle: eigene Darstellung

Das ist ein Nachteil für die Niedrig-Inflationsländer, der gegen die Vorteile einer Währungsunion, wie z.B. Reduzierung der Transaktionskosten, Abschaffung des Wechselkursrisikos und weniger Marktsegmentierung, aufgewogen werden muß. Wenn diese Analyse negativ ausfällt, wird das Niedrig-Inflationsland nur beitreten, wenn es Bedingungen

33 Auch vormalige Politiker werden, sobald sie in die Zentralbank eintreten, zu stabilitätsorientierten Zentralbankern.

34 Vgl. De Grauwe, 1998

stellen kann. Die Unionszentralbank sollte dann dieselben Präferenzen wie die Notenbank des Niedrig-Inflationslands haben. Trotzdem haben die Mitglieder des Rates noch immer individuelle Präferenzen, die die Position der Niedrig-Inflationsländer bei Mehrheitswahlen wieder in die Minderheit drängen würden. Für die Lösung dieses Problems sind Eintrittsbedingungen denkbar, um sicherzustellen, daß alle Mitglieder annähernd die gleichen Präferenzen haben. Eine niedrigere Inflationsrate kann auch erreicht werden, wenn die Unionszentralbank ein höheres Gewicht auf Preisstabilität legt als die Notenbank des Niedrig-Inflationslands. Um also zu dem Schluß zu kommen, daß die gemeinsame Geldpolitik eine höhere Inflationsrate anstrebt, sind drei Voraussetzungen angesprochen worden: Nämlich daß erstens das Direktorium an den Abstimmungen nicht beteiligt ist, daß zweitens die Zentralbankpräsidenten sich als nationale Interessenvertreter sehen und drittens, daß die Abwägung der Vor- und Nachteile der Währungsunion negativ ausfällt, wenn die Inflationsrate nicht der des stabilitätsorientierten Landes entspricht. Die Wahrscheinlichkeit dieser Voraussetzungen muß am konkreten Beispiel untersucht werden.

Nachdem die Möglichkeiten, Druck auf die Zentralbank auszuüben, untersucht wurden, sollen nun die Auswirkungen einer solchen Einflußnahme auf die Geldpolitik analysiert werden. Bei einer zentralisierten Geldpolitik würde Preisstabilität Inflationssteuer- und Seigniorageeinnahmen und die Entwertung der Staatsausgaben und -schulden durch eine Überraschungsinflation verhindern. Da diese Einnahmequelle entfällt, kann es sein, daß die übrigen Staatseinnahmen stärker belastet werden.[35] Außerdem wird die Nachfrage nach fiskalpolitischen Maßnahmen in einer Währungsunion noch steigen, da die Geldpolitik zur Konjunktursteuerung ausfällt. Bei expansiven Budgetpolitiken in einzelnen Staaten einer Währungsunion ist es möglich, daß Druck auf die Zentralbank ausgeübt wird, entweder zu inflationieren und damit gleichmäßig alle Schulden der Gemeinschaft zu entwerten - eine solche Geldpolitik würde neutral wirken - oder einzelnen Ländern Kredite zu gewähren (Bail-out), damit wirkt sie nicht neutral. Der Druck wird größer, je mehr Mitglieder sich zusammenschließen. Wenn Haushaltsdefizite monetär finanziert werden, dann ist eine expansive Budgetpolitik auf jeden Fall inflationär. Eine überhöhte Verschuldung mindert die Flexibilität der Fiskalpolitik bei Schocks, auch das könnte zu Druck auf die Zentralbank führen, die Folgen der Schocks durch eine expansive Geldpolitik zu mildern.[36] Außerdem

[35] Allerdings kann man auch argumentieren, daß durch Wegfall der Seigniorageeinnahmen und der Schuldenentwertung durch Inflation die Budgetbeschränkung härter wird, so daß die Schuldenaufnahme sinkt. Wenn die Staatsschulden aus den beschriebenen Gründen aber steigen, dann findet eine intertemporale Umverteilung statt: für die jetzige Generation sinken die Kosten der Inflationssteuer, für die künftigen Generationen steigen die Kosten der gestiegenen Schulden, siehe Bovenberg/Kremers/Masson, 1991, S. 387.

[36] Vgl. Issing, 1992, S. 3

muß die Zentralbank natürlich einen Teil der Staatspapiere - also der Schulden - halten, um Offenmarkttransaktionen durchführen zu können. Für jedes Land sollte eine Höchstsumme der Staatspapierhaltung der Zentralbank fixiert sein. Diese Festlegung des Zentralbank-Portfolios wäre eine leicht durchsetzbare Regel.[37] Die Frage ist, ob eine solche Regel dann Einfluß auf das Instrument der Offenmarktoperationen hat, also auf die Instrumentenunabhängigkeit der Zentralbank.

Die Ausübung von Druck auf die Zentralbank ist nur möglich, wenn sich ausreichend viele Länder zusammenschließen, das würde synchrone Konjunkturzyklen in den Staaten voraussetzen. Außerdem bewirkt der Ausfall von Seigniorageeinnahmen auch eine stärkere Budgetrestriktion und nicht nur die Inanspruchnahme von alternativer Finanzierung. Davon abgesehen ist es fraglich, ob eine Überraschungsinflation, z.B. wegen der langen Wirkungsverzögerungen der Geldpolitik, überhaupt möglich ist.

Der Druck auf die Notenbank könnte auch über die Idee des entpolitisierten Geldes vermindert werden: Wenn die Zentralbank tatsächlich unabhängig ist, dann werden die Staaten keine expansivere Geldpolitik erzwingen können. Durch Kontrakte für eine unabhängige, an Preisstabilität orientierte Zentralbank könnte der Erfolg des Drucks auf die Notenbank ausgeschlossen werden.[38]

Eine zentralisierte Finanzpolitik hätte, im Gegensatz zu mehreren nationalen Regierungen, ein größeres, politisches Gewicht gegenüber der Notenbank der Gemeinschaft. V.a. in einer jungen Währungsunion könnte eine gemeinsame Regierung die Unabhängigkeit der Notenbank schwächen.

Wegen der inhärenten Neigung von Regierungen, Schulden aufzunehmen, um Probleme in die Zukunft zu verlagern (kurzfristiger Zeithorizont der Politiker), sind Regeln notwendig.[39] Allerdings haben Staaten wegen Arbeitslosenzuweisungen und Steuerausfällen schon heute einen großen Finanzbedarf. Die Funktionsfähigkeit der Arbeitsmärkte in einer Währungsunion wird sich nicht unbedingt - und v.a. nicht in der kurzen Frist - verbessern. Bei fiskalpolitischen Regeln wird dieser Bedarf nur durch Transfers oder einen Finanzausgleich zu decken sein.

In der kurzen Frist liegt die Steuerung der Inflationsrate allerdings nicht in der Hand der Zentralbank, sie wird beispielsweise von Schocks, hohen Lohnabschlüssen oder staatlich administrierten Preissteigerungen beeinflußt. Einfacher ist die Erreichung des Ziels der Preisstabilität für eine Zentralbank, wenn sie das Vertrauen der Öffentlichkeit und die

[37] Vgl. Padoa-Schioppa, 1994, S. 178
[38] Vgl. Bovenberg/Kremers/Masson, 1991, S. 381
[39] Vgl. Padoa-Schioppa, 1994, S. 167

Unterstützung anderer Politikbereiche wie der Lohn- oder Fiskalpolitik besitzt. Wenn die Politikbereiche nicht kooperieren, steht die Zentralbank zumindest kurzfristig unter hohem Druck, übermäßige Lohn- oder Fiskalpolitik zu unterstützen, um Output- und Beschäftigungskosten zu verringern. Die Notenbank kann allerdings durch Auslösen einer sogenannten Stabilitätskrise ihre Glaubwürdigkeit in bezug auf die stabilitätsorientierte Geldpolitik beweisen und damit eine niedrige Inflationsrate durchsetzen. Das würde der Volkswirtschaft jedoch hohe Kosten verursachen.

In diesem Zusammenhang ist die Studie von Sargent/Wallace von Interesse.[40] Sie besagt, daß eine Schuldenfinanzierung von Staatsausgaben im Endeffekt zu einer höheren Inflationsrate führen wird als die direkte Geldfinanzierung. Sargent/Wallace argumentieren, daß Schulden früher oder später zurückgezahlt werden müssen. Wenn Ausgaben zunächst mit Staatspapieren finanziert werden, müssen außer den Schulden auch die Zinsen zurückgezahlt werden. Das Sekundärdefizit wird immer höher, je später die Notenbank monetisiert. Wenn diese Grenze erreicht ist, wird die Politikinstanz entweder zahlungsunfähig, oder die Notenbank monetisiert die Schulden inklusive der Zinsforderungen. Es ist natürlich auch möglich, daß der Staat sich selbst konsolidiert, indem die Einnahmen gesteigert und die Ausgaben eingeschränkt werden. Die Prämisse für diese Argumentation ist, daß der Realzins größer als das reale Wirtschaftswachstum ist, also die Schuldenaufnahme an eine Grenze stößt (vgl. Kap. 1.3.3.2).

1.3.3 Lösungsmöglichkeiten zur Disziplinierung der Finanzpolitik

1.3.3.1 Voraussetzungen für eine automatische Finanzdisziplin

a) Unabhängige Zentralbank

Ohne Koordination der Fiskalpolitik wird der Druck auf die Zentralbank zu inflationieren kleiner, weil er nicht von allen Ländern gemeinsam ausgeübt wird. Eine gemeinsame Währung bedeutet, daß die Regierungen die Geldpolitik noch weniger unter Kontrolle haben als bei nationalen Währungen.

Eine Monetisierung oder Entwertung der Schulden durch Überraschungsinflation oder eine Abwertungsstrategie könnte durch eine unabhängige, zentrale Geldpolitik verhindert werden. Auch Erleichterungen bei der Schuldenaufnahme würden wegfallen, wie niedrige Zinsen auf Staatsschulden oder eine Mindesthaltung von Staatspapieren bei Banken. Staatsschulden müssen dann mit Geld getilgt werden, das man nicht selbst herstellen kann,[41]

---

[40] Vgl. Sargent/Wallace, 1985

[41] Vgl. Sievert, 1993

der Wegfall der Notenpresse stellt eine stärkere Budgetbeschränkung dar.[42] Eine unabhängige und stabile Geldpolitik diszipliniert die Fiskal- und Lohnpolitik. Die Politikteilnehmer wissen, daß eine undisziplinierte Politik nicht von der Geldpolitik nachträglich unterstützt wird, d.h. die Output- und Beschäftigungskosten werden sie zu tragen haben. Um diese Lösung zu forcieren, muß die Zentralbank eine glaubwürdige und stabilitätsorientierte Geldpolitik betreiben.

In Föderationen oder Nationalstaaten ist der Ausschluß der Monetisierung allerdings glaubwürdiger als in einer jungen Währungsunion. Die Mitglieder tendieren dazu, negative Entwicklungen auf die Union, also auf den Wegfall des Wechselkursinstruments oder der nationalen Geldpolitik, zu schieben. Dann wäre die Zentralbank dafür zuständig, diese Entwicklungen zu korrigieren. In einer schon lange bestehenden Föderation wie den USA wird versucht, die Schocks durch strukturelle Anpassungen oder finanzielle Transfers auszugleichen.[43]

b) Glaubwürdige No Bail-out Klausel (Marktlösung)

> *„The constraints imposed by market forces might either be too slow and weak or too sudden and disruptive.“*[44]

Ein Bail-out kann *ex post* durch Regierungen und durch die Zentralbank über die Monetisierung der Staatsschulden stattfinden, oder *ex ante* durch niedrige Zinsen auf Staatspapiere und durch Transfers von Gemeinschaftsfonds (siehe Kap. 1.4.3.2). Der Haftungsausschluß (No Bail-out) sollte strikt angewandt werden, weil bei vermehrter Anwendung des Bail-out zwischen den Ländern negative Anreize entstehen könnten.[45] Der Anreiz zu einer disziplinierten Finanzpolitik würde völlig verschwinden, wenn die Staaten mit einem quasi automatischen Bail-out rechnen könnten.[46]

Issing erhofft sich nichts von einer No Bail-out Klausel, da eine Staatengemeinschaft ein Mitglied nicht bankrott gehen lassen würde.[47] Also würden die Märkte dem

---

[42] Vgl. Fuest, 1993, S. 126. Das gilt natürlich v.a. für Länder mit bisher abhängiger Geldpolitik; aber auch bei Ländern mit schon unabhängigen Zentralbanken wird die Verlagerung der Geldpolitik auf eine höhere (entferntere) Ebene zu einer stärkeren Budgetbeschränkung führen; siehe auch Gandenberger, 1993, S. 71f.

[43] Vgl. Fröhlich, 1992, S. 242

[44] Vgl. Committee for the Study of Economic and Monetary Union (Delors Report), 1989, S. 24

[45] Vgl. Podiumsdiskussion, 1996, S. 73

[46] Wenn nun aber ein Bail-out ausgeschlossen ist, dann liegen öffentliche Insolvenzen im Bereich des Möglichen. Also ist ein Verfahren für öffentliche Insolvenzen notwendig. Das bedeutet die zeitweilige Aufgabe von Souveränität, da die Finanzen des betroffenen Staates dann unter außerstaatlicher Kontrolle stehen. Wegen der Gefahr der schleichenden Zentralisierung sollte die Finanzkontrolle nicht von der Union ausgeübt werden. Werden souveräne Staaten die Kontrolle ihrer Finanzen zulassen? Vgl. Fuest, 1993, S. 140f.

[47] Vgl. Issing, 1996, S. 23

Haftungsausschluß keinen Glauben schenken und höhere Defizite nicht mit höheren Zinsen strafen. V.a. wenn der ordnungspolitische Grundkonsens in den Mitgliedstaaten noch nicht gleichförmig ausgeprägt ist, und wenn die Länder sich als eine Solidargemeinschaft sehen, dann wird die No Bail-out Klausel schwer durchzusetzen sein.[48] Außerdem wird durch die Existenz von Transferfonds die Glaubwürdigkeit des Haftungsausschlusses verringert. Solche Fonds geben schon vorher negative Anreize, weil ausländische Bürger die Kosten der Transfers tragen, aber die Nutzen nur dem Inland zugute kommen.

Die Marktlösung funktioniert, wenn die No Bail-out Klausel glaubwürdig implementiert werden kann.[49] Dafür müssen die Marktteilnehmer glauben, daß bei einer Zahlungsunfähigkeit eines Staates keine Solidarität seitens der anderen Teilnehmerländer geübt wird. Das würde allerdings höchstwahrscheinlich als Versagen der Integration und der Währungsunion angesehen werden. Dann müßte der hochverschuldete Staat höhere Zinsen - also eine Risikoprämie - in Kauf nehmen, die die Märkte für das Risiko der Zahlungsunfähigkeit entschädigt. Dieses Risiko ist in einer Währungsunion immer noch gegeben im Gegensatz zum Währungsrisiko, das in einer erwarteten Abwertungsrate und dem Risiko einer Wechselkursänderung zum Ausdruck kommt. Die Verhinderung von höheren Schulden durch höhere Kosten der Schuldenaufnahme kann also nur funktionieren, wenn die Risikoprämie tatsächlich in ausreichender Höhe gefordert wird, also wenn die Märkte das Risiko der Zahlungsunfähigkeit eines Staates in einer Währungsunion als realistisch einschätzen. Die Länder müssen also als Einzelschuldner wahrgenommen werden, nicht so wie kanadische Provinzen oder deutsche Bundesländer, denen der Zentralstaat in einer Notlage immer helfen wird. Außerdem hängt die Höhe der Risikoprämie von der Einschätzung von „bond-rating agencies“ ab, d.h. im Endeffekt wäre die Fiskalpolitik von diesen Institutionen diktiert.

Es ist möglich, daß in einer Währungsunion die Signalfunktion des Marktes gefördert wird. Im Zuge der Währungsunion könnte die Liberalisierung von Kapitalbewegungen und des inländischen Finanzsystems beobachtet werden.[50] Auch ist, wegen der nur geringen Unterschiede in den Inflationsraten, die Komponente der Inflationserwartungen nicht sehr

---

[48] Vgl. Podiumsdiskussion, 1996, S. 71. Im Maastrichter Vertrag 7.2.1992, Artikel 103a, Absatz 2 ist eine Ausnahme der No Bail-out Klausel formuliert. Demnach ist es erlaubt, einem Land in einer nicht selbst verschuldeten Krise beizustehen. Das Problem ist die Definition des Begriffs „Ereignisse, die sich seiner Kontrolle entziehen“, vgl. Podiumsdiskussion, 1996, S. 72.

[49] Vgl. Fratianni/Hagen, 1993, S. 414ff

[50] Goldstein/Woglom, 1992, S. 230 führen vier Voraussetzungen an, die für die korrekte Implementierung der Risikoprämie gegeben sein müssen. 1. freier Kapitalverkehr, 2. alle Informationen über den Kreditnehmer müssen verfügbar sein, 3. der Markt muß davon überzeugt sein, daß Staatsschulden nicht garantiert sind und nicht monetisiert werden [also kein Bail-out, A.L.], 4. das Finanzsystem muß die Zahlungsunfähigkeit eines großen Kreditnehmers überstehen können.

unterschiedlich ausgeprägt, außerdem würden die Zinsen nicht von den verschiedenen nationalen Geldpolitiken beeinflußt. Somit würde die in den Zinssätzen enthaltene Information sichtbarer.[51] Dann wäre eine korrekte Einschätzung der Schuldner durch die Märkte einfacher, die Folgen wären Kreditrationierung, Risikoprämien und eine niedrigere Bonitätseinschätzung. Wenn die Möglichkeit eines Bail-out ausgeschlossen ist, schlagen sich verschiedene Bonitätsrisiken vollständig in den Zinsen nieder.

Theoretisch sollte die Marktlösung folgendermaßen funktionieren: Mit dem Ansteigen des Schuldenstands erhöhen sich gleichzeitig und kontinuierlich die Zinsforderungen der Gläubiger und sinkt in gleichem Maße die Kreditaufnahme, d.h. eine Schuldenkrise oder Zahlungsunfähigkeit kann es gar nicht geben. Gegen dieses Szenario spricht, daß die Märkte in ihrer Einschätzung möglicherweise zu spät und dann abrupt mit völligem Kreditstopp reagieren. Es gibt in der Realität keine graduelle Anpassung der Kreditkosten.[52]

Außerdem es gibt keinen Beleg, daß eine Verteuerung der Schuldenaufnahme tatsächlich zu einem Rückgang derselben führen wird. Es ist nicht gesagt, daß die Zinshöhe überhaupt ein Kriterium der staatlichen Budgetpolitik ist. Es besteht die Möglichkeit, daß man Ausgaben kurzfristig nicht kürzen kann oder will, also daß innenpolitische Erwägungen stärker sind als disziplinierende Effekte. Auch die anderen Sanktionsmechanismen der Märkte müssen nicht ausschlaggebend sein, oder die Einschätzung der Märkte ist unzureichend.

Aus einem weiteren Grund ist es unwahrscheinlich, daß ein Bail-out tatsächlich glaubwürdig ausgeschlossen werden kann, daß also andere Länder einen Staat und damit den nationalen Bankensektor bankrott gehen lassen würden.[53] In einer Währungsunion sind die Bankensektoren der verschiedenen Länder miteinander verbunden (Verflechtung der internationalen Finanzmärkte), damit würde sich die Krise eines Staates auf andere ausdehnen.[54] Anstatt der insolventen Regierung durch ein Bail-out zu helfen, könnte auch den betroffenen Banken direkte Liquiditätshilfe gewährt werden.[55] Das würde allerdings das Problem der falschen Anreize von der Regierungsebene zu den Banken verlagern. Ein gesunder Bankensektor ist Sache der Bankenaufsicht, eine Krise könnte durch bestimmte

---

[51] Vgl. Scheide/Trapp, 1991, S. 434f

[52] Vgl. Goldstein/Woglom, 1992, S. 265f

[53] Da die Finanzierung über die Notenpresse in Europa ausgeschlossen wurde, könnten Staaten genauso insolvent werden wie private Kreditnehmer, vgl. Bofinger, 1995, S. 46.

[54] Giovannini/Spaventa, 1991, S. 21 beschreiben drei Kanäle durch die sich eine Finanzkrise ins Ausland ausdehnen kann: 1. Bei einem großen Transaktionsvolumen der internationalen Geld- und Währungsmärkte kann ein Zahlungsverzug eines Landes auch zu Schwierigkeiten in anderen Teilnehmerländern führen. 2. Die Währungsunion wird die Integration von Finanzmärkten fördern und früher oder später zu einem gemeinsamen Geldmarkt führen, eine Liquiditätskrise wird sich dann einfacher und schneller ausbreiten. 3. Eine direkte Transmission findet statt, wenn Ausländer einen Großteil der Schulden des zahlungsunfähigen Landes halten.

[55] Vgl. Podiumsdiskussion, 1996, S. 73

Regeln verhindert werden, z.B. ein Limit auf Anleihen von hochverschuldeten Regierungen. Wenn Banken ihre Aktiva besser auswählten, dann wäre Insolvenz von Staaten zwar immer noch möglich, aber das würde keine destabilisierenden Auswirkungen auf das Bankensystem haben. Damit würde allerdings der Regelungsbedarf lediglich auf eine andere Ebene verschoben.

c) Automatische Mechanismen zur Schuldenbeschränkung innerhalb der Staaten

Die Tatsache, daß eine expansive Fiskalpolitik nicht nur Auswirkungen auf die nationale Nachfrage hat, sondern daß diese auch zu Spillover Effekten in anderen Ländern führt, könnte dazu führen, daß kein Land die Aufgabe der „Konjunkturlokomotive" übernehmen will. Da die Kosten der expansiven Fiskalpolitik völlig auf diesem Land lasten, die Nutzen ihm aber nur zum Teil zugute kommen, könnten die Regierungen von einer solchen Politik Abstand nehmen.

Wenn die Staatseinnahmen zu einem großen Teil auch zentralisiert sind, dann steht den Staaten kein Mittel mehr zur Verfügung, um exzessive Defizite auszugleichen. Wenn aber die Staatseinnahmen noch hauptsächlich dezentral erhoben werden, dann kann von einem Land erwartet werden, daß es seine Finanzprobleme selbst löst. Solange die Staaten eine autonome Fiskalpolitik haben, können sie durch Ausgabensenkungen und Einnahmenerhöhungen auch eine Finanzkrise eindämmen.[56] Die Frage ist nur, wie verschieden die Steuersysteme in einer Währungsunion sein können.[57]

Wenn davon ausgegangen wird, daß eine expansive Fiskalpolitik bei flexiblen Wechselkursen zunächst zu einer Aufwertung führt, dann würde diese Reaktion des Wechselkurses die Schuldenaufnahme automatisch begrenzen, weil sie eine Verringerung der Wettbewerbsfähigkeit für den Handelssektor bedeutet. In einem Währungsraum entfallen solche Wechselkursbewegungen und damit auch die automatische Bremse der Schuldenaufnahme durch die Aufwertung. Außerdem steht die Möglichkeit einer Abwertung zur Wiederherstellung der Wettbewerbsfähigkeit nicht mehr zur Verfügung.[58] Wenn allerdings der Großteil des Außenhandels mit Drittländern außerhalb der Union geführt wird, dann würde die Aufwertung der Unionswährung die Schuldenaufnahme begrenzen. Andererseits kann auch argumentiert werden, daß eine undisziplinierte Finanzpolitik zu einer Abwertung führt (siehe Kap. 1.3.2.1).

[56] Vgl. Eichengreen/Hagen, 1996, S. 15
[57] Siehe Kap. 1.4.3.3 für eine kritische Diskussion.
[58] Vgl. Obstfeld, 1997, S. 279

1.3.3.2 Regellösungen

Fiskalpolitische Regeln könnten gefordert werden, wenn die oben beschriebenen Anreize zu erhöhter Verschuldung überwiegen und der Marktmechanismus nicht funktioniert.[59] Regellösungen haben verschiedene allgemeine Nachteile: Die Definition der Größen, auf die sich die Regeln beziehen, ist umstritten. Regeln können immer umgangen werden, sie sind inflexibel bei Auftreten von Schocks, und notwendigerweise unvollständig, da nicht alle Umweltzustände in den Regeln berücksichtigt werden können. Ganz allgemein entstehen Kosten durch den Wegfall des fiskalischen Instruments. Also müssen die Nutzen von Regeln mit deren Kosten verglichen werden, das wird in Kap. 1.5 versucht. Wenn die Nachteile die Vorteile von Regeln überwiegen, dann sind Institutionen notwendig, die die Marktlösung unterstützen, z.B. eine unabhängige Zentralbank. Theoretisch können drei verschiedene Regellösungen unterschieden werden:[60]

1. einfache Regel: Schocks werden nicht berücksichtigt. Es wird ein absoluter oder ein relativer - z.B. in Relation zum BIP - Wert für die zu regelnde Größe festgelegt, der unter allen Umständen eingehalten werden muß.
2. „contingent rule“: Bei vorher festgelegten Ausnahmezuständen, kann der Regelwert in einer vorher festgelegten Weise angepaßt werden. Der Nachteil ist, daß nicht alle Ausnahmezustände vorhergesehen werden können.
3. Regel mit Ausnahmeklausel: Entweder werden die Ausnahmen vorher festgelegt, oder die Instanz entscheidet selbst über Ausnahmen. In diesen Fällen kann die Abweichung vom Regelwert selbständig festgelegt werden.

Wichtig bei der Formulierung von Regeln sind die Spezifikation, ob die Regel von der Legislative übergangen werden kann, der Anreizmechanismus („enforcement“) und die Änderungsprozedur.[61] Bei einer *ex ante* Regel für ein ausgeglichenes Budget muß am Anfang des fiskalischen Jahres ein ausgeglichenes Budget verabschiedet werden. Bei derselben Regel *ex post* muß das Budget am Ende des Jahres tatsächlich ausgeglichen sein. Also ist die *ex post* Regel sehr viel stringenter. Es gibt verschiedene Vorschläge für die explizite Ausgestaltung von Regeln, die im folgenden beschrieben werden.

Laut BSP-Regel wird eine Höchstgrenze der jährlichen Neuverschuldung als Prozentsatz des Sozialprodukts definiert. Eine solche Regel ist für die Bevölkerung einfach nachvollziehbar. Allerdings sollten noch andere Merkmale der Volkswirtschaft mit

59 Die Regeln werden asymmetrisch sein, da man Obergrenzen für Defizite rechtfertigen kann, aber wohl keine Untergrenzen, also Ausgabenzwänge.

60 Für eine allgemeine Beschreibung von Regeln siehe auch Bofinger/Reischle/Schächter, 1996, S. 121f.

61 Vgl. Inman, 1996, S. 9f

einbezogen werden. Es müßten auch Ausnahmen für die Finanzierungskosten der Schulden gemacht werden, die je nach Schuldenstand in manchen Ländern sehr hoch - in Belgien, Irland und Italien sind die Zinsaufwendungen auf über 20% der Gesamtausgaben gestiegen[62] - oder wie in Luxemburg sehr niedrig sind. Anspruchsvoller wäre eine BSP-Regel, wenn verschiedene Defizit-BSP-Werte mit den Wirtschaftszyklen verbunden werden.[63] In Boomphasen sind nur kleinere Werte erlaubt und v.v. Wenn das tatsächliche Wirtschaftswachstum seinen langfristigen Wert übersteigt, müssen Überschüsse erwirtschaftet werden, wenn es unter dem langfristigen Wert bleibt, sind Defizite möglich. Allerdings ist bei einem ungewöhnlich großen Schock ein Defizit über dem Maximalwert notwendig. Es kann auch ein länderspezifischer Parameter eingefügt werden, so daß der Schuldenstand nicht konstant bleibt, sondern langfristig verringert wird.

Eine weitere Möglichkeit für die Ausgestaltung einer Regellösung ist die „golden rule" der staatlichen Schuldenaufnahme. Schulden sollten nur zur Finanzierung von Investitionen aufgenommen werden, oder wenn eine gesamtwirtschaftliche Störung vorliegt, nicht jedoch für Konsum- und Transferausgaben.[64] Hier stellt sich allerdings das Problem der Definition von Störungen. Alle laufenden Ausgaben müssen durch laufende Einnahmen gedeckt sein. Dafür müssen öffentliche laufende Ausgaben und öffentliche Investitionen getrennt werden. Das stößt aber auf praktische Schwierigkeiten bei der Durchführung, denn der Unterschied zwischen den beiden Ausgabentypen ist fließend und willkürlich, Lehrergehälter können öffentliche Konsumausgaben aber auch Investitionen in Humankapital sein. Die Definition von öffentlichen Investitionen ist umstritten. Die Grundlage dieses Konzeptes ist die Annahme, daß alle Investitionen Erträge bringen, mit denen die Zinszahlungen finanziert werden. Also ist eine hohe Verschuldung nur dann schlecht, wenn sie für Staatskonsum oder unrentable Investitionen aufgenommen wird. Aber nicht alle Investitionen bringen Erträge bzw. sind rentabel, z.B. Investitionen in den Umweltschutz, und nicht jede öffentliche Konsumausgabe ist automatisch von Nachteil. Eine solche Regel für die Neuverschuldung ist schwierig durchzusetzen, da die Qualität der Ausgaben berücksichtigt werden muß. Nichtsdestotrotz sollte die Grundidee der „golden rule" berücksichtigt werden, nämlich daß die Qualität der öffentlichen Ausgaben aus denen ein Defizit entstanden ist, wichtig ist.

Das „Sustainability"-Konzept bzgl. Staatsschuld und Budgetdefizit befaßt sich mit der Nachhaltigkeit der Staatsschuld. Es basiert auf einer umfassenden Einschätzung der finanzpolitischen Situation eines Landes. Abhängig von den nominalen Zinsen und dem

---

62 Vgl. Donges et al., 1992, S. 69f

63 Vgl. Neumann, 1995, S. 17f

64 Vgl. Gros/Thygesen, 1998, S. 337; Andel, 1998, S. 414

Wirtschaftswachstum des jeweiligen Landes wird die Höhe des Primärdefizits berechnet, bei dem der Schuldenstand konstant bleiben würde.[65] Als „primary gap“ wird die Differenz zwischen dem tatsächlichen Primärdefizit und dem Primärdefizit, das den Schuldenstand stabilisieren würde, definiert. Solvenz oder „Sustainability“ ist definiert als Konstanthaltung der Schulden.

Formal lautet der Zusammenhang folgendermaßen:

$$\Delta \frac{D}{PY} = \frac{S^p}{PY} + \frac{D}{PY}(i - p - g) \qquad \text{(Schuldendynamik)}$$

S^p = Primärdefizit

S = Defizit

Y = reales BIP

D = Schuldenstand

i = Nominalzins

P = Preisniveau

p = Inflationsrate

g = Wachstumsrate des realen BIP

r = Realzins

Ein Schuldenzuwachs kommt zustande durch ein Primärdefizit und positive Realzinszahlungen auf die vorhandene Staatsschuld und wird verringert durch eine positive Wachstumsrate des realen BIP.

$$-\frac{S^p}{PY} \leq (i - p - g)\frac{D}{PY} \qquad \text{(Stabilitätsbedingung)}$$

Der linke Term ist die Relation des Primärüberschusses zum nominalen BIP. Der rechte Term zeigt die Differenz zwischen Realzins und realem Wirtschaftswachstum multipliziert mit der Relation Schuldenstand zu BIP. Wenn der Realzins größer als das reale Wachstum ist, dann wird ein Primärüberschuß notwendig, wenn das reale Wachstum größer ist, dann sind Primärdefizite möglich. Wenn das Gleichheitszeichen gilt, bleibt der Schuldenstand konstant; soll der Schuldenstand reduziert werden, sind kleinere Defizite bzw. größere Überschüsse notwendig. In Abbildung 2 wird der rechte Term durch eine „Sustainability“ Grenze ausgedrückt.

Die tatsächliche Schuldenquote, der Realzins und das reale Wirtschaftswachstum definieren das Primärdefizit bzw. den Primärüberschuß, der notwendig ist, um den Schuldenstand auf dem Wert der tatsächlichen Schuldenquote konstant zu halten. Bei einem positiven Zins-Wachstums-Differential ist ein Primärüberschuß notwendig, der um so größer wird, je größer der Unterschied zwischen dem Zinssatz und der Wachstumsrate ist. Bei einem

---

[65] Vgl. zu diesem Konzept z.B. Pasinetti, 1998; Spahn, 1999, S. 273ff. Die Beiträge zur Schuldendynamik basieren auf dem Aufsatz von Domar, 1944, der die Grenzen der Staatsverschuldung auf der Grundlage eines Wachstumsmodells erklärt. Eine allgemeine Darstellung der Ökonomie der öffentlichen Schuld findet sich bei Musgrave, 1992, Kap. 27, S. 134-162.

negativen Differential sind Primärdefizite möglich, die um so größer werden, je größer das Differential ist (r-g < 0').

Abbildung 2: Schuldendynamik I

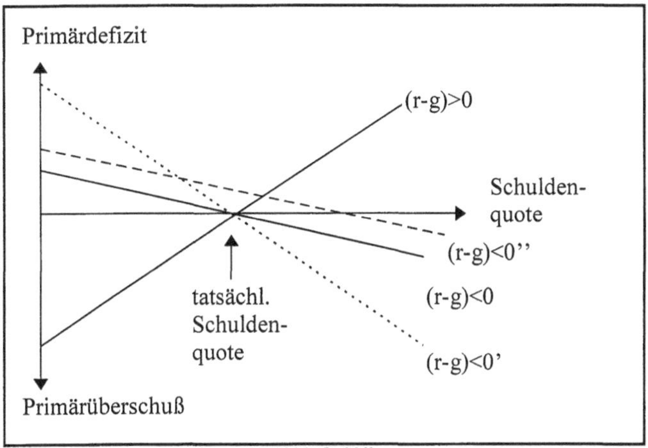

Quelle: in Anlehnung an Pasinetti, 1998, S. 30ff

Bei demselben negativen Zins-Wachstums-Differential und einem höheren Schuldenstand verschiebt sich die Gerade parallel nach oben (r-g < 0''). Das dann mögliche höhere Defizit erklärt sich aus der Gleichung:

$$\frac{S}{PY} = g\frac{D}{PY}.$$

Eine positive Wachstumsrate erhöht das BIP und verringert somit die Schuldenquote (D/PY). Wenn die Schuldenquote konstant gehalten werden soll, kann genau diese Differenz als positive Neuverschuldung (Budgetdefizit: S/PY) aufgenommen werden. Alle Ausführungen bzgl. des negativen Differentials gelten umgekehrt für ein positives Differential. Wenn der Realzins gleich der realen Wachstumsrate ist, gilt offensichtlich, daß ein ausgeglichenes Budget notwendig für die Konstanz der Schuldenquote ist.

Eine modifizierte Betrachtungsweise des Problems ist möglich, sie beinhaltet das gesamte Defizit inklusive der Zinszahlungen und die Wachstumsrate. Die formale Beziehung lautet also:

$$\frac{S}{PY} = g\frac{D}{PY}$$

Durch die Variablen Schuldenquote, Defizitquote und Wachstumsrate ist eine „Sustainability“ Grenze definiert, oberhalb derer der Schuldenstand nicht konstant gehalten werden kann. Zweidimensional kann der Zusammenhang dargestellt werden, wenn für jede Wachstumsrate, also für jedes Land, eine „Sustainability“ Grenze berechnet wird:

Abbildung 3: Schuldendynamik II

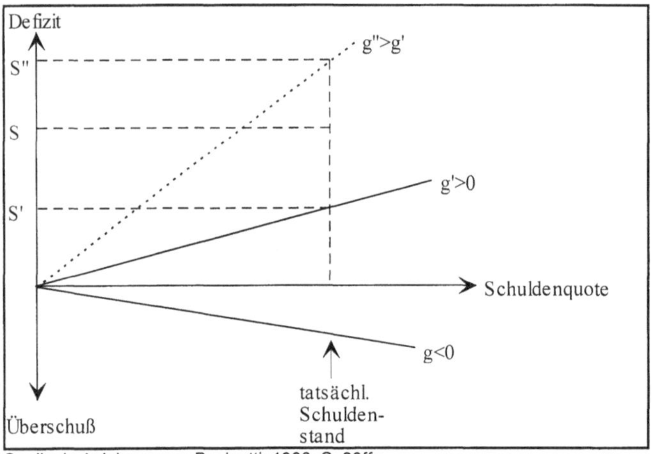

Quelle: in Anlehnung an Pasinetti, 1998, S. 23ff

Bei einer positiven Wachstumsrate ist durch die Gerade (g' > 0) bei einem bestimmten Schuldenstand ein maximales Defizit (S') definiert, bei dem die Schuldenquote konstant bleibt. Bei einem höheren, tatsächlichen Defizit (S) ist die Finanzpolitik nicht nachhaltig. Je größer der negative/positive Abstand des tatsächlichen zum maximalen Defizit ist, desto schneller wird die Schuldenquote verringert/vergrößert. Je nach Höhe der Wachstumsrate verändert sich die Steigung der Geraden (g" > g'), im dargestellten Fall erhöht sich der Maximalwert des Defizits. Dieselbe Argumentation gilt bei einer negativen Wachstumsrate (g < 0), der Maximalwert des negativen Defizits darf nicht überschritten werden, d.h. der Überschuß muß größer sein, als der durch die Gerade festgelegte. Auch hier erklärt sich der Widerspruch, daß bei einem höheren Schuldenstand ein höheres Defizit zulässig ist, mit dem oben erklärten Zusammenhang, daß eine positive Wachstumsrate des BIP bei konstanten Staatsschulden eine höhere Neuverschuldung ermöglicht und trotzdem die Schuldenquote konstant bleibt. Außerdem wird hier das Gesamtdefizit betrachtet: bei höheren Staatsschulden erhöhen die gestiegenen Zinszahlungen automatisch das Gesamtdefizit.

Allerdings wären solche Regeln möglicherweise zu wenig stringent, da keine Anreize zur Schuldenreduzierung gegeben sind, wenn sich die Länder auf einem nachhaltigen Pfad befinden, also einem solchen, der die Schulden konstant hält. Außerdem sind die berechneten Ergebnisse/Pfade wegen verschiedener Annahmen[66] und unsicheren Zahlenmaterials unzuverlässig.

Aus dem „Sustainability"-Konzept läßt sich eine Regel für das Primärdefizit ableiten. Für das Defizit ohne Zinszahlungen werden Maximalwerte in bezug auf das BSP definiert. Wenn die Höhe der nominalen Zinsen dem Wirtschaftswachstum entspräche, wäre mit dieser Regel auch der Schuldenzuwachs geregelt. Bei einem Primärdefizit von Null wäre der Schuldenstand stabil.

Eine weitere Ableitung aus dem „Sustainability" Ansatz ist die goldene Regel der Schuldendynamik. Sie besagt, daß der Realzins kleiner als das reale Wirtschaftswachstum sein sollte, bzw. das Zins-Wachstums-Differential kleiner als Null:

$$r < g \;; \qquad r = i - p$$

$$(r - g) < 0$$

Diese optimale Pfad der Schuldenentwicklung kann aber nicht im eigentlichen Sinne als Handlungsanweisung betrachtet werden, da die Politikinstanzen im allgemeinen keinen direkten Einfluß auf die beiden Variablen Realzins und Wachstumsrate haben. In diesem Zusammenhang ist auch die Zinslastquote von Bedeutung:

$$z = \frac{iD}{PY}$$

Eine steigende Zinslastquote bedeutet, daß ein immer größerer Teil der Staatseinnahmen für den Zinsendienst aufgewendet werden muß, der staatliche Handlungsspielraum wird immer geringer.

Eine konkrete Ausgestaltung einer Regellösung sind Kapitalverkehrsbeschränkungen innerhalb der Einzelstaaten. Der Marktmechanismus, also der Rückgang der Schuldenaufnahme wegen erhöhter Zinsen und Risikoprämien, würde funktionieren, wenn die Schuldenaufnahme der eigenen Regierung in anderen Ländern der Union eng begrenzt ist, so daß die Zinserhöhungen in voller Höhe im eigenen Land wirken und sich nicht gleichmäßig auf die gesamte Union verteilen.[67] Das bedeutete aber, daß es keinen liberalisierten, unionsweiten und effizienten Kapitalmarkt gäbe; außerdem ist das Anlageverhalten mit einer gemeinsamen Währung nur schwer nachvollziehbar. Dieser Vorschlag würde den

---

[66] Die Europäische Kommission und die OECD treffen verschiedene Annahmen, vgl. Gros/Thygesen, 1998, Kap. 8, S. 335f: Die OECD verwendet konkrete Werte für den langfristigen Zins und die Wachstumsrate, während die Kommission annimmt, die langfristige Differenz betrüge 2%.

[67] Vgl. Caesar, 1994, S. 244

Regelungsbedarf auf eine andere Ebene verlagern. Außerdem sollte auch die Integration des EU-weiten Kapitalmarkts mit dem Weltkapitalmarkt berücksichtigt werden: Wenn diese hoch ist, können die Länder auch die Ersparnisse außerhalb der Union nutzen, so daß die Erhöhung des Zinsniveaus noch weiter verteilt wird.[68]

Gleichzeitig mit den Kosten der marginalen Schuldenaufnahme steigen auch die Kosten der Finanzierung der gesamten Staatsschuld, und das um so eher, je kurzfristiger die Papiere ausgestellt sind, weil dann die höheren Zinsforderungen schneller in die Zinsen auf die Staatspapiere einfließen können. In dieser Situation wird es schwierig, ein Defizit einzuschränken, weil die erhöhten Zinszahlungen auf die Staatsschuld in das Defizit mit einfließen. In diesem Szenario hat die Kurzfristigkeit der Schulden negative Auswirkungen, weil sie zu einem schnelleren Ansteigen der Finanzierungskosten der Gesamtschulden führt. Genau entgegengesetzt, also *ex ante*, argumentiert de Grauwe, der die Kurzfristigkeit der Schulden als Anreiz zur Finanzdisziplin sieht, weil höhere Inflationsraten schneller in die Zinsforderungen einfließen und damit die Kosten erhöhen, bzw. konstant halten.[69] Also würden kurzfristige Staatspapiere vor der Währungsunion die Kreditaufnahme klein halten (nationale Inflationsraten) und nach der Währungsunion den Druck auf die gemeinsame Geldpolitik minimieren (EU-Inflationsrate). Wenn allerdings durch expansive Schuldenpolitik eines Landes die Zinsen in der Gemeinschaft steigen, dann sind Emittenten von langfristigen Schuldscheinen vor dem Anstieg der Finanzierungskosten geschützt. Die Mitgliedsländer müßten also aufgeteilt werden in solche, die zu undisziplinierter Schuldenaufnahme neigen und solche, deren Schuldenaufnahme sich in Grenzen hält, die erste Gruppe sollte eher kurzfristige Schuldscheine emittieren, die zweite eher langfristige.

1.3.3.3 Sanktionen zur Durchsetzung von Regeln

> „*When, in the last century, some states tried to break away from the Union [the USA, A.L.], the Union went to war to prevent that.*“[70]

Sanktionen sind als Anreizmechanismen für die Einhaltung von Regeln unverzichtbar. Verschiedene Ausgestaltungen von Sanktionen sind denkbar: Das Recht des Austritts aus der Union würde den Zwang, den die Union auf die Mitglieder ausüben kann, minimieren.[71] Je

[68] Vgl. Giovannini/Spaventa, 1991, S. 6f
[69] Vgl. De Grauwe, 1996 (b), S. 13, 18ff
[70] Vgl. Goldstein/Woglom, 1992, S. 268
[71] Vgl. Sobel, 1996, S. 310ff

nachdem ob dieses Recht gewährt wird, müssen die Strukturen der Union anders aussehen; wenn keine Austrittsmöglichkeit besteht, dann müssen die Entscheidungsbefugnisse zugunsten der Mitglieder verändert werden. Das Verlassen einer Teilorganisation der UNO zum Beispiel wirkt als Sanktion, nicht zuletzt, weil sich dadurch das Budget der Organisation teilweise erheblich verringert. Durch dieses Recht wird die Macht der Union kleiner. Meistens wird argumentiert, daß die Kosten des Austritts aus einer Währungsunion prohibitiv hoch sind. Andererseits: warum sollten sie höher sein, als die für die Einführung einer Währungsunion? Beispielsweise treten die Kosten der Währungsumstellung, der Informationsbereitstellung und der Erwartungsbildung auf den Finanzmärkten oder in der Bevölkerung in beiden Fällen auf. Auch die osteuropäischen Wirtschaften führten eigene Währungen ein, kaum daß sie sich politisch getrennt hatten. Allerdings waren die Wirtschaften im Osten, v.a. die Finanzsysteme, weniger hoch entwickelt, die Umstellungskosten damit nicht so hoch.[72]

Die Sanktionen im Maastrichter Vertrag bei Nichteinhaltung der fiskalpolitischen Konvergenzkriterien sind durch das Verfahren bei einem übermäßigen Defizit festgelegt (siehe Kap. 4.2.2.1). Es ist allerdings nicht wahrscheinlich, daß sich eine Regierung von einem schmerzhaften Sparkurs überzeugen läßt, sie wird eher die Solidarität der anderen Länder einfordern. Durch finanzielle Sanktionen könnte das Schuldenproblem des Landes noch verschärft werden. Und weitgehende Sanktionen würden in die Souveränität der Staaten eingreifen.

Um positive Anreize zur Beachtung von Regeln zu schaffen, sind Optimale Kontrakte möglich.[73] Man könnte ein Land zwar nicht von der Währungsunion, aber temporär von Entscheidungsgremien der Union ausschließen. Damit würde allerdings ausgedrückt, daß z.B. der nationale Notenbankpräsident im Rat der Unionszentralbank als Interessenvertreter seines Landes gesehen wird, und genau das ist eigentlich nicht beabsichtigt. Auch Kürzungen der Transfers proportional zur Überschreitung der Regelwerte könnten als automatische Sanktionen dienen.

Sanktionen, die auf den Umweltzustand bezogen vorher festgelegt wurden, also automatische, haben den Vorteil, daß sie kein diskretionäres Element bei der „Bestrafung“ von Staaten beinhalten. Allerdings sind nicht alle Möglichkeiten vorhersehbar. In einer Währungsunion entfällt die Abwertung der nationalen Währung als Sanktion bei überhöhten

---

72 Z.B. gab es weniger Automaten, weniger Computersysteme, weniger Computerkassen im Einzelhandel usw.

73 Zur Theorie der Optimalen Kontrakte siehe z.B. Walsh, 1995; Bofinger/Reischle/Schächter, 1996, Kap. IV.4.4, S. 209ff; Persson/Tabellini,1993.

Schulden eines einzelnen Mitgliedslands. Sind die Schulden der gesamten Union relativ hoch, könnte allerdings die Gemeinschaftswährung abwerten.

Wichtig für die effektive Durchführung von Sanktionen ist die öffentliche Meinung; wenn die Bürger eines Landes eine expansive Fiskalpolitik für rechtens befinden, dann sind Sanktionen - wenn sie nicht völlig automatisch sind - schwer durchzuführen (siehe Kap. 1.4.2). Wichtig ist auch, daß die Bürger die Einhaltung der Regeln vor einem unabhängigen Gericht einklagen können.[74]

1.3.3.4 Beispiele von existierenden, fiskalpolitischen Regeln

In allen Staaten der USA, mit Ausnahme von Vermont, existiert die Vorschrift eines ausgeglichenen Budgets. In 25 Staaten sind die Regeln allerdings nicht bindend. Zumindest temporäre Defizite sind möglich.

Eichengreen analysiert in einem Artikel von 1990, ob die amerikanischen Staaten bei steigenden Schulden höhere Zinsen zahlen mußten, und ob sie ab einem bestimmten Punkt rationiert wurden, die Marktlösung also funktionierte.[75] Er findet einen schwachen Beweis dafür, daß höhere Schulden die Kosten der Kreditaufnahme erhöhen, aber keinen Beweis, daß hochverschuldete Staaten rationiert werden. Andere Studien finden, daß Bundesstaaten der USA mit höheren Schulden, größeren Defiziten und höherem Schuldenwachstum in bezug zum BIP höhere Zinsen auf ihre Wertpapiere zahlen. Staaten, die Höchstgrenzen auf ihre Schuldenaufnahme haben, zahlen niedrigere Zinsen. Die Kosten der Kreditaufnahme für Staaten erhöhen sich mit höheren Schulden.[76] Freiwillige, möglicherweise in der Verfassung verankerte, Beschränkungen bzgl. Kreditaufnahme und Schuldenstand führen zu einem niedrigeren Risiko der Zahlungsunfähigkeit und damit zu niedrigeren Zinsen. Andererseits findet Hagen, daß formale, fiskalische Begrenzungen in den USA keine exzessiven Defizite oder Schulden verhindert haben, sondern hauptsächlich zu einer Substitution durch andere Schuldeninstrumente führten.[77] Außerdem seien die Grenzen der Kreditaufnahme in den amerikanischen Bundesstaaten historischen Ursprungs und haben ihren Grund nicht in der Zielsetzung der Stabilität des Dollar.[78] Die amerikanischen, finanzpolitischen Regeln sind weder wegen der Externalitäten expansiver Fiskalpolitik, noch wegen deren Wirkungen auf

---

74 Vgl. Inman, 1996, S. 28

75 Vgl. Eichengreen, 1990, S. 150f

76 Vgl. Goldstein/Woglom, 1992, S. 246ff. Wyplosz, 1991, S. 167f findet allerdings keinen empirischen Beweis für einen Mechanismus, der die Zinsentwicklung auf langfristige Budgetdefizite zurückführt.

77 Vgl. Hagen, 1991; Staatsausgaben werden z.B. auf Neben- und Schattenhaushalte verlagert. Siehe auch Eichengreen, 1994, S. 183; Hagen, 1996, S. 43f.

78 Vgl. Hagen/Eichengreen, 1996, S. 135; Eichengreen/Hagen, 1996, S. 11ff

die Preisstabilität aufgestellt worden.[79] Außerdem sind Grenzen für die Neuverschuldung auf der dezentralen Ebene kein allgemeines Merkmal von Föderationen.

Eine weitere Möglichkeit nach der Markt-, bzw. Regellösung, die zu finanzpolitischer Disziplin führen kann, ist eine übergeordnete, unabhängige Instanz, die über das fiskalpolitische Wohlverhalten der Mitglieder wacht.[80] Eine solche supranationale Aufsicht führt natürlich zu einer Beeinträchtigung der finanziellen Selbständigkeit der Staaten. Die Mitglieder eines National Debt Board[81] dürfen nicht aus dem eigenen Land kommen. Die Zielwerte der Schuldenentwicklung werden individuell gesetzt und länderspezifische Umstände einbezogen, das Board ist unabhängig und überwacht auch Fortschritte in bezug auf die Finanzpolitik.

1.4 Allgemeine Probleme der Integration

1.4.1 Der Trade-off zwischen demokratischer Legitimierung und Unabhängigkeit

In einer Währungsunion ist die demokratische Legitimierung der Zentralbank noch eingeschränkter als in Nationalstaaten, da sich die Kontrolle durch ein Parlament, wenn ein solches existiert, oder durch die Öffentlichkeit erst entwickeln muß. Nur bei parlamentarischer Kontrolle, Einbettung in Regierungsinstitutionen oder Kontrolle durch die Öffentlichkeit ist eine unabhängige Zentralbank demokratisch zu rechtfertigen.[82] Also wird zu einer gemeinsamen Geldpolitik auch eine Politische Union gefordert.

Die Zentralbank handelt nach einer Zielfunktion, die die Präferenzen der Bevölkerung bezüglich Inflation, Arbeitslosigkeit und anderer Variablen widerspiegelt. Eine Lösung für das Problem der Zeitinkonsistenz und für das des möglichen Drucks von Interessengruppen ist die Unabhängigkeit der Zentralbank. Eine Notenbank innerhalb eines Staates steht mit dem nationalen Parlament in einer Principal-Agent Beziehung. Das deutsche Bundesbankgesetz beispielsweise kann durch einfache Mehrheit im Bundestag geändert werden. Das europäische Parlament andererseits hat in bezug auf die EZB keine Befugnisse (Entparlamentarisierung).[83] Das Statut der EZB kann nur durch Veränderung eines völkerrechtlichen Vertrags geändert werden, was die Zustimmung aller Mitglieder voraussetzt. Das vermindert die demokratische Kontrolle, vergrößert aber die Unabhängigkeit von der Politik. Außerdem finden das Ziel der

[79] Vgl. Eichengreen/Hagen, 1995, S. 7
[80] Vgl. Goldstein/Woglom, 1992, S. 260
[81] Vgl. Eichengreen/Hagen, 1996, S. 17f
[82] Vgl. Harder 1997, S. 128. Mit dem Problem der politischen Verantwortlichkeit in einer Währungsunion setzt sich auch Lohmann, 1997 auseinander.
[83] Einen Vergleich zwischen Bundesbank, EZB und Fed zieht Wincott, 1994, S. 216ff. Siehe auch Alesina/Grilli, 1992, S. 54ff.

Geldwertstabilität und der Auftrag der Geldpolitik für stabile Bedingungen des Wirtschaftslebens immer mehr Zustimmung.[84] Die Unabhängigkeit der EZB ist also gesichert, im Gegensatz zur demokratischen Kontrolle der Bank. In einer Politischen Union könnten die Statuten der EZB wahrscheinlich durch ein einfaches Gesetz geändert werden, was die Unabhängigkeit verringert, aber die Kontrollmöglichkeiten vergrößert. Dies kann jedoch auch zu Problemen führen, da noch kein ausgeprägter, europäischer Stabilitätskonsens vorhanden ist.

In einer Währungsunion gibt es entweder gar kein Parlament, oder es hat zuwenig Befugnisse. Bei weitergehender Vergemeinschaftung von Politikbereichen werden den nationalen Parlamenten immer mehr Entscheidungsbefugnisse entzogen. Wenn die Befugnisse des gemeinsamen Parlaments nicht in gleichem Maße ausgeweitet werden, verringert sich die parlamentarische Kontrolle insgesamt auf nationaler und Gemeinschaftsebene. Gleichzeitig könnte man auch argumentieren, daß diese Entparlamentarisierung positiv auf die Unabhängigkeit der Zentralbank wirkt.

Eichengreen führt drei weitere Quellen von Legitimation an:[85] Charisma, Tradition und Gesetz. Skeptisch betrachtet er die Möglichkeit, daß eine Zentralbank durch einen charismatischen Präsidenten Legitimation erringen könnte. Tradition bzw. Reputation kann sich eine Zentralbank erst nach langen Jahren der stabilitätsorientierten Politik erwerben. Wenn die Reputation einer Notenbank allerdings gefestigt ist, so bildet diese die beste Rechtfertigung der Unabhängigkeit. Ein Unionsvertrag kann die Legitimation der gemeinsamen Zentralbank durch explizite Gesetze erreichen, aber diese Gesetze müssen erzwungen werden, es muß sichergestellt werden, daß die Zentralbank ihren Zielvorgaben folgt. Eichengreen stellt die Behauptung auf, wenn ein Großteil der Bevölkerung an die durch Gesetze gesicherte Legitimität der Notenbank glaubt, dann wäre sie auch legitim.

Padoa-Schioppa erwähnt Vorkehrungen, die sicherstellen, daß die EZB auch jetzt schon demokratisch legitimiert ist:[86] Der Vertrag über die EZB wurde von allen Regierungen und nationalen Parlamenten akzeptiert, der Europäische Gerichtshof wird die Einhaltung der Vorkehrungen des Vertrags sichern. Die nationalen Notenbankpräsidenten als Mitglieder des EZB-Rats werden in demokratischen Staaten ernannt, die Mitglieder des Direktoriums wurden von den demokratisch gewählten Regierungschefs ernannt. Der Vorsitzende des Rats der Finanzminister darf den Sitzungen des Rats der EZB beiwohnen. Die EZB muß einen

---

[84] Vgl. Bofinger, 1995, S. 46
[85] Vgl. Eichengreen, 1996, S. 17ff
[86] Vgl. Padoa-Schioppa, 1994, S. 189

jährlichen Bericht veröffentlichen und die Mitglieder des Direktoriums können vor die wirtschafts- und geldpolitischen Ausschüsse des Europäischen Parlaments zitiert werden.

Auch bei einer zentralisierten Fiskalpolitik stellt sich das Problem der demokratischen Kontrolle dieser Politik. Oft wird argumentiert, daß die Mitglieder des Ministerrats von ihren nationalen Parlamenten kontrolliert werden, und somit dieses Gemeinschaftsorgan demokratisch legitimiert ist. Aber die Sitzungen des Rats werden nicht veröffentlicht, so daß wegen Informationsmangel keine Kontrolle durch die Parlamente stattfinden kann. Und wenn die Aufforderung zur Umsetzung in nationales Recht den Parlamenten vorliegt, würde eine Ablehnung als Boykottierung der europäischen Idee gedeutet werden. Da die EU jedoch lediglich ein Integrationsverband ist, könnte auch argumentiert werden, daß sie nicht unbedingt der Verpflichtung der demokratischen Rechtfertigung unterliegt.[87]

1.4.2 Die Öffentliche Meinung und der Stabilitätskonsens in der Bevölkerung

Stabiles Geld braucht die Unterstützung der öffentlichen Meinung, da die Zentralbank andernfalls dem Druck der Öffentlichkeit nach expansiver Geldpolitik langfristig nicht widerstehen kann. Allein die Festsetzung des Ziels der Preisstabilität ist nicht genug für eine stabile Geldpolitik. Es bedarf auch der passenden Inflationserwartungen und der öffentlichen Unterstützung. Wenn hohe Arbeitslosigkeit herrscht, wird die Zentralbank ihren strikten Kurs nur sehr schwer beibehalten können: Nicht nur wird von den Regierungen Druck ausgeübt werden, die falsche Lohnpolitik zu korrigieren, auch wird argumentiert werden, daß die strikte Geldpolitik den Zusammenhalt der Union gefährdet, der in den ersten Jahren noch schwach ist. Damit sich die öffentliche Meinung nicht geschlossen gegen die gemeinsame Zentralbank richtet, muß sich ein Stabilitätsbewußtsein in allen teilnehmenden Staaten entwickeln. Die öffentliche Meinung und die Preisstabilität bedingen sich gegenseitig: Die öffentliche Akzeptanz ist notwendig für die Stabilität der Währung, und Vertrauen in diese Stabilität ist die Voraussetzung für die Akzeptanz.[88]

Für die Demokratiefähigkeit der Union und die öffentliche Meinung gleichermaßen wichtig ist eine einheitliche Sprache. Demokratie ist an Sprache gebunden; Vielsprachigkeit in der Union ist ein erhebliches Problem für die Demokratiefähigkeit und Meinungsäußerung durch gemeinsame Medien.

---

[87] Vgl. Möschel, 1993, S. 34ff

[88] Vgl. Issing, 1996, S. 24

1.4.3 Die Finanzierung in einer Währungsunion - Darstellung und Vorschläge

Ein Finanzausgleich dient je nach Definition dem Ausgleich zwischen armen und reichen Regionen, der Verbesserung von wirtschaftlicher Konvergenz und der Abfederung asymmetrischer Schocks. Er erfolgt über automatische Stabilisatoren via Direktbesteuerungssystem, also eine temporäre, gegenseitige Versicherung oder über einen interregionalen Ausgleich durch strukturpolitische Transfers. In diesem Abschnitt wird zwischen automatischen Stabilisatoren auf der einen und Transfers auf der anderen Seite unterschieden. Die Begriffe werden in der Literatur unterschiedlich verwandt, und die tatsächliche Ausgestaltung eines Finanzausgleichs der Staaten variiert erheblich.

Automatische Stabilisatoren haben die fiskalische Funktion der Stabilisierung bei temporären Schocks. Transfersysteme übernehmen die Aufgabe der Umverteilung. Bei Strukturproblemen (permanenten Schocks) wird die Anpassung durch Transfers finanziert. Unter einem permanenten Schock wird in dieser Arbeit ein Schock mit langfristigen Strukturfolgen verstanden, ein temporärer Schock hat kurzfristige Wirkungen ohne strukturelle Folgen.

1.4.3.1 Automatische Stabilisatoren

Automatische Stabilisatoren („fiscal shock absorbers"), also ein automatischer Umverteilungsmechanismus, der den Auswirkungen von nationalen Schocks gegensteuert, sind auf Gemeinschaftsebene angesiedelt.[89] Fiskalpolitik bleibt als einziges Instrument, um auf externe Schocks zu reagieren, v.a. wenn die Arbeitsmarktflexibilität nicht ausreicht, um die Beschäftigung zu stabilisieren. Da sich temporäre Schocks im Durchschnitt über die Zeit ausgleichen, könnten die temporär notwendigen, öffentlichen Defizite von den nationalen Regierungen über den Kapitalmarkt finanziert werden.[90] Nur wenn dieser Zugang zu den Kapitalmärkten nicht möglich ist, sollten die temporären Schwankungen über Gemeinschaftshilfe abgefangen werden. Das Ziel ist nicht die Angleichung des Einkommens oder Hilfe bei permanenten Schocks, sondern lediglich, die Bevölkerung gegen temporäre, länderspezifische Schocks zu versichern.

Selbst in einem solchen Fall sind allerdings Situationen denkbar, in denen eine zentralisierte Geldpolitik bessere Ergebnisse bringt als nationale Geldpolitik. Weil asymmetrische Schocks also nicht generell gegen eine Währungsunion sprechen, ist implizit

89 gl. Gros/Thygesen, 1998, S. 352ff

90 Vgl. Berthold, 1993, S. 166; er argumentiert, daß das europäische Versicherungssystem schon heute über den Kapitalmarkt funktioniert. Dort können sich Länder, die von adversen Schock getroffen wurden, übergangsweise verschulden. Die Gelder werden von solchen Ländern bereitgestellt, die von positiven Schocks getroffen wurden.

bei solchen Schocks auch kein finanzieller Ausgleich notwendig. „... any mere emphasis on asymmetric shocks is a totally inadequate ground for building a case against EMU."[91] Als Beispiele wären zu nennen: erstens asymmetrische Schocks auf die Geldnachfrage, die zu Substitution von Währungen führen; zweitens sollte die Geldpolitik nicht eingreifen, wenn Schocks mikroökonomischen Ursprungs sind, und drittens treten bei Schocks auf Gütermärkten Informationsprobleme sowohl für die gemeinsame als auch für die nationalen Zentralbanken auf.

Automatische Stabilisatoren werden über ein Gemeinschaftsbudget implementiert, bestimmte Steuern oder Abgaben werden in der gesamten Gemeinschaft erhoben und Arbeitslosenunterstützung zentral ausbezahlt.[92] Bei einer temporären Nachfrageverschiebung innerhalb der Union werden in der negativ betroffenen Region automatisch mehr Arbeitslosenzuweisungen gezahlt, während in anderen Regionen automatisch mehr Steuern erhoben werden. Die Gemeinschaft könnte Teile der Arbeitslosenversicherungen der Staaten übernehmen und dafür Teile der Versicherungseinnahmen bekommen, dann würden Länder mit temporär unterdurchschnittlicher Arbeitslosigkeit, solche mit temporär überdurchschnittlicher unterstützen. Der Mechanismus sollte wegen bürokratischer Hemmnisse und falscher Anreize nicht diskretionär gehandhabt werden. Der Nachteil von den unten beschriebenen Transfers ist immer, daß über die nationalen Ein- und Auszahlungen genaue Statistiken geführt werden. Das schafft Ressentiments und Forderungen nach Neuverteilung der Zahlungen. Bei automatischen Stabilisatoren ist dieses Problem nicht gegeben, da die Arbeitslosenzahlungen und Steuererhebungen durch die Arbeitslosenzahlen und die Einkommenshöhe festgelegt sind. Der Vorteil von Stabilisatoren ist außerdem, daß die Umverteilungen automatisch vor sich gehen; es bedarf zumindest eines höheren, bürokratischen Aufwands, um die genaue Höhe der Nettozahlungen zu bestimmen. Trotzdem ist die Zustimmung der reicheren Länder zu einem solchen Finanzausgleich notwendig. Aber bei temporären Schocks ist die Wahrscheinlichkeit sehr hoch, daß die Zahlungen gleichverteilt sind, also langfristig alle Länder gleichmäßig von temporären, adversen Schocks getroffen werden.

Der Vorteil eines zentralen Budgets zur Stabilisierung ist, daß es - zumindest zu Beginn - nicht durch Höchstgrenzen beschränkt ist. Außerdem kann ein zentrales, fiskalisches

---

91 Mélitz, 1998, S. 60. Er beschreibt sechs Beispiele von asymmetrischen Schocks, bei deren Auftreten eine nationale Geldpolitik nicht unbedingt besser ist als eine gemeinsame, bei denen also auch kein Grund für einen fiskalischen Ausgleich in einer Währungsunion besteht.

92 Diese Automatischen Stabilisatoren würden evt. auch eine Harmonisierung der Sozialsysteme nach sich ziehen, denn die Frage ist, ob die Höhe der ausbezahlten Arbeitslosengelder je nach Sozialsystem zwischen den Staaten variieren kann. Vgl. auch Gros/Thygesen, 1998, S. 360ff.

Sicherungssystem den Zusammenhalt in der Währungsunion stärken, indem nach asymmetrischen Schocks Gelder in die betroffenen Regionen transferiert werden. Besonders in einer jungen Union werden die Regionen argumentieren, daß sie, wären sie nicht Mitglied, dem Schock mit expansiver Geldpolitik oder einer Abwertung gegensteuern könnten. In einer jungen Union wird für adverse Schocks immer die Union verantwortlich gemacht, und zur Kompensation finanzielle Transfers verlangt werden. In einer schon lange bestehenden Union wie den USA wird man eher die strukturelle Anpassung suchen. Der Nachteil eines zentralen Budgets ist die größere Entfernung vom Bürger. Eichengreen meint, daß automatische Stabilisatoren auf Gemeinschaftsebene in einer Währungsunion nicht unbedingt notwendig sind, da die Etablierung dieses Instruments auch auf nationaler Ebene möglich ist.[93]

Man darf diese automatischen Stabilisatoren aber nicht mit Umverteilungsmechanismen oder Transfers verwechseln. Solche Umverteilungen mit dem Ziel der Einkommensangleichung verteilen Einkommen von reichen zu ärmeren Regionen und sind keine Versicherung gegen Schocks. Auch können automatische Stabilisatoren nicht bei permanenten Schocks, also Strukturveränderungen, angewandt werden, denn sie sollen nur eine Übergangsfinanzierung sein. Bei permanenten Schocks müssen strukturelle Anpassungen in den Ländern stattfinden. Beschäftigungs- und Outputkosten von permanenten Schocks sind langfristig nicht finanzierbar und eine Finanzierung würde negative Anreize gegen eine Anpassung der wirtschaftlichen Situation setzen.

In vielen Ländern wird das Instrument des offenen oder verdeckten Finanzausgleichs praktiziert, allerdings nicht unbedingt in der strikten, obigen Definition.[94] Damit sind die Gliedstaaten faktisch gegen Zahlungsunfähigkeit geschützt. Das schafft dieselben Probleme, denen die No Bail-out Klausel des Maastrichter Vertrag vorbeugen wollte, nämlich falsche Anreize. Europa hat keine Anpassungsmechanismen bei regionalen Schocks, es existieren Rigiditäten auf Güter- und Arbeitsmärkten.[95] Die zur Anpassung nötige Arbeitsmobilität ist niedrig, Unterschiede in regionalen Arbeitslosenquoten bestehen über lange Zeit hinweg. Der einzige Mechanismus in Europa sind unbegrenzte, fiskalische Transfers, die strukturelle Anpassungen unnötig und den bestehenden Zustand erträglich machen.[96]

---

93 Vgl. Eichengreen, 1996, S. 14

94 Vgl. Watrin, 1997, S. 182ff

95 Vgl. Obstfeld, 1997, S. 274

96 Eichengreen schreibt, daß im Gegensatz zu den USA in Europa immer dieselben Regionen hohe Arbeitslosigkeit erfahren, das deutet darauf hin, daß die Schocks von denen Europa getroffen wird, eher permanenten Charakter haben. Automatische Stabilisatoren verlieren damit das Merkmal, daß sich Nachfrageverschiebungen über die Zeit ausgleichen, und so immer verschiedene Länder zahlen und empfangen; vgl. Eichengreen, 1990, S. 160. Allerdings gibt es Gegenbeispiele, wie die Schwäbische Alb oder Bayern, die sich mit Hilfe des Finanzausgleichs in wirtschaftlich starke Regionen wandelten.

Sala-i-Martin/Sachs analysieren das amerikanische System der automatischen Stabilisatoren.[97] Sie finden, daß bei einem Rückgang des verfügbaren Einkommens pro Kopf einer Region von einem Dollar, die Steuereinnahmen der Bundesebene um 34 Cent zurückgehen und die Transfers um sechs Cent ansteigen. Insgesamt geht das Pro-Kopf-Einkommen also nur um 60 Cent zurück. In der Hauptsache wirkt der Steuerrückgang, der automatisch und nicht diskretionär berechnet wird. Mehr als ein Drittel des Schocks wird von der automatischen Stabilisierung auf Bundesebene aufgefangen. Die Regierung agiert nur teilweise als Versicherer gegen regionale Schocks.

Eigentümer von physischem Kapital können sich durch Diversifikation gegen Schocks versichern. Reale Einkommen aus Humankapital können über die Konjunkturen hinweg über den Kapitalmarkt geglättet werden, indem das Einkommen intertemporal umgeschichtet wird. Das ist wegen unvollkommener Kapitalmärkte jedoch nur begrenzt möglich. Kompensierende fiskalpolitische Maßnahmen - z.B. automatische Stabilisatoren - sind nur dann wohlfahrtsteigernd, wenn die Politik leichteren und billigeren Zugang zu den Kapitalmärkten hat. Berthold erwähnt drei Kritikpunkte an solchen Maßnahmen:[98] Die Schwierigkeit, temporäre und permanente Schocks zu unterscheiden, bei permanenten wirken sich fiskalische Maßnahmen wohlfahrtmindernd aus, weil sich die Wirtschaftssubjekte dann nicht anpassen müssen. Zweitens die Anwendung des Ricardo-Barro-Äquivalenztheorems; wenn sich Wirtschaftssubjekte rational verhalten, dann helfen staatliche Nachfragesteigerungen auch bei temporären Schocks nichts, da die Privaten ihre Nachfrage in gleichem Umfang einschränken, weil sie Steuererhöhungen in der Zukunft erwarten.[99] Drittens kann die Wirkung von staatlichen Nachfragesteigerungen, z.B. durch politische Willensbildungsprozesse oder Wirkungsverzögerungen, so eingeschränkt sein, daß sie nicht für eine kurzfristige Stabilisierung eingesetzt werden können. Er plädiert für fiskalpolitische Maßnahmen, die die Flexibilität der Preise und die Mobilität der Arbeitskräfte erhöhen würden, also die strukturelle Anpassung erleichtern würden.

1.4.3.2 Transfers aus gemeinschaftlichen Fonds

Um Konvergenz zwischen den Teilnehmerländern zu erreichen, bleibende Divergenzen zu reduzieren oder Anpassungsprozesse nach permanenten Schocks zu erleichtern, ist aktive Strukturpolitik vonnöten. Verschiedene Lebensstandards und Arbeitslosenquoten in einem

[97] Vgl. Sala-i-Martin/Sachs, 1992, S. 216; siehe auch Eichengreen, 1994, S. 184.

[98] Vgl. Berthold, 1993, S. 158f

[99] Kritikpunkte sind auch an diesem Modell anzubringen, z.B. daß die Steuererhöhungen nicht die selben Wirtschaftssubjekte treffen oder weit in der Zukunft liegen.

Währungsgebiet bedingen Transfers zur Kompensation. Der Wille zur Union ist die Voraussetzung, ein ökonomisch nicht kompatibles Gebiet durch solche Transfers zusammen zu halten. Wenn die reicheren Länder sich der Zahlung verweigern, ist ein Transfersystem nicht möglich.[100] Für die Implementierung sind gemeinsame Werte, Konsens über die Einführung und Institutionen, die Steuern erheben und die Umverteilung vornehmen, notwendig. Sogar Länder mit sehr verschiedenen Lebensstandards können eine Währungsunion bilden: Bei einer solchen Konstellation ist nicht die ökonomische Konvergenz wichtig, sondern der Wille zur Umverteilung.[101]

Transfers aus Strukturfonds überlasten das System mit der Zeit und führen zu einem Gewöhnungseffekt, wirkliche Veränderungen würden dann in den betroffenen Ländern nicht mehr durchgeführt. Schlecht definierte Transfersysteme geben also negative Anreize und ermöglichen ein *ex ante* Bail-out. Falsche Anreize entstehen auch, wenn in die Transferzahlungen die Steuerbelastung hoher Staatsschulden mit eingerechnet wird. Transfers sollten Anreize zu Selbsthilfe geben, und nur bei nicht selbstverschuldeten Problemen gewährt werden. Ein Anreiz, die notwendigen Strukturanpassungen durchzuführen, wäre das automatische Auslaufen der Transfers.

Gegen ein regionales Transfersystem und für automatische Stabilisatoren im obigen Sinne spräche auch, daß es in einer Währungsunion zu Spezialisierungstendenzen in einzelnen Regionen, auch über Ländergrenzen hinweg, kommen könnte. Eine solche Spezialisierung führt zu vermehrtem Auftreten von asymmetrischen Schocks. Issing argumentiert jedoch, daß gerade diese Spezialisierungstendenzen und Nachfrage, die auch in anderen Ländern Spillover Effekte hat, zu einer eingeschränkten Bedeutung der nationalen Fiskalpolitik führen wird.[102] Die dann auftretenden permanenten Schocks können nicht mit temporär höheren Defiziten bekämpft werden, sondern es müssen strukturelle Veränderungen stattfinden, die mit Transfers finanziert werden können. Um diese Transfers effizient zu gestalten, braucht es ein gemeinschaftliches Finanzsystem.

Das existierende Transfersystem der EU kann unter der Währungsunion nur schwer aufrechterhalten werden. Es muß auf eine breitere Basis gestellt werden und seinen Bias zur Landwirtschaft verlieren. V.a. können unter dem existierenden System keine neuen Mitglieder aufgenommen werden. Nicht nur bei den Geberländern können Ressentiments entstehen, sondern auch bei den Empfängerländern, wenn diese meinen, sie würden im Vergleich zu

[100] Schon während der Übergangsphase, vor der Währungunion, gab es Diskussionen über die Beiträge der Länder zur Finanzierung der Union.
[101] Vgl. MacKay, 1994, S. 583
[102] Vgl. Issing, 1992, S. 4

anderen Ländern benachteiligt. Außerdem werden in der Europäischen Union Regionen unterstützt, so daß eventuell weniger wohlhabende Bürger in einer reichen Region wohlhabende Bürger in einer armen Region unterstützen.[103] Also sollten sich die Umverteilungsinstrumente am einzelnen Bürger orientieren. Auch geben Fonds, deren Beiträge nach Regionen berechnet werden, Anreize, die Beiträge zu minimieren und die Auszahlungen zu maximieren. Bei einer teilweisen Zentralisierung der Finanzpolitik würden die Einnahmen und Ausgaben nicht mehr nach Regionen berechnet, sondern den Einzelnen betreffen („interpersonal vs. interregional distribution"). In einer Föderation ist die Umverteilung offensichtlicher, expliziter und allgemein anerkannt, während sie in einem Zentralstaat möglicherweise in den Aktivitäten der Regierung untergeht.

1.4.3.3 Nationale Steuerhoheit vs. Steuerharmonisierung

Wenn sich wegen des Binnenmarkts die Mobilität von Gütern, Dienstleistungen und Produktionsfaktoren erhöht und sich wegen des Wegfalls von Steuergrenzen die direkten Steuern angleichen, muß sich die nationale Finanzpolitik anpassen. In einer Währungsunion wird die Steuerbasis mobiler, z.B. bei Steuern auf Kapitaleinkommen oder bei Unternehmenssteuern. Sie wird der Besteuerung entzogen, indem beispielsweise Einkommen in ein anderes Land verlagert wird. Dadurch kann es zu vermehrtem Steuerwettbewerb kommen, der durchschnittliche Steuersatz in der Union wird zu stark sinken. Dann wird nicht nur die Höhe der Defizite durch Defizitobergrenzen innerhalb der Union bestimmt, sondern durch die Höhe der öffentlichen Einnahmen auch die Höhe der gesamten öffentlichen Ausgaben. Außerdem verändern sich durch verschiedene Verbrauchssteuern die relativen Preise, was zu Handelsungleichgewichten führen kann.

Bei dezentraler Fiskalpolitik könnte es also zu einer Unterversorgung mit öffentlichen Gütern oder zu einem Zusammenbruch der sozialen Sicherungssysteme kommen.[104] Um mobile Faktoren zu attrahieren, werden die Staaten versuchen, die Steuer- und Abgabenlast zu senken, die verbleibenden Mittel würden dann nicht ausreichen, um alle notwendigen Staatsausgaben zu finanzieren. Außerdem ist im Standortwettbewerb die soziale Sicherung nicht gewährleistet und sollte von einer zentralen Instanz übernommen werden. Aber auch diese kann scheitern, und eine soziale Sicherung ist zumindest teilweise auch privat organisierbar. Eine gemeinsame Fiskalverfassung könnte die Bürger außerdem vor zu hohen Lohnsteuern oder Abgaben schützen, die bei Steuerwettbewerb entstehen würden.

---

[103] Vgl. Goodhart, 1994, S. 468
[104] Vgl. Fuest, 1996, S. 168f

Dennoch treten natürlich Kosten der Faktormobilität auf, und die Attraktivität eines Standortes hängt auch von anderen Rahmenbedingungen ab: z.B. Infrastruktur, Verwaltungsleistungen, Sicherung privater Eigentumsrechte, Bildungssystem. Erst wenn diese Leistungen die Steuerbelastung nicht rechtfertigen, erzwingt der Wettbewerb eine Steuerkorrektur (siehe auch Kap. 1.4.3.4).

Wenn Teilnehmerstaaten kein eigenes Steuerrecht besitzen, oder die Steuereinnahmen reguliert sind, dann kann schon ein geringer Schock Zahlungsschwierigkeiten verursachen. Entweder wird der Staat dann zahlungsunfähig, oder die Zentralregierung unterstützt ihn. Bei fehlender Steuerkompetenz sind also fiskalpolitische Regeln notwendig. Wenn die Teilnehmer aber eine eigene Steuerkompetenz besitzen, dann besteht die Möglichkeit einer Steuererhöhung, um das Budget wieder auszugleichen.

In den USA beispielsweise gibt es Steuerunterschiede zwischen den einzelnen Staaten, d.h. mobile Faktoren führen nicht unbedingt zu Steuerharmonisierung. Die Varianz von Steuersätzen plus Sozialversicherungsbeiträgen ist in Europa nur wenig höher als in den USA, eine Währungsunion führt also tendenziell zu mehr Harmonisierung. In den USA finden sich deutliche Hinweise, daß nicht nur Steuern bei Standortentscheidungen wesentlich sind.[105]

1.4.3.4 Wettbewerb der öffentlichen Systeme

Die Höhe der Steuersätze ist nur ein Teil der staatlichen Leistungen und Einnahmen. Verschieden hohe staatliche Einnahmen finanzieren ein unterschiedliches Ausmaß an öffentlichen Leistungen. Staaten können sich verschiedene Steuersätze leisten, wenn die gesamte Fiskalpolitik differiert, so daß sich jeder Bürger den Staat aussucht, dessen Gesamtpaket, also das Verhältnis von öffentlichen Einnahmen zu Ausgaben und die Zusammensetzung der staatlichen Leistungen, seinen Präferenzen entspricht.

Verzerrend bei dieser Argumentation wirken bei einem hohen Schuldenstand eines Staates die Zinszahlungen, für die zusätzliche Einnahmen gebraucht werden. In derselben Höhe fallen staatliche Leistungen aus, bzw. die Einnahmen müssen steigen. Das Verhältnis Einnahmen zu Ausgaben ist verzerrt. Dadurch hat der Staat einen Nachteil im Steuerwettbewerb. Durch Möglichkeiten der Steuervermeidung und Schattenwirtschaften, kann bei gleichen Steuersätzen die effektive Steuerhöhe immer noch variieren. Außerdem existiert das Problem der asymmetrischen Information: Wenn die Bürger die Qualität der öffentlichen Leistungen nicht korrekt einschätzen können, haben sie keine

---

[105] Vgl. Eichengreen, 1990, S. 154ff; er zitiert auch Studien, die finden, daß Steuersätze keinen sehr großen Einfluß auf Standortentscheidungen haben. Auch in der Bundesrepublik Deutschland gibt es Steuerunterschiede.

Kontrollmöglichkeit. Der Staat kann die Qualität senken ohne gleichzeitige Kürzungen der Einnahmen.[106] Durch zentrale Mindeststandards, also Regeln, könnte das Problem gelöst werden.

1.4.3.5 Fiskalischer Föderalismus

Die Theorie des fiskalischen Föderalismus befaßt sich mit der Frage, auf welcher Ebene Regierungsfunktionen angesiedelt sein sollen.[107] Der fiskalische Föderalismus sucht die optimale, regionale Organisation der Regierung innerhalb eines geographischen Gebiets. Fiskalpolitik sollte zwischen Regierungen von verschiedenen, regionalen Ebenen aufgeteilt werden, mit jeweils eigenen Funktionen und Verantwortlichkeiten.[108]

Man unterscheidet verschiedene, öffentliche Güter, je nachdem auf welcher Ebene sich die Konsumentengruppe befindet: globale, regionale und lokale, öffentliche Güter. Die dafür zuständige Regierung sollte sich nach dem Prinzip der fiskalischen Äquivalenz auf der Ebene des von ihr administrierten Gutes befinden. Die Nutzen von fiskalpolitischen Maßnahmen müssen mit dem Gebiet übereinstimmen, dessen Regierung die Ausgaben finanziert. Je näher die Regierung an der Bevölkerung ist, desto effizienter kann sie arbeiten und desto mehr Informationen über die Wirtschaftssubjekte besitzt sie. Gegen diese Dezentralisierung spricht, daß es bei dezentralisierten Regierungen zu Wohlfahrtsverlusten wegen mangelnder Zusammenarbeit oder zu Externalitäten kommen kann, wenn die Nutzen nicht auf das Gebiet, das die Ausgaben finanziert, beschränkt sind. Außerdem entstehen Skalenerträge, wenn öffentliche Güter gemeinsam auf einer höheren Ebene administriert werden. Diese Erträge können allerdings nur bei gleichen Präferenzen der Empfänger genutzt werden. Wenn diese Gleichheit nicht gegeben ist, müssen die Gewinne aus höherer Produktion gegen den Verlust aus größerer Verwaltung aufgewogen werden. Die Kosten der Zentralisierung tragen die Bevölkerungsteile, deren Präferenzen am wenigsten mit den durchschnittlichen übereinstimmen. Je kleiner also die Unterschiede in den Präferenzen sind, desto eher ist eine Zentralisierung von Fiskalpolitik möglich, je größer die Unterschiede, desto eher ist eine Föderation nur mit gleichzeitigen Transfers in benachteiligte Regionen aufrechterhaltbar. Die Nutzen der Koordination oder Zentralisierung müssen gegen die Kosten der Gleichheit der Güter und der weiter entfernten Regierung aufgewogen werden.

Die praktische, rigorose Anwendung des Prinzips der fiskalischen Äquivalenz führt ebenfalls zu Schwierigkeiten, wenn die Steuerbasis mobil ist. Dann müssen die Regierungen

[106] Vgl. Sinn, 1994, S. 103

[107] Vgl. Berthold, 1993, S. 148. Für eine Einführung siehe Feld/Kirchgässner, 1998.

[108] Für das Folgende siehe Hagen, 1993; Walsh, 1992; Alesina/Perotti/Spolaore, 1995; Blankart, 1994, S. 501ff.

um diese in Wettbewerb treten, d.h. die Einnahmen und damit auch die Ausgaben sind in jedem Land tendenziell zu niedrig. Für dieses Problem bietet sich im Rahmen der obigen Betrachtung folgende Lösung an: Die Besteuerung von sehr mobilen Steuerbasen und die Nutzung von relativ progressiven Steuersätzen sollte auf einer höheren Regierungsebene durchgeführt werden, um Verzerrungen der Einnahmen von lokalen Regierungen durch Mobilität der Steuerbasen zu vermeiden.[109] Regierungen auf nationaler Ebene sollten relativ immobile Steuerbasen besteuern und Verbrauchssteuern oder Gebühren nutzen, weil diese geringe verzerrende Wirkungen haben.[110] Die Besteuerung von Steuerbasen, die ungleich zwischen den Regierungen verteilt sind, sollte zentralisiert werden, um Ungleichheiten oder allokative Verzerrungen zu vermeiden.

Wenn die Regierung aufgrund der fiskalischen Äquivalenz auf kleinere Gebiete aufgeteilt ist, kann es auch zu einer Unterversorgung mit makroökonomischer Stabilität kommen. Da von der Stabilität alle Regierungen profitieren, der Nutzen also im Gegensatz zu den Kosten nicht auf ein Gebiet beschränkt sind, wird keine Regierung mit Stabilisierungsmaßnahmen beginnen. Also muß makroökonomische Stabilisierung zentral zur Verfügung gestellt werden, z.B. in einer Währungsunion. Für ein stabiles Preisniveau ist die Notenbank zuständig, für die Stabilisierung der Beschäftigung bei konjunkturellen Schwankungen ist eine weitere Institution notwendig, z.B. automatische Stabilisatoren (siehe Kap. 1.4.3.1).

Insgesamt sprechen also verschiedene Gründe für größere Jurisdiktionen: Skalenerträge bei der Bereitstellung von öffentlichen Gütern, Internalisierung von Externalitäten, die zu Problemen von Steuerwettbewerb führen und die Möglichkeit eines automatischen, interpersonellen Umverteilungssystems zur Versicherung gegen asymmetrische Schocks; allerdings entstehen Kosten des Zusammenhaltens von Individuen mit verschiedenen Interessen, Präferenzen, Kultur und Geschichte. Eine dezentralisierte Fiskalpolitik ist zu bevorzugen, wenn es verschiedene Bündel an öffentlichen Gütern gibt, die effizient an verschiedenen Orten bereitgestellt werden können und wenn Mobilität kostenlos ist.

1.5 Parallelismus: Währungsunion und Politische Union

In diesem Abschnitt wird zusammenfassend der Frage nachgegangen, wie Währungsunion und Politische Union ausgestaltet sein müssen, damit ein Zusammenschluß von Staaten funktioniert. Zunächst wird dargestellt, warum eine dezentralisierte Fiskalpolitik negative

[109] Vgl. Walsh, 1992, S. 19f

[110] Zur Wirkungsanalyse vgl. Andel 1998, Kap. 8-10.

Auswirkungen auf die Funktionsfähigkeit einer Währungsunion haben kann. Hieraus folgt der Schluß, daß eine klar abgegrenzte Politische Union sinnvoll sein kann, z.B. Teilbereiche der nationalen Fiskalpolitik zentralisiert werden sollten. Im nächsten Abschnitt wird dann dargestellt, auf welche Bedingungen bei einer Zentralisierung geachtet werden sollte und welche negativen Auswirkungen von bestimmten Aspekten einer Politischen Union ausgehen. Hier wird argumentiert, daß eine Politische Union auch Nachteile hat. Die konkrete Ausgestaltung der politischen Vergemeinschaftung ist also von Bedeutung.

1.5.1 Verschiedene Gründe für eine Kombination von Währungsunion und Politischer Union

Nationale Nachfragepolitik hat externe Effekte, weil die gestiegene Nachfrage in einem Land auch zu solcher in anderen Ländern führt. Die Kosten werden vom ausführenden Land allein getragen, während der Nutzen mehreren Ländern zugute kommt.[111] Das könnte Auswirkungen bei symmetrischen Schocks haben, die in den einzelnen Ländern - wegen der Spillover Effekte - nicht genügend stabilisiert werden. Dann wäre eine koordinierte Fiskalpolitik angebracht. Wenn Länder auf ihre Leistungsbilanz achten, also auch in einer Währungsunion eher Güter exportieren als importieren wollen, könnten unkoordinierte Fiskalpolitiken durch Spillover Effekte zu einem Deflationsbias führen. Allerdings ist es unsicher, ob solche Spillover Effekte überhaupt auftreten, bzw. welches Vorzeichen sie haben. Außerdem sind symmetrische Schocks in einer Währungsunion eigentlich kein Problem, weil dann eine gemeinsame Stabilisierungspolitik der Unionszentralbank möglich ist. Außerdem könnten die verstärkten Spillover Effekte einer nachfrageorientierten Fiskalpolitik in einer Währungsunion auch dazu führen, daß die Fiskalpolitik sich eher an der Angebotsseite orientieren wird. Auch dann gibt es keinen Grund, die Fiskalpolitik zu zentralisieren.

Ohne fiskalpolitische Regeln könnte das Zinsniveau in der gesamten Gemeinschaft steigen, also müssen alle Länder die Kosten einer undisziplinierten Fiskalpolitik tragen. Regeln würden diesen negativen, externen Effekt verhindern.[112]

Als Grund für eine Politische Union wäre anzuführen, daß eine solche Vergemeinschaftung die gemeinsame Währung langfristiger machen könnte. Bei einer Währungsunion sind die Kosten und Risiken des Austritts nicht höher als die des Beitritts, also nicht prohibitiv hoch (vgl. Kap. 1.3.3.3). Aber bei einer gleichzeitigen Politischen Union kommen die Kosten des Austritts aus dieser noch hinzu. Verbindliche Regelungen bzgl. der Aktiva und Verbindlichkeiten der Gemeinschaftsorgane im Falle der Sezession eines Staates

[111] Vgl. Eichengreen, 1994, S. 170; Gros/Thygesen, 1998, S. 321ff
[112] Für weitere Betrachtungen zu diesem Zinseffekt siehe Kap. 1.3.2.

sind notwendig.[113] Wenn die Gemeinschaft in einen Staat investiert hat, müssen diese Investitionen entweder von dem Staat vor dem Austritt zurückgezahlt werden, oder der austretende Staat sollte für einen Teil der Schulden der Gemeinschaft verantwortlich sein. Im letzteren Fall könnte eine Abspaltung hohe Kosten verursachen. Auch setzt ein solches Verfahren falsche Anreize für die Gemeinschaft, in einem solchen Land viel zu investieren oder hohe Schulden anzuhäufen. D.h. die Gemeinschaftsorgane könnten von exzessiver Budgetpolitik abgehalten werden,[114] wenn die austretenden Länder nicht für einen Teil der Schulden der Gemeinschaft verantwortlich sind. Aber eine Währungsunion mit Austrittsklausel kann effizienter sein (vgl. Kap. 1.3.3.3).

Wenn ein Teil der Ausgaben der nationalen Finanzpolitik von einer zentralen Regierung übernommen würde, wäre eine bestimmte Ausgabenhöhe für die Bürger immer garantiert. Außerdem sind die Spielräume nationaler Fiskalpolitik wegen möglicher Budgetregeln eingeschränkt, so daß es optimal sein kann, wenn ein zentrales Budget einen Teil der Aufgaben übernimmt.[115] Allerdings ist ein zentrales Budget weiter von der Bevölkerung entfernt, kann also weniger auf die Wünsche der Bürger eingehen.

Selbst wenn kein vollständiger, europäischer Staat entsteht, so wird doch zumindest ein europäischer Finanzausgleich notwendig werden, weil keine Wechselkursänderungen mehr möglich sind, die asymmetrische Schocks abfangen könnten, um den Zusammenhalt der Union zu gewährleisten. Ein zentrales Budget mit Steuer- und Abgabenkompetenz würde wie ein interregionaler Ausgleich wirken.

Wenn die Regierungen selbst an einer Konsolidierung ihrer Finanzen interessiert sind, könnten fiskalpolitische Regeln die Kosten dieser Konsolidierung senken („the advantage of tying one's hands").[116] Das Land würde an Glaubwürdigkeit gewinnen. Allerdings können Regeln immer umgangen oder nicht strikt interpretiert werden.

Politische Entwicklungen können notwendig sein, die erstens die Arbeitsmarktflexibilität erhöhen, um das Funktionieren der Währungsunion zu garantieren, und zweitens solche, die das „deficit spending" der Länder einschränken. Fiskalpolitische Regeln können möglicherweise helfen, freigiebige Sozialprogramme zu kürzen, die die Anpassung auf dem Arbeitsmarkt und Lohnflexibilität[117] verhindern. Empirisch konnte jedoch

---

[113] Vgl. Holcombe, 1996, S. 287f

[114] Die Emission von Schuldscheinen ist der EU allerdings nicht gestattet.

[115] Vgl. Obstfeld, 1997, S. 276

[116] Giavazzi/Pagano, 1988, besprechen die Vorteile, die eine Wechselkursanbindung, bzw. die Mitgliedschaft in einem Wechselkurssystem für ein Land in Bezug auf die Inflationsbekämpfung hat.

[117] Wegen Forderungen nach Mindestlöhnen wegen Arbeitslosenzuweisungen und damit weniger Wettbewerb auf dem Arbeitsmarkt.

nicht bewiesen werden, daß allgemeine Regeln zu einer Minderung von Sozialprogrammen führen.[118]

Die Abstimmung einer zentralen Finanzpolitik mit der gemeinsamen Geldpolitik ist einfacher als mit mehreren, nationalen Einzelbudgets (Nutzen von Koordination), wobei hier die Gefahr natürlich größer ist, daß sich die Geldpolitik der zentralen Fiskalpolitik anpaßt, weil eine zentrale Fiskalpolitik ein größeres Gewicht gegenüber der Geldpolitik hätte.

Bei Zugrundelegung der staatlichen Theorie des Geldes wird Geld ausschließlich vom Staat bereitgestellt: „Geld ... [ist] ein Geschöpf des Staates und Merkmal seiner Souveränität“.[119] Also braucht Geldpolitik parlamentarische Einflußnahme und demokratische Legitimation. Bei Währungsabkommen ist die Gewalt über die Währung eingeschränkt. Die Meinungen, ob Geld und Staat zusammen gehören, differieren. Heutzutage wird Geld - außer Münzgeld - weder vom Staat emittiert, noch hat der Staat bei unabhängigen Zentralbanken Einfluß auf die Geldpolitik. Trotzdem kann natürlich argumentiert werden, daß ein so wichtiger Bereich einer Volkswirtschaft der demokratischen Legitimation bedarf; weitere Quellen von Legitimation einer Zentralbank sind jedoch möglich (vgl. Kap. 1.4.1).

Man könnte argumentieren, daß in einer Währungsunion die Zentralbank Rücksicht auf die Ziele der Mitgliedstaaten nehmen sollte, da diese den politischen Preis für die von der Zentralbank verfolgte Politik zahlen müssen.[120] Verschiedene Interessengruppen sind in verschiedener Weise von der gemeinsamen Geldpolitik betroffen. Eine Politische Union könnte sicherstellen, daß die Zentralbank die Interessen und Ziele gerecht berücksichtigt, und daß sie nach dem mit ihr geschlossenen Kontrakt handelt. Das funktioniert nur, wenn die Zentralbank tatsächlich unabhängig ist und als erste Priorität das Ziel der Preisstabilität verfolgt. Nur wenn Preisstabilität gegeben ist, sollte die allgemeine Wirtschaftspolitik der Gemeinschaft oder der Mitgliedstaaten beachtet werden.

Für eine Politische Union spricht auch die dann mögliche, stärkere Beteiligung und Interessenvertretung der Gemeinschaft in internationalen Verhandlungen.[121] Wenn die Kräfte der einzelnen Staaten gebündelt werden, wird die Union eher als Verhandlungsmacht neben anderen großen Staaten akzeptiert.

Immer wieder wird das Argument angeführt, eine Währungsunion - und mehr noch eine Politische Union - würde einen neuerlichen Krieg in Europa verhindern.[122] Natürlich gab und gibt es genug Bürgerkriege, die Zeugnis von der Möglichkeit eines Krieges ablegen; auch

[118] Vgl. Obstfeld, 1997, S. 280, 308f
[119] Vgl. Willgerodt, 1996, S. 138, siehe auch Knapp/Gutmann, 1927.
[120] Vgl. Watrin, 1997, S. 185
[121] Vgl. Kommission der Europäischen Gemeinschaften, 1990, S. 9
[122] Vgl. Feldstein, 1997, S. 25ff

gab es große Meinungsverschiedenheiten zwischen den europäischen Staaten bezüglich der Auswahl der Mitglieder der EWU und des Präsidenten der EZB. Nichtsdestotrotz ist ein Krieg z.B. zwischen Deutschland und Frankreich oder zwischen Deutschland und Österreich nur sehr schwer vorstellbar. Und wenn sich das Argument auf eine künftige Einbeziehung der mittel- und osteuropäischen Staaten bezieht, dann liegt die mögliche Verhinderung eines Krieges durch die Aufnahme dieser Länder in die Europäische Union noch in ferner Zukunft.

1.5.2 Verschiedene Gründe gegen eine Kombination von Währungsunion und Politischer Union

In der Theorie kann eine Währungsunion nicht torpediert werden, wenn die Währungsunion ein optimaler Währungsraum ist, mit konvergenten Ländern, keinen asymmetrischen Schocks, einer strikt stabilitätsorientierten Geldpolitik, entpolitisiertem, gemeinsamem Geld, exklusiv nationalen Sanktionen und einer Wirtschaftspolitik der Länder, die konsistent mit der Währungsunion ist.[123] Auch wenn manche dieser optimalen Kriterien nicht erfüllt sind, gibt es verschiedene Gründe, warum auch die Einführung von bestimmten Aspekten einer Politischen Union negative Auswirkungen auf die gemeinsame Geldpolitik haben kann; bzw. die dafür sprechen, daß eine Währungsunion nicht von der Fiskalpolitik - egal ob zentralisiert oder dezentralisiert - beeinflußt wird. Die Einführung einer Politischen Union, bzw. die Findung, Durchführung und Sanktionierung von Regeln, ist immer mit Kosten verbunden, die mit dem Nutzen dieser Einrichtung verglichen werden sollten. Außerdem beinhalten Regeln immer ein willkürliches Element.

Gerade bei einer gemeinsamen Geldpolitik sollte die Fiskalpolitik nicht beschränkt sein, da fiskalpolitische Regeln eine mögliche Rezession noch verstärken und damit die Existenz der Union in Frage stellen würden. Mit Einführung der Währungsunion entfällt für die nationalen Regierungen das Instrument der eigenständigen Geld- und Wechselkurspolitik. Das verbleibende Instrument der Fiskalpolitik sollte um so flexibler gehandhabt werden können, falls länderspezifische Schocks auftreten.[124] Man muß sich aber fragen, inwieweit die Regierungen in der Vergangenheit auch außerhalb einer Währungsunion überhaupt noch Einfluß auf die Geldpolitik hatten, da die meisten nationalen Zentralbanken schon unabhängig sind. Auch liegt es im Ermessen der Länder, einen geeigneten Abstand zu Höchstgrenzen für Budgetdefizite zu wahren, um in einer Rezession die notwendige Flexibilität zu haben.

---

[123] Vgl. Theurl, 1995, S. 141
[124] Vgl. Buiter/Corsetti/Roubini, 1993, S. 90

Padoa-Schioppa schreibt, daß schon das EWS einen disziplinierenden Effekt auf die Fiskalpolitik der Mitglieder hatte; die EWU als eine viel radikalere Veränderung, könnte eine größere Wirkung auf die Fiskalpolitik haben.[125]

Durch finanzpolitische Regeln kann ein kontraktiver Bias auftreten. Da die Regeln asymmetrisch sind - es gibt nur Höchst- keine Mindestwerte für Defizite -, werden die Regierungen versuchen, ihre Schulden zu konsolidieren. Eine zu restriktive Fiskalpolitik kann Einfluß auf den Wechselkurs haben, das erforderte ein Eingreifen der Geldpolitik, was wiederum Einfluß auf die Preisstabilität haben könnte. Asymmetrische Regeln wären also schlecht.

Die Strukturen und Präferenzen in nationalen Volkswirtschaften sind unterschiedlich, es existieren verschiedene Auffassungen über die optimale Besteuerung, die Bereitstellung von öffentlichen Gütern, Ausgabenprogramme und deren Gewichtung, außerdem über die zu stabilisierenden Ziele (Output-, Beschäftigungs-, Preisstabilität) und die optimale Anpassungsgeschwindigkeit nach Schocks. Auch könnten manche Länder den notwendigen Finanzausgleich in einer Währungsunion ablehnen. Solange die Länder das Recht auf eine eigenständige Steuer- und Ausgabenpolitik haben, ist keine Vergemeinschaftung der Fiskalpolitik notwendig, um Finanzkrisen zu verhindern.[126] Die Länder können eine Finanzkrise selbst bewältigen, und die anderen Länder sind nicht mehr aus Solidarität zu einem Bail-out gezwungen. Insoweit wären fiskalpolitische Regeln sogar schädlich. Die Frage ist nur, inwieweit Steuersätze in einer Währungsunion voneinander differieren können. Aus diesen beiden Argumenten folgt, daß bei dezentraler Fiskalpolitik Politikwettbewerb positiv sein kann: Jeder Bürger sucht sich den Staat, dessen Ausgaben- und Einnahmenstruktur seinen Präferenzen entspricht (vgl. Kap. 1.4.3.4).

In einer Politischen Union kann es einfacher sein, die Statuten der gemeinsamen Zentralbank zu ändern, wenn sie, wie in Deutschland, nur durch ein einfaches Gesetz festgelegt sind. Da in einer Währungsunion ohne Politische Union die Statuten der gemeinsamen Zentralbank nur durch Änderung eines völkerrechtlichen Vertrags angepaßt werden können, ist diese ohne Politische Union unabhängiger von staatlichen Instanzen; leidet allerdings gleichzeitig unter einem Demokratiedefizit.

Wenn es eine Austrittsklausel aus der Währungsunion als Sanktion gibt, dann wäre diese Drohung wirksamer und wirkte stärker stabilisierend auf die Währungsbehörden ohne Politische Union, weil dann der tatsächliche Austritt leichter zu vollziehen wäre.[127] Für den

---

[125] Vgl. Padoa-Schioppa, 1994, S. 173
[126] Vgl. Eichengreen/Hagen, 1996, S. 15; auch Masson/Mélitz, 1991
[127] Vgl. Willgerodt, 1996, S. 148f

langfristigen Bestand der Union ist allerdings eine Politische Union besser, weil der Austritt schwieriger ist.

Wenn die Politische Union die Form einer Sozialunion annimmt, wird sich durch die Angleichung von arbeits- und sozialrechtlichen Bedingungen die Anpassungsfähigkeit nach Schocks verringern. Die regionalen Unterschiede der Lohnniveaus wegen der Produktivitätsunterschiede könnten durch Forderungen nach Lohnangleichungen verhindert werden. Auch die Zentralisierung von Gewerkschaften könnte zur Verhinderung von Lohndifferenzen bzw. überhöhten Lohnforderungen führen. Die Politische Union sollte also erst eingeführt werden, wenn ein hohes Maß an wirtschaftlicher Konvergenz im Sinne von ähnlichen Einkommensniveaus erreicht wurde. Da die Geldpolitik zentral geführt wird und auch das Instrument des Wechselkurses wegfällt, ist andererseits in einer Währungsunion der Druck auf die Lohnpolitik sehr viel größer, sich stabilitätsorientiert zu verhalten und keine überzogenen Lohnforderungen zu stellen, denn eine falsche Lohnpolitik kann nun nicht mehr durch die Geld- oder Wechselkurspolitik ausgeglichen werden. Ein optimaler Währungsraum ist ein solcher, der erheblich größer ist, als einer, in dem sich ein wirksames Lohnkartell etablieren läßt.[128]

Von einer Politischen Union ginge noch viel mehr als von einer Währungsunion die Forderung nach einer Solidargemeinschaft aus, und gleichzeitig würde damit die Gefahr eines Bail-out wachsen.[129] Die Forderung nach Angleichung der Lebensverhältnisse würde massive Transfers bedingen, zu deren Leistung die reicheren Länder möglicherweise nicht bereit sind. Auch muß bei niedriger Arbeitsmobilität die Lohn- und Einkommenspolitik um so flexibler sein, um regionale Divergenzen auszugleichen. Ein Transfersystem würde die Verantwortung für die Beschäftigung auf die Steuerzahler abwälzen. Je umfassender die Gemeinschaft gegen Arbeitslosigkeit versichert, desto höher sind die Anreize für lohnpolitisches Fehlverhalten.[130]

Mit politischem Widerstand gegen eine weitergehende Integration in Richtung Politische Union muß natürlich gerechnet werden, da die Regierungen an Souveränität verlieren. Außerdem ist es bei einer Politischen Union, bzw. der Vergemeinschaftung weiterer Politikbereiche, kaum wahrscheinlich, daß die nationalen Regierungen ihre Haushalte bzw. Kompetenzen in gleichem Umfang reduzieren werden. Es würde nur eine weitere

---

[128] Vgl. Sievert, 1997, S. 11; ein Währungsraum verhindert auch die adversen Wirkungen von Aufwertungen auf die Beschäftigung. In einer Währungsunion kann eine zurückhaltende Lohnpolitik nicht durch Wechselkursbewegungen zunichte gemacht werden. Siehe auch Kap. 1.2.2.

[129] Vgl. Bofinger, 1995, S. 47

[130] Vgl. Tietmeyer, 1993, S. 33f

Verwaltungsebene geschaffen.[131] Dieser Aufblähung der Regierungsebene sollte unbedingt vorbeugt werden. Auch sind fiskalpolitische Regeln zur Disziplinierung der Finanzpolitik schwer durchzusetzen, da im Zuge der Kürzung der Schuldenaufnahme auch die Staatsausgaben sinken, bzw. die Staatseinnahmen steigen müssen. Dies sind allerdings keine Argumente gegen eine Politische Union, sondern nur ein Grund, warum diese erst spät eingeführt werden sollte.

Bofinger argumentiert, daß eine Politische Union zu einer stärkeren Gleichschaltung der allgemeinen Wirtschaftspolitiken führen würde, das würde die Konjunkturzyklen angleichen, und im Falle einer Rezession den gemeinsamen Druck auf die Zentralbank erhöhen.[132] Bei einer zentralisierten Fiskalpolitik ist der Druck, den die Regierung auf die Geldpolitik ausüben kann - auch bei unterschiedlichen Konjunkturzyklen - tendenziell größer als bei dezentralisierter Finanzpolitik. Aber das Problem bei einer Währungsunion sind gerade die asymmetrischen Schocks, die nicht alle Länder gleichzeitig treffen. Ein gemeinsamer Konjunkturrückgang in allen Ländern wäre doch ein Fall für gemeinsame Nachfragepolitik z.B. durch die Zentralbank.

Fiskalpolitik - dezentralisiert oder zentralisiert - hat in einer Währungsunion negative Auswirkungen, wenn keine stabilitätsorientierte, sondern eine als politisches Instrument nutzbare Geldpolitik gewollt wird, die für inflationäre Zwecke mißbraucht werden kann.[133] Eine Währungsunion mit unabhängiger Zentralbank sollte diese Entpolitisierung leisten können. Es gibt kein technisches Hindernis gegen einen optimalen Kontrakt für die gemeinsame Zentralbank bei nationaler Finanzpolitik, der stabiles Geld und Unabhängigkeit garantiert.

1.6 Schlußbetrachtung des Kapitels

Ganz allgemein kann eine Währungsunion losgelöst von der Ausgestaltung einer Politischen Union in drei Fällen funktionieren.[134] Diese Szenarien, bei denen die politische Integrationsstufe keine Rolle spielt, beziehen sich entweder auf die Teilnehmerländer der Union oder auf die Merkmale der gemeinsamen Geldpolitik. Erstens, wenn die Teilnehmerländer ordnungspolitisch die gleichen Präferenzen haben, also in diesem Sinne

---

[131] Vgl. Scharpf, 1991, S. 417f. Wenn tatsächlich eine Politische Union zustande kommt, müßte das gesamte europäische Regierungssystem den neuen Erfordernissen angeglichen werden, z.B. könnten als erstes die deutschen Länderregierungen abgeschafft werden.

[132] Vgl. Bofinger, 1995, S. 47

[133] Vgl. Willgerodt, 1996, S. 160. Eine Reihe von Autoren schließt, daß das gemeinsame Geld ohne fiskalpolitische Regeln funktionieren kann, z.B. Padoa-Schioppa, 1994, S. 183; Bofinger, 1995, S. 47f; Berthold, 1993, S. 167; Fröhlich, 1994, S. 140; Scheide/Trapp, 1991, S. 436, 444; Eichengreen, 1996, S. 2 und Berthold, 1996.

[134] Vgl. Theurl, 1996, S. 38ff

völlig konvergent bzw. homogen sind. Dann entsteht trotz der abgegebenen Souveränität der Geldpolitik kein Konfliktpotential. Zweitens, wenn die monetäre Ordnung eindeutig dominiert und nicht beeinflußt werden kann, d.h. wenn die Zentralbank tatsächlich unabhängig ist. Dann belastet Fehlverhalten nur die betroffenen Länder; die Länder müssen keinen optimalen Währungsraum bilden. Und drittens, wenn die monetäre Ordnung irrelevant, Geld also langfristig neutral ist. Dann kann die Währungsunion losgelöst von realwirtschaftlichen oder strukturellen Merkmalen bestehen.

Negative Auswirkungen, die eine Politische Union auf die Geldpolitik haben kann, können also durch eine Entpolitisierung des Geldes verhindert werden. Geldpolitik soll einen stabilen Rahmen für die Wirtschaft bereitstellen, aber kein Instrument sein, um diese zu beeinflussen. Gleichzeitig muß die Geldpolitik vor dem Druck der nationalen Wirtschaftspolitik geschützt werden. Eine Währungsunion mit diesen Charakteristika, also unpolitisches Geld, kann losgelöst von der Form der Politischen Union funktionieren. Viele Argumente, die gegen eine automatische Finanzdisziplin sprechen, bzw. die Gefahren einer undisziplinierten Fiskalpolitik können durch eine unabhängige Notenbank gelöst werden. Eine Zentralbank, die die Monetisierung von Staatsschulden oder die Kreditvergabe an öffentliche Organe glaubwürdig ausschließt, kann eine überhöhte Schuldenaufnahme von vornherein verhindern. Da ein Beistand seitens der Notenbank ausgeschlossen ist, muß die Finanzierbarkeit der staatlichen Schuldenaufnahme immer gewährleistet sein. Die Unabhängigkeit der Zentralbank kann beispielsweise durch Optimale Kontrakte oder Gesetze verstärkt oder durchgesetzt werden, damit ist eine Voraussetzung für das Funktionieren der Währungsunion erfüllt.

Die Funktionsfähigkeit der Währungsunion kann zwar durch eine dominierende, monetäre Ordnung gewährleistet sein, der politische Zusammenhalt der Union jedoch nicht. Wenn die Mitglieder einer Währungsunion nicht konvergent bzw. homogen sind, sind für den Zusammenhalt der Union und für die Stabilisierung nach asymmetrischen Schocks Transfers oder automatische Stabilisatoren unabdingbar. Außerdem sind finanzielle Ausgleichsmechanismen notwendig, um beispielsweise Austritte aus der Union oder politische Meinungsverschiedenheiten zu verhindern.

Neben der theoretischen Analyse werden im folgenden anhand einer empirischen Betrachtung weitere Ergebnisse bzgl. der Frage nach den Wechselwirkungen zwischen Währungsunion und Politischer Union gesucht. Es wird an den historischen Beispielen der Reichsbank und des Federal Reserve System analysiert, inwieweit diese Notenbanken unabhängig waren, und damit zur Funktionsfähigkeit der Währungsunionen im Deutschen

Reich und in den Vereinigten Staaten beitrugen.[135] Außerdem wird jeweils beschrieben, wie die Politische Union in den beiden Staaten ausgestaltet war und welche Wechselwirkungen sich mit der Geldpolitik ergaben.

[135] Einen Überblick über Notenbanken während der betrachteten Periode geben Dierschke/Müller, 1926.

2 Entstehung und Entwicklung der Reichsbank im Deutschen Reich vor 1914

2.1 Einleitung

2.1.1 Einführung

In diesem Kapitel wird anhand der Reichsbank vor dem Ersten Weltkrieg dargestellt, ob zu der Zeit schon von der Vorstellung eines unpolitischen Geldes gesprochen werden kann. Bis zur Mitte des letzten Jahrhunderts trat Geld fast ausschließlich in Form von Münzen auf. Die Münzhoheit lag immer in den Händen des Souveräns eines Staates. Falls es Papiergeld gab, so wurde auch dieses vom Staatsoberhaupt emittiert; meistens, um akute Geldknappheit zu überbrücken. In diesem Abschnitt wird zu zeigen versucht, daß die Reichsbank zwar vom Deutschen Reich gegründet wurde und der Reichskanzler formal das Oberhaupt der Bank war, man aber trotzdem de facto (z.B. bzgl. der Spielregeln des Goldstandards) und de jure (z.B. Vorkehrungen im Bankgesetz bzgl. der Kreditgewährung ans Reich) Merkmale von Unabhängigkeit der Reichsbank beobachten kann. Es wird herausgearbeitet, ob die Reichsbank tatsächlich nur den Spielregeln des Goldstandards folgte, also das externe Währungsziel innenpolitischen Zielen unterordnete. Eng mit dieser Frage verbunden ist die Handhabung der Wechsel- und Diskontpolitik: Folgte die Reichsbank einer Regel oder traf sie ihre Entscheidungen diskretionär? Weiterhin wird die interne Organisationsstruktur der Reichsbank und der Einfluß des Reichskanzlers analysiert. Es werden auch andere Merkmale der Unabhängigkeit der Reichsbank vorgestellt, wie z.B. Vorkehrungen, die als Optimale Kontrakte für Reichsbankbeamte bezeichnet werden können.

Auch das Verhältnis von Währungsunion und Politischer Union, also der Reichsbank zum Deutschen Reich im Allgemeinen, wird analysiert. Das Reich besaß die typischen Merkmale einer Föderation, nämlich weitgehend souveräne Einzelstaaten und die Zentralisierung von wenigen Politikbereichen beim Reich, das sich über die Matrikularbeiträge der Mitglieder finanzierte. Die Wechselwirkungen zwischen Finanz- und Geldpolitik äußern sich beispielsweise in der Kreditgewährung an das Reich. Die Beobachtungen sind jedoch nicht ganz eindeutig: Einerseits werden im Bankgesetz sehr stringente Vorkehrungen bei außergewöhnlichen Geschäften der Reichsbank mit dem Reich getroffen, andererseits war die Kreditgewährung der Reichsbank an das Reich v.a. seit der Jahrhundertwende relativ hoch. Insgesamt sind die Wechselwirkungen zwischen Politischer Union und Währungsunion im Deutschen Reich, wegen der relativ hohen Unabhängigkeit der Reichsbank, nicht sehr ausgeprägt.

Im Laufe des Kapitels wird auf Abbildungen und Tabellen im Anhang verwiesen. Für das Zahlenmaterial gibt es verschiedene Quellen: Zunächst die beiden Jubiläumsveröffentlichungen der Reichsbank, für die Jahre 1876-1900 und 1901-1925, außerdem einen Verwaltungsbericht der Reichsbank für das Jahr 1913, in dem Deckungsverhältnisse angegeben sind, die nicht in den beiden eben genannten Bänden zu finden sind. Dieses sind Veröffentlichungen der Reichsbank. Weiterhin existiert eine Veröffentlichung der Deutschen Bundesbank aus dem Jahre 1976, in der Zahlenmaterial der vorangegangenen 100 Jahre des deutschen Notenbankwesens zusammengetragen ist.[1] Diese Zahlenreihen differieren zum Teil von denen der Reichsbank; die Zahlen der Reichsbank wurden der späteren Veröffentlichung vorgezogen. Für die Darstellung der Volkswirtschaft im Allgemeinen wurde zum Teil allerdings auf das Zahlenmaterial der Bundesbank zurückgegriffen, z.B. bei Preisindizes, der Entwicklung des Nettosozialprodukts oder der Verschuldung des Deutschen Reichs.

Um eine Vergleichsbasis für die Betrachtung der Reichsbank und des Federal Reserve System zu schaffen, werden im Anschluß zunächst kurz Währungsunionen im 19. Jahrhundert betrachtet, die nicht mit einer Politischen Union einhergingen. Da für das Verständnis der Politik der Reichsbank die Funktionsweise des Internationalen Goldstandards von Bedeutung ist, werden danach sehr kurz die Hauptmerkmale dieses Währungssystems vorgestellt. Gleichzeitig wird auf das Problem eingegangen, ob die Notenbanken (v.a. Bank of England, Banque de France und Reichsbank) die Beachtung der Spielregeln der Beachtung der Innenpolitik vorzogen. Im nächsten Abschnitt wird der Prozeß der Vereinheitlichung des deutschen Geld- und Bankwesens seit der Reichsgründung 1871 durch verschiedene Münzgesetze und das Bankgesetz vom 14.3.1875 dargestellt. Vernachlässigt wird die Vereinheitlichung des Geldwesens der deutschen Kleinstaaten vor 1871.[2] Im Abschnitt Organisation der Reichsbank wird zunächst der Verwaltungsapparat beschrieben. Innerhalb der Geldpolitik werden die verschiedenen Instrumente, Strategien und Motivationen der Reichsbank bzgl. der Geldpolitik analysiert. Wichtig für die Geldpolitik im Reich waren die Privatnotenbanken, die im Wettbewerb mit der Reichsbank standen. Als Neuerungen im Geldverkehr (Finanzinnovationen) schuf die Reichsbank die Abrechnungsstellen und erweiterte den Giroverkehr auf das gesamte Reichsgebiet. In den Vergünstigungen für die Landwirtschaft und den Sonderregelungen für das Kleingewerbe kommt die strukturelle Geldpolitik der Reichsbank zum Ausdruck. Zum Abschluß wird das Deutsche Reich - die

---

[1] Vgl. Deutsche Bundesbank, 1976; Reichsbank, 1901; Reichsbank, 1914; Reichsbank, 1926. Weiteres Zahlenmaterial findet sich in Reichsbank, 1912; Mitchell, 1976.

[2] Dieser Prozeß ist im einzelnen nachzulesen bei Holtfrerich, 1989.

föderal organisierte Fiskalpolitik der Einzelstaaten und die Finanzierung der Mitgliedsstaaten und des Reichs - und seine Beziehung zur Reichsbank, v.a. im Hinblick auf die Kreditgewährung, betrachtet.

2.1.2 Währungsunionen im 19. Jahrhundert

Die Wirtschaftsgeschichte kennt mehrere Beispiele von heute noch funktionierenden, aber auch von nicht mehr existierenden Währungsunionen. Von den Währungsunionen ohne weitgehende Politische Union werden die Lateinische Münzunion, der Wiener Münzvertrag und die Skandinavische Münzunion vorgestellt.[3]

Wohl die herausragendste der Unionen im 19. Jahrhundert war die Lateinische Münzunion, die im Zeichen der Weltgeldbewegung stand. Sie wurde 1865 von Frankreich, Belgien, Italien und der Schweiz gegründet; Griechenland trat 1869 bei. Die Staaten bildeten keinen Binnenmarkt. Der französische Kapitalmarkt erfüllte die Bankiersfunktion für die anderen Mitgliedsländer, war aber in ökonomischer Hinsicht nicht führend. Mehrere andere Staaten praktizierten eine einseitige Anbindung an die Union. Der Vertrag enthielt keine Regelungen über Papiergeld, obwohl dieses eine immer wichtigere Position einnahm und die Diskontpolitik blieb in nationaler Hand. Eine länderspezifische Geldpolitik war aber dennoch wegen der Regeln des Goldstandards nur eingeschränkt möglich.[4] Ein Problem bildete die Silberumlaufwährung, die zum offiziellen Kurs von den Zentralbanken aufgekauft werden mußte, deren Materialwert jedoch gesunken war. Es gab keine Regelungen, wie diese Kosten bei einer Auflösung der Union aufgeteilt werden sollten. Die Einführung des Bimetallismus der Lateinischen Münzunion von 1865, in Zeiten des Übergangs zur Goldwährung, war ein Fehler. Da das Silber mit der Zeit immer mehr entwertet wurde, hätte der Staat, dem Münzen zur Einlösung präsentiert wurden, Verluste hinnehmen müssen, da der offizielle Silberkurs festgelegt war. Aus diesem Grund wurde die Union auch erst 1914 quasi zwangsweise aufgelöst und 1927 offiziell als beendet erklärt, weil das Problem der entwerteten Silbermünzen nicht gelöst und nicht im Vertrag enthalten war.[5] Allerdings hatte die Lateinische Münzunion formal länger Bestand (1865-1927) als die Markwährung des Deutschen Kaiserreichs (1871-1923).[6]

---

3 Die weiteren Ausführungen sind entnommen aus Theurl, 1992.

4 Diese Position wird bei der Betrachtung der Reichsbank relativiert werden, für die Länder der Lateinischen Münzunion bleibt sie zu überprüfen.

5 Laut Cecco gab es eine Auflösungsklausel im Vertrag, und er bezeichnet die Münzunion auch als einen Erfolg von Dauer, vgl. Cecco, 1996, S. 64.

6 Vgl. Bofinger, 1995, S. 48, FN 7

Der Wiener Münzvertrag wurde 1857 zwischen Österreich, dem deutschen Zollverein und Liechtenstein auf der Basis einer Silberwährung geschlossen.[7] Der Vereinstaler war als gemeinsame Währung überall gültig, ansonsten galten die nationalen Währungen der norddeutschen, der süddeutschen Staaten und Österreichs nur im eigenen Land. Die festen Wechselkurse wurden - analog zum Goldstandard - aufgrund des Silbergehalts der Münzen festgelegt. Es existierte eine unterschiedliche Geldstruktur[8] in den drei Volkswirtschaften. Österreich emittierte aus fiskalischen Gründen zu große Mengen an Banknoten, die nicht mehr durch Silber gedeckt waren. Unter anderem gegen dieses Fehlverhalten gab es keine Sanktionen im Vertragswerk. Der Union fehlte eine übergeordnete Instanz, die die Einhaltung der Regeln und die Adaption der Bestimmungen überwachte. Auch gab es Konflikte wegen unterschiedlicher, nationaler Interessen: Österreich wollte dem deutschen Zollverein beitreten, was Preußen zu verhindern suchte. Der Münzvertrag war ein Zugeständnis der deutschen Staaten. 1867 wurde der völkerrechtliche Vertrag aufgehoben.

Die Skandinavische Münzunion wurde 1872 von Schweden, Norwegen und Dänemark gegründet. Sie könnte auf den ersten Blick als ideales Beispiel einer Währungsunion bezeichnet werden. Die drei Volkswirtschaften waren realwirtschaftlich vergleichbar, ihre Münzsysteme ähnlich, und es existierten hochentwickelte, effiziente Banksysteme;[9] der Vertrag festigte die faktische, monetäre Integration. Alle Teilnehmerstaaten waren kleine, offene Volkswirtschaften. Da das Papiergeld eine immer wichtigere Rolle einnahm, wurde der Vertrag dahingehend adaptiert. Die Union besaß eine ausgeprägte Anpassungsfähigkeit an Veränderungen: Beispielsweise besaß die ursprüngliche Konvention keine Regeln bzgl. des Papiergelds und keine einheitliche Regelung der Notenbanken. Bei der Gründung war das Bruttosozialprodukt auf niedrigem Niveau, verzeichnete jedoch bis 1914 hohe Wachstumsraten, wegen des wachsenden Außenhandelsanteils und der wachsenden Produktivität in der Landwirtschaft. Geld- und Kapitalmärkte waren noch nicht vorhanden, die Union nahm ausländische in Anspruch. 1931 wurde der Goldstandard aufgegeben und eine Papierwährung eingeführt. In diesem Jahr endete auch die Währungsunion.

Währungsunionen mit gleichzeitiger Staatsgründung waren die Gründung der schweizerischen Nationalbank am 20.6.1907 und der italienischen Notenbank am 10.8.1893, die beide eine wichtige Rolle im Einigungsprozeß der jeweiligen Länder spielten. Auch in Deutschland folgte nach der Reichsgründung die Währungsunion mit der Errichtung der Reichsbank. Dieser Prozeß wird im folgenden ausführlich betrachtet.

---

7 Vgl. Holtfrerich, 1989, S.223ff

8 Geldstruktur = Verteilung von Münzen, Banknoten und Staatspapiergeld

9 1888 wurde ein automatisches Kreditierungssystem zwischen den Staaten eingerichtet.

Zunächst liegt der Schluß aus den historischen Beispielen nahe, daß Währungsunionen noch Bestand haben, wenn sie mit einer Politischen Union zusammenfielen, rein zwischenstaatliche Abkommen aber auseinanderbrachen. Die Ausgestaltung der Politischen Union muß jedoch differenzierter betrachtet werden. V.a. sollte bei den historischen Beispielen beachtet werden, daß die politische Einigung vor der monetären stattfand. D.h. die Politische Union sollte nicht die Währungsunion festigen, sondern die gemeinsame Geldpolitik war eine logische Folge der Staatsgründung. Nichtsdestotrotz läßt sich das gemeinsame Funktionieren der beiden Unionen betrachten, und analysieren, wie sie ausgestaltet sein sollten, damit das Zusammenspiel funktioniert. Das historische Zusammenfallen von Staats- und Währungsgebiet[10] kann mit Kapitalverkehrskontrollen erklärt werden, die von den Staaten geschaffen wurden. Diese Kontrollen ließen - wegen der hohen Transaktionskosten - voneinander getrennte Finanz- und Bankplätze entstehen, deren Grenzen also politisch gesetzt waren und die natürlich mit den jeweiligen Staatsgebieten zusammenfielen.[11] Für jeden einheitlichen Finanzmarkt wurde eine Notenbank gegründet, die zu Beginn überwiegend als Lender of Last Resort in Krisen fungierte und dann zunehmend auch makroökonomische Steuerungsfunktionen übernahm. Das historische Zusammenfallen von Staats- und Währungsgebiet ist also eine Scheinkorrelation, da die Grenzen des Währungsgebiets politisch gesetzt wurden, und ist kein Argument, daß eine Währungsunion immer von einer weitgehenden, politischen Unifizierung unterstützt werden muß.[12]

Weitere Schlußfolgerungen der oben betrachteten Währungsunionen des 19. Jahrhunderts sind beispielsweise: Die teilnehmenden Staaten haben die Entwicklung der Weltwährungsordnung nicht korrekt eingeschätzt,[13] Verträge wurden den sich ändernden Bedingungen nicht angepaßt, oder enthielten keine Auflösungsklauseln. Endgültige Schlüsse für das Verhältnis von Währungsunion und Politischer Union lassen sich jedoch nicht ohne eine eingehendere Betrachtung der Unionen ziehen. Eine solche Analyse wird nun zunächst für die Reichsbank innerhalb des Deutschen Reichs durchgeführt.

---

[10] Siehe Kap. 1.2.1, FN 8

[11] Vgl. Bofinger, 1995, S. 44f

[12] Außerdem fallen Staats- und Währungsgebiet erst mit Entstehung der Nationalstaaten im 19. Jahrhundert eindeutig zusammen. Davor kursierten Münzen nicht nur im Entstehungsland, sondern auch in anderen Ländern und wurden dort als Geld genutzt (v.a. Goldmünzen).

[13] Die Lateinische Münzunion z.B. basierte auf einem bimetallischen System, obwohl die Weltbewegung hin zum Gold als Währungsstandard ging.

2.2 Die Funktionsweise des Internationalen Goldstandards vor 1914

„And the truth is, officials [in central banks, A.L.] hated to see gold exported and rejoiced when it was imported.“[14]

Die Zeit des klassischen, internationalen Goldstandards wird auf ca. 1870 bis 1914 datiert. Während der ersten zehn Jahre gingen fast alle industrialisierten Länder zur Goldwährung über (vgl. Tabelle I.1). Die Industrialisierung und das damit einhergehende, höhere interne und externe Handelsvolumen förderte den Wunsch nach einem festen Währungssystem der Staaten untereinander; vor allem weil das Geldwesen vieler Staaten auch innerhalb ihrer Grenzen nicht zufriedenstellend geregelt war. Man erhoffte sich von der externen auch die interne, monetäre Ordnung.

Das Zentrum des Goldstandards waren England, Frankreich und Deutschland, die anderen Mitgliedsländer lagen an der Peripherie des Währungssystems. Die festen Wechselkurse der Länder untereinander wurden durch die Paritäten der jeweiligen Währung zum Gold festgelegt. Dieser Wechselkurs wurde von jedem Land selbst gewählt. Offizielles Zahlungsmittel für den Außenhandel war Gold. Wenn der Wechselkurs den Export- oder Importpunkt erreichte, wurde es unter Berücksichtigung von Transport-, Versicherungskosten usw. lohnend, Gold zu verschiffen.[15] Im klassischen Goldstandard nach Bloomfield erfolgten internationale Zahlungen jedoch nur selten durch Goldverschiffungen (s.u.).

Außer als Wertstandard in der Goldwährung kursierte das Gold als Zahlungsmittel inner- und außerhalb der Länder und diente als Deckung der Banknoten. Da das Metall nicht selbst hergestellt werden konnte, war es wichtig, daß immer genug Gold vorhanden war. Vor allem weil seit den fünfziger Jahren des letzten Jahrhunderts im Zuge der Industrialisierung alle Länder des Goldstandards ein außergewöhnliches Wirtschaftswachstum erfuhren, war es notwendig, daß ausreichend Zahlungsmittel dieses Wachstum finanzierten. Von ca. 1875 bis 1895 hielten sich die Goldfunde und die Goldimporte in Grenzen (vgl. Abbildung I.5), in Deutschland war dies gleichzeitig eine Periode der relativen Stagnation und Deflation (vgl. Abbildungen I.13, I.14, I.20). Ab 1896 stiegen die Goldfunde wieder an, und die industrialisierten Länder erlebten eine Periode des Wachstums und der steigenden Preise. Allerdings sind die Goldfunde nur eine unter mehreren Ursachen für das

---

14 Vgl. Bopp, 1944, S. 266

15 Vgl. Jarchow/Rühmann, 1989, S. 32ff. Die Reichsbank kam durch Einhalten der Einlösepflicht und der Dritteldeckung in ein Dilemma, einerseits mußte sie Gold herausgeben, wenn der Wechselkurs den Goldexportpunkt erreichte, andererseits war dadurch dann die Deckung in Gefahr. Die Lösung bestand in einer Rezession verursachenden Einschränkung des Notenumlaufs, also in der Einhaltung der zweiten Spielregel, siehe Kap. 2.2.2.

Wirtschaftswachstum, beispielsweise wird auch die Gründerkrise eine Rolle gespielt haben (für kritische Anmerkungen siehe Kap. 4.1).

In der Theorie sind für die Funktionsfähigkeit der Goldwährung Voraussetzungen notwendig, deren Einhaltung vom Willen der Beteiligten abhängt: Verzicht auf autonome, binnenländische Konjunkturpolitik und protektionistische Maßnahmen und Erhaltung des ausländischen Vertrauens in die Stabilität der Verhältnisse. Auch Faktoren, auf die kein Einfluß genommen werden kann, spielen eine Rolle: Elastizität des Preisniveaus, Preiselastizität der Export- und Importgüter. Da die Unabhängigkeit der Reichsbank auch vor dem Hintergrund der Goldwährung erklärt werden muß, wird nun die Funktionsweise dieser Währungsordnung genauer dargestellt.

2.2.1 Mechanismen zum Ausgleich eines Zahlungsbilanzungleichgewichts

Hume befaßte sich schon 1752 mit dem Zahlungsbilanzausgleich zweier Länder. Der von ihm beschriebene „price-specie-flow" Mechanismus funktioniert folgendermaßen:[16] Erfährt ein Land Goldzuflüsse, z.B. wegen Goldfunden, so werden in diesem Land aufgrund der steigenden Nachfrage die Preise steigen. Auch diesen Mechanismus, die Quantitätstheorie, beschrieb Hume.[17] Aufgrund der Inflationstendenzen im Inland, verlagert sich die Nachfrage ins Ausland, da dort die Waren relativ billiger geworden sind. Es kommt zu Goldverschiffungen, um die importierten Waren zu bezahlen. Durch die gestiegene Gold- also Geldmenge und die erhöhte Nachfrage im Ausland steigen dort die Preise, umgekehrt im Inland, bis sich die Preisniveaus angeglichen haben und wieder Kaufkraftparität herrscht.

Zu Humes Zeit (1711-1776) mag der Ausgleich der Zahlungsbilanz tatsächlich über die Handelsbilanz stattgefunden haben. Zur Zeit des klassischen, internationalen Goldstandards (1870-1914) wurde der Waren- und Dienstleistungsaustausch allerdings nicht hauptsächlich durch Goldverschiffungen finanziert, sondern durch Auslandswechsel, also Devisen. Die Hypothese des „price-specie-flow" Mechanismus kann nicht durch die Bewegungen der verschiedenen Preise (Diskontsatz, Löhne, Güterpreise) belegt werden.[18] In dieser Zeit gab es zwei Wege des Zahlungsbilanzausgleichs:[19]

a) Der Ausgleich über das Einkommen im Inland: Nach den Regeln des Goldstandards (siehe Kap. 2.2.2) muß die Zentralbank bei einer durch Goldzufluß verursachten Steigerung

---

[16] Vgl. Hume, 1969, S. 25ff

[17] Humes Ausführungen über die Quantitätstheorie sind abgedruckt in z.B. Lucas, 1996, S. 661ff.

[18] Vgl. Ford, 1989, S. 199, 234

[19] Eine zeitgenössische Darstellung des Zahlungsbilanzausgleichs gibt Hawtrey, 1926. Für eine Analyse des Zahlungsbilanzausgleichs während des Goldstandards siehe auch Triffin, 1964, Kap. 1, S. 2-20; Spahn, 1992, S. 101ff.

der Metalldeckung den Diskontsatz senken, um die Geldmenge, bzw. die Kredite, im Land auszudehnen. Die Güternachfrage steigt, somit steigen auch die inländischen Güterpreise. Dieser Weg ist allerdings umstritten. Der Einfluß von Zinsänderungen auf Einkommen und Preise ist unklar. Auch verträgt sich die Schnelligkeit, mit der internationale Kapitalbewegungen auf Zinsänderungen reagierten, nicht mit der Langwierigkeit des oben beschriebenen Prozesses.

b) Deshalb wird der wichtigste Ausgleichsmechanismus über die Zinsdifferenz und die Kapitalbilanz gegangen sein. Da die Zinsen im Inland nach der Diskontsenkung der Zentralbank niedriger als im Ausland sind, wird kurzfristiges Kapital aufgrund des höheren Zinseinkommens ins Ausland transferiert; bei langfristigen Kapitalbewegungen spielen außer der Zinsdifferenz noch andere Faktoren, wie die allgemeine Wirtschaftspolitik und die Einschätzung der Währung als langfristige Anlagemöglichkeit, eine Rolle. Dieser zweite Kanal war in England am wirksamsten, da London den größten und differenziertesten Finanzmarkt besaß. Wegen des großen Volumens an Auslandsaktiva führte eine Zinserhöhung in London entweder zu erhöhter Nachfrage nach kurzfristigen Aktiva in London, oder es wurden weniger Kredite vergeben, oder englisches, im Ausland investiertes Kapital wurde nach England zurückgezogen. Kredit- und Kapitalbewegungen hingen nicht nur von der Diskontdifferenz ab, sondern auch vom gegenwärtigen Wert der Wechselkurse und deren wahrscheinlicher, künftiger Bewegung, also der Wechselkurserwartungen. Bloomfield[20] schreibt, daß solche Erwartungen im Goldstandard schon wirksam wurden, denn beispielsweise konnte man sich gegen ein Wechselkursrisiko schützen.

Auf Länder mit ausgeprägten Geld- und Finanzmärkten trifft die zweite, direkte Erklärung eher zu, während kleinere Länder entweder größere Zinsänderungen in Kauf nehmen, oder sich auf den langsamer wirkenden, ersten Kanal verlassen mußten. Der zweite Mechanismus konnte nur effizient funktionieren, da vor 1914 keine Kapitalverkehrskontrollen existierten, es gab jedoch Handelsbeschränkungen.[21]

Zur Kritik an den kurzfristigen Ausgleichsmechanismen äußert sich Panic.[22] Er argumentiert, daß kurzfristige Kapitalbewegungen das Zahlungsbilanzungleichgewicht, wenn es auf strukturellen Unterschieden beruhte, nicht langfristig hätten finanzieren können, da immer wiederkehrende Handelsbilanzdefizite einen stetig steigenden Zinssatz erfordern, um konstante Kapitalzuflüsse zu sichern. Er schreibt außerdem, daß die Ziele des externen und

20 Vgl. Bloomfield, 1963, S. 39f

21 Auch die Mobilität der Arbeitskräfte war nicht beschränkt, Arbeitskräftewanderung fand damals stärker als heute statt, fraglich ist, ob diese Mobilität einen Einfluß auf das Funktionieren des Gold Standards hatte. Nach der Theorie Optimaler Währungsräume sollte sie.

22 Vgl. Panic, 1992

internen Gleichgewichts innerhalb der Goldwährung nur miteinander vereinbar waren, weil drei Faktoren zusammenkamen: Erstens ein Volumen an internationalen Investitionen, das seitdem relativ zum Volkseinkommen nicht wieder erreicht wurde, 1870 betrugen sie 4% des BSP, 1913 5%.[23] Der größte Teil wurde investiert von England, Frankreich und Deutschland. Zweitens war die Arbeitskräftemobilität zur Zeit des Goldstandards sehr hoch. 1840-1930 emigrierten ca. 52 Mill. Menschen aus Europa, das entsprach 20% aller Arbeitskräfte zu Beginn der Periode. Die Hälfte der gesamten, internationalen Migration fand zwischen 1880 und 1913 statt.[24] Drittens existierten verschiedene Handelsbeschränkungen, je nach industriellem Entwicklungsgrad der Länder. Höher industrialisierte Länder tendierten zu liberaleren Handelspolitiken. Die drei Voraussetzungen beziehen sich also auf Mundells Kriterium der Faktormobilität der Theorie Optimaler Währungsräume:[25] Bei unwiderruflich fixierten Wechselkursen können Arbeitskräfte- oder Kapitalbewegungen komplementär Zahlungsbilanzungleichgewichte ausgleichen. Je weniger Mobilität der Faktoren gegeben ist, desto höher müssen die Handelsbeschränkungen sein.

Zum Problem der spekulativen Kapitalbewegungen: Normalerweise wird argumentiert, daß es während des Goldstandards zwar spekulative Kapitalflüsse gab, diese jedoch nie destabilisierender Art waren. Die privaten Kapitalbewegungen, gingen immer „in die richtige Richtung", d.h. die Kapitalmärkte gingen davon aus, daß der festgelegte Wechselkurs unter allen Umständen aufrecht erhalten wurde. Daß es von dieser Regel Ausnahmen gab, belegt das Zitat von Lotz: „Man denke sich nun den Schrecken im großen Publikum. Die eben eingeführte Goldwährung, die langersehnte, schien bedroht durch das pietätlose Verhalten der Arbitrageure."[26] Auch Bloomfield betrachtet destabilisierende Währungsspekulation und Kapitalflucht.[27] Zweifel, daß der Goldstandard aufrecht erhalten werden kann, Inflation, Zahlungsbilanzdefizite, Defizite im öffentlichen Haushalt, die Möglichkeit des Zusammenbruchs des Bankensystems und hohe Steuerlasten konnten zu Kapitalabzügen führen. Diese waren zum Teil auch politisch motiviert, im Falle eines Krieges bestand die Möglichkeit, daß das Kapital des Kriegsgegners einbehalten wurde. Verglichen mit den

---

23 Zum Vergleich: Das größte Verhältnis von Investitionen zum Bruttosozialprodukt der Nachkriegszeit wurde 1960 mit ca. 1% erreicht, vgl. Panic, 1992, Kap. III.

24 Diese Emigration sollte man jedoch genauer betrachten, fand sie überhaupt zwischen den Goldstandardländern Europas statt, um Zahlungsbilanzungleichgewichte auszugleichen? Oder emigrierten nicht eher Europäer nach Amerika, z.B. aus Irland? Bloomfield, 1968, S. 2 schreibt: „...the volume of intercontinental [nicht intra-, A.L.] migration reached levels in excess of anything experienced before or since." Andererseits schreibt Eichengreen, 1997, S. 365, daß der Goldstandard durch hohe Arbeitsmobilität zwischen den teilnehmenden Ländern gekennzeichnet war. Siehe auch Abbildung I.21, I.22 und Kap. 4.3.

25 Vgl. Mundell, 1961. Einen Überblick über die Theorie Optimaler Währungsräume gibt Ishiyama, 1975.

26 Lotz, 1888, S. 159

27 Für das Folgende vgl. Bloomfield, 1963, S. 83ff.

'hot money flows' der Zeit nach dem Zweiten Weltkrieg, waren die Spekulationen vor dem Ersten Weltkrieg jedoch insignifikant.

Die von privater Seite ausgehenden Kapitalbewegungen waren dennoch größtenteils stabilisierend. Die Notenbank stabilisierte die Wechselkurse nicht gegen, sondern mit den 'Spekulanten'. Die Parität der Währungen zum Gold wurde in den meisten Fällen als unwiderruflich fix betrachtet. Auch wenn Währungen wie z.B. die italienische Lira zeitweise aus dem Mechanismus herausfielen, sind sie später zur gleichen Parität wieder eingestiegen.[28] Von Lumm bezeichnet spekulative Goldentziehungen als illegitim[29]; fraglich ist, ob er spekulative Goldzuflüsse wohl auch so bezeichnen würde.

2.2.2 Die Spielregeln der Goldwährung

Die Spielregeln des Goldstandards bestanden aus zwei Handlungsanweisungen:

1. Jedes Land war verpflichtet, eine bestimmte Menge Gold zu einem fixen Preis in die jeweilige Landeswährung umzutauschen. Die festen Wechselkurse der Währungen untereinander ergaben sich aus den Paritäten zum Gold.
2. Um den Ausgleich der Zahlungsbilanz zu gewährleisten, hatte jedes Land die Gold- oder Kapitalflüsse nicht nur nicht zu sterilisieren, sondern deren Wirkung auf die nationale Geldmenge noch zu verstärken, um die Rückkehr zum Gleichgewicht zu beschleunigen.

Die zweite Regel beschreibt einen symmetrischen Ausgleichsmechanismus, beide von Goldflüssen betroffenen Länder sollten intervenieren. Tatsächlich aber lag die Anpassungslast ausschließlich bei dem Land, das Goldabflüsse zu verzeichnen hatte, denn Goldzuflüsse waren jedem Land des Goldstandards immer willkommen.[30] Gleichzeitig ist in der zweiten Regel der oben beschriebene ersten Ausgleichsmechanismus über die Handelsbilanz enthalten, die Geldmenge sollte weiter ausgedehnt werden und damit das Preisniveau steigen, so daß die Goldzuflüsse zurückgingen. Eine hohe Geldmenge ist gleichzeitig auch mit einem niedrigen Zinsniveau verbunden, so daß über die Kapitalbilanz die Gold- und Kapitalzuflüsse zurückgingen, und auch damit die Zahlungsbilanz ausglichen.

In der Literatur wird festgestellt, daß sich viele Notenbanken nicht nach den Spielregeln richteten. Spezifische Ergebnisse sind jedoch uneinheitlich: So kommt Giovannini zu dem Ergebnis, daß die Reichsbank den Regeln folgte, die Bank of England jedoch nicht.[31]

---

[28] Vgl. Bloomfield, 1963, S. 83

[29] Vgl. Lumm, 1911/12, S. 164

[30] Hierin kann man eine Parallele zum EWS sehen, das auch als symmetrisches System gedacht war.

[31] Vgl. Giovannini, 1986. 1993 testet er die Einhaltung der Regeln im Goldstandard und in Bretton Woods. Die Beziehung zwischen der Abweichung des Wechselkurses vom mittleren Wert der Goldpunkte und dem Zinsdifferential sollte negativ sein, im Fall der Reichsbank ist der Zusammenhang jedoch nicht signifikant, vgl. Giovannini, 1993, S. 129ff.

Ford konstatiert, daß die Reichsbank und die Banque de France sich weniger nach den Regeln richteten als die Bank of England.[32] Bloomfield schreibt zunächst, daß in Deutschland, England, Österreich-Ungarn, Belgien, Niederlande, Rußland sich die Deckungsverhältnisse und die Diskontsätze in entgegengesetzter Richtung bewegten, d.h. spielregelgerechtes Verhalten lag vor; Goldzuflüsse bedingen ein Sinken des Diskonts, um die Geldmenge auszudehnen, aber damit auch weniger Kapitalzuflüsse.[33] Aber: Bei allen untersuchten Notenbanken veränderten sich Kreditvolumen (Diskontwechsel, Vorschüsse, Lombardkredite) und Währungsreserven (Gold, Devisen, Silber) häufiger in entgegengesetzter Richtung, also nicht regelgerecht, denn bei steigenden Reserven sollte auch die Geldmenge ausgedehnt werden. Insgesamt ist er nicht der Meinung, daß Zentralbanken Goldveränderungen auf das Geldvolumen durchwirken ließen.[34]

Ein Grund für die unterschiedlichen Ergebnisse bzgl. des spielregelgerechten Verhaltens könnte sein, daß sich die Notenbanken immer nach den Regeln verhielten, wenn Goldabflüsse zu verzeichnen waren (Erhöhung des Diskonts, Einschränkung der Kreditmenge und des Geldumlaufs), jedoch meistens nicht, wenn die Länder Goldzuflüsse erfuhren (keine Erhöhung von Kreditmenge und Geldumlauf, sondern Erhöhung der Deckung der Banknoten). Das würde auch Seegers Ergebnis erklären, daß sich das Geldvolumen in Deutschland bis 1895 spielregelgerecht veränderte, also im gleichen Umfang wie die Goldreserven. Ab 1896 entwickelten sich die beiden Größen immer weiter auseinander, das Geldvolumen veränderte sich nicht mehr spielregelgerecht.[35] Bis 1895 war das Metalldeckungsverhältnis der Banknoten relativ hoch. Ab 1896 sank es stetig, weil der Banknotenumlauf rapide anstieg, d.h. jeder Goldzufluß war willkommen und wurde nur durch weitere Maßnahmen, mehr Gold ins Land zu ziehen, beantwortet, siehe Abbildung I.6, I.7. Außerdem deutet die Uneinigkeit der Autoren darauf hin, daß die meisten Notenbanken sich nicht an Regeln hielten, sondern diskretionär entschieden. Das Hauptziel aller Notenbanken war die Konvertibilität ihrer Währung in Gold. Ein jederzeit ausreichender Vorrat an Goldreserven wurde von den Notenbanken durch Manipulation der Goldpunkte (siehe Kap. 2.5.2.2), Devisenpolitik (siehe Kap. 2.5.2.3) oder Kooperation - z.B. gegenseitige Kreditgewährung (siehe Tabelle I.2) - gewährleistet.

Im folgenden wird das Problem der Aufrechterhaltung der Goldparität im Gegensatz zur Beachtung der Innenpolitik analysiert. „...konjunkturelle Arbeitslosigkeit [wurde] noch

32 Vgl. Ford, 1989, S. 237
33 Vgl. Bloomfield, 1959, S. 30; siehe auch McGouldrick, 1984; McKinnon, 1993.
34 Vgl. Bloomfield, 1959, S. 47ff
35 Vgl. Seeger, 1968, S. 127

nicht als wirtschafts- und sozialpolitisches Hauptproblem angesehen, welches staatlicher Gegenmaßnahmen bedurft hätte."[36] Es wird im allgemeinen davon ausgegangen, daß die Regierung oder die Notenbank während des Goldstandards nicht auf die inländische Wirtschaft und Beschäftigung achtete, weil die Geldpolitik als einziges Ziel außenwirtschaftliche Stabilität verfolgte, d.h. die feste Parität der Währung zum Gold. Wenn die Reichsbank den Regeln des Goldstandards tatsächlich gefolgt wäre, indem sie die Effekte von Zahlungsbilanzungleichgewichten, z.B. durch Goldzuflüsse, auf die Reserven und damit auf die Geldmenge verstärkte, nicht nur sie nicht neutralisierte, um die Wirkungen von exogenen Schocks schneller auszugleichen, wäre eine autonome Konjunkturpolitik nur eingeschränkt möglich gewesen. Konjunkturschwankungen wären zwischen allen Ländern innerhalb des Systems übertragen worden. Nach der Lehrmeinung war also das vornehmste Ziel der Periode vor dem Ersten Weltkrieg die Aufrechterhaltung des außenwirtschaftlichen Gleichgewichts, bzw. des Goldstandards. Die Beachtung von Preisstabilität und Beschäftigung kam erst nach dem Ersten Weltkrieg auf. Ob die Preise tatsächlich so instabil waren und der Beschäftigungsstand nicht beachtet wurde, wird im folgenden untersucht.

Man gewinnt den Eindruck, daß die Notenbanken sich sehr wohl um inländische Belange kümmerten. Die Reichsbank versuchte wann immer möglich, den Diskontsatz niedrig zu halten, d.h. zwischen den Quartalsanspannungen wurde der Zinssatz immer wieder gesenkt, was zu unnötigen Schwankungen führte, um der Wirtschaft billigen Kredit bieten zu können. Die Reichsbank war der Überzeugung, daß ein niedriger Diskontsatz der Wirtschaft förderlich sei (vgl. auch Kap. 2.5.4.3). Sanken jedoch ihre Goldreserven oder nahmen die Wechselkurse eine ungünstige Entwicklung, erhöhte sie den Diskontsatz sofort, evt. auch in übertriebenem Maße, was im übrigen auf spielregelgerechtes Verhalten deutet. Von Dechend formulierte das folgendermaßen: „Man kann seiner Valuta nur Respekt verschaffen, wenn man sich nicht genirt, ordentlich mit dem Diskont in die Höhe zu gehen, bis die Leute sehen, daß man sein Metall zu schützen weiß."[37] Sobald die Gefahr der Goldabflüsse gebannt war, wurde der Satz sofort wieder stark gesenkt. So kam es, daß, besonders in den ersten Jahren nach der Gründung der Reichsbank, der Diskontsatz sehr starken Schwankungen unterlag. Bloomfield stellt fest, daß Diskontsatzsteigerungen wenig Einfluß auf Deflation und Arbeitslosigkeit hatten.[38] Das Währungssystem des Goldstandards fällt in eine Zeit hoher industrieller Wachstumsraten; man könnte sich also vorstellen, daß eine restriktive

---

[36] Borchardt, 1976, S. 31

[37] Stenographische Berichte über die Verhandlungen des Deutschen Reichtages, 4. Legislaturperiode, 3. Session 1880, Bd.1, S. 135, zitiert in: Bopp, 1954, S. 190

[38] Vgl. Bloomfield, 1959, S. 44

Geldpolitik diese Entwicklung nur verlangsamte, aber nicht zu einem absoluten Sinken der Einkommen und Preise führte. Außerdem war wegen des hohen Wirtschaftswachstums die Beschäftigungssicherung wohl kein Problem. Auch wenn der billige Kredit zur Förderung der Wirtschaft nur für die Unternehmer gedacht war, so ist er doch gleichzeitig der Beschäftigung zugute gekommen.

Auch die Preise waren nicht so volatil, wie aus einer Geldpolitik im Sinne des Goldstandards abgeleitet werden könnte. In Deutschland muß allerdings zwischen Konsumentenpreisen und Großhandelspreisen unterschieden werden. Der Konsumentenpreisindex unterlag zwei langen Trends: 1870-1896 Deflation, 1897-1914 Inflation. Die Großhandelspreise unterlagen stärkeren, kurzfristigen Schwankungen (vgl. Abbildung I.20).[39] Man könnte anmerken, daß die Preisindizes damals sehr von Agrargüterpreisen beeinflußt wurden, die aufgrund nicht beeinflußbarer Faktoren, wie das Wetter, großen Schwankungen unterlagen. Werden die Agrargüterpreise herausgerechnet, ergibt sich ein relativ stabiler Preisindex. Ohne Berücksichtigung der Ölpreise ist der Preisindex der Nachkriegszeit jedoch auch sehr stabil.[40]

2.2.3 Die Sonderstellung der Bank of England

Normalerweise erklären sich Kapitalbewegungen durch Veränderungen der relativen Zinssätze, d.h. wenn sich die Leitzinsen eines Landes relativ erhöhen, werden dort verstärkt Aktiva nachgefragt („pulling power of interest rates"). In der Zeit vor dem Ersten Weltkrieg genügte auch eine Bewegung der absoluten Zinssätze. Wenn die Bank of England die Bank Rate erhöhte, zogen fast alle Goldstandard Länder nach, um den Gold- bzw. Kapitalverlust einzudämmen. Dennoch flossen daraufhin v.a. von Frankreich und Deutschland Geldmittel nach London. Diese Verluste in Frankreich und Deutschland wurden jedoch durch Transfers von kleineren Goldstandard Staaten wieder ausgeglichen. Es zählten also nicht so sehr die Unterschiede der Zinsen in Prozentpunkten, als mehr die Signale an die Geld- und Kapitalmärkte, die die Notenbanken durch Zinsänderungen setzten.

England konnte zwar die Last der Zahlungsbilanzanpassung auf andere Länder überwälzen, war jedoch nicht frei von Rückwirkungen: Kurzfristig konnte ein Goldverlust durch Anheben der Bank Rate wegen des „drawing power" Londons verhindert werden. Aber die dadurch gesunkenen Einkommen, Importe, Ausgaben der betroffenen Peripherieländer

---

39 Im langfristigen Vergleich der letzten 100 Jahre vor dem Ersten Weltkrieg waren die Preisbewegungen in der betrachteten Periode allerdings quasi nicht existent, vgl. Cooper, 1982, S. 8; Borchardt, 1976, S. 24.

40 Vgl. Cooper, 1982, S. 55 (Kommentar von Modigliani)

wirkten auf Englands Exporte und Wirtschaft zurück.[41] Durch den ausgeprägten Finanzmarkt konnte England den Goldstandard mit nur 3,4% der gesamten, offiziellen Goldvorräte aufrechterhalten.[42] England konnte Gold im Land halten, indem es weniger langfristige Kredite vergab, Schuldnerländern stand diese Möglichkeit nicht offen.

Es reichte allerdings nicht, wenn die Bank of England nur die Bank Rate anhob, sie mußte auch effektiv gemacht werden, d.h. auch die Marktzinsen mußten steigen. Dafür genügte schon eine geringe Erhöhung der Bank Rate, da aufgrund des ausgeprägten Finanzmarktes die Zinsen in vielen Marktsegmenten stiegen. England vergab in hohem Maße kurzfristige Kredite an das Ausland. Deswegen war auch eine Erhöhung der Bank Rate so wirksam, denn es ist einfacher, mit hohen Zinsen heimische Gelder zurückzuholen als ausländische heranzuziehen. Durch Umdisponieren des Gesamtfonds' der Kredite an das Ausland wurde der Goldstrom in Richtung Londons beeinflußt. London schränkte seine Kreditgewährung an das Ausland ein, und das verschuldete Land mußte dann seine freien Mittel, anstatt zum Goldkauf, zur Schuldentilgung verwenden.

Länder, in denen Geld- und Kapitalmärkte für die Industrialisierung nicht vorhanden waren, nahmen die englischen in Anspruch: London fungierte als Kreditvermittler. Ein Überschuß an Gold in einem Land konnte durch Veränderung der Zinssätze und Sinken des Pfundkurses nach London gezogen werden und dem bargeldbedürftigen Land mit Zwischengewinn weitergegeben werden. Direkte Kreditgewährung zwischen den Ländern benötigte eine erfahrene und spezialisierte Kreditorganisation. London diente auch als Vermittler bei ausländischem Kapitalbedarf, nahm z.B. Kredite vom Exportland auf und gab diese mit Gewinn an das importierende Land weiter. Der Wechsel auf London fungierte als Weltgeld, er wurde überall akzeptiert, außerdem trug das in London angelegte Geld Zinsen.

Der Status der Bank of England, also die Höhe der Notenreserve, war bestimmend für die Bank Rate. Nach 1908 nahm die Korrelation zwischen Diskontsatz und Reserveverhältnis allerdings ab. Auch am englischen Geldmarkt waren wie bei der Reichsbank Saisoneinflüsse zu verzeichnen: Einkommensteuereinzahlungen von Februar bis Anfang April (Goldzuflüsse), Herbstbedarf zur Finanzierung der eigenen sowie der Welternte (Goldabflüsse) (vgl. Kap. 2.5.3).

Großbritanniens Handelsdefizit nach 1900 wurde durch einen Kapitalbilanzüberschuß finanziert.[43] England verzeichnete auch durch die schon früher vergebenen, langfristigen

41 Vgl. Ford, 1989, S. 249
42 Vgl. Ford, 1989, S. 204
43 Das „deficit without tears“: Kapital wurde an Londons Finanzmarkt angelegt.

Kredite hohe Zinseinkommen aus dem Ausland. Die Haltung von Sterling als Anlage- bzw. Reservewährung war durch den Pfundüberschuß des Handelsdefizits erst möglich.

2.3 Die Vereinheitlichung des deutschen Geldwesens seit 1871

Nach dem deutsch-französischen Krieg 1870/71 vereinigten sich die deutschen Kleinstaaten unter Bismarck zum Deutschen Reich. Die Verfassung wurde am 31.12.1870 proklamiert und trat am 16.4.1871 in Kraft. Zum Deutschen Zollverein, der seit 1834 existierte, und der Reichsgründung (Politische Union) sollte nun auch die Währungsunion kommen. 1872 existierten sieben verschiedene Währungssysteme, von denen das norddeutsche Taler- und das süddeutsche Guldensystem am weitesten verbreitet waren. Es galt, 17 Arten von Goldmünzen und 66 Arten von Silbermünzen in einem System zu integrieren.[44] Außerdem existieren 1870 über 140 Arten von Papiergeld.[45] Problematisch war, daß in vielen Kleinstaaten eine Privatnotenbank, die sogenannten Zettelbanken, eigenes Geld emittierte: Die Revolution von 1848 brachte Geldknappheit, deswegen wurde in diesem Jahr ein Gesetz erlassen, das auch Privatnotenbanken die Banknotenausgabe gestattete.[46] Für diese mußten dann im Reichsbankgesetz eigene Regelungen getroffen werden, da sie, vor allem auch wegen der Bewegung der Bankenfreiheit,[47] nicht einfach aufgelöst werden konnten.

Nach der Einigung 1871 wurde über die Einführung einer Silber- oder einer Goldwährung diskutiert. Die Bedeutung und der Wert des Silbers als Reserve- und Zahlungsmittel waren schon in der zweiten Hälfte des 18. Jahrhunderts relativ gering und nahmen danach immer weiter ab.[48] Silbermünzen waren als Zahlungsmittel zu unhandlich. Mit einsetzender Industrialisierung waren Transaktionen in größeren Summen durchzuführen, Goldmünzen waren bequemer zu handhaben. Es wurde also für den Goldstandard entschieden, v.a. da die meisten großen Länder auch zur Goldwährung tendierten. Die Beschaffung des dafür notwendigen Währungsgoldes wurde vereinfacht durch die französischen Kriegsentschädigungszahlungen. Frankreich hatte an Deutschland die Summe von 5,6 Mrd. Franc (4,46 Mrd. Mark) zu zahlen. Weniger als ein Viertel (1,3 Mrd. Franc) der Summe wurde jedoch direkt in Gold erbracht, der Rest waren inländische und ausländische Wechsel (4,3 Mrd. Franc). Mithilfe dieser Wechsel beschaffte sich das Reich v.a. in London das benötigte Gold.[49]

---

[44] Einzig die Handelsstadt Bremen besaß ein reines Goldwährungssystem.
[45] Vgl. Eynern, 1928, S. 6
[46] Vor der Währungsreform konnte das Bedürfnis nach einem bequemeren Zahlungsmittel, Gold, nicht befriedigt werden, daher wurden in großem Umfang Staatspapiergeld und Banknoten emittiert.
[47] Notenbankkonkurrenz, mehrere Privatnotenbanken mit Notenemissionsrecht, keine Zentralbank
[48] Vgl. Theurl, 1992, S. 43-49
[49] Vgl. Borchardt, 1976, S. 6

2.3.1 Gesetze zur Vereinheitlichung des Geldwesens

Um die Währungsvielfalt in den deutschen Kleinstaaten zu vereinheitlichen, waren - außer dem Bankgesetz für die Neuordnung des Notenbankwesens, s.u. - weitere Gesetze notwendig. Die Münzreform konnte mit der Einstellung der Silberverkäufe 1879 als weitgehend abgeschlossen gelten.

Mit dem Gesetz betreffend die Ausprägung von Reichsgoldmünzen vom 4.12.1871 wurde der Goldstandard in Deutschland als Währungsstandard eingeführt. Die Mark wurde zur deutschen Rechnungseinheit bestimmt. Aus einem Pfund Feingold wurden 139,5 Stück Goldmünzen geprägt (Münzfuß), der zehnte Teil dieser Münzen wurde Mark genannt. Die Reichsbank tauschte also Barrengold zu 1395 Mark pro Pfund abzüglich drei Mark Prägegebühr gegen ihre Banknoten.[50] Das Austauschverhältnis Gold : Silber betrug 1:15,5. Mit der Münzvereinheitlichung wurde das Dezimalsystem in Deutschland durchgesetzt.[51] Bei Beginn der Geldreform machte der Bestand an inländischen Goldmünzen nur etwa 3,6% (etwa 95 Mill. Mark), an ausländischen Goldmünzen 5,8% des gesamten Geldbestandes aus.[52] Zwischen 1872 und 1873 prägte Deutschland dann Goldmünzen im Wert von 1015,6 Mill. Mark, das entsprach 364 Tonnen Gold.

Das Banknotensperrgesetz 1872 regelte die Gründung von weiteren Privatnotenbanken im Bereich des Deutschen Reichs. Die Verschiebung der Einführung des norddeutschen Banknotensperrgesetzes auch in Süddeutschland bis zum 1.1.1872, das der Norddeutsche Bund bereits am 27.03.1870 ratifizierte, ließ die notwendige Zeit zur Gründung der Badischen Bank und der Württembergischen Bank. Neugründungen von Privatnotenbanken waren im Prinzip weiter möglich, jedoch an die Zustimmung des Reichstages gebunden, die nicht mehr erteilt wurde.

Das Silbermünzgesetz vom 9.7.1873 bestimmte, daß alle Silbermünzen eingezogen und zu Scheidemünzen umgeprägt werden sollten.[53] Ausgenommen davon waren die Taler;[54] dies hätte wegen der Entwertung des Silbers zu ähnlichen Problemen wie in der Lateinischen Münzunion führen können;[55] daß dies nicht geschah, wurde der Reichsbank zugeschrieben. Der Wert der gesamten Anzahl an Silbermünzen pro Person in Deutschland sollte zehn Mark nicht übersteigen. Für Reichsnickel- und -kupfermünzen waren 2,50 Mark festgelegt. Auf

---

50 Aufgrund der Münzhoheit erfolgte die Ausprägung der Münzen in den einzelnen Bundesstaaten, was höhere Kosten mit sich brachte. Das Reich trug die Kosten der Abnutzung der Goldmünzen.

51 Vgl. Eynern, 1928, S. 3

52 Vgl. Seeger, 1968, S. 72

53 Außerdem gab es Scheidemünzen aus Nickel und Kupfer.

54 Die Talermünzen wurden erst am 1.10.1907 außer Kurs gesetzt.

55 Siehe Kap. 2.1.2

Anfrage wurden nur Gold-, keine Silbermünzen gemünzt.[56] Silbermünzen von mehr als 20 Mark und sonstige Scheidemünzen von mehr als einer Mark mußten von der Bevölkerung nicht angenommen werden.[57] Artikel 12 des Gesetzes bestimmte, daß bis Anfang 1876 alle Banknoten eingezogen wurden und verbot die Emission von Privatbanknoten über 100 Mark und von solchen, die nicht auf Reichswährung lauteten.[58]

Mit dem Reichskassenscheingesetz vom 30.04.1874 wurde beschlossen, daß das kleinstaatliche Papiergeld (184 Mill. Mark) durch 120 Mill. Mark Reichskassenscheine zu 5, 20 und 50 Mark ausgetauscht werden sollte. Jeder Kleinstaat durfte Reichskassenscheine in Höhe von drei Mark pro Kopf seiner Bevölkerung emittieren. Dafür mußte sämtliches, kleinstaatliches Papiergeld im Umlauf bis zum 1.1.1876 eingezogen, also von den Staaten gegen Gold oder Silber getauscht werden. Dies bedeutete, daß solche Staaten, die bisher kein oder nur wenig Papiergeld emittiert hatten, einen höheren Betrag an Reichskassenscheinen zugeteilt bekamen, während andere Verluste hinnehmen mußten.[59] Die Reichskassenscheine waren kein gesetzliches Zahlungsmittel, d.h. niemand war zur Annahme verpflichtet. Sie waren nicht in Gold einlösbar, es galt keine gesetzliche Deckungspflicht. Also konnte das Staatspapiergeld im Kriegsfall nicht gegen Metall eingelöst werden, so wie es die Regierung versprach.[60] Die Menge der Reichskassenscheine wurde konstant gehalten und nahm deshalb in der durch die Banknotenemission insgesamt steigenden Geldmenge einen immer geringeren Anteil ein (siehe Abbildung I.2). Deshalb konnte das Reich durch sein Papiergeld die Geldpolitik der Reichsbank nicht beeinflussen.

2.3.2 Das Bankgesetz vom 14. März 1875

„Ich nehme kein Gesetz an ohne eine Reichsbank, und ich nehme jedes Gesetz an mit einer Reichsbank“
Ludwig Bamberger[61]

Das Reichsbankgesetz wurde am 14.03.1875 vom Reichstag verabschiedet.[62] Es enthielt Regelungen für die Privatnotenbanken und für die Gründung einer deutschen Zentralbank, der Reichsbank, und trat am 01.01.1876 in Kraft. Das Bankgesetz ist in drei Teile geteilt:

---

56 Vgl. Oppers, 1996, S. 146
57 Vgl. Seeger, 1968, S. 19
58 Vgl. Lotz, 1888, S. 150
59 Für diese Staaten wurden vom Reich jedoch Sonderregelungen erlassen, siehe Lotz, 1888, S. 153. Die Reichsbank schreibt von 4 Mark pro Kopf, vgl. Reichsbank, 1926, S. 14f.
60 Die 120 Mill. Mark des Spandauer Kriegsschatzes im Juliusturm waren - entgegen gängiger Meinung, wegen der Entsprechung der Summe - nicht als Deckung vorgesehen.
61 Am 16.11.1874 vor dem Reichstag, siehe Katzenstein, 1915, S. 6.

1. Bestimmungen, die für alle Notenbanken galten,
2. Bestimmungen für die Reichsbank,
3. Bestimmungen, die die Privatnotenbanken freiwillig annehmen konnten.

Laut Katzenstein war der Erfolg der Geldreform ab 1871 nur durch die Gründung der Reichsbank aufrecht zu erhalten.[63]

Regelungen für alle Notenbanken waren die folgenden: Landesregierungen hatten im Hinblick auf Notenbanken keine Befugnisse mehr, neue Notenbankgründungen, außer durch Reichsgesetz, wurden ausgeschlossen. Jede Notenbank mußte am Hauptsitz und in ihren Filialen ihre eigenen Noten in Zahlung nehmen, und mindestens am Hauptsitz auch zum vollen Nennwert einlösen. Es durften nur Banknoten über 100, 200, 500, 1000 oder einem Vielfachen von 1000 Mark emittiert werden, um den Schulden- und nicht den Geldcharakter der Banknoten deutlich zu machen.[64] Wegen des Grundsatzes der Gleichbehandlung waren sämtliche Banknoten kein gesetzliches Zahlungsmittel, es bestand keine Verpflichtung zur Annahme, erst 1909 wurden lediglich Reichsbanknoten zum gesetzlichen Zahlungsmittel erklärt. Nur Staatskassen waren verpflichtet, Zahlungen in Noten anzunehmen. Alle Notenbanken mußten wöchentliche Ausweise, eine Jahresbilanz und einen jährlichen, ausführlichen Vermögensausweis veröffentlichen. Jeder Bank wurde ein Kontingent für den deckungsfreien Notenumlauf zugewiesen, bei Überemission wurde eine Notensteuer von 5% fällig (vgl. Kap. 2.5.3)

Das Reichsbankgesetz befaßte sich auch speziell mit den Privatnotenbanken. Wenn sie sich den unten folgenden Vorschriften nicht unterwarfen, durften sie zwar weiterbestehen, hatten aber Nachteile in Kauf zu nehmen. Sie mußten ihre Transaktionen auf das Gebiet des früheren Staates beschränken, der die Konzession zur Notenausgabe genehmigt hatte, und ihre Banknoten durften außerhalb dieses Gebietes nicht zu Zahlungen gebraucht werden. Außerdem wurde ihnen keine mit der Notenausgabe zusammenhängende Änderung ihrer Statuten erlaubt. Um ihre Transaktionen und Banknoten auf das gesamte Reich ausdehnen zu können, waren folgende Vorschriften zu beachten: Zum 1.1.1891 und danach alle zehn Jahre konnte den Privatnotenbanken das Notenausgaberecht mit einjähriger Frist ohne Entschädigung durch Beschluß des Reichstags gekündigt werden. Jede Bank mußte eine Noteneinlösungsstelle errichten, bei der die Banknoten innerhalb von 24 Stunden in Gold

---

62 Otto Michaelis war der maßgebende Verfasser des Bankgesetzes. Der Text des Gesetzes ist abgedruckt in: Notzke, 1924.

63 Vgl. Katzenstein, 1915

64 Den Banken sollte deutlich gemacht werden, daß die Einlösung der Noten in Gold immer möglich ist; bei Banknoten zu 10 Mark ist die Verpflichtung zur Haltung von genügend Gold zur Einlösung nicht so dringend. Es bestand Einlösungspflicht für beschädigte oder beschmutzte Noten, aber nicht für gefälschte, vernichtete oder verlorene.

getauscht werden konnten, Banknoten mußten gegenseitig in Zahlung genommen werden. Die Privatnotenbanken unterlagen der Dritteldeckung (vgl. Kap. 2.5.1), der umlaufende Notenbetrag mußte zu einem Drittel in Bar, der Rest in sicheren Wechseln vorhanden sein. Außerdem gab es einen Höchstbetrag des Notenumlaufs, das Gesamtkontingent. Sie mußten sich auf solche Geschäfte beschränken, die unmittelbar mit der Notenausgabe zusammenhingen, diese Geschäfte wurden im Bankgesetz festgelegt. Geschäfte wie Edelmetallhandel, Diskont- und Lombardgeschäft und Handel mit Schuldverschreibungen waren erlaubt und zulässige Lombardgeschäfte genau aufgeführt. Ein Reservefonds von mindestens einem Viertel des Grundkapitals mußte gebildet werden. Sämtliche Privatbanknoten mußten auf Reichswährung lauten. Da sich die ausführliche Darstellung der Reichsbank in den folgenden Abschnitten auf das Bankgesetz bezieht, wird auf eine Zusammenfassung der Vorkehrungen des Gesetzes bzgl. der Reichsbank in diesem Abschnitt verzichtet.

2.4 Die Organisation der Reichsbank

1765 wurde die Königliche Bank zu Berlin von Friedrich II gegründet und 1846 zur Preußischen Bank umgewandelt, deren Kapital vollständig vom preußischen Staat aufgebracht wurde. 1875 wurde diese Bank dann vom Deutschen Reich gekauft und wiederum zur Deutschen Reichsbank umgeformt. Mit dem Vertrag vom 17./18.5.1875 zog Preußen sein Kapital der Preußischen Bank und den ihm zustehenden Anteil am Reservefonds von neun Mill. Mark zurück. Dafür erhielt Preußen vom Deutschen Reich 15 Mill. Mark Entschädigung und bis 1925 jährliche Zahlungen von 1.865.730 Mark.[65] Die bisherigen Anteilseigner durften ihre Anteile in solche der Reichsbank umtauschen. Der restliche Teil des Grundkapitals von 120 Mill. Mark wurde zur Zeichnung aufgelegt.

2.4.1 Aufgaben und Ziele

In §12 des Bankgesetzes sind die Aufgaben der Reichsbank festgeschrieben. 1. Regelung des Geldumlaufs im gesamten Reichsgebiet: Geregelt wurde der Geldumlauf durch die Dritteldeckung. Da die Sekundärdeckung der Banknoten aus Wechseln bestand, wurde die Bevorzugung des Diskontkredits gegenüber dem Lombardkredit gesetzlich fundiert. 2. Erleichterung des Zahlungsausgleichs: Das geschah u.a. durch die Einführung des

---

[65] Die Preußische Bank leistete als Gegenleistung für die Aufhebung der Begrenzung des Notenemissionsrechts 1856 eine jährliche Abgabe an den Preußischen Staat, die bis 1925 laufen sollte; außerdem übernahm sie die Kosten der Verminderung des Staatspapiergeldumlaufs. Vielleicht wurde deswegen auch die jährliche Zahlung der Reichsbank an den Preußischen Staat zusätzlich zur einmaligen Zahlung zur Kompensation für die Abtretung der Preußischen Bank an das Reich festgesetzt, da die ersteren Zahlungen nun wegfielen.

Giroverkehrs, der Abrechnungsstellen und des Scheckverkehrs (siehe Kap. 2.5.6). 3. Nutzbarmachung des verfügbaren Kapitals: Durch den Ankauf von Wechseln oder das Lombardgeschäft stellte sie Zahlungsmittel zur Ermöglichung von Transaktionen zur Verfügung.

Laut Sommer war die Reichsbank für die Förderung öffentlicher Interessen, im Sinne von allgemeiner Wohlfahrt, verantwortlich.[66] Die Reichsbank, „...die ihre Gewinne ihrer öffentlichen Verantwortung unterordnete, erhöhte ihren Diskontsatz auf 5% und mehr in Zeiten, in denen nicht zu erwarten war, daß die Steuergrenze [der Notensteuer, A.L.] überschritten würde; und trotz der Steuer hielt sie ihren Diskontsatz häufig unter 5%, wenn ihr Umlauf die Steuergrenze überschritt."[67]

In den ersten Jahren ihres Bestehens hatte sie die Aufgabe, die Währungsvereinheitlichung auszugestalten; der Übergang von der Silber- zur Goldwährung war zu bewältigen. Dieser Übergang konnte nur unter Verlusten ausgeführt werden, da wegen des Übergangs vieler Länder Goldwährung die Silberpreise fielen.[68]

Im Sinne der Goldwährung bestand das Ziel der Reichsbank darin, die Einlösbarkeit ihrer Noten in Gold unter allen Umständen aufrecht zu erhalten. Erstens wegen der Regeln des Goldstandards, bei dem ein Aus- und Wiedereintritt jedoch jederzeit möglich war, und zweitens weil eine metallistische Geldwertauffassung vorherrschte, nach der nur Gold, nicht Papier, als vollwertiges Geld gesehen wurde.

Ein internes Ziel der Reichsbank war es, den Diskontsatz so niedrig wie möglich zu halten, um die Wirtschaft zu fördern. Die Ziele Einlösbarkeit der Noten und niedriger Diskontsatz waren nicht immer gleichzeitig zu erreichen. Außerdem wollte die Reichsbank den Diskontsatz so stabil wie möglich halten, es gab eine interne Untergrenze, die sie nur ungern unterschritt (vgl. Kap. 2.5.4). Auch ein stabiler Diskontsatz wurde als für die Wirtschaft förderlich betrachtet. Ein weiteres, internes Ziel war die Haltung eines möglichst großen Wechselportefeuilles: Der Grund, den die Reichsbank selbst dafür angab, war die Beobachtung der Entwicklung auf dem Geldmarkt; Gewinninteresse kann wohl nicht ganz ausgeschlossen werden.[69] Im Laufe der Entwicklung der Reichsbank zur reinen Zentralnotenbank wurde das Gewinnziel immer weniger stark verfolgt.[70] Teilweise setzte sich die Reichsbank ihre Ziele selbst, aber in der Hauptsache war sie durch die Bestimmungen des

---

66 Vgl. Sommer, 1931, S. 89. Auch Katzenstein, 1915, S. 16f, schreibt, daß die Reichsbank sich nicht von Gewinninteressen, sondern von der Wohlfahrt der Volkswirtschaft leiten ließ.

67 Bopp, 1954, S. 191

68 Vgl. Stadermann, 1994, S. 98; weitere Aufgaben der Reichsbank, im Sinne von Transaktionen, werden im §13 beschrieben.

69 Vgl. Bopp, 1954, S. 215

70 Vgl. Eynern, 1928, S. 52

Bankgesetzes und die Regeln des Goldstandards nicht zielunabhängig. Ihre Ziele waren eindeutig von außen vorgegeben.

2.4.2 Der Verwaltungsapparat

Da die Reichsbank aus der Preußischen Bank entstand, wurde der Verwaltungsapparat größtenteils übernommen. Die Rechte und Pflichten der Reichsbankbeamten entsprachen denen der Reichsbeamten, Gehälter und Pensionen unterschieden sich jedoch und wurden von der Reichsbank bezahlt. Der Kaiser ernannte den Präsidenten, den Vizepräsidenten, das Direktorium und die Kommissare bei den Hauptstellen, die anderen Reichsbankbeamten wurden vom Kanzler oder dem von ihm ermächtigten Präsidenten angestellt.[71] Formal war die Reichsbank dem Reich untergeordnet, der Reichskanzler war erster Vorsitzender der Bank. Die folgende Abbildung 4 zeigt den Aufbau der Reichsbank.

Abbildung 4: Der Verwaltungsaufbau der Reichsbank

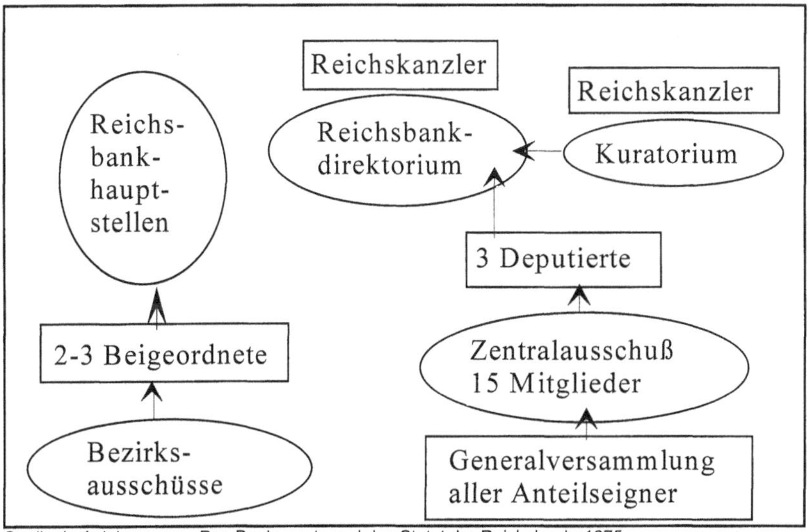

Quelle: in Anlehnung an: Das Bankgesetz und das Statut der Reichsbank, 1875

Das verwaltende, ausführende und die Reichsbank nach außen vertretende Organ war das Direktorium.[72] Es bestand aus dem Präsidenten, dem Vizepräsidenten und acht Mitgliedern, die auf Vorschlag des Bundesrats vom Kaiser ernannt wurden.

---

[71] Vgl. Reichsbank, 1926, S. 33f, die Reichsbankpräsidenten sind in Tabelle I.7 aufgeführt.

[72] Bzgl. der Verwaltung siehe z.B. Baumgart, 1912; Baumgart, 1915; Reichsbank, 1901; Holtfrerich 1988

Das Kuratorium war die Aufsichtsbehörde der Bank. Der Reichskanzler war der erste Vorsitzende, von den vier weiteren Mitgliedern wurden eines vom Kaiser, drei vom Bundesrat ernannt. Dem Kuratorium wurde in vierteljährlichen Versammlungen Bericht erstattet und Rechenschaft über sämtliche Bankgeschäfte abgelegt. Dieses Organ konnte keine zwingenden Anordnungen für das Direktorium geben, nur Vorschläge unterbreiten; der direkte Weg über den Kanzler, der auch der erste Vorsitzende der Reichsbank war, wurde nie gegangen.

Die Interessenvertretung der Anteilseigner wurde durch die Generalversammlung ausgeübt. Nur männliche und volljährige Anteilseigner traten jährlich zusammen, außerordentliche Versammlungen waren möglich. Auf je 1000 Mark Reichsbankanteile fiel eine Stimme, jedoch durften nicht mehr als 300 Stimmen in einer Hand vereinigt sein.[73] Die einfache Mehrheit entschied; bei Stimmengleichheit entschied die Person, die die meisten Anteile besaß. Der Generalversammlung wurde der Verwaltungsbericht, die Bilanz und die Gewinnabrechnung vorgelegt. Sie wählte den Zentralausschuß und mußte bei Erhöhung des Grundkapitals und Änderung des Statuts zustimmen.

Der Zentralausschuß umfaßte 15 Mitglieder, von denen jedes einen Anteil von wenigstens 9000 Mark besitzen und im Reichsgebiet wohnen mußte. Mindestens neun Mitglieder mußten ihren Wohnsitz in Berlin haben. Der Zentralausschuß trat monatlich unter dem Vorsitz des Präsidenten zusammen. Die wöchentlichen Nachweise wurden ihm vorgelegt, er hatte das Recht, unverbindliche Gutachten zu geben. Bei verschiedenen Geschäften war seine Zustimmung erforderlich, z.B. bei Geschäften mit den Finanzverwaltungen des Reichs oder der Bundesstaaten, wenn diese von den allgemeinen Bedingungen des Bankverkehrs abwichen. Insgesamt hatte der Zentralausschuß eher eine beratende Funktion. Mitglieder des Zentralausschusses waren zu einem Großteil Vertreter der Großbanken Deutschlands. So konnte der Ausschuß dazu dienen, den Geschäftsbanken die Vorstellungen der Reichsbank nahezubringen. Wenn die Reichsbank Regelungen für diese Geschäftsbanken durchsetzen wollte, bediente sie sich zunächst des Zentralausschusses: Solche Vorschläge betrafen beispielsweise die Erhöhung der Barbestände, die Veröffentlichung zweimonatlicher Bilanzen, die Erhöhung unverzinslicher Mindestguthaben auf Girokonten und die Angleichung des Diskontsatzes an den der Reichsbank. Außerdem konnte die Reichsbank sich durch dieses Gremium über die Lage auf dem Geldmarkt informieren (vgl. Kap 2.4.1).

Drei vom Zentralausschuß gewählte Deputierte durften den Sitzungen des Direktoriums beratend beiwohnen, sahen die Bücher der Bank ein, überwachten die

---

[73] Statut der Reichsbank, 1875, §17, abgedruckt in Notzke, 1924.

Kassenprüfungen und kontrollierten den Jahresabschluß. Außerordentliche Kredite an das Reich durften nur mit ihrer Zustimmung vergeben werden: Wenn nur ein Deputierter den Antrag stellte, ging die Entscheidung vor den Zentralausschuß. Entschied dieser nicht mehrheitlich dafür, mußte der Kredit unterbleiben.

Die Anteilseigner hatten insgesamt nur wenig Einfluß auf die Leitung der Bank, ihre Rechte waren eingeschränkt und hauptsächlich beratender Natur. Bei Geschäften der Reichsbank mit dem Reich hatten sie jedoch ein Entscheidungsrecht. Die Vertretung der Anteilseigner war als Gegengewicht zum Beamtenapparat gedacht, und um die fiskalischen Ansprüche des Reichs, sich billig Kredit zu beschaffen oder Staatsanleihen unterzubringen, zu kontrollieren. Es fehlte jegliche Kontrolle der Reichsbank durch den Reichstag (siehe Kap. 1.4.1), diese Kontrolle wurde durch die Anteilseigner ausgeübt. Im Zentralausschuß und unter den Großanteilseignern befanden sich viele bedeutende Bankiers der Zeit.[74]

Die Zweiganstalten der Reichsbank wurden unterschieden in Reichsbankhauptstellen - in jedem größeren Bundesstaat und in jeder preußischen Provinz -, Reichsbankstellen und Reichsbanknebenstellen; außerdem gab es Warendepots.[75] Jede Filiale durfte verschiedene Arten von Bankgeschäften tätigen, z.B. selbständige Kreditvergabe bei den Hauptstellen und in den ersten Jahren kein Scheckverkehr bei den Nebenstellen. Bei Reichsbankhauptstellen gab es Bezirksausschüsse, die zwei bis drei Beigeordnete wählten. Diese hatten dieselben Funktionen wie der Zentralausschuß und die Deputierten bei der Reichsbank. Zweigstellen, die eine kleine Fläche umschlossen, hatten im allgemeinen ein großes Geschäftsvolumen, da sie vorwiegend in industriellen Gebieten lagen.[76] Die Kontrolle der Zweigstellen wurde durch Veröffentlichung von Nachweisen an den Wochen- und Monatsschlußtagen ausgeübt, Nebenstellen wurden täglich nach Geschäftsschluß überprüft. Je nach Art der Zweigstelle wurden periodisch Revisionen vorgenommen.

Bei der Preußischen Bank setzte sich das Grundkapital sowohl aus staatlichen als auch aus privaten Mitteln zusammen. Das Grundkapital der Reichsbank wurde ausschließlich von privaten Kapitalgebern aufgebracht. 1876 betrug das Grundkapital 120 Mill. Mark, der Reservefonds belief sich auf ein Viertel dieser Summe. In der Banknovelle vom 7.6.1899

---

[74] Solche Laienvertretungen bei staatlichen Betrieben waren in der Zeit vor dem Ersten Weltkrieg gang und gäbe: Es gab Preußische Bezirkseisenbahnräte, Wasserstraßenbeiräte, Provinzialräte bei der Staatsverwaltung und Veranlagungskommissionen bei der preußischen Steuerverwaltung, vgl. Beutler, 1909, S. 208.

[75] Die Zahl der Zweiganstalten wuchs von 206 (1876) auf 487 (1914). Ende 1876 kam eine Bank auf 209.000 Einwohner, 1905 auf 137.115 Einwohner. Über die Errichtung von Reichsbankhauptstellen entschied der Bundesrat auf Antrag des Kanzlers, über Reichsbankstellen der Reichskanzler auf Antrag des Direktoriums, über Reichsbanknebenstellen die Reichsbank selbst, vgl. Katzenstein, 1915, S. 14.

[76] Bochum, Elberfeld, Düsseldorf, Barmen, Duisburg

wurde das Grundkapital in zwei Schritten auf 180 Mill. Mark,[77] der Reservefonds um insgesamt 30 Mill. Mark auf 60 Mill. Mark erhöht, ab 1909 gab es keine Höchstgrenze des Fonds mehr. Der Reservefonds wurde herangezogen, falls der Gewinn für die Auszahlung der Dividende nicht ausreichte. Das Grundkapital war hauptsächlich ein Garantiefonds für die Gläubiger der Reichsbank, also z.B. Banknoten- oder Girokontenbesitzer. Nur das eingezahlte Grundkapital der Privaten, nicht das Reich, haftete für die Verbindlichkeiten der Reichsbank. Die Verteilung des Reingewinns erfuhr die größte Wandlung im Laufe der Zeit. Mit jeder Bankgesetznovelle wurde der Anteil des Reichs am Gewinn auf Kosten der Anteilseigner erhöht (siehe Erläuterung I.2).

2.4.3 Eine vorläufige Diskussion bzgl. der Unabhängigkeit der Reichsbank

Viele Autoren befaßten sich mit der Frage, ob die Reichsbank eine Staatsbank oder ein privatrechtliches Institut war.[78] Sie wurde vom Reich gegründet und war nicht, wie Aktiengesellschaften, im Handelsregister eingetragen. Sie hatte die Eigenschaften einer juristischen Person und war von staatlichen Einkommen- und Gewerbesteuern befreit, nicht aber von Gemeinde-, Grund- und Gebäudesteuern.[79] Die meisten Autoren kamen zu dem Schluß, daß sie keine Aktiengesellschaft sei, u.a. weil der Einfluß der Anteilseigner zu gering sei. Aber auch als reine Staatsbank mochte die Autoren sie nicht bezeichnen, weil deren Kapital im Kriegsfalle beschlagnahmt werden könne. Beutler argumentiert, daß die Reichsbank eine Staatsbank öffentlichen Rechts sei. Aber dann sind die wiederkehrenden Debatten im Reichstag über die Verstaatlichung der Reichsbank nicht zu verstehen. Denn eine Verstaatlichung hätte Auswirkungen gehabt; sie würde einerseits die Rückzahlung des privaten Kapitals, andererseits möglicherweise eine einfachere Kreditgewährung an das Reich bringen. Verstaatlichung könnte in den Debatten als Synonym für Umgestaltung gebraucht worden sein. Vielleicht beschreibt der Ausdruck „gemischtrechtlich" die Reichsbank noch am besten: Sie war ein Reichsinstitut, das mit Privatmitteln betrieben wurde.[80]

Die Verstaatlichung bzw. Auflösung der Reichsbank war laut Bankgesetz zum ersten Mal 1889 möglich, danach alle zehn Jahre. Zu jeder dieser Gelegenheiten fand eine engagierte Debatte im Reichstag statt, die jedoch jedesmal zugunsten der Reichsbank und gegen die Verstaatlichung entschieden wurde. Die Verstaatlichung wurde also vom Staat selbst abgelehnt. Als die Auflösung am 7.6.1899 um weitere zehn Jahre verschoben wurde, wurde

77 Zu den existierenden 40.000 Anteilen über 3000 Mark wurden noch 60.000 Anteile über 1000 Mark ausgegeben.

78 Vgl. z.B. Baumgart, 1912; Lotz, 1897, Beutler, 1909

79 Vgl. Reichsbankgesetz, §21, §66

80 Vgl. auch Hedrich, 1990; Weil, o.J.

ein Antrag auf Verlängerung dieser Frist auf 20 Jahre gestellt, um die Beunruhigung, die jedesmal bei der Debatte entstand, zu vermeiden. Der Antrag wurde jedoch abgelehnt. Die Verstaatlichung der Reichsbank hätte bedeutet, daß die Kontrolle und der Einfluß des Staates auf die Reichsbank absolut, die private Kontrolle völlig verdrängt würde. Die privaten Gelder würden durch Reichskapitalien ersetzt, d.h. das Reich würde sämtliche Anteile aufkaufen. Der Reingewinn würde ausschließlich an das Reich ausgezahlt werden.

Vor allem die Landwirtschaft und das Kleingewerbe unterstützten die Bestrebungen zur Verstaatlichung der Reichsbank 1889, weil sie sich davon eine weitere Lockerung der Bedingungen erhofften, unter denen Kredit gewährt wurde (vgl. Kap. 2.5.7).[81] Die Agrarier erwarteten, daß ihnen eine Staatsbank zu besseren Konditionen Kredit gewähren würde. Die Großfinanz, die einen beträchtlichen Teil der Anteile besaß, übe einen zu großen Einfluß auf die Bankpolitik aus.[82] Lotz widerspricht dieser Beobachtung.[83] Eine Verstaatlichung der Reichsbank hätte weiterhin bedeutet, daß die Gehälter der Reichsbankbeamten denen von normalen Reichsbeamten gleichgestellt, d.h. niedriger würden. Dann wären wohl die fähigsten Angestellten zu privaten Unternehmen oder Geschäftsbanken gewechselt. Der Reichsbank wäre nur das Mittelmaß geblieben. Außerdem hätte es sein können, daß zwischen den staatlichen Einrichtungen das Personal getauscht würde, so daß in Banksachen nicht kompetente Angestellte in der Reichsbank arbeiteten.[84]

Es sind nur wenige Fälle dokumentiert, in denen der Kanzler seinen Einfluß als Vorsitzender der Reichsbank auf die Geldpolitik nutzte. Im Dezember 1877 ordnete Bismarck Silberverkäufe an, trotz des schlechten Silberpreises und obwohl der Londoner Vermittler davon abriet. Am 4.12.1880 beschloß er die Erhöhung des Diskontsatzes um mindestens 1,5% und eine Einschränkung des Lombardkredits; zum Privatsatz wurden von der Reichsbank jedoch weiterhin Wechsel diskontiert. 1887 wies er die Reichsbank an, russische Wertpapiere vom Lombardkredit auszuschließen, dieses Verbot galt bis 1894. Das Auswärtige Amt bezweifelte die Güte der Papiere, die Reichsbank war anderer Meinung. Bismarck wollte, laut Sommer, mit diesem Verbot keine Geldpolitik betreiben, sondern Außenpolitik.[85]

Man findet bei der Reichsbank Vorkehrungen, die als Optimale Kontrakte bezeichnet werden können. Das deutet darauf hin, daß die Reichsbank als so unabhängig betrachtet wurde, daß solche Anreizmechanismen für notwendig erachtet wurden. Die Reichsbankbeamten durften keine Anteilsscheine der Reichsbank besitzen, um nicht

81 Vgl. Sommer, 1931, S. 83
82 Vgl. Beutler, 1909
83 Vgl. Lotz, 1897, S. 17
84 Vgl. Lotz, 1897, S. 18f
85 Vgl. Sommer, 1931, S. 79

gewinnorientiert zu arbeiten. Trotzdem wurden sie folgendermaßen am Gewinn beteiligt: Ein Teil der Einkommen der höheren Reichsbankbeamten floß ihnen in Form von Tantiemen aus dem Gewinn zu. Diesen Teil bekamen sie jedoch erst ausbezahlt, wenn nach ihrem Ausscheiden aus der Bank alle Transaktionen abgewickelt waren, die möglicherweise mit Verlusten verbunden waren. Solange hafteten die Beamten mit diesem Betrag für evt. verursachte Verluste.[86] Zu den Optimalen Kontrakten gehörte auch, daß die Reichsbankbeamten besser besoldet wurden als Reichsbeamte. Durch diese höheren Gehälter wurde der Anreiz geschaffen, daß sich kompetentere Leute bei der Reichsbank bewarben. Die Veröffentlichungspflicht für alle Notenbanken wurde durch das Reichsbankgesetz eingeführt: viermal monatlich war ein Wochenausweis anzufertigen und eine jährliche Bilanz.

Allein die Debatte über die Verstaatlichung der Reichsbank deutet darauf hin, daß die Reichsbank als unabhängig von Staat betrachtet wurde. Wenn man der Meinung gewesen wäre, daß das Reich - bzw. der Reichskanzler - in der damaligen Form großen Einfluß auf die Geschäfte der Bank hatte, dann wäre wohl kaum eine solche Diskussion geführt worden. Die Unabhängigkeit der Reichsbank wurde geschmälert durch die zum Teil sehr hohe Kreditgewährung der Reichsbank an das Reich seit der Jahrhundertwende. Der Einfluß der Regierung scheint in dieser Hinsicht recht hoch gewesen zu sein (vgl. Kap. 2.6.4). Eine abschließende Beurteilung der Unabhängigkeit der Reichsbank wird in der Schlußbetrachtung zu diesem Kapitel vorgenommen, nachdem alle relevanten Aspekte beleuchtet wurden.

2.5 Die Geldpolitik der Reichsbank

Die Reichsbank war nicht nur Zentralnotenbank, also Kreditgeber für Geldinstitute, sondern außerdem Kreditgeber für das Reich und andere öffentliche Körperschaften, überregionale Girozentrale und Diskont- und Depositenbank für Private - also Staats-, Geschäfts- und Zentralnotenbank zugleich.

2.5.1 Implementierung einer Mindestreservepflicht mit Hilfe der Dritteldeckung

Es gibt zwei generelle Möglichkeiten, eine Mindestreserve der Banknotenausgabe zu gestalten:[87]

1. Das treuhänderische System: Alle Banknoten über einer festgelegten Menge müssen zu 100% in Gold gedeckt sein.
2. Das proportionale System: Die Notenausgabe muß zu einem bestimmten Prozentsatz gedeckt sein.

---

86 Vgl. Stadermann 1994, S. 103, FN 10

87 Vgl. Bloomfield, 1959, S. 18

Eine Kombination aus beiden ist möglich; z. B. wie die Reichsbank sie praktizierte. Die treuhänderische Komponente wurde durch die Kontingentierung abgedeckt (vgl. Kap. 2.5.3), die proportionale Komponente durch die Dritteldeckung.

Der spezifische Wert von einem Drittel war nicht vom Goldstandard vorgeschrieben, sondern findet sich im Bankgesetz. Ein Drittel aller ausgegebenen Banknoten mußte durch den Barvorrat gedeckt sein. Der Barvorrat setzte sich laut §9 aus kursfähigem deutschem Geld, Reichskassenscheinen, Noten anderer deutscher Banken und Gold in Barren oder ausländischen Münzen zusammen.[88] Er stieg von 564 Mill. Mark im Jahr 1876 auf 1409 Mill. Mark 1913 an.[89]

Die Dritteldeckung war immer bindend und konnte nicht in Zeiten großer Anspannung außer Kraft gesetzt werden.[90] Eine spezifische Golddeckung der Noten war nicht vorgeschrieben. Die restlichen zwei Drittel des Notenumlaufs mußten durch Wechsel mit mindestens dreimonatiger Laufzeit gedeckt sein (Sekundärdeckung), Lombardkredite konnten nicht zur Notendeckung herangezogen werden, seit der Banknovelle 1909 jedoch Schecks.[91] Die Notenausgabe war also auch von der Wechselseite her beschränkt, die Summe der sich im Besitz der Reichsbank befindlichen Wechsel und der Notenumlauf standen in einem Zusammenhang: Wurden der Reichsbank viele Wechsel zum Kauf angeboten, konnte der Banknotenumlauf steigen. Wurden ihr nur wenig Wechsel angeboten und wurden gleichzeitig Wechsel wieder eingelöst, also gegen Noten zurückgekauft, so nahm der Banknotenumlauf im Reich ab. Die Wirtschaftssubjekte bestimmten mit ihrer Geldnachfrage auch das Geldangebot mit, indem sie z.B. vermehrt Kredite nachfragten, also Wechsel zur Reichsbank brachten, d.h. die Geldmenge war im Gegensatz zum puren Goldstandard teilweise endogen. Die Reichsbank sah sich nicht in der Lage, den Geldumlauf direkt zu beeinflussen. Diese Auffassung belegt ein Zitat von Havenstein (Reichsbankpräsident 1908-1923), der der Meinung war, daß „die Zentralnotenbank ... deshalb mit ihrem Zins- und Diskontsatz im allgemeinen, betone ich immer wieder, dem Zinsfuß des Geldmarktes nur folgen [kann], sie kann ihn konstatieren, aber nicht schaffen, und nur unter Umständen und innerhalb maßvoller Grenzen kann sie ihn beeinflussen."[92]

---

88 In §44 und §17 befinden sich unter dem Barvorrat keine Noten anderer deutscher Banken, damit erklären sich auch kleinere Unterschiede bei der Darstellung der Bardeckung in der Literatur. §9 befindet sich im ersten, §17 im zweiten und §44 im dritten Teil des Bankgesetzes.

89 Vgl. Seeger, 1968, S. 4; in den Bankveröffentlichungen wird bei kursfähigem Geld des Barvorrats nicht zwischen Silberthalern und Goldmünzen unterschieden, so daß nicht ganz klar ist, wieviel Gold der Barvorrat beinhaltet. Die gesamten Goldvorräte der Reichsbank wurden jedoch veröffentlicht, vgl. Lotz, 1888, S. 208.

90 Vgl. Reichsbank, 1901, S. 47

91 Vgl. Schraut, o.J., S. 5f

92 Vgl. Bopp, 1954, S. 206. Für die Beschreibung der Diskontsatzvariationen, siehe Kap. 2.5.4.3.

Wenn das Gold aus dem Umlauf zur Reichsbank gezogen wurde, konnte es dort, anstatt nur für einfache Zahlungen gebraucht zu werden, die dreifache Menge an Geld finanzieren. Diese Mehrung von Gold aus der inneren Zirkulation konnte aber inflatorische Wirkungen haben. Die Reichsbank erreichte nie den unteren Punkt der Dritteldeckung, die Noten waren immer zu mehr als einem Drittel in Metall gedeckt, manchmal sogar überdeckt (siehe Abbildung I.6, I.7). Zur Goldreserve gehörten zwar alle Goldguthaben eines Landes, die umlaufenden Münzen wurden jedoch nicht zur Golddeckung gerechnet. Das Gold aus dem Umlauf deckte bei der Reichsbank zwar die dreifache Menge an Banknoten, aber zur Verbesserung des Deckungsverhältnisses trug es nur bei, wenn der Notenumlauf nicht erhöht wurde. Auch externe Goldzuflüsse, wie neue Goldfunde innerhalb des Landes oder Goldimporte aus anderen Ländern, konnten das Deckungsverhältnis verbessern.

2.5.2 Die Reserven der Reichsbank

Die Reserven der Reichsbank bestanden hauptsächlich aus Gold in Barren und ausländischen Münzen. Im Goldstandard galt die Verpflichtung, immer ausreichend Gold zu halten, um die eigene Währung zum festgelegten Wechselkurs jederzeit in Gold einlösen zu können. Im Laufe der Periode ging die Bank immer mehr auch zur Haltung von Devisen über, um die Wechselkurse direkt beeinflussen zu können (siehe Kap. 2.5.2.3). Die Silbervorräte der Reichsbank ergaben sich aus den Restbeständen der Zeit der Silberwährung.

2.5.2.1 Metallreserven

Goldreserven waren die wichtigsten Reserven der Reichsbank, da damit die Goldwährung aufrecht erhalten wurde. Mithilfe der Goldreserven wurde die Metalldeckung und die ständige Einlösbarkeit der Banknoten in Gold zum vorgeschriebenen Wechselkurs jederzeit gewährleistet. Auch falls spekulative oder im Handel begründete Goldexporte stattfanden, mußte die Goldeinlösepflicht aufrechterhalten werden. Die Golddeckung der Banknoten in Deutschland verschlechterte sich beständig trotz steigender Goldvorräte (vgl. Abbildung I.4, I.6, I.7). Ein Grund könnte der stetig steigende Geldbedarf der deutschen Wirtschaft gewesen sein. Zum Vergleich werden in Tabelle 1 Deckungsverhältnisse anderer Notenbanken angegeben.[93]

Die Golddeckung war auch abhängig von der Konjunkturlage des jeweiligen Landes. In der Hochkonjunktur verringerte sich das Deckungsverhältnis aufgrund des höheren Geldbedarfs, in einer Depressionsphase verbesserte es sich. Das Jahr 1907, in dem die

93 Die Zahlen, die Neisser für die Reichsbank angibt, stimmen allerdings nicht mit den vorliegenden Quellen der Reichsbank überein, vgl. Neisser, 1929, S. 207* und Abbildung I.6.

Golddeckung nur 42,9% betrug, veranlaßte die Reichsbank zu größerer Zurückhaltung. 1912 stieg das Verhältnis auf 49,4%, und 1913 auf 54,5%.[94]

Tabelle 1: Entwicklung der Golddeckung der Banknoten verschiedener Länder

	1892	1908
Banque de France	49,3%	62,9%
Bank of England	97,9%	126,3%
Niederländische Bank	19,7%	36,3%

Quelle: Neisser, 1929, S. 207*

Nach dem quasi weltweiten Übergang vom Bimetallismus oder einer Silberwährung zum Goldstandard[95] ab den siebziger Jahren des letzten Jahrhunderts versuchten viele Staaten ihre Silberreserven abzustoßen und gegen Gold zu tauschen. Der Wert und auch die Bedeutung des Silbers nahmen weltweit rapide ab, die Staaten mußten große Verluste in Kauf nehmen. Das Austauschverhältnis von Gold zu Silber wurde im Gesetz von 1871 auf 1:15,5 festgelegt; bis zum Anfang des neuen Jahrhunderts fiel es wegen der Silberentwertung auf 1:43.[96] Ein Hauptgrund für den Verfall des Silberpreises könnte der deutsche Übergang zur Goldwährung und die damit verbundene Demonetisierung des Silbers gewesen sein. Gold wurde als das Geld der reicheren und stärkeren Länder angesehen (psychologische Komponente), während Silber der Währungsstandard für schwächere Nationen war.[97]

2.5.2.2 Verstöße gegen die Spielregeln: Gold Devices

Die meisten Zentralbanken verletzten die Spielregeln der Goldwährung, indem sie versuchten, möglichst viel Gold ins Land zu ziehen, bzw. im Land zu halten. Solche Maßnahmen werden als Gold Devices bezeichnet. Ein Grund dafür war die Goldeinlösepflicht der Zentralbanken.[98] Denn auch die immer stärker wachsenden Girokonten - für die keine Deckungspflicht galt - waren wie die Banknoten täglich fällige Verbindlichkeiten, und konnten in Gold eingelöst werden. Hinzu kam, daß Banknoten erst ab 1910 gesetzliches Zahlungsmittel waren. Ein weiterer Grund für Gold Devices waren die mögliche Finanzierung eines Krieges - v.a. am

94 Vgl. Neisser, 1929, S. 207*

95 Vor 1871 waren in der Goldzone: Großbritannien, Portugal; in der Silberzone: Deutsche Kleinstaaten, Österreich-Ungarn, Niederlande, Skandinavien, ferner Osten; Bimetallismus: Lateinische Münzunion (Frankreich, Schweiz, Italien, Belgien).

96 Vgl. Theurl, 1992, S. 43-49

97 Oppers, 1996, S. 148, 149

98 Die Reichsbank verpflichtete sich, die ausgegebenen Banknoten jederzeit in Gold einzulösen.

Anfang des 19. Jahrhunderts, als nicht nur die Finanzierung des Ersten Weltkriegs anstand, sondern auch lokale Kriege wie im Balkan stattfanden - und der stetige Rückgang des Deckungsbeitrags nach 1896, der durch den erhöhten Bedarf der Wirtschaft nach Banknoten verursacht wurde. Um ihre Goldreserven zu stärken, verletzte die Reichsbank die Spielregeln durch:[99]

- Zinsfreie Kredite bis zu sechs Wochen für den Goldimport.
- Kleine Prämien auf Goldbarren und ausländische Goldmünzen. Das führte natürlich zu einem Verlust, weil der Goldbestand in der Büchern nur zu 1392 Mark angesetzt werden durfte und wurde 1881 abgeschafft.
- Gold wurde teilweise nur an der Hauptstelle in Berlin ausgegeben, nicht auch in Hamburg und Bremen, damit die Reichsbank keine Transportkosten tragen mußte. Die Reichsbank bestreitet dies.
- Goldexporteuren wurden untergewichtige oder abgenutzte Münzen zum Nennwert anstatt Barren verkauft. Das Passiergewicht von Goldmünzen war noch gegeben bei einer Abweichung von einem halben Prozent vom Normalgewicht.
- Erhebung einer Gebühr auf Goldmünzen, Verkauf von Goldplättchen für den inländischen, industriellen Goldbedarf mit Aufpreis, um Goldimporte der Industrie zu fördern.
- Lediglich ein Angestellter war für die Ausgabe von Gold zuständig.
- In Deutschland galt die Doktrin, es sei unpatriotisch, durch Goldexporte zu verdienen.
- Es wurde angedeutet, daß in Zukunft keine Kredite mehr an Goldexporteure vergeben würden.

Durch diese Maßnahmen wurden der Goldexport- und der Goldimportpunkt manipuliert, also die Werte der Wechselkurse, bei denen es profitabel wird, Gold zu verschiffen. Außerdem verletzte die Reichsbank die Spielregeln natürlich, indem sie den Diskontsatz diskretionär veränderte (siehe Kap. 2.5.4.3).

Die Frankfurter Zeitung argumentiert, daß die Reichsbank auch mit der Ausgabe kleiner Banknoten zu 50 und 20 Mark die Golddeckung ihrer Banknoten manipuliert habe.[100] Durch die Ausgabe kleiner Banknoten wurde Gold dem Zahlungsverkehr entzogen, Banknoten wurden statt Goldmünzen bei Zahlungen benutzt. Dadurch erhöhte die Reichsbank ihren Goldvorrat und damit die Metalldeckung ihrer Banknoten. Diese Erhöhung des Deckungsverhältnisses sei aber nur künstlich, da der Goldvorrat der Volkswirtschaft sich insgesamt nicht erhöht habe. Diese Argumentation ist allerdings nicht ganz nachvollziehbar,

---

[99] Siehe Bopp, 1954, S. 187; Seeger, 1968, S. 28 und Ford, 1989, S. 218
[100] Vgl. Frankfurter Zeitung, 1913, S. 8

da sich das Deckungsverhältnis bei der Reichsbank tatsächlich erhöht, wenn für das eingezogene Gold nur einmalig die kleinen Scheine ausgegeben wurden und nicht die dreifache Menge an Banknoten. Damit verändert sich die Goldumlaufswährung allerdings langfristig zu einer Goldbarrenwährung. Auf die Erschwerungen bei der Goldabgabe der Zentralbanken bezieht sich auch ein Zitat von Cassel: „Ein bekannter schwedischer Bankier erzählte mir einmal, daß er, wenn er die Riksbank in Stockholm um einen beträchtlichen Betrag Gold für Ausfuhrzwecke anging, den Rat erhielt, beim Teufel nachzufragen.“[101] All diese Beschränkungen bei der Ausgabe von Gold oder der Einlösung von Banknoten bei der Reichsbank wurden von der Presse und dem Publikum wahrgenommen und kritisiert.

Die Erleichterungen der Goldeinfuhr und die Erschwerungen der Ausfuhr hatten allerdings, wenn überhaupt, nur einen vorübergehenden Erfolg. Denn die Reichsbank war natürlich nicht die einzige Notenbank, die solche Gold Devices anwandte. Alle Zentralbanken innerhalb des Goldstandards wollten soviel Gold wie möglich an sich ziehen, und haben der Reichsbank und ihren Erleichterungen wohl nicht einfach zugesehen. Es konnte keine regelmäßige, offensiv-expansive Diskontpolitik der Reichsbank geben, da immer mit kompensatorisch wirkenden Abwehrmaßnahmen seitens anderer Zentralbanken gerechnet werden mußte.[102] So blieb das Gleichgewicht gewahrt, und keine Notenbank konnte durch unbotmäßige Verfahren die Wechselkurse künstlich verändern.

2.5.2.3 Währungsreserven und Devisenpolitik

Die Reserven der Länder bestanden, zusätzlich zum Gold, zu einem Gutteil aus Währungsreserven. England hielt keine, Frankreich und Deutschland nur wenig, die Länder der Peripherie hielten meist mehr Währungs- als Metallreserven: Europäische Länder hielten eher französische und deutsche Devisen, außereuropäische eher englische Devisen.[103] Bloomfield argumentiert, deswegen kann der Goldstandard selbst in der klassischen Periode 1880-1914 als Gold-Devisen-Standard bezeichnet werden.[104] 1910 war das Verhältnis Devisen zu Goldreserven aller Länder des Goldstandards ca. 1:4; so hoch wie 1924/25.[105] 1913 waren von sämtlichen, offiziell gehaltenen Währungsreserven 40% in Sterling, 24,5% in Französischen Francs und 13,3% in Mark.[106] Das Verhältnis von Auslandswechsel- zu

---

101 Vgl. Cassel, 1937, S. 14
102 Vgl. Friedhofen, 1963, S. 34
103 Vgl. Lindert, 1969, S. 18, würde man russische Devisen herausrechnen, wäre die Mark an zweiter Stelle der Reservewährungen, da Rußland hohe Francbestände hielt. Für die Devisenhaltung vgl. auch Bloomfield, 1963, S. 8, 17, 96.
104 Vgl. Bloomfield, 1963, S. 19
105 Vgl. Lindert, 1969, S. 76
106 Vgl. Panic, 1992, S. 71ff

Goldbeständen der Reichsbank ist allerdings eher gering, stieg jedoch gegen Ende der Periode mehr an (vgl. Abbildung I.11, I.12).

Bei Zahlungsbilanzungleichgewichten und um Goldbewegungen zu manipulieren, bzw. Wechselkursschwankungen der eigenen Währung zu vermeiden, intervenierten die Staaten oft direkt am Devisenmarkt. Die Devisenpolitik diente auch zur Unterstützung der Diskontpolitik zwecks Vermeidung von Goldabflüssen. Auslandswechsel (Devisen) wurden meistens in London ge- und verkauft. Dieses Instrument wurde v.a. auch dann angewandt, wenn es sich um temporäre, z.B. saisonbedingte, Wechselkursfluktuationen handelte. Auch hatten Devisenverluste einen weniger großen, negativen Einfluß auf die Märkte als Goldverluste, weil Goldabflüsse einen stärkeren, negativen, psychologischen Effekt hatten und eine Verringerung der Geldmenge bedingten. Insgesamt hatte die Devisenpolitik, so wie die Diskontpolitik und die Gold Devices, wohl keinen großen Erfolg bezüglich der Stabilisierung von Wechselkursen und der Manipulierung von Goldbewegungen, da auch diese Politik von vielen Ländern des Goldstandards zwecks derselben Ziele betrieben wurde.

Die Reichsbank schreibt, daß es nicht möglich war, die grundlegende Zahlungsbilanzposition durch Devisenpolitik positiv zu verändern, wenn kein Ungleichgewicht vorlag.[107] Ein Ankauf von ausländischen Handelswechseln würde den Wechselkurs steigern, d.h. die inländische Währung würde bei erhöhter Nachfrage nach ausländischen Wechseln oder Währung abwerten; bei Erreichen des Gold-Exportpunktes würde Gold aus dem Land exportiert werden.[108] Andererseits seien bei drohendem Erreichen des Gold-Exportpunktes Verkäufe von ausländischen Wechseln natürlich das geeignete Instrument, um Goldabflüsse zumindest hinauszuschieben und damit möglicherweise zu verringern. Mit diesem Wechselverkauf werde die eigentliche Devisenpolitik (Wechselankauf) ausgeglichen. Allerdings könne es sein, daß solche Verkäufe ausländischer Wechsel die Goldexporte nur verzögern, da ausländische Wechsel zum Verkauf nicht in beliebiger Menge vorhanden seien. Das Umgekehrte gelte bei drohendem Erreichen des Gold-Importpunktes.

Devisenpolitik wurde von der Reichsbank erst ab 1898 betrieben, in größerem Umfang ab 1908 nach der amerikanischen Krise.[109] Der Anteil der Auslandswechsel an ihrem Portfolio variierte relativ stark, der Bestand an Auslandsforderungen stieg rasch an (siehe Abbildung I.11). Mit solchen Wechseln konnte im Notfall ausländisches Gold beschafft werden. Auch hier dominierte der Finanzplatz London: Ende des Jahres 1904 hatte die

[107] Vgl. Reichsbank, 1901, S. 99f; Bopp, 1954, S. 209
[108] Für den genauen Mechanismus vgl. Jarchow/Rühmann, 1989, S. 32ff.
[109] Vgl. Eynern, 1928, S. 23

Reichsbank von insgesamt 54,7 Mill. Mark 44,8 Mill. Mark in englischen Auslandswechseln angelegt. Auslandswechsel waren i.allg. auf größere Summen ausgestellt, da sie dem Großhandelsverkehr entsprangen, Inlandswechsel wurden in der Hauptsache im Kleinverkehr ausgestellt. Nur solche Wechsel aus Ländern mit einer Metallwährung wurden angenommen, die Restlaufzeit durfte nicht mehr als drei Monate betragen, mindestens zwei Unterschriften waren notwendig. Gegen die Haltung von Auslandswechseln sprach damals, daß die Kreditwürdigkeit von Auslandswechseln nur schwer zu überprüfen war; außerdem sollten in erster Linie Ansprüche des Inlands, nicht die ausländischen Kreditwünsche befriedigt werden.[110]

Nun stellt sich die Frage, warum Zentralbanken Gold hielten, da dieses doch kein Zinseinkommen brachte. Obwohl auch schon im 18. Jahrhundert Devisen gehalten wurden, z.B. zur Beeinflussung des Wechselkurses, so galt doch Gold immer noch als das ultimative und sicherste Zahlungsmittel. Eine Währung, die nicht durch ein Metall von hohem Wert gedeckt war, war zu der damaligen Zeit aufgrund der metallistischen Geldwertauffassung nicht vorstellbar.

2.5.3 Die Notenausgabe

Die Notenausgabe war das wichtigste Passivgeschäft der Reichsbank. Es gab, im Gegensatz zur Banque de France und zur Bank of England, keine Höchstgrenze für die Banknotenausgabe.[111] Banknoten durften im Wert von 100 Mark und einem Vielfachen davon emittiert werden. Die Ausgabe größerer Banknoten sollte verhindern, daß die Goldmünzen durch kleine Scheine aus dem Verkehr und ins Ausland getrieben wurden. Außerdem sollte der Gebrauch der Banknoten auf geldkundige Kreise beschränkt werden. Bei großen Banknoten war die Umlaufdauer recht niedrig, sie wurden meist bald nach Erhalt bei der Reichsbank gegen Gold eingelöst. Seit 1906 war die Reichsbank auch zur Ausgabe von Noten im Wert von 20 und 50, später auch 10 Mark berechtigt. Damit versuchte man, Gold aus dem Verkehr zu ziehen und bei der Bank zu sammeln, um dort den Goldvorrat zu vergrößern. Diese Strategie schien zu funktionieren, die kleineren Noten blieben sehr viel länger im Umlauf als die großen. Um einer Papiergeldinflation vorzubeugen, wurde die Ausgabe kleiner Noten zunächst auf 300 Mill. Mark begrenzt, 1913 entfiel diese Begrenzung.[112] Der Anteil der kleinen Noten am gesamten Notenumlauf stieg von 5% im Jahr 1906 auf 26,3% Ende 1913. Zunächst waren weder Reichsbanknoten noch Privatbanknoten gesetzliches Zahlungsmittel,

[110] Vgl. Reichsbank, 1901, S. 100

[111] Die Sächsische Bank hat interessanterweise auch kein solches Gesamtkontingent, siehe Baumgart, 1915.

[112] Schon ab 1911 mußte das Kontingent nicht mehr eingehalten werden, vgl. Borchardt, 1976, S. 50.

um alle Notenbanken gleich zu behandeln. Ab dem 1.1.1910 wurden lediglich die Noten der Reichsbank zum gesetzlichen Zahlungsmittel erklärt.[113] Die Reichsbank hoffte, daß ihr das umlaufende Gold zugeführt, und es in einer Krise keinen Run auf Gold geben würde. Die Notenausgabe im Deutschen Reich wird im folgenden anhand der Punkte Kontingentierung, Notensteuer, Notenausgabe der Privatnotenbanken, Problematik der Quartalsenden und sonstiger Geldumlauf vorgestellt.

Kontingentierung:

Alle Privatnotenbanken waren in ihrem Notenumlauf durch ein absolutes Höchstmaß beschränkt (Gesamtkontingent), darüber hinaus durften keine Banknoten von ihnen emittiert werden. Die Reichsbank besaß kein solches absolutes Kontingent.

Für das gesamte Reich wurde ein Betrag von 385 Mill. Mark von durch den Barvorrat nicht gedeckten Noten (die restlichen zwei Drittel) für notwendig befunden. Diese 385 Mill. Mark wurden, relativ willkürlich, auf die 33 Notenbanken verteilt, die Reichsbank erhielt ein Kontingent von 250 Mill. Mark (siehe Tabelle I.6). Wurde die Grenze des ungedeckten Notenumlaufs überschritten, war eine Notensteuer von 5% an das Reich zu zahlen (indirekte Kontingentierung).[114] Außerdem galt das Accreszensrecht: Erlosch die Befugnis einer Privatnotenbank zur Notenausgabe, fiel ihr Kontingent automatisch der Reichsbank zu. Die Reichsbank konnte mit anderen Notenbanken Vereinbarungen über deren Aufgabe des Notenausgaberechts treffen.

Die indirekte Kontingentierung erzwang eine relativ hohe Bardeckungsquote der Notenemission. Da die ungedeckte Notenausgabe durch das Kontingent festgelegt war, konnte nur die gedeckte variiert werden. Die Frage ist, ob die Notenemission tatsächlich in den vom Kontingent gezogenen Grenzen blieb (siehe Abbildung I.8): 1881 mußte die Reichsbank das erste Mal Notensteuer zahlen, seitdem wurde das Kontingent an den Quartalsenden immer und mit immer höheren Abständen überschritten, aber auch innerhalb der Quartale kamen Überschreitungen vor (s.u.).[115] Es kamen Überschreitungen vor: von 1881-95 19mal, von 1896-1900 71mal und von 1901-05 32mal.[116] Allerdings waren die Noten von Zeit zu Zeit auch durch den Barvorrat überdeckt (Kontingentsüberschreitung vs. Überdeckung).

---

[113] Vgl. Reichsbank, 1926, S. 34

[114] Um der Sonderstellung der Reichsbank gerecht zu werden, sollte sie zuerst entweder keine Notensteuer zahlen, oder ein sehr großes Kontingent zugesprochen bekommen, der Gesetzgeber entschied sich jedoch gegen beide Möglichkeiten, vgl. Lotz, 1888, S. 211.

[115] Vgl. Reichsbank, 1901, S. 144, die Verfasser dieser Denkschrift waren unter anderen Helfferich und von Lumm.

[116] Die Überschreitungen sind wochenweise erfaßt, vgl. Reichsbank, 1901, S. 299.

Notensteuer:

Mit der Kontingentierung und der Notensteuer, die bei Überschreitungen des indirekten Kontingents gezahlt werden mußte, wurde in Deutschland großer Wert auf die Elastizität des Notenumlaufs gelegt. Wegen des Zusammenspiels von Dritteldeckung und Kontingentierung war es möglich, daß die Reichsbank Notensteuer zahlen mußte, obwohl der Umlauf zu über 70% mit Barmitteln gedeckt war, weil das steuerfreie Kontingent überschritten war.[117] Von 1876-1905 brachte die Notensteuer der Reichskasse insgesamt 13,9 Mill. Mark ein. An der öffentlichen Neuverschuldung gemessen, ist diese Zahl nur ein Bruchteil (siehe Abbildung I.18), allerdings kann die Neuverschuldung kein Richtwert für die Höhe der Notensteuer sein. Die Notensteuer sollte nicht nach dem Aufkommen beurteilt werden, sondern nach der Zahl der Kontingentsüberschreitungen (s.o.).

Veränderungen im Notenumlauf und im Goldbestand beeinflußten das Deckungsverhältnis und die Kontingentierung und waren damit Bestimmungsfaktoren für die Diskontpolitik. Allerdings gab es keine automatische Reaktion der Reichsbank. Die Notensteuer sollte die Reichsbank dazu bringen, bei erhöhtem Notenumlauf den Diskontsatz zu erhöhen. Sie ließ sich aber von der Steuer nicht sonderlich beeinflussen.[118] Die Erwartungen, die bei Kontingentsüberschreitungen zu zahlende fünfprozentige Notensteuer würde den Diskontsatz auf mindestens 5% heben, erfüllten sich nicht. Die Notensteuer war kein Grund für die Reichsbank, den Diskontsatz den Konditionen auf dem Geldmarkt anzupassen.[119] Wenn eine Änderung der Konditionen für vorübergehend gehalten wurde, wurde der Diskont tendenziell nicht verändert. Nur wenn die Dritteldeckung in Gefahr schien, wurde der Diskontsatz stark heraufgesetzt.

Die Reichsbank wäre einer regelgebundenen Geldpolitik gefolgt, wenn sie sich am Deckungsverhältnis und am Kontingent orientiert hätte, was sie offensichtlich nicht tat.[120] Sie entschied von Mal zu Mal aufgrund der Faktoren, die die Goldreserve schwanken ließen, die Entscheidungen waren nicht automatisch, das deutet auf eine diskretionäre Geldpolitik.

---

117 Vgl. Baumgart, 1912, S. 69; die auf Kontingentüberschreitungen zu zahlende Steuer wird folgendermaßen berechnet: Viermal im Monat legen alle Notenbanken Ausweise über Aktiva und Passiva vor (48 pro Jahr); wenn an einem Ausweistag die Grenze überschritten wird, wird eine Steuer von 5/48% berechnet. D.h. die Kontingentsüberschreitungen werden wochenweise erfaßt.

118 Friedhofen, 1963, S. 24; Bopp, 1954, S. 191

119 Vgl. Katzenstein, 1915

120 Eine Regel könnte lauten: Sobald das Kontingent überschritten wird, setze den Diskontsatz auf mindestens 5%.

Die Notenausgabe der Privatnotenbanken:

Von den 32 Privatnotenbanken gaben nach Inkrafttreten des Bankgesetzes zwölf ihr Notenemissionsrecht sofort auf, bis 1905 folgten 16 weitere, so daß vor dem Ersten Weltkrieg nur noch vier Notenbanken (badische, bayerische, sächsische, württembergische) neben der Reichsbank bestanden (siehe Tabelle I.3).

Die Privatnotenbanken emittierten konstant eigene Banknoten bis zur Grenze des ungedeckten und des Gesamtnotenkontingents. Darüber hinaus diskontierten sie Wechsel bei der Reichsbank, und bekamen dafür Reichsbanknoten, anstatt für weitere Notenemission Notensteuer zu zahlen. Die Reichsbank fand, daß sie sich dadurch bei ihr billigen Kredit verschafften, anstatt eigene Noten zu emittieren. Sie sah nicht, daß sie durch diese Konstanz der Geldmenge der Privatnotenbanken ihre geldpolitischen Maßnahmen, die sich damals nur auf den Bargeldumlauf bezogen, um so besser durchsetzen konnte.[121]

Um die Kreditbanken zur Berücksichtigung öffentlicher Interessen zu erziehen, veranlaßte die Reichsbank die Geschäftsbanken 1906 unter sanftem Druck, eine Vereinigung der großen Banken zu gründen.[122] Sie forderte außerdem ein einheitliches Bilanzschema und regelmäßige, zweimonatliche Bilanzierungen der Kreditbanken.

Privatbanknoten wurden, wie Staatspapiergeld, im Laufe der Zeit relativ zum Notenumlauf der Reichsbank immer unbedeutender. Der Banknotenumlauf der am 31.12.1914 noch existierenden Privatnotenbanken betrug 135 Mill. Mark,[123] der Reichskassenscheinumlauf betrug 120 Mill. Mark, der Reichsbanknotenumlauf dagegen 2574 Mill. Mark (1913) (Siehe auch Kap. 2.5.4.2 und Abbildung I.2).[124]

Die Problematik der Quartalsenden:

Vor allem an den Quartalsenden hatte die Reichsbank regelmäßig Schwierigkeiten, die Grenzen des Notenkontingents einzuhalten, d.h. sie kam „in die Steuer". Die Zahlungsgewohnheiten der deutschen Bevölkerung bestanden darin, Mieten, Sozialversicherungsbeiträge, Honorare, Hypothekenzinsen, Gehälter und auch Löhne vierteljährlich in Bar zu bezahlen. Im Herbst fiel die Finanzierung der Ernte an, im Winter das Weihnachtsgeschäft, außerdem pflegten die Banken zum Zeitpunkt der Veröffentlichung ihrer Jahresbilanzen ihre Barbestände zu erhöhen.[125] Die quartals- und saisonbedingten

[121] Vgl. Bopp, 1954, S. 191

[122] Vgl. Eynern, 1928, S. 52

[123] Bayerische: 65 Mill. Mark, Sächsische: 35 Mill., Württembergische: 20 Mill., Badische: 15 Mill.

[124] Die Zahl von 1914 sollte nicht zum Vergleich herangezogen werden, da sie wohl schon die Kriegsvorbereitungen widerspiegelt.

[125] Vgl. Bopp, 1954, S. 194. In Deutschland führten die vierteljährlichen Lohnauszahlungen stets zu einer Knappheit am Geldmarkt. In England brauchten die Firmen zwar auch Bargeld für Löhne, aber dieses war in

Schwankungen des durch den Barvorrat nicht gedeckten Notenumlaufs wurden im Laufe der Jahre immer höher.

Veränderte Zahlungsgewohnheiten waren v.a. der Grund für den Anstieg der Bargeldnachfrage an den Quartalsterminen. Aufgrund der hohen Zinssätze auch für Sichteinlagen hielten Firmen und Behörden kein Bargeld mehr, sondern verlagerten ihre Gelder auf Girokonten. Löhne und Gehälter usw. wurden jedoch weiterhin bar bezahlt, da die meisten Bürger damals noch kein Girokonto hatten. So kam es, daß die vierteljährliche Nachfrage nach Bargeld immer mehr zunahm. Die Probleme des Geldumlaufs an den Quartalsenden kamen also gerade auch wegen der Sitte, Gehälter usw. vierteljährlich in bar zu bezahlen. Aber auch die Gehälter der Staatsbeamten, einschließlich die der Reichsbank, wurden vierteljährlich bezahlt.[126] Um diesen Druck auf die Geldmenge zumindest etwas einzudämmen, oder um ein Vorbild zu geben, hätten die Reichsbank oder auch das Reich und die Bundesstaaten ihre eigenen, vierteljährlichen Zahlungen anders gestalten können.

Verschiedene Regelungen wurden getroffen, um die Kontingentsüberschreitungen an den Quartalsenden zu verhindern, z.B. die Erhöhung des zinsfreien Notenemissionskontingents: Bis 1900 war das Kontingent durch Aufgabe des Emissionsrechts mehrerer Privatnotenbanken auf 293,4 Mill. Mark angewachsen. Ab 1901 wurde es auf 450 Mill. Mark, ab 1909 auf 550 Mill. Mark erhöht, außerdem galt zusätzlich lediglich an den Quartalsenden die Höchstgrenze von 750 Mill. Mark.[127] Auf das Kontingent wurden weiterhin die aufgegebenen Kontingente der nicht mehr emittierenden Privatnotenbanken aufgeschlagen (siehe Abbildung I.8).

Zur Überbrückung der Ultimoanspannungen wurden Lombarddarlehen zwangsweise verlängert und damit verteuert. Diese Darlehen wurden meist schon nach zwei Tagen zurückgezahlt. Seit 1880 ging die Reichsbank dazu über, für mindestens drei Tage Zinsen zu berechnen, ab 1881 fünf Tage, ein halbes Jahr später acht Tage und seit 1887 14 Tage.[128] 1905 wurden die Vorschriften für den Lombardkredit nochmals verändert: Zinsen wurden für mindestens zehn Tage berechnet, erfolgte die Rückzahlung erst nach dem siebten des neuen

den meisten Fällen nicht von den Banken bereitzustellen, da die englische Industrie über großen Kapitalreichtum verfügte. Auch in Frankreich wurden die Sätze an den Quartalsterminen nur wenig angehoben, da die Bargeldvorräte in der Zirkulation so groß waren, so daß die Inanspruchnahme des Geldmarktes nicht notwendig war, vgl. Neisser, 1929, S. 196*, 212*.

126 Vgl. Beutler, 1909, S. 137

127 Allemann, 1917, S. 90, zitiert aus der Frankfurter Zeitung vom 10.2.1909 zur Begründung der Banknovelle: „Die außerordentlich häufigen und starken Überschreitungen der letzten Jahre (1907 überstieg zum ersten Male sogar der Jahresdurchschnitt des ungedeckten Notenumlaufes das Kontingent um mehr als 58 Millionen) zeigen allerdings, daß das jetzige Kontingent der Reichsbank hinter den Anforderungen des durch die Zunahme der Bevölkerung, wie besonders durch das Erstarken der deutschen Wirtschaftstätigkeit bedeutend gesteigerten Verkehrs zurückbleibt.“

128 Vgl. Seeger, 1968, S. 109f; Reichsbank, 1901, S. 116. Kleindarlehen von bis zu 8000 Mark waren von der Verteuerung nicht betroffen.

Vierteljahres, so wurden für 14 Tage Zinsen berechnet. Auch diese Regelungen brachten nur eine vorübergehende Entlastung. Ab 1911 wurden für alle Darlehen, die am letzten Tag des alten oder am ersten Tag des neuen Quartals entnommen wurden, außer den laufenden noch für zehn Tage Zinsaufschlag berechnet. Dieses brachte den Lombardkredit auf das erwünschte Maß zurück.[129]

Die enorme Nachfrage nach Bargeld innerhalb der 3 bis 4 Tage an den Quartalsenden konnte damit aber nicht verhindert werden. Der ungedeckte Notenumlauf am Ende des Jahres 1876 betrug 204 Mill. Mark. Ende 1913 betrug er 1088 Mill. Mark, bei einem erlaubten Kontingent von 750 Mill. Mark.[130] Die Verteuerung der Lombardkredite an den Quartalsenden hatte dennoch das folgende Resultat: Das Volumen der Lombardkredite ging zurück, dafür wuchsen die Wechselbestände am Quartalsende. Das war von Vorteil, da Wechsel zur Notendeckung herangezogen werden konnten (Sekundärdeckung), außerdem war die Bonität der zum Diskont eingereichten Papiere besser als die der zum Lombardkredit eingereichten. Durch die Lombardverteuerung verbesserte sich also die Bonität der gesamten von der Reichsbank gehaltenen Papiere. Insgesamt kamen also zu viele Ausnahmen vor, als daß man sagen könnte, die Reichsbank habe sich an die durch Kontingentierung und Notensteuer aufgestellten Regeln gehalten.

Der sonstige Geldumlauf:

Der Geldumlauf in Deutschland setzte sich zusammen aus Papiergeld, Banknoten und Münzen. Der Goldmünzenumlauf, einer der Hauptbestandteile des Goldmünzenstandards, nahm bis 1913 stark zu (vgl. Abbildung I.2). Der gesamte Münzumlauf entwickelte sich von 1870 bis 1878, also in den ersten Jahren des Deutschen Reiches, folgendermaßen:

Tabelle 2: Der Münzumlauf im Deutschen Reich (in Mill. Mark)

	1870	1878
Deutsche Goldmünzen	91	1 500
Alte Silbermünzen	1 500	390
Scheidemünzen	85	427
Ausländische Münzen	40	80
Gesamt	1 716	2 447

Quelle: Oppers, 1996, S. 146

129 Vgl. Reichsbank, 1926, S. 26
130 Vgl. Reichsbank, 1926, Tab. 15, S. 33

Silbermünzen: Die Silberzirkulation in Deutschland war noch lange Zeit sehr groß.[131] Die österreichischen Silbertaler der Deutsch-Österreichischen Münzunion kursierten bis 1892 in Deutschland, dann kaufte Österreich ein Drittel zurück, die restlichen zwei Drittel wurden von der deutschen Regierung eingezogen, die auch den Verlust trug.[132] Die Silbertaler des norddeutschen Währungssystems kursierten bis 1907. Scheidemünzen aus Silber nahmen nur einen kleinen Teil des umlaufenden Geldes ein.

Reichskassenscheine: Die Quote der Reichskassenscheine war ursprünglich auf vier Mark pro Kopf der Bevölkerung festgesetzt, durch Einziehen eines Teils und durch Anwachsen der Bevölkerung sank diese Quote bis 1905 auf ca. zwei Mark.[133] Reichskassenscheine wurden ursprünglich im Wert von 50, 20 und 5 Mark ausgegeben. Wegen der Ausgabe kleiner Noten der Reichsbank ab 1906, wurden alle Kassenscheine dieser Werte eingezogen und durch Zehnmarkscheine ersetzt. Das Kontingent der Reichskassenscheine wurde auf 120 Mill. Mark festgelegt und im Laufe der Zeit nicht verändert, deswegen wurde die Bedeutung dieser Scheine im Vergleich mit den Reichsbanknoten immer geringer.

Privatbanknoten: Auch die Privatbanknoten bildeten wie die Reichskassenscheine einen relativ konstanten, niedrigen Teil des gesamten Geldumlaufs in Deutschland. Der Grund dafür war, daß für Privatnotenbanken außer dem Kontingent für den ungedeckten Notenumlauf auch ein Kontingent für den gesamten Umlauf galt; beide wurden von den Banken konstant bis zur Höchstgrenze ausgenutzt.

Kleine Noten der Reichsbank: Anfang des neuen Jahrhunderts herrschte Mangel an kleinen Scheinen, diese Aufgabe hatten bisher die Reichskassenscheine erfüllt, deren Umfang jedoch durch Wirtschafts- und Bevölkerungswachstum zu gering geworden war. Wegen des Goldmünzenentzugs der Reichsbank wurde ein Gesetz erlassen, das die Reichsbank zur Ausgabe von Banknoten im Wert von 50 und 20 Mark berechtigte.

2.5.4 Die Wechsel- und Diskontpolitik

2.5.4.1 Allgemeine Darstellung der Politik

Geldpolitik zur Zeit des Goldstandards bedeutete hauptsächlich Diskontpolitik. Die Diskontierung von Wechseln war das wichtigste Aktivgeschäft der Reichsbank. Je geringer die Restlaufzeit der zum Diskont eingereichten Wechsel (im Mittel 33-41 Tage), desto

[131] Cecco, 1996, S. 61
[132] Dasselbe Problem wie in der Lateinischen Münzunion: Die entwertete Silberwährung.
[133] Vgl. Reichsbank, 1926, S. 15; Lotz, 1888, S. 152, schreibt von einer Quote von 3 Mark pro Kopf.

liquider war die Situation der Reichsbank.[134] Die Diskontpolitik war ein Mittel zur Beeinflussung der Kreditnachfrage und zur Regulierung des Goldbestandes. Veränderungen des Diskontsatzes hatten Rückwirkungen auf Kreditkosten, Wechselumlauf, Notenmenge, Goldvorrat und Gestaltung der Wechselkurse.[135]

Diskontpolitik bestand nicht nur aus der Variation des Diskontsatzes, sondern auch in der Festlegung der Bedingungen, zu denen die Reichsbank Wechsel ankaufte, also der Abgrenzung des rediskontfähigen Wechselmaterials. Die Menge der bei der Reichsbank eingereichten Wechsel konnte durch Festlegung der Standards, die Wechsel erfüllen mußten (z.B. zwei Unterschriften), oder durch Festlegung von Diskontkontingenten beeinflußt werden. Auch dies waren diskontpolitische Maßnahmen.[136]

Im Vergleich mit den Privatnotenbanken war der Diskontsatz der Reichsbank relativ hoch. Aus diesem Grund wurden bei ihr nur zweitklassige Wechsel diskontiert. Sie forderte mindestens zwei Unterschriften. Da es sich um Wechsel minderer Qualität handelte, wurden manche nicht wieder eingelöst. Die Reichsbank wurde vom Markt für gute Wechsel im industriellen Westen Deutschlands fast völlig verdrängt, während sie im agrarischen Osten nahezu der einzige Kreditgeber war. Zweitrangige Schuldner hatten auch bei privaten Kreditinstituten höhere Sätze zu zahlen. Möglicherweise ging die Kausalität auch in die andere Richtung: Weil die Reichsbank eine gleichmäßige Kreditvergabe in allen Sektoren garantieren wollte, mußte sie höhere Zinsen fordern, um das höhere Risiko zu decken.

Die Bank of England bis 1854 und auch die Preußische Bank waren durch Wuchergesetze an einen Höchstzins gebunden.[137] Die Preußische Bank war außerdem, laut Gesetz, auf einen stabilen Zinssatz festgelegt. Ab 1867 wurden die Zinsen in Deutschland dem freien Vertrag überlassen. So konnte die neu gegründete Reichsbank theoretisch ihre Zinsen frei festlegen. Es gab jedoch eine bestimmte Mindestrate, über die sich die Reichsbank ein Urteil gebildet hatte und die sie nicht unterschritt. Bis 1886 betrug dieser selbstauferlegte Mindestzins 4%, bis 1896 3%.

Der Diskontsatz der Reichsbank war in den allermeisten Fällen höher als die Zinssätze der Bank of England und der Banque de France. Die Reichsbank erklärt das folgendermaßen:[138] Deutschland hatte eine geringere Grundlage an Geld und Kapital, um den

---

134 Wechsel unterschieden sich in Platz- (zahlbar am Sitz der ankaufenden Bank) und Versandwechsel (zahlbar an anderen deutschen Plätzen).

135 Vgl. Friedhofen, 1963, S. 9f

136 Vgl. Friedhofen, 1963, S. 11f

137 Bis zum Jahr 1854 waren Kreditzinsen über 5% in England gesetzlich verboten; seit 1833 allerdings waren alle Wechsel mit einer Laufzeit von unter drei Monaten von dieser Wucherzins-Bestimmung befreit, vgl. Ziegler, 1993, S. 484, FN 31.

138 Vgl. Reichsbank, 1901, S. 183; Parchmann, 1933, S. 23

großen, wirtschaftlichen Aufschwung der Industrialisierung zu finanzieren. Die außerordentliche, wirtschaftliche Entwicklung war nur möglich bei einer sehr starken Anspannung des Kapitals und der Umlaufmittel. Andererseits wäre es auch möglich, daß die Reichsbank eben nicht den „drawing power“ der Bank of England besaß, so daß der deutsche Diskont jeweils stärker steigen mußte, um die gleiche Menge an Kapital zu attrahieren. Außerdem verfügte sie auch nicht über die gleiche Menge an Goldreserven wie die Banque de France, die deshalb die Manipulation von Kapitalbewegungen vernachlässigen konnte.

Die durchschnittliche Wechsel- und Lombardanlage bei der Reichsbank verdoppelte sich von 1876 bis 1900 (siehe Abbildung I.10). Die Reichsbank vertrat die Ansicht, daß man sich um die Gesamtkreditmenge nicht zu kümmern brauche, solange jeder einzelne Kredit in Ordnung sei. In dieser Auffassung trat die einzelwirtschaftliche Denkweise der Reichsbanker zutage. Die Reichsbank sollte und konnte durch ihre Diskontpolitik die Kreditmenge der Volkswirtschaft gesamtwirtschaftlich steuern. Dieses Denkmuster kann auch durch die damals vorherrschende Real-bills Doktrin erklärt werden, nach der jeder Kredit eine realwirtschaftliche Transaktion zur Grundlage haben sollte. Die gesamte Geld- und Kreditmenge sollte jedoch vielmehr dem Wirtschaftswachstum und der Umlaufgeschwindigkeit angepaßt werden (siehe Kap. 3.5.1).

Der Diskontsatz spiegelte die Konjunktur wider: Ein hoher Satz deutete auf hohe Wirtschaftstätigkeit und hohe Preise, und umgekehrt. Die Jahresdurchschnitte des Diskontsatzes folgten den Änderungen der wirtschaftlichen Konjunktur genau proportional.[139] In den ersten Jahren waren häufige Änderungen des Diskontsatzes die Norm, da die konjunkturelle Lage einen niedrigen, das externe Gleichgewicht jedoch einen hohen Satz erforderte. Insgesamt waren die Jahre bis ca. 1896 jedoch eine Periode des billigen Geldes. Danach begann die Zeit der Hochkonjunktur, der Diskontsatz lag im Mittel sehr viel höher.

2.5.4.2 Der Privatsatz der Reichsbank und die Diskontpolitik der Privatnotenbanken

Privatnotenbanken diskontierten wegen ihres niedrigeren Zinssatzes fast nur erstklassige Wechsel mit drei Unterschriften. Der Marktdiskont bildete sich täglich neu und lag im Durchschnitt etwa 1% unter dem Banksatz. Um diesem Wettbewerb entgegenzutreten, diskontierte die Reichsbank von 1880-1896 zum sogenannten Privatsatz, der unter dem offiziellen Diskontsatz lag, und für den erstklassige Wechsel gefordert wurden (vgl. Abbildung I.9).[140] Zum Privatdiskont der Reichsbank wurden auf größere Summen lautende, und mit größerer Sicherheit ausgestattete Wechsel eingereicht.

---

139 Vgl. Katzenstein, 1906, S. 49

140 Vgl. Bopp, 1954, S. 48. Von der Hauptstelle in Berlin wurden keine Wechsel zu Vorzugssätzen angekauft.

Ab 1901 trat die Reichsbank dem Wettbewerb der Privatnotenbanken auch offiziell entgegen: In der Reichsbanknovelle 1899 wurde die Spanne, mit der die Banken den Diskontsatz der Reichsbank unterbieten durften, genau festgelegt. Sie durften ab dem 1.1.1901 nicht unter dem Reichsbanksatz diskontieren, sobald dieser Satz 4% erreichte oder überstieg, ansonsten nicht mehr als 1/4% unter dem offiziellen Satz; oder falls die Reichsbank zum Privatsatz diskontierte, nicht mehr als 1/8% unter diesem. Den Banken, die auf diese Beschlüsse nicht eingingen, wurde durch den Bundesrat gekündigt. Daraufhin gaben drei der sieben noch bestehenden Notenbanken bis 1905 ihr Emissionsrecht auf, die Bedeutung der vier noch bestehenden sank erheblich.

Auch beim Einsatz des Privatdiskonts dachte die Reichsbank einzelwirtschaftlich, ihr Ziel war es, ein möglichst großes Wechselportfolio zu halten und daraus möglichst große Zinsgewinne zu erwirtschaften. Durch diesen Wettbewerb zwischen Notenbanken und Geschäftsbanken verringerte sich der Diskontsatz. Die Reichsbank sollte jedoch einen Diskontsatz setzen, der von ihr als volkswirtschaftlich optimal eingeschätzt wurde, und diesen dann mit Hilfe des Rediskonts auch durchsetzen. In den ersten Jahren waren die Reichsbanker noch zu sehr von den Erfahrungen der Privatwirtschaft beeinflußt, das Gewinnmotiv spielte eine zu große Rolle, Zentralbankpolitik mußten sie sich erst aneignen.[141]

2.5.4.3 Diskontsatzvariationen

Eine Veränderung des Diskontsatzes war, zumindest bei der Reichsbank und der Bank of England, das wichtigste Mittel, um die Wechselkurse konstant zu halten, oder einen drohenden Goldabfluß einzudämmen. Außerdem wurde der Diskontsatz benutzt, um die inländische Geldnachfrage zu beeinflussen und die Wirtschaft zu fördern, indem billiger Kredit zu Verfügung gestellt wurde.

Aufgrund der oben beschriebenen quartals- und saisonabhängigen Geldnachfrage wurde der Diskontsatz in der ersten Jahreshälfte meist herabgesetzt. Die Reichsbank war „der allgemeinen Auffassung, die Bankrate nicht höher als unbedingt notwendig zu halten".[142] In der zweiten Jahreshälfte waren Diskonterhöhungen die Norm, um die Geldnachfrage einzudämmen (vgl. Abbildung I.1)

Neisser führt als Ursache von Diskontsatzvariationen der Reichsbank 1876-1899 auf: elf Fälle von Goldexport, dreizehn Fälle von ungünstigen Wechselkursen und vierzehn Fälle von starker, innerer Bargeldnachfrage.[143] Von 1876 bis 1899 gab es mehr

141 Die höheren Angestellten kamen zwar aus dem Bankenbereich, aber Zentralbankerfahrung hatten sie keine.
142 Friedhofen, 1963, S. 28; siehe auch Bopp, 1954, S. 39
143 Vgl. Neisser, 1929, S. 210*, FN 2

Diskonsatzänderungen, möglicherweise sollen die obigen Zahlen nur Verhältnisse ausdrücken. Detaillierter beschreibt Bopp die Diskontsatzvariationen der Reichsbank:[144] Von 1886 bis Ende 1912 wurde der Satz 51 mal herabgesetzt und 45 mal erhöht, von den Herabsetzungen erfolgte nur eine in der zweiten Jahreshälfte, von den Erhöhungen erfolgten nur fünf in der ersten Jahreshälfte. Ab 1883 ist es nie vorgekommen, daß in der zweiten Jahreshälfte eine Diskontherabsetzung vorgenommen wurde. Nur vier der 42 Zinserhöhungen zwischen 1886 und 1910 wurden einem Goldabfluß oder ungünstigen Wechselkursen zugeschrieben, 25 erfolgten wegen gestiegener inländischer Geldnachfrage und dreizehn wegen des Zusammentreffens beider Gründe. Die Reichsbank selbst schreibt, daß die Erhöhung des Diskontsatzes auf 4% am 3.4.1898 der erste Fall war, bei dem eine internationale Goldbewegung den Ausschlag für eine Diskontveränderung gab.[145] Insgesamt änderte die Reichsbank den Diskontsatz von Anfang 1876 bis Ende 1914 142 Male.[146] Die Zahlen deuten darauf hin, daß sich die Reichsbank eher um inländische Belange kümmerte. Die Wahrung des externen Gleichgewichts nach der ersten Spielregel des Goldstandards war ihr nicht sehr wichtig. Erstens wurde der Diskontsatz in der ersten Jahreshälfte meistens gesenkt, um die Wirtschaft zu fördern, und zweitens waren in vielen Fällen von Diskontvariationen keine Gold- oder Wechselkursbewegungen ausschlaggebend.

Im Vergleich mit den Notenbanken in England und Frankreich läßt sich feststellen, daß die Bank of England Diskontsatzvariationen am häufigsten nutzte, um den internationalen Geldmarkt zu beeinflussen (siehe Kap. 2.2.3). Der Londoner Finanzmarkt war der größte und am höchsten entwickelte zur damaligen Zeit. Auch weil die Bank of England nur einen relativ kleinen Goldvorrat zur Aufrechterhaltung der Goldwährung besaß, setzte sie Veränderungen der Bank Rate ein, um Kapitalströme zu ihren Gunsten zu beeinflussen. Der Banque de France war das interne Ziel der Konstanthaltung der Zinsen zur Förderung der Wirtschaft sehr viel wichtiger als das externe Ziel der Aufrechterhaltung der Wechselkurse. Diese Gewichtung war nur aufgrund ihrer relativ großen Goldreserven möglich (siehe Tabelle I.5): Sie mußte bei einem Goldabfluß nicht sofort mit Zinsänderungen reagieren, außerdem löste sie ihre Noten auch in Silber und nicht nur in Gold ein. Die Reichsbank nahm in dieser Hinsicht eine mittlere Position ein. Zwischen 1876 und 1913 änderte die Bank of England ihren Diskontsatz

[144] Vgl. Bopp, 1954, S. 196
[145] Vgl. Reichsbank, 1901, S. 174
[146] Bis Ende Juli 1914 140 Male, vgl. Reichsbank, 1926, Tabelle 47, S. 93.

221mal, die Reichsbank 137mal. Von 1880 bis 1913 fanden in Frankreich 30, in Deutschland 116 und in England 194 Diskontsatzvariationen statt.[147]

Diese Beschreibung verdeutlicht ebenfalls, daß sich die Reichsbank nicht ausschließlich an die durch den Goldstandard vorgegebenen Regeln hielt. Sie beachtete nicht nur den externen Wert der Währung, sondern auch die Binnenwirtschaft.

2.5.4.4 Die Reichsbank als Lender of Last Resort

Die Lender of Last Resort Funktion entwickelte sich in der Periode bis zum Ersten Weltkrieg, in der sich auch die Zentralbanken von einer Geschäftsbank zur Bank der Banken entwickelten. Die Reichsbank machte sich den Grundsatz Bagehots zu eigen:[148] Während einer Krise sollten ausreichend Kredite vergeben werden, aber zu hohen Zinsen. Es ist kein Fall bekannt, bei dem die Reichsbank Kredit verweigert hätte. Dies wurde durch die flexible Handhabung des Banknotenkontingents vereinfacht. Der Gesetzgeber hatte wohl wissend kein festes System wie in England gewählt, wo die Höchstgrenze der Notenausgabe oft außer Kraft gesetzt werden mußte. Wie oben beschrieben hoffte man, daß die Reichsbank - wenn sie Notensteuer zahlen mußte - durch die indirekte Kontingentierung nicht den Kredit verweigern, aber den Diskont heraufsetzen würde.

Die Kreditbanken hatten ein fast zur Gewißheit verstärktes Vertrauen auf die stete Rediskontbereitschaft der Reichsbank.[149] Falls sie Geld benötigten, konnten sie sich bei der Reichsbank refinanzieren. Gegen gute Sicherheiten war auch in einer Krise, Kredit zu bekommen. Die Reichsbank verweigerte niemals Kredit, alle reichsbankfähigen Wechsel wurden diskontiert, alle lombardfähigen Effekten angenommen.[150] Die Geschäftsbanken fanden während der Krise 1901 den stärksten Rückhalt in der Reichsbank.[151] So kann man auch argumentieren, daß die Hauptaufgabe der neuen Reichsbank auch nicht so sehr in der Stabilisierung der Währung lag, sondern eher in der Stabilisierung des inländischen Finanzsystems durch die Funktion des Lender of Last Resort.[152]

[147] Vgl. Panic, 1992, S. 75f. Und zum Vergleich: Von 1898 bis 1914 erfolgten in Frankreich 14, in Belgien 39, in der Schweiz 58, in Deutschland 62, in Großbritannien 79 Diskontsatzvariationen; vgl. Theurl, 1992, S. 187.

[148] Vgl. Bagehot, 1979, Kap. 7

[149] Vgl. Eynern, 1928, S. 33

[150] Aber: „Die Reichsbank war jederzeit kreditwillig, bei weitem aber nicht immer kreditfreudig ...", vgl. Friedhofen, 1963, S. 32.

[151] Vgl. Reichsbank, 1926, S. 9

[152] Vgl. James, 1998, S. 35

2.5.5 Lombard- und Offenmarktpolitik

Der Lombardsatz wurde gleichzeitig mit dem Diskontsatz veröffentlicht, er war seit 1896 immer um einen Prozentpunkt höher als dieser. Der Zentralausschuß legte den Höchstbetrag fest, bis zu dem die Fonds der Reichsbank für Lombarddarlehen verwandt werden durften. Lombardpapiere durften, anders als Wechsel, nicht zur Notendeckung verwandt werden. Für diesen Kredit konnten Waren oder Wertpapiere (Effekten) beliehen werden. Die Reichsbank legte fest, welche Pfänder beleihbar waren.[153] Auf Antrag des Emittenten entschied das Direktorium pauschal, ob ein Wertpapier als Pfand genommen wurde. Für die Beleihung von Waren wurden Warendepots an solchen Stellen errichtet, wo sich eine Reichsbankniederlassung nicht lohnte. Diese Depots nahmen Waren an und taxierten sie auf ihren Wert. Die Waren konnten dann beliehen werden. Der Warenlombard kam v.a. der Landwirtschaft zugute (vgl. Kap. 2.5.7), ging aber immer mehr zurück, da er sehr umständlich zu handhaben war. Lombarddarlehne durften für bis zu drei Monate erteilt werden, sie waren von der Reichsbank täglich kündbar, hatten also eine höhere Liquidität als Wechsel, mußten auf mindestens 500 Mark lauten und konnten vom Schuldner täglich ganz oder in Raten zurückbezahlt werden. Lombardzinsen wurden nur für die tatsächliche Dauer des Darlehns berechnet. Nur am Monats- oder Quartalsultimo wurden die Tage zur Zinsenberechnung erhöht. Zu den Aufgaben der Lombardkredite zählten: vorübergehende Geldbeschaffung, Überwindung ungünstiger Konjunkturen auf kurze Zeit, Vermeidung von Zwangsentäußerung, Erleichterung der Produktion. Der Effektenlombard überwog den Warenlombard bei weitem: 1876 waren neun Mill. Mark auf Waren ausgeliehen, 1905 drei Mill. Mark. In derselben Zeit stieg die Beleihung von Wertpapieren von 51 Mill. auf 200 Mill. Mark. Der Anteil der Lombardgewinne an den gesamten Gewinnen der Reichsbank schwankte zwischen 9,8% (1900) und 17% (1892).[154]

Offenmarktpolitik zur Beeinflussung des Diskonts wurde, laut Reichsbank, erstmals im Februar 1901 durchgeführt.[155] Die Reichsbank rediskontierte Schatzanweisungen, um Geld aus dem Umlauf zu ziehen und damit den Diskont der Privatbanken zu steigern. Bloomfield berichtet von mehreren Jahren, in denen die Reichsbank Reichspapiere verkaufte, um die Geldpolitik zu beeinflussen.[156] Laut Stadermann verfügte die Reichsbank am Anfang ihres Bestehens nicht über das Instrument der Offenmarktpolitik, setzte es aber nach der Jahrhundertwende ganz gezielt und in bedeutendem Umfang ein, indem sie

153 Vgl. Reichsbank, 1901, S. 107
154 Vgl. Reichsbank, 1901, S. 116
155 Vgl. Reichsbank, 1926, S. 10
156 1901, 1903, 1905, 1906, vgl. Bloomfield, 1959, S. 45.

Schatzanweisungen des Reiches rediskontierte, damit Geld aus dem Verkehr zog und so den Marktdiskont erhöhte.[157] In das Statut der Reichsbank wurde das Instrument der Offenmarktpolitik erst 1933 aufgenommen. Amatayakul ist der Meinung, daß Offenmarktpolitik erst nach 1918 allmählich als geldpolitisches Mittel zur Anwendung kam.[158] Daß in den ersten Jahren der Reichsbank keine Offenmarktoperationen durchgeführt wurden, lag zu einem Teil auch an den fehlenden Beständen an Schatzanweisungen des Reichs, erst seit der Jahrhundertwende nahmen diese einen größeren Teil der Wertpapiere der Reichsbank ein (vgl. auch Kap. 2.6.2).

Die Reichsbank bewahrte auch verschlossene Depositen (Wertgegenstände, Wertpapiere) gegen eine Gebühr in bewachten Räumen auf, für die sie mit einem bestimmten Wert bis zu 5000 Mark haftete, Ausnahmeregelungen waren möglich. Andere Banken nahmen für eine solche Aufbewahrung geringere Gebühren, so daß dieses Depositengeschäft bei der Reichsbank gering blieb. Wichtiger waren die offenen Depots. Im Mai 1873 wurde ein Kontor zur Aufbewahrung und Verwaltung von Wertpapieren in Berlin eröffnet. Im Jahr 1900 beschäftigte es bereits 298 Angestellte. Dieses Kontor übernahm gegen eine Gebühr die Aufbewahrung und v.a. die Verwaltung von Wertpapieren. Es wurden auch ausländische Papiere verwaltet, der größte Teil stammte jedoch aus Deutschland, zumeist Reichs- und Staatsanleihen. Die für die Verwaltung notwendigen Aufgaben umfaßten: Abtrennung der Zinsscheine, Einziehung der Zinsen, Kontrolle der Auslosungen und Konvertierungen, Anschaffung von Ersatzstücken, Abhebung neuer Zins- und Gewinnanteilscheine. Das Kontor stand allen, auch ausländischen, Personen offen. Die Eröffnung eines Girokontos bei der Reichsbank war keine Voraussetzung. Im Jahr 1876 wurden für 424 Mill. Mark Wertpapiere hinterlegt, 1905 waren es 3187 Mill. Mark.

2.5.6 Neuerungen des Geldverkehrs im vereinten Deutschen Reich

Zu den wesentlichen Neuerungen im Geldverkehr gehörten die Ausdehnung des bargeldlosen Zahlungsverkehrs auf das gesamte Reichsgebiet, die Einrichtung von Abrechnungsstellen zur Förderung des Zahlungsverkehrs zwischen den verschiedenen Geldinstituten und die Einrichtung des Scheckverkehrs im Jahr 1876. Dieser war allerdings im Reich bis zum Ersten Weltkrieg nicht so verbreitet wie in den angelsächsischen Ländern und unterlag besonderen Bestimmungen.

---

[157] Vgl. Stadermann, 1994, S. 111
[158] Vgl. Amatayakul, 1942, S. 12

2.5.6.1 Neuorganisation des Giroverkehrs

Der Giroverkehr erfuhr während der betrachteten Periode in allen Ländern eine drastische Ausweitung.[159] Die Wachstumsraten in elf ausgewählten Industriestaaten von 1885-1913 betrugen für Silber 25%, für Gold 120% und für Sichtguthaben 400%.[160] Der Giroverkehr wurde in Deutschland eingeführt, um die Zahlung mit Goldmünzen und Banknoten einzuschränken und den Zahlungsausgleich zu erleichtern.[161] Die Verantwortlichen glaubten, dadurch die Reserveposition der Banken zu verbessern, übersahen dabei aber den Geldcharakter des Giroverkehrs.

Schon die Preußische Bank hatte den Giroverkehr eingeführt, der jedoch bis 1870 keinen nennenswerten Umfang annahm und auf den Platzverkehr beschränkt blieb. Der höchste Umsatz betrug 1856 8,5 Mill. Taler, das entsprach knapp drei Mill. Mark. Die Reichsbank übernahm die Verwaltung der Hamburger Girobank, die seit 1619 bestand und zu dem Zeitpunkt schon hochentwickelt war. Am 13.10.1875 wurde die Girobank mitsamt Giroverkehr zugunsten der Reichsbank aufgelöst. Außerdem wurde der Giroverkehr auf alle Reichsbankstellen im gesamten Reichsgebiet ausgedehnt.[162] Die Möglichkeit der kostenlosen Überweisungen verhalf dem Giroverkehr zu einem schnellen Wachstum (siehe Abbildung I.3).

Alle selbständigen Filialen[163] der Reichsbank wurden zu Giroanstalten. Alle Zahlungen, die die Reichsbank an einen Kunden leistete (z.B. Lombarddarlehne, Zahlungen aus Wechseln, Zinsen auf Wertpapiere), wurden nur noch über das Girokonto des Kunden getätigt (Verrechnungszwang). So wurden immer mehr monetäre Transaktionen auf den Giroverkehr verlagert. Die Höhe der Einlagen auf jedem Konto sollte ungefähr dem Umfang der gewünschten Transaktionen entsprechen. Eine Mindesteinlagepflicht wurde erst 1906 eingeführt. Zunächst war der Giroverkehr nur bei selbständigen Reichsbankanstalten möglich, Nebenstellen wurden im Laufe der Zeit mit einbezogen. Diese Entwicklung war bis ca. 1888 abgeschlossen. Die Reichsbank hatte mehr Filialen als jede andere Zentralbank.[164] Die Berufszweige, die den Giroverkehr am meisten nutzten, waren: Banken, Handel, Industrie, Gewerbe, Landwirtschaft.[165]

---

[159] Vgl. Theurl, 1992, S. 47-49

[160] Vereinigte Staten, Vereinigtes Königreich, Frankreich, Deutschland, Italien, Niederlande, Belgien, Schweden, Schweiz, Kanada, Japan, vgl. Cooper, 1982, S. 18.

[161] Bei ihrer Gründung hielt die Reichsbank ihre Mittel für nicht ausreichend, deswegen wollte sie Depositen von Privaten aquirieren, aber ihnen keine Zinsen zahlen; der Überweisungsverkehr wurde eingeführt.

[162] Vgl. Reichsbank, 1940, S. 35f

[163] Selbständige Filialen waren Reichsbankhauptstellen und Reichsbankstellen.

[164] Reichsbank, 1901, S. 60

[165] Für genaue Zahlen siehe: Reichsbank, 1901, S. 61.

Die Abrechnungsstellen förderten den bargeldlosen Zahlungsverkehr, s.u. An Plätzen mit Abrechnungsstelle war der Platzverkehr höher, an anderen der Fernverkehr des Giroverkehrs, dieses Verhältnis relativierte sich aber im Laufe der Zeit. Das Girosystem der Reichsbank und das Postschecksystem der Post wurden gekoppelt, die Postscheckämter traten den Abrechnungsstellen bei, so daß auch der Zahlungsverkehr zwischen Post und Reichsbank bargeldlos abgewickelt werden konnte.[166]

Die Reichsbank erkannte selbst, daß Girogelder bankpolitisch ähnlich zu behandeln seien wie Banknoten, d.h. eine Bardeckung sollte vorhanden sein.[167] Schon früh wurde auch das Deckungsverhältnis von Giroguthaben, nicht nur das des Notenumlaufs berechnet (siehe Abbildung I.7).[168] Beide Geldarten sind täglich fällige Verbindlichkeiten, die von Kunden sofort in Goldmünzen eingelöst werden können. Das Problem wurde damals schon erkannt, fand aber noch keinen Eingang in die entsprechenden Gesetze.[169]

Die Anzahl der Giroanstalten der Reichsbank stieg von 62 im Jahr 1876 auf 475 im Jahr 1910. Im Jahr 1876 gab es 3245 Girokonteninhaber, im Jahr 1905 bereits 22.425. Die Giroguthaben erhöhten sich von 71 Mill. Mark auf 585 Mill. Mark in derselben Periode, und bis 1913 auf 668 Mill.[170] Die Giroumsätze stiegen von 17 Mrd. (1876) auf 379 Mrd. Mark (1913).[171] D.h. die durchschnittlichen Guthaben auf den Girokonten entwickelten sich nicht so schnell wie die durchschnittlichen Umsätze. 1877 wurden die eingezahlten Beträge noch durchschnittlich drei Tage auf dem Girokonto belassen, ab 1907 nur noch knapp einen Tag.[172] Trotz der rapiden Entwicklung des Giroverkehrs, war der Notenumlauf 1913 viel höher als die Giroeinlagen.[173]

2.5.6.2 Abrechnungsstellen

Die Abrechnungsstellen wurden von der Reichsbank 1883 neu eingerichtet, um beabsichtigte Zahlungen zwischen Geldinstituten unter Vermeidung von Metall- oder Papiergeldtransporten auszugleichen.[174] Die verschiedenen Geldforderungen wurden täglich nicht einzeln, sondern summarisch verrechnet. Dadurch wurde eine für die Abwicklung des Zahlungsverkehrs wichtige Arbeits-, Kosten- und Zeitersparnis erzielt. Das Verfahren der Abrechnungsstellen

[166] Reichsbank, 1926, S. 24
[167] Vgl. Reichsbank, 1901, S. 38, 51
[168] Vgl. Katzenstein, 1915, Kap. III; Reichsbank, 1914, S. 68f
[169] Vgl. auch Frankfurter Zeitung, 1913, S. 14
[170] Vgl. Seeger, 1968, S. 93f
[171] Vgl. Reichsbank, 1926, Tabelle 22, S. 44
[172] Vgl. Allemann, 1917, S. 128; Reichsbank, 1901, S. 65
[173] Vgl. Reichsbank, 1926, Tabelle 5, S. 12
[174] Die Ausführungen über die Abrechnungsstellen sind entnommen aus: Reichsbank, 1933 und Teschemacher, 1910.

war schon früher üblich, zum Teil unter dem Namen Skontration. Wegen der Vielfalt des Münzwesens in den meisten europäischen Ländern, bot sich dieses Verfahren an; auch wurde der Transport von wertvollem Metallgeld vermieden. Die ersten Abrechnungsstellen der Reichsbank wurden am 14.2.1883 in Berlin, Frankfurt/Main, Stuttgart, Köln, Leipzig, Dresden und Hamburg gegründet. Mitte 1914 existierten 27 Stellen (vgl. Tabelle I.4).

Die Reichsbank war bei jeder Abrechnungsstelle aktiv und passiv Mitglied. Aktiv, da auch sie Forderungen und Verbindlichkeiten gegenüber anderen Geldinstituten ausglich. Passiv, indem sie jede Abrechnungsstelle leitete, die Konten der Teilnehmer führte und die Salden verrechnete. Die übrigen Teilnehmer waren Geldinstitute und mußten Girokunden bei der Reichsbank sein.

Das Verfahren gliederte sich in das Vorverfahren und die eigentliche Abrechnung. Beim Vorverfahren wurden zunächst die zu verrechnenden Papiere (Forderungen) in der Abrechnungsstelle übergeben; der Empfänger gab seinen Willen, das Papier einzulösen, dadurch kund, daß er es bis zum vereinbarten Zeitpunkt nicht zurückgab. Dann wurden die Forderungen/Verbindlichkeiten in das Abrechnungsblatt jedes Mitglieds eingetragen. Im Hauptverfahren wurden zunächst die Salden der Blätter berechnet und eine Anweisung geschrieben. Dann bevollmächtigte jedes Mitglied den Vorsteher der Abrechnungsstelle durch Abgabe der Abrechnungsblätter und der Zahlungsanweisungen, die Abrechnung durchzuführen. Jedes Mitglied besaß ein Konto bei der Reichsbank, am Ende jeder Abrechnung wurden die Salden auf den verschiedenen Konten von der Reichsbank verbucht. Ausführlich wird dieses Verfahren in der Erläuterung I.1 beschrieben.

2.5.7 Die strukturelle Geldpolitik der Reichsbank

Da die Preußische Bank ohne Unterbrechung und mit nur kleineren Änderungen unter dem Namen Reichsbank weiterbestand, wird zunächst kurz die strukturelle Geldpolitik der Preußischen Bank vorgestellt. Der Einfluß der preußischen, aristokratischen Landbesitzer auf die Politik dieser Bank war groß.[175] Man gewinnt den Eindruck, daß der agrarische Osten Deutschlands bevorzugt wurde. Die Filialdichte war dort höher, die Zahl aller Filialen der Preußischen Bank stieg von 29 im Jahr 1847 auf 182 im Jahr 1875, und nur in den Filialen im Osten gab es besondere Kreditbestimmungen, wie z.B. den Warenlombard auf landwirtschaftliche, d.h. verderbliche Produkte, der teilweise auch niedriger verzinst wurde als der Effekten- und Wechsellombard. Lombarddarlehen durften zur Notendeckung herangezogen werden, es gab einen Höchstzinssatz für Lombarddarlehen von 6%, auch die

[175] Für die folgenden Ausführungen vgl. Ziegler, 1993, S. 503f

Konditionen im Diskontgeschäft waren im Osten weniger strikt als im Westen. Die Preußische Bank bemühte sich, das Zinsgefälle zwischen dem kapitalarmen Osten und dem relativ kapitalreichen Westen auszugleichen. Das einheitliche Zinsniveau des Wechseldiskonts, das sie tatsächlich erreichte, wurde im Osten als niedrig, im Westen als hoch empfunden. Daß sie dadurch manchen Kredit im Westen an Geschäftsbanken verlor, nahm sie in Kauf.

Aufgrund der geographischen Trennung der Reichsbankfilialen und der noch wenig integrierten Geldmärkte, war es auch der Reichsbank möglich, regional unterschiedliche Geldpolitik zu betreiben. Der Zentralausschuß der Reichsbank und die Provinzausschüsse der Reichsbankhauptstellen konnten als Vertreter der Anteilseigner in Maßen Einfluß auf die Bankpolitik nehmen (vgl. Kap. 2.4.2). Die Reichsbank legte großen Wert darauf, ihren billigen Kredit auch Handels- und Industriefirmen direkt zur Verfügung zu stellen.[176]

Die Reichsbank schreibt explizit in einer ihrer eigenen Publikationen, daß die Landwirtschaft besondere Vergünstigungen genoß.[177] Auch andere Autoren betonen, daß die Landwirtschaft immer besondere Konditionen erhielt.[178] Es war die Praxis der Reichsbank bis zum ersten Weltkrieg, Wechsel aus der Landwirtschaft, die auch eine längere Laufzeit als andere hatten, als einzige zur Prolongation zuzulassen. Also wurden ausschließlich der Landwirtschaft Kredite von bis zu sechs Monaten bewilligt.[179] Diese Wechsel wurden auch mit nur einer Unterschrift diskontiert.[180] Die Grundsätze der Annahme von landwirtschaftlichen Wechseln unterlagen bereits ab 1876 gewissen Modifikationen. Diese bestanden aus zum Teil erheblichen Erleichterungen für die Landwirtschaft. „Wechsel, welche aus dem Betrieb ländlicher Gewerbe, wie aus dem Ankauf von Getreide und Kartoffeln zur Brennerei, von Oelsaaten für Oelmühlen, aus dem Verkauf von Holz, Getreide, Spiritus usw. hervorgegangen sind, dürfen auch ohne Hinzutritt eines kaufmännischen Verbundenen von Gutsbesitzern allein diskontirt werden, wenn die Sicherheit unzweifelhaft ist. Ausnahmsweise dürfen in den Zeiten des gewöhnlichen Geldbedarfs der Gutsbesitzer auch solche Wechsel angekauft werden, welche aus dem landwirthschaftlichen Gewerbe nicht hervorgegangen, sondern nur zur Befriedigung vorübergehender Geldbedürfnisse ausgestellt sind."[181] Falls die Wechsel sich auf solche Betriebe in der Landwirtschaft bezogen, in denen schnell Umsätze möglich waren, wurden sie i.allg. nicht anders als normale Wechsel behandelt.

[176] Vgl. Reichsbank, 1940, S. 37
[177] Vgl. Reichsbank, 1940, S. 37
[178] Vgl. z.B. Sommer, 1931, S. 89 oder Allemann, 1917. Es ist jedoch nicht klar, ob die Autoren die Vergünstigungen aus eigener Anschauung beschreiben, oder ob sie nur aus dem Reichsbankbericht zitieren.
[179] Vgl. Reichsbank, 1926, S. 26
[180] Vgl. Eynern, 1928, S. 35f
[181] Reichsbank, 1901, S. 79

Landwirtschaftliche Wechsel wurden nur bevorzugt behandelt, weil das Problem des Agrarsektors in den meisten Fällen die langen Produktionsprozesse waren. Auch die von der Reichsbank eingerichteten Warendepots kamen der Landwirtschaft zugute (vgl. Kap. 2.5.5).

Im Jahr 1893 waren von sämtlichen Personen und Firmen, die zum Diskont zugelassen waren, mehr als 11% in der Landwirtschaft. In den vier östlichen, landwirtschaftlichen Provinzen Preußens waren es allein knapp 32%. Auch an Genossenschaften der Landwirte wurden Kredite erteilt.[182] Am 24.3.1896 wurde ein ermäßigter Lombardsatz - ein halber Prozentpunkt unter dem normalen - für landwirtschaftliche Pfandbriefe gefordert, die Reichsbank lehnte jedoch ab. Friedhofen schreibt, daß es in Deutschland mächtige Einflußgruppen (Agrarlobby) gab, die dafür sorgten, daß der Zins relativ niedrig blieb.[183]

1905 betrug der Umsatz der Bankanstalten in den östlichen Provinzen Preußens 23.247,6 Mill. Mark, in Rheinland und Westfalen 32.829 Mill. Mark. Das östliche Gebiet war fünfmal so groß wie die beiden westlichen Provinzen zusammen, jedoch wurden dort nur 15% des Gesamtumsatzes der Reichsbank erzielt, in den beiden westlichen Provinzen 21%.[184] Der Geschäftskreis der Reichsbank war also eher der industrielle. Das Bild, daß der Umsatz in industriellen Gebieten sehr viel höher war, relativiert sich etwas, wenn die Kreditvergabe pro Kopf betrachtet wird, denn die Fläche der östlichen Provinzen war zwar fünf mal so groß wie die der westlichen, aber die Einwohnerzahl in beiden Gebieten war ähnlich. So betrug der östliche Umsatz pro Kopf immerhin zwei Drittel des westlichen, wie die folgende Tabelle zeigt. In einer Zeit der Industrialisierung und des massiven wirtschaftlichen Wachstums deutet das allerdings trotzdem auf Vergünstigungen für die Landwirtschaft.

Tabelle 3: Umsatz der Reichsbank in ausgewählten Gebieten

	Umsatz	Bevölkerung	Umsatz pro Kopf
östl. Provinzen	23.247.600.000 Mark	12.793.800	1817 Mark
westl. Provinzen	32.829.000.000 Mark	12.324.400	2664 Mark

Quelle: Hoffmann, 1965, S. 180; Katzenstein, 1906, S. 14f, eigene Berechnungen[185]

[182] Für Zahlenmaterial siehe Lotz, 1897, S. 14.
[183] Vgl. Friedhofen, 1963, S. 33. Im Vergleich mit dem englischen und dem französischen war der deutsche Diskontsatz jedoch immer relativ hoch.
[184] Vgl. Katzenstein, 1915, S. 14f
[185] Die Zahlen geben lediglich eine Tendenz wieder, denn der Umsatz bezieht sich auf sechs, nicht näher bestimmte ostpreußische Provinzen und die westlichen Länder Rheinland und Westfalen, während die Bevölkerungszahlen sich einerseits aus den Gebieten Ostpreußen, Westpreußen, Posen, Schlesien, Pommern, Mecklenburg und andererseits aus Westfalen, Rheinland, Waldeck und Hessen-Nassau zusammensetzen. Wahrscheinlich sind die Bevölkerungszahlen in der Tabelle in beiden Fällen zu hoch angesetzt.

Auch für das Kleingewerbe existierten Sonderregelungen: Der kleingewerbliche Mittelstand, z.B. Handwerker, wurde zum direkten Wechselverkehr mit der Reichsbank zugelassen.[186] Das Mindestvermögen für die Gewährung eines Kredits wurde erheblich vermindert und der Mindestbetrag der Darlehen von 500 auf 100 Mark gesenkt. Dennoch war die Kreditvergabe gering. Der Verkehr mit den kleinen Gewerbebetrieben vollzog sich jedoch unter anderem durch Vermittlung der Kreditgenossenschaften: Nach 1889 wurden auch Genossenschaften mit beschränkter Haftung zugelassen, die Kreditkontingente wurden erweitert. Die Reichsbank versuchte, durch alle diese Maßnahmen „eine gewisse Sozialpolitik im Rahmen ihrer Kreditpolitik zu treiben".[187]

2.6 Die Ausgestaltung der Politischen Union im Deutschen Reich

> *„Den Ton gab hier Bismarck an, dessen persönliche Abneigung gegen das Zahlen jedweder Steuern so wohlbekannt war, daß die angeblich nur 'Recht und Gesetz' verpflichtete preußische Bürokratie es nie wagte, seine ganz offensichtlich falschen Steuererklärungen zu überprüfen. Hellmut v. Gerlach [berichtet] ...., daß ihn sein Landrat anwies, die Steuererklärungen Bismarcks, so unrichtig sie auch bei bloßem Augenschein sein mochten, in keinem Falle zu beanstanden: 'Das würde ihn (Bismarck) entsetzlich aufregen. Sie wissen, wie er über Steuerzahlen denkt. Warum soll man auf einen Mann wie ihn nicht diese Rücksicht nehmen. „Oben" ist man damit übrigens auch einverstanden'"*[188]

Nach dem Wiener Kongreß 1815 existierten 35 deutsche Kleinstaaten und vier Reichsstädte. 1871 wurde das Deutsche Reich von 26 Einzelstaaten[189] gegründet. Die Funktionen der Gemeinschaftsinstitutionen des Reichs waren:[190]

- Wahrnehmung außenpolitischer Interessen des Reichs, wie Armee, Verteidigung und Diplomatische Vertretung.

[186] Vgl. Eynern, 1928, S. 35f
[187] Vgl. Eynern, 1928, S. 35
[188] Witt, 1992, S. 194, 286f
[189] 18 Fürstentümer, vier Königreiche, drei Hansestädte und Elsaß-Lothringen. 1910 waren es 27 Mitgliedsstaaten.
[190] Vgl. Schremmer, 1989, S. 465

- Erfüllung innenpolitischer Aufgaben, wie Gesetzgebung, Verkehr, Post und Telegrafie, Patentschutz, Handelsgesetzgebung, Außenhandelsbeschränkungen, Notenbank, Standardisierung von Maßen und Gewichten und ab 1880 Sozialversicherungen.

2.6.1 Konjunkturverlauf in der betrachteten Periode

Um die Mitte des 18. Jahrhunderts begann die Industrialisierung in Deutschland (siehe Tabelle I.1), der Anteil der Landwirtschaft am Volkseinkommen wurde immer weiter zurückgedrängt. Um 1890 betrug der Anteil des Gewerbes über die Hälfte und bis 1913 über zwei Drittel des Volkseinkommens.[191] Dieser Strukturwandel bewirkte zum Teil die hohen Wachstumsraten der Volkswirtschaft des Kaiserreichs, die durchschnittliche, jährliche Wachstumsrate betrug 2,6% (vgl. Abbildung I.13, I.14). Solche Raten wurden bis zu der Zeit nie erreicht. Die Reallöhne stiegen mit dem Ausmaß des Produktivitätswachstums. Die Investitionsaktivität stieg in der Zeit von den 1850er Jahren bis zum Ersten Weltkrieg auf das Zehnfache. Die Zeit des internationalen Goldstandards in Deutschland kann in zwei große Phasen unterteilt werden: Von der Gründerkrise zu Beginn der 1870er Jahre bis 1894 eine Abschwungphase und Deflation; 1895 bis 1913 eine Aufschwungphase und Inflation. V.a. auch an den Verbraucherpreisen können die beiden Phasen der Wirtschaftsentwicklung beobachtet werden. Die Großhandelspreise unterlagen stärkeren, regelmäßigen Schwankungen, aber dem gleichen Trend (vgl. Abbildung I.20). Die Bewegung der Preise während der Periode kann mit der Weltgoldproduktion in Zusammenhang gebracht werden. Diese ging 1873-1887 um ca. 1% jährlich zurück und stieg 1896-1914 jährlich um ca. 4,5% an. Somary[192] spricht vom erwachenden Konjunkturbewußtsein in der deutschen Politik, das ab der Jahrhundertwende zu beobachten gewesen sei (vgl. Kap. 2.2.2).

Die Konjunkturbewegungen in den Jahren vor dem Ersten Weltkrieg gestalteten sich folgendermaßen: 1873-79 war eine Periode der Stagnation,[193] danach stieg die Wirtschaftstätigkeit bis 1883 wieder an. Den Anstoß lieferte die amerikanische Eisenbahnindustrie, deren Bedarf teilweise aus Europa gedeckt werden mußte. Nach der Depression 1883-88 kam bis 1890 wieder eine Zeit wirtschaftlichen Aufschwungs. 1889 stiegen Firmengründungen und Börsenwerte stark an (Überspekulation). Mehrere, daraus folgende Krisen im Jahr 1890 leiteten eine Zeit wirtschaftlichen Stillstands bis 1895 ein. Um 1893 erhöhten alle Länder ihre Schutzzölle, zwischen Deutschland und Rußland kam es zum Zollkrieg, ein Rückgang des Exports war zu verzeichnen. 1895-1900 gab es einen nie vorher

191 Vgl für das Folgende Borchardt, 1976.
192 Vgl. Somary, 1915, S. 93
193 Das Weitere ist entnommen aus Reichsbank, 1901, S. 123-183; Reichsbank, 1926, S. 5ff.

dagewesenen wirtschaftlichen Aufschwung. Der Anstoß dazu kam von Deutschland, v.a. wegen der Anwendung der Elektrotechnik und Elektrizität, und verbreitete sich in andere Länder. Der deutsche Export stieg in diesen fünf Jahren um 50%. Mit der Bankenkrise 1901 begann eine Zeit der Stagnation bis 1905. Danach entwickelte sich die Konjunktur bis 1913 wieder sehr günstig, unterbrochen durch die Marokko-Krise im Jahr 1907.

2.6.2 Entwicklung der Reichsfinanzen und der Reichsschulden

Das Reich war bis 1877 völlig schuldenfrei, was mit der kurzen Zeitspanne seit der Reichsgründung und den französischen Reparationszahlungen nach dem Krieg 1870/71 erklärt werden kann (siehe Abbildung I.15-18). Zunächst wurden die Staatsschuldpapiere nur an die Bevölkerung verkauft, die Rolle der Banken war lediglich die des Kreditvermittlers; bis zum Ersten Weltkrieg nahm das Reich jedoch immer mehr Schulden direkt bei Banken oder der Reichsbank auf.[194] 1877 wurden Rüstungsausgaben, die einen großen Teil der Staatsausgaben ausmachten, zu außerordentlichen Ausgaben erklärt, die durch Anleihen finanziert werden durften.[195] Bis 1897 stiegen die Schulden auf 2,1 Mrd. Mark, deren Zinszahlungen sich damals auf knapp 8% aller Ausgaben beliefen. Am Vorabend des Ersten Weltkriegs entfielen 90% der Staatsausgaben auf Militärausgaben, 7% auf Verwaltungsausgaben und 3% auf Zuschüsse zur Sozialversicherung.[196] 1913 betrug die Summe der Reichsschuld 5,2 Mrd. Mark, ca. 11% des Volkseinkommens. Der Anteil des Schuldendienstes an den ordentlichen Reichsausgaben im Jahr 1914 betrug ca. 26%, weil die Militärausgaben, wie oben erwähnt, aus dem ordentlichen Haushalt ausgegrenzt wurden, um durch Kredite oder Anleihen finanziert werden zu können. Im Vergleich mit Frankreich oder England waren die Reichsschulden jedoch relativ gering,[197] das Reich hatte ausreichende Einnahmen und zumindest zu Beginn noch keine hohen Ausgaben (vgl. Kap. 2.6.3). Deswegen existierte damals auch nicht das Phänomen höherer Neuverschuldung durch hohe Zinszahlungen auf die Staatsschuld.

Die staatlich produzierenden Betriebe (Bahn, Post, Telefon, Reichsbank, Druckereien) führten ihre Gewinne an das Reich ab, außerdem hatte das Reich die französischen Kriegsentschädigungszahlungen auf der Einnahmeseite zu verbuchen. Der Ausbau der Kriegsflotte und des Eisenbahnsystems mußte finanziert werden. Deutschland hatte bis 1884 keine Kolonien zu verwalten, die daraus entstehenden Zahlungen entwickelten sich nur

---

[194] Vgl. Hansmeyer, 1994, S. 18f
[195] Auch Kriegskosten zählten zu den außerordentlichen Ausgaben
[196] Während der 1880er Jahre wurde unter Bismarck die Reichssozialversicherung in Deutschland geschaffen: 1883 Einführung der Krankenversicherung, 1889 Einführung der Alters- und Invalidenversicherung.
[197] Vgl. Schremmer, 1989, S. 477

langsam, während Frankreich und England große Ausgaben für ihre Kolonien zu verbuchen hatten. Eine Besonderheit bildeten die Reichskassenscheine, die 1876 in Höhe von 120 Mill. Mark ausgegeben wurden (vgl. Kap. 2.5.3). Diese Scheine nutzten die Kleinstaaten als Zahlungsmittel, danach kursierten sie als Geld. Sie stellten eine Forderung an den Staat dar, bildeten also eine unverzinsliche Staatsschuld.

2.6.3 Die Beziehungen zwischen Reich und Bundesstaaten

> *„It is possible that the checkered structural pattern of this member state network of centres of economic growth, decentralized from the imperial point of view, linked in a unified internal market and belonging to a protective overall association, was an important reason for Germany's quick breakthrough into the ranks of great European industrial states ...*"[198]

Das Gebiet der Deutschen Kleinstaaten wurde durch den Zusammenschluß zum Deutschen Reich zum Binnenmarkt. Es gab eine Tendenz zur Angleichung von Wirtschaftspolitiken; die Harmonisierung von Steuersystemen war ein Anliegen von Unternehmen und Regierungen der Kleinstaaten gleichermaßen.

2.6.3.1 Föderale Fiskalpolitik

Im Kaiserreich war die Geldpolitik vergemeinschaftet, aber die Fiskalpolitik föderal gestaltet.[199] Die Souveränitätsansprüche der einzelnen Länder waren stark ausgeprägt (Partikularismus der Gliedstaaten). Es herrschte ein Konflikt zwischen den Kräften des Föderalismus und denen des Zentralismus. Der Zusammenschluß zu einer Föderation kann mit als ein Grund für die Industrialisierung und den Aufstieg Deutschlands zu einem wirtschaftlich bedeutenden Land gesehen werden.[200] In einem gemeinsamen Binnenmarkt mit außenpolitischer Protektion und verschiedenen Leistungen des Reichs konnten die fiskalpolitisch autonomen Einzelstaaten ihre Kraft auf die Förderung der Wirtschaft verwenden. Auch die Ausgestaltung der einzelstaatlichen Steuersysteme begünstigte die industrielle Produktion, da die Steuergesetzgebung noch aus den ersten Jahren des 19. Jahrhunderts stammte und auf eine Agrar- und Handwerkergesellschaft zugeschnitten war.

---

198 Vgl. Schremmer, 1989, S. 485
199 Vgl. Hansmeyer, 1994, S. 17
200 Vgl. Schremmer, 1989, S. 484ff

Weder die staatsrechtliche Gestaltung des Verhältnisses von Reich und Mitgliedstaaten noch die allgemeine Grundeinstellung in der Bevölkerung zeugte von einem kooperativen Föderalismus. Zudem waren die einzelnen Länder sehr verschieden bzgl. ihrer Größe,[201] Wirtschaftskraft, ihren Regierungssystemen und sozialen Errungenschaften.

Die Einzelstaaten waren autonom in den Politikbereichen Rechtsprechung, Polizei, Wirtschaft, Transport, Kultur, Bildung, Gesundheit und Infrastruktur. Die Einnahmen der Staaten bestanden aus den direkten Steuern und Überweisungen von Staatsbetrieben. Jeder Mitgliedsstaat war individuell für die Finanzpolitik zuständig, in jedem Staat gab es ein anderes Steuersystem. Die Gesamtsteuereinnahmen der Einzelstaaten entfielen 1913 zu 64% auf Einkommensteuern, zu 9,5% auf Vermögen- und zu 1,7% auf Erbschaftsteuern. Die restliche Steuereinnahmen kamen aus Grund-, Gebäude-, Gewerbe-, Kapitalverkehr- und Verbrauchsteuern. Auch bei der Verteilung der Steuern zwischen Staaten und Gemeinden differierten die bundesstaatlichen Regelungen. Nachdem die Einkommensteuer seit der Reichsgründung erst nach und nach eingeführt wurde, war sie vor dem Ersten Weltkrieg zur wichtigsten, einzelnen Steuer geworden. Die sich früh industrialisierenden Staaten führten die Einkommensteuer früher ein: Hessen 1868/69, Sachsen 1874, Preußen 1891.

Im Gegensatz zum Reich befanden sich die Mitgliedsstaaten finanziell in einer sehr starken Position.[202] Das Reich war v.a. in den ersten Jahren finanziell abhängig von den Bundesstaaten, es gab zunächst nur wenige Einnahmequellen. Die Rüstungsausgaben mußten bis 1877 aus dem ordentlichen Haushalt finanziert werden, so wurde ein vertikaler Finanzausgleich in Form der Matrikularbeiträge notwendig. Die starke Stellung der Bundesstaaten manifestierte sich auch in der Franckensteinschen Klausel des Zolltarifgesetzes 1879. Darin wurde die Abschaffung der Matrikularbeiträge, also die Abschaffung der Abhängigkeit des Reichs, vom Reichstag abgelehnt; die Einnahmen des Reichs aus der Zolltarifreform und der Tabaksteuer wurden auf einen festen Betrag beschränkt, der Rest ging an die Bundesstaaten.

2.6.3.2 Steuern und Matrikularbeiträge

Die Gliedstaaten erhoben ab ca. 1890 direkte Steuern. Die indirekten blieben dem Reich: z.B. Verbrauchsteuern wie Alkohol-, Tabak-, Zucker- und Salzsteuer und Verkehrssteuern wie Wechsel- und Kapitalsteuer; bestimmte, indirekte Steuern gingen auch an die Gliedstaaten. Außerdem hatte das Reich Einnahmen aus den Gewinnen der Post und der Reichsbank und

---

[201] Preußen z.B. umfaßte nach Größe und Bevölkerung zwei Drittel des Deutschen Reichs, vgl. Hansmeyer, 1994, S. 17.

[202] Vgl. Schremmer, 1989, S. 468

aus Zolleinnahmen. Bis zum ersten Weltkrieg gab es keine allgemeine Umsatzsteuer. Produktive Betriebe wurden wenig besteuert, auch Zinseinkommen nicht, da die Steuersysteme noch aus der Agrarzeit stammten. Es gab eine Steuerprämie für effiziente Produzenten und Strafzahlungen für nur unterdurchschnittlichen Output.[203]

Die preußischen Einkommensteuerregelungen von 1891 waren sehr differenziert - Kinderfreibeträge, Existenzminimum, progressive Stufentarife. Das preußische Vorbild der Einkommensteuer wurde von vielen Staaten sukzessive übernommen, die Einkommensteuergesetze harmonisierten sich zwischen den Bundesstaaten bis zum Ersten Weltkrieg. Die Ausgestaltung anderer Steuern wies jedoch eine erhebliche Varianz auf. Beispielsweise erhoben Gemeinden einige direkte Steuern und Zuschläge auf die Einkommensteuer. Die Steuerbelastung für die Bevölkerung war sehr gering, denn die Steuersätze im Reich waren, mit den heutigen verglichen, sehr niedrig. Selbst bei Spitzeneinkommen von über einer Million Mark betrugen sie im Durchschnitt nie mehr als 5-7%, höchstens 13%, je nach Gemeindezuschlag.[204] Natürlich muß man beachten, daß die Einstellung der Bevölkerung zu Steuern eine ganz andere war, 5-7% wurden als hoch angesehen. Steuerzahlungen hatten allerdings, im Gegensatz zu den Verhältnissen in London, kaum einen Einfluß auf den Geldmarkt (vgl. Kap. 2.2.3).[205]

Das Reich war finanziell durch die Bewilligung der Matrikularbeiträge im Fall einer Einnahmelücke auf die Gliedstaaten angewiesen. Die Reichseinnahmen wurden knapp gehalten, der Zentralhaushalt blieb von den Länderbewilligungen abhängig. So war es zu erwarten, daß das Reich früher oder später auf die Kreditfinanzierung ausweichen würde.

2.6.4 Die Kreditgewährung der Reichsbank an das Reich

Die Reichsbank konnte dem Reich durch Diskontieren von Schatzanweisungen direkten Kredit gewähren. Sie tat das auch in zunehmendem Umfang seit der Jahrhundertwende.[206] Das Gesamtvolumen der Kredite betrug zeitweise bis zu einer halben Milliarde Mark (siehe Abbildung I.19). Es gab keine direkte Beschränkung des Reichsbankkredits an staatliche Stellen im Reichsbankgesetz. Er war jedoch indirekt dadurch beschränkt, daß Staatsanleihen nicht zur Notendeckung zugelassen waren, also nur aus Giroeinlagen und eigenen Mitteln der Bank finanziert werden konnten. Je mehr Effekten die Reichsbank vom Reich diskontierte, desto eingeschränkter war sie natürlich in der Wechselannahme der übrigen Einreicher. Oft

[203] Vgl. Schremmer, 1989, S. 483
[204] Vgl. Neumark, 1976
[205] Vgl. Neisser, S. 210*, FN 5
[206] Vgl. Reichsbank, 1940, S. 31

fielen auch die Einreichungen des Reiches auf den Jahresultimo, an dem die Reichsbank sowieso schon sehr beschränkt war; sehr oft auch auf die Quartalsenden.[207]

Seit 1901 wurde in immer kürzeren Abständen die Höchstmenge der Schatzanweisungen heraufgesetzt, die das Reich emittieren durfte. Zur Vorfinanzierung (kurzfristiger Betriebsmittelbedarf) durften Reichsbankkredite in Anspruch genommen werden. Die Kreditbeträge waren erst ab der Jahrhundertwende nennenswert, der höchste Betrag, den Ullmann nennt, ist 488,3 Mill. Mark im Jahr 1909.[208] 1903 gewährte die Reichsbank dem Reich Kredit, weil die Aufnahmefähigkeit der Bevölkerung für Reichsschatzanweisungen nachließ.[209] Auch Schatzanweisungen der deutschen Staaten, Provinzen, Kreise und Gemeinden durfte die Reichsbank diskontieren.[210]

Bei außerordentlichen Geschäften der Reichsbank mit den Finanzverwaltungen des Reichs oder der Bundesstaaten gab §35 des Bankgesetzes das Entscheidungsrecht dem Zentralausschuß: Bei Geschäften mit dem Reich, die nicht den normalen Bestimmungen unterliegen, mußten die Deputierten unterrichtet werden. Bei Antrag nur eines Deputierten mußte der Zentralausschuß unterrichtet werden. Dieser entschied mit Mehrheit. Bei einem ablehnenden Beschluß mußte die Maßnahme unterbleiben. So sollte die Unabhängigkeit der Reichsbank gegenüber der Regierung gewahrt bleiben und gegen übermäßige Anforderungen des Fiskus geschützt werden.[211] „Überall, wo der Kredit der Notenbanken zu politischen oder fiskalischen Zwecken ausgenutzt worden war, hatte man ... die schlimmsten Erfahrungen gemacht und im Interesse der gesamten Volkswirtschaft wollte man eine zu enge Verbindung des Reichsfiskus mit der Reichsbank verhüten."[212] Aus diesem Grund war die Reichsbank auf Privatkapital gegründet und der Zentralausschuß und die Deputierten eingesetzt worden.

Im Austausch mit der Übertragung des Rechts der Notenausgabe, hatte die Reichsbank bestimmte Dienstleistungen zu erfüllen, die im Bankgesetz festgelegt waren. Sie verwaltete die Ein- und Auszahlungen des Reichs (Geschäftsführung der Reichshauptkasse) und einiger Bundesstaaten.[213] Sie mußte in Höhe des Giroguthabens des Reichs Zahlungen für die Reichshauptkasse leisten und die Reichsschuldenverwaltung übernehmen, z.B. Auszahlungen von Zinsen auf die Schuldscheine.

---

207 Vgl. Ullmann, 1931, S. 55
208 Vgl. Ullmann, 1931, S. 53f; Eynern, 1928, S. 36
209 Vgl. Reichsbank, 1926, S. 12
210 Vgl. Reichsbank, 1940, S. 31
211 Vgl. Bach, 1930, S. 14; Katzenstein, 1915, S. 12; Reichsbank, 1901, S. 189
212 Katzenstein, 1915, S. 12
213 Das waren nur Preußen und Baden, siehe Reichsbank, 1901, S. 185.

2.7 Schlußbetrachtung des Kapitels

Verschiedene Voraussetzungen für den wirtschaftlichen und politischen Aufstieg Deutschlands in der zweiten Hälfte des 19. Jahrhunderts lassen sich anführen. Die betrachtete Periode des Deutschen Reichs fiel in die Zeit der weltweiten Industrialisierung, außerdem wurde in Deutschland zumindest in den ersten Jahren nach 1871 kein Wert auf Arbeitsmarktpolitik gelegt. Auch die Struktur des Deutschen Reichs, die aus der gemeinsamen Geldpolitik, dem gemeinsamen Binnenmarkt und der föderalen Fiskalpolitik bestand, war ein Grund für die günstige Entwicklung. Das Reich übernahm innerhalb dieser Struktur nur bestimmte Aufgabenbereiche, die Einzelstaaten waren weitgehend souverän.

In diesem Kapitel wurden verschiedene Punkte herausgearbeitet, die es erlauben, die Reichsbank als unabhängig von der Politik und auch weitgehend vom Goldstandard zu bezeichnen. Die Ausführungen über die Diskontsatzvariationen und die Einhaltung der Spielregeln, deuten darauf hin, daß die Reichsbank durchaus diskretionär entschied und sich nicht immer nach den von außen vorgegebenen Regeln des Goldstandards richtete. Oft wurden die Binnenwirtschaft und die Belange der Wirtschaft als Gründe für Diskontsatzvariationen angegeben. Außerdem hatte der Gesetzgeber durch Notensteuer eine geldpolitische Regel vorgesehen, nämlich bei erhöhter Geldnachfrage, den Diskontsatz auf mindestens 5% zu heben. Die Reichsbank ließ sich aber ebenfalls von dieser „Regel“ nicht sonderlich beeinflussen. Bei ihr war auch während einer Krise immer Kredit zu bekommen. Selbst an den Quartalsenden, an denen die Reichsbank regelmäßig über dem ihr zugeteilten Notenkontingent emittierte, begegnete sie der hohen Bargeldnachfrage nie mit Kreditrestriktionen, sondern immer mit einer Verteuerung der Kredite oder durch Überzeugungsarbeit.

Auch die wiederkehrende Debatte über die Verstaatlichung der Reichsbank zeigt, daß die Bevölkerung eine höhere Abhängigkeit der Reichsbank für möglich hielt, manche Gruppen sogar für wünschenswert. Nach jeder der alle zehn Jahre geführten Debatten entschied sich der Reichstag jedoch für die Aufrechterhaltung der Reichsbank in ihrer bestehenden Form. Außerdem wurde gezeigt, daß der Einfluß des Reichskanzlers auf die Politik der Bank nicht sehr groß war, zumindest nach den Episoden zu urteilen, die allgemein bekannt waren. Diese beschränkten sich in den knapp 40 Jahren ihres Bestehens auf drei Anordnungen, von denen die angeordneten Silberverkäufe lediglich Auswirkungen auf den Gewinn und der Ausschluß der russischen Wertpapiere nur periphere Wirkungen hatte.

Weiterhin wurde die unabhängige Geldpolitik durch institutionelle Regelungen erleichtert, zu denen einerseits Optimale Kontrakte für Reichsbankbeamte gehörten, andererseits die Vorkehrungen des Reichsbankgesetzes bei außerordentlichen Geschäften mit dem Reich, bei denen teilweise Vertreter der privaten Anteilseigner entschieden, ob die Geschäfte durchgeführt werden durften.

Eingeschränkt wurde die Unabhängigkeit der Reichsbank durch die gewährten Vergünstigungen für die Landwirtschaft und das Kleingewerbe. Einerseits wirkten die geldpolitischen Maßnahmen der Reichsbank natürlich strukturell, indem besondere Vergünstigungen nur im Osten gewährt wurden oder nur die Landwirtschaft betrafen. Andererseits war der Diskontsatz der Reichsbank relativ zu anderen Banken hoch, so daß die Wechsel, die der Reichsbank zum Diskont eingereicht wurden, von minderer Qualität waren, während die Reichsbank vom industriellen Markt im Westen fast völlig verdrängt wurde. D.h. das Zinsniveau war einheitlich hoch, um auch der Landwirtschaft Kredite gewähren zu können. Außerdem spricht die vermehrte Kreditgewährung der Reichsbank an das Reich seit der Jahrhundertwende gegen die Idee des unpolitischen Geldes. Diese könnte man jedoch zum Teil mit der Notwendigkeit der Finanzierung der Rüstungsausgaben erklären. In Zeiten einer Gefährdung der nationalen Sicherheit wird meist die Unabhängigkeit der Notenbank außer Kraft gesetzt.

Insgesamt kann die Reichsbank also als unabhängig bezeichnet werden. Damit wird ein Ergebnis des ersten Kapitels bestätigt, das die Unabhängigkeit der Zentralbank als eine Voraussetzung für die Funktionsfähigkeit einer Währungsunion unabhängig von der Form der Politischen Union postulierte.

3 Entstehung und Entwicklung des Federal Reserve System in den Vereinigten Staaten

3.1 Einleitung

Im Gegensatz zur Betrachtung der Reichsbank ist die dargestellte Periode des amerikanischen Geld- und Bankwesens nicht klar abgegrenzt. Da der Vereinigungsprozeß des monetären Sektors behandelt wird, ist die Gründung des Federal Reserve System (Fed) im Jahr 1913 als Anfangspunkt nicht eindeutig. Denn auch schon vorher gab es Versuche, ein einheitliches Bankensystem zu schaffen, außerdem übernahmen verschiedene Institutionen Funktionen einer Zentralbank. Um die Schwierigkeiten der Fed in den ersten Jahren zu verstehen, bedarf es der Darstellung des Geld- und Bankwesens vor 1913. Beispielsweise war die starke Stellung der New York Fed gegenüber dem Board in der Entwicklung der Clearinghouse Associations als Quasi-Zentralbanksysteme begründet. Weiterhin ist auch die Entwicklung der Fed von Interesse, da sie nicht auf dem Stand von 1913 stehenblieb, sondern sich den veränderten Gegebenheiten anpaßte. An der unterschiedlichen Gewichtung einzelner Kapitel wird deutlich, daß der betrachtete Zeitraum der Fed später liegt als der der Reichsbank. Während die Diskont- und Wechselpolitik der Reichsbank einen relativ großen Raum einnimmt, wird bei der Fed die Offenmarktpolitik sehr viel ausführlicher betrachtet. Zu der Zeit, als die Offenmarktpolitik zu einem bedeutenden, geldpolitischen Instrument wurde, existierte die Reichsbank schon nicht mehr. Aufgrund der langen Betrachtungsperiode und der ausgewählten Themenbereiche ist das Kapitel überwiegend sachlich gegliedert.

Bei der Darstellung der Fed muß zwischen dem System der ersten Jahre und dem späteren System nach den Bankakten 1933-35 unterschieden werden. In dieser Arbeit ist nicht die Fed, wie sie sich heute darstellt, von Interesse, sondern die Entwicklung des Bankensystems bis zur Gründung der Fed, die ersten Jahre und die Anpassung der Notenbank an auftretende Probleme. Zu Beginn war die Fed dezentral organisiert, die zwölf Distriktbanken (Federal Reserve Banks) waren relativ autonom; die New York Fed hatte eine starke Stellung und das Federal Reserve Board nur beschränkte Befugnisse. Zudem waren die Kompetenzen nicht eindeutig zwischen den Organen verteilt. Das bedeutete, daß es in den früheren Jahren auch regional unterschiedliche Geldpolitiken gab; die Distriktbanken besaßen große Befugnisse hinsichtlich der Festlegung der Diskontsätze, der Kreditkontingente oder Offenmarktgeschäfte. Diese Machtaufteilung funktionierte allerdings in den Jahren bis 1935, und v.a. während der Depression 1929-33, nicht sehr gut. Eine eindeutigere Aufteilung der Kompetenzen war notwendig; Board, Distriktbanken und Schatzamt behinderten sich gegenseitig. Durch die Bankakte 1933-35 wurden dem Board in Washington immer größere Kontrollmöglichkeiten und mehr Machtbefugnisse zugesprochen. In den späteren Jahren entwickelte sich das Federal Reserve System also zu einem Zentralbanksystem, das zentral getroffene Entscheidungen durch die Distriktbanken ausführen ließ.

Im Laufe des Kapitels wird auf Abbildungen und Tabellen im Anhang verwiesen. Das Zahlenmaterial stammt aus einer Veröffentlichung des Bureau of the Census, die in bestimmten Abständen neu aufgelegt wird. Die zweite verwandte Veröffentlichung stammt vom Board of Governors selbst, das einen statistischen Sammelband mit Zahlen von 1914-1941 herausgab.[1] Anders als bei der Reichsbank haben sich bei Vergleichen auch mit anderen statistischen Veröffentlichen keine Abweichungen der betrachteten Zahlenreihen ergeben.

Begonnen wird dieses Kapitel, wie das der Reichsbank, mit einer kurzen Einführung in den Goldstandard, allerdings bezogen auf die Vereinigten Staaten. Die Entwicklung der Goldwährung in den USA bis zum Gold Standard Act 1900 wird vorgestellt, außerdem die Einhaltung der Spielregen und die Beachtung der Binnenwirtschaft. Vor 1913 emittierten zwei verschiedene Banksysteme Banknoten: die State Banks und die National Banks. Auch gab es verschiedene Institutionen, die Zentralbankfunktionen wahrnahmen: First and Second Bank of the United States, Independent Treasury System und Clearinghouse Associations. Wirtschaftskrisen und Unzulänglichkeiten dieses Bankensystems führten zu Diskussionen über die Errichtung eines Zentralbanksystems. 1913 wurde der Federal Reserve Act vom Kongreß verabschiedet. Die Organisation der Fed wird in einem weiteren Abschnitt dargestellt. Die Geldpolitik basierte, wie die der Reichsbank, auf der Real-bills Doktrin; Instrumente der Fed beinhalteten u.a. die Diskontpolitik und in steigendem Maße die Offenmarktpolitik. Auch bei der Fed gab es Merkmale einer strukturellen Geldpolitik. Danach wird die Unabhängigkeit der Notenbank untersucht. In einem weiteren Abschnitt werden die Probleme des neuen Systems beschrieben; v.a. die Verteilung der Kompetenzen zwischen den Organen stellte es vor große Probleme. Die Krise nach dem Ersten Weltkrieg und die Wirtschaftskrise und Depression nach 1929 führten zu einer Anpassung der Struktur der Fed, die sie zu einem zentralisierteren System veränderte, sich u.a. in einer Verschiebung der Macht in Richtung Board äußerte und in verschiedenen Gesetzen zum Ausdruck kam.

---

1 Vgl. of Governors of the Federal Reserve System, 1943 und U.S. Department of Commerce, 1975.

3.2 Der Goldstandard in den Vereinigten Staaten

3.2.1 Die Entscheidung zwischen Gold und Silber als Währungsstandard

„[Silver was] not the money metal suited to the conditions of high civilisation.“[2]

Am 2.4.1792 wurde in den USA eine Münze gegründet und der Wert der Münzen festgelegt. Ein Zehndollarstück („gold eagle“) enthielt zwischen 1834-1934 232,2 Gran Gold.[3] Von 1792-1862 hatte Amerika einen bimetallischen Währungsstandard, jeder konnte sich Gold oder Silber bei der Münze in Dollar prägen lassen.[4] Die Relation Gold zu Silber war 15:1. Während des Bürgerkrieges dominierte dann eine Papiergeldwährung (Greenbacks, vgl. Kap. 3.3.1). Im Zuge der Demonetisierung des Silbers waren Silbermünzen ab 1873 kein gesetzliches Zahlungsmittel mehr, der Bimetallismus wurde außer Kraft gesetzt. Wegen neuer Silberfunde und weil europäische Staaten zur Goldwährung übergingen, fiel der Silberpreis von diesem Zeitpunkt an relativ zum Goldpreis.[5] Ab 1878 durften zwar wieder $2-4 Mill. Silber gemünzt werden, aber die relativ großen Münzen wurden im Grunde nicht genutzt.

In den Jahren 1862-1879 wurden von offiziellen Stellen keine Zahlungen in Gold geleistet. Es wurde diskutiert, auf welcher Basis das monetäre System ruhen sollte: Gold, Silber oder Papiergeld. Mit dem Resumption Act 1879 kehrten die Vereinigten Staaten durch die Wiederaufnahme von Zahlungen in Metall zu einem Metallstandard zurück, das war de facto schon ein Goldstandard.[6]

Ab 1886 wurden anstatt der Silberdollars, die nicht mehr benutzt wurden, Silberzertifikate ausgestellt.[7] Im Treasury Note Act 1890 (Sherman Silver Purchase Act) wurde bestimmt, daß das Schatzamt monatlich höchstens 4,5 Mill. Unzen Silber kaufen durfte.[8] Das war allerdings keine echte Beschränkung, da die Zahl dem gesamten amerikanischen Silberoutput entsprach. Bezahlt wurde mit neu emittiertem Papiergeld des Schatzamts (Treasury Notes), das in Gold oder Silbermünzen einlösbar und gesetzliches Zahlungsmittel war. Aufgrund dieses Gesetzes wurden in den nächsten drei Jahren $156 Mill.

---

2 Vgl. Livingston, 1986, S. 101
3 D.h. ein Dollar enthielt 23,22 grains, vgl. Timberlake, 1993, S. 171.
4 Vgl. Jastram, 1977, S. 139
5 Vgl. Kemmerer/Jones, 1959, S. 365
6 Vgl.Timberlake, 1993, S. 88
7 Vgl. Bogart/Kemmerer, 1942, S. 673f
8 Und zwar zum Marktpreis, der einen Dollar für 371,25 grains (den traditionellen Ankaufspreis des Schatzamts für monetäres Silber) nicht überschreiten durfte, vgl. Timberlake, 1993, S. 167ff.

Treasury Notes emittiert. Bogart/Kemmerer sprechen von einer Stagnation der Wirtschaft, so daß die Monetisierung des Silbers Inflationstendenzen auslöste, während Timberlake schreibt, daß der gleichzeitige Goldabfluß, der eine Reduzierung der Goldzertifikate bedingte, die Geldmenge konstant gehalten habe.[9] Wahrscheinlich betrachten Bogart/Kemmerer die Situation bis 1893, dem Jahr, in dem die Goldabflüsse auftraten, während Timberlake den Gesamteffekt analysiert. Diese Goldabflüsse,[10] die die Goldreserve des Schatzamts gefährdeten, lösten die Panik 1893 aus. Der Sherman Silver Purchase Act wurde 1893 durch den Repeal Act außer Kraft gesetzt.

In den Jahren 1895 bis 1900, also viel später als im Deutschen Reich, wurde eine öffentliche Debatte über die Wahl des Währungsstandards geführt. Die „National Sound Money League" führte diese Diskussion an und machte sich v.a. die Aufklärung der Bevölkerung zur Aufgabe. Das Hauptargument war, daß die Einführung einer Silberwährung in den USA Verluste für Amerika bedeuten würde, da Silber abwertete und der Welthandel auf Gold basierte.[11] In Amerika erleichterten die Goldfunde Ende des 19. Jahrhunderts die Einführung des Goldstandards, so wie sie in Deutschland die Aufrechterhaltung des Goldstandards erleichterten:[12] Die lange Periode fallender Preise ab 1880 gab den Anreiz, nach Gold und neuen Extrahierungstechniken zu suchen. Durch die Goldfunde nach 1890 in Alaska, Colorado, Südafrika und die verbesserten Techniken verdoppelten sich die Weltgoldvorräte in der Zeit von 1890-1914. Auch die amerikanischen Goldreserven verdoppelten sich durch die hohen Warenexporte nach Europa.[13]

Zwischen 1893-96 sank die Goldreserve oft unter $100 Mill.[14] Dieser Wert wurde für notwendig gehalten, um vom Schatzamt ausgegebene Schuldscheine wieder einlösen zu können, und damit auch die Regeln der möglicherweise einzuführenden Goldwährung einzuhalten. Das Schatzamt war nicht durch Gesetz gezwungen, die Goldreserve aufrecht zu erhalten. Man tendierte eher zu einem Silberstandard. Ab Mitte der 1890er Jahre wurden Anleihen ausgegeben, um wieder die Reserve von mind. $100 Mill. herzustellen. Außerdem

9 Vgl. Timberlake, 1993, S. 167ff; Bogart/Kemmerer, 1942, S. 673f

10 Vgl. Greshams Gesetz: Das schlechte (überbewertete) Geld verdrängt das gute (unterbewertete) Geld aus dem Münzumlauf.

11 Vgl. Livingston, 1986, S. 119

12 Auch laut Bopp wäre der Goldstandard zusammengebrochen, hätte es nicht die Goldfunde 1849 in Kalifornien und in den 1890er Jahren in Klondike und Cripple Creek gegeben, vgl. Bopp, 1970, S. 12.

13 1897 hielten die USA 14% der Weltgoldvorräte, 1914 fast ein Viertel, 1930 in absoluten Zahlen dreimal soviel wie 1914, vgl. Moore, 1990, S. 66; Friedman/Schwartz, 1969, S. 137; Dykes/Whitehouse, 1989, S. 238 und Abbildung II.8.

14 Vgl. Livingston, 1986, S. 81ff. Einschub: A propos Freie und Geheime Wahlen, bei den Präsidentschaftswahlen 1896 ging es hauptsächlich um die Frage: Rückkehr zum Bimetallismus (Demokraten, Kandidat Bryan) oder Verbleib im Goldstandard (Republikaner, Kandidat McKinley). McKinley wurde gewählt, „although not without coercion such as warnings by some employers on pay day before the election that their men need not bother to return if Bryan won", vgl. Bogart/Kemmerer, 1942, S. 675.

begann ein allgemeiner, wenn auch nicht außerordentlich stark ausgeprägter, Run auf das Gold des Schatzamts. Die Bevölkerung hatte Bedenken, daß die gehaltenen Wertpapiere oder Noten nur noch in Silber eingelöst würden. Ein großer Teil des Goldes wurde auch im Ausland deponiert. Das führte erstens zur Krise 1896, zweitens zur offiziellen Einführung des Goldstandards 1900 und drittens zur Bewegung für Banken- und Währungsreform.[15]

Der Gold Standard Act am 14.3.1900 anerkannte offiziell die Goldwährung, die de facto schon seit 1879 existierte. Ein Reservefonds über $150 Mill. in Goldmünzen und -barren wurde aufgestellt, nur für die Einlösung der ausgegebenen Greenbacks und Treasury Notes. Die Wiederausgabe von Greenbacks war verboten. Die Zeit der klassischen, internationalen Goldwährung war 1914 bei Errichtung des Federal Reserve System schon vorbei. Der Goldautomatismus funktionierte nicht mehr, da die europäischen Notenbanken mit Kriegsausbruch ihre Goldeinlösung und weitere Goldstandardregeln suspendierten. So war das internationale Gleichgewicht gestört, auf dem die Goldwährung basierte. Geisler argumentiert, daß der Goldautomatismus das Ergebnis einer einmaligen historischen Situation war, die auf verschiedenen Voraussetzungen beruhte, welche nach dem ersten Weltkrieg nicht mehr gegeben waren:[16]

- Die Rolle Englands im Welthandel und seine Position als internationales Finanzzentrum;
- die politische Atmosphäre war gekennzeichnet durch 1. internationales Vertrauen, Kapitalbewegungen waren eher wirtschaftlich als politisch - Fluchtkapital - motiviert, 2. weitgehende Einheitlichkeit der politischen und wirtschaftlichen Strukturen der Haupthandelsnationen, 3. relative Bedeutungslosigkeit der staatlichen Beteiligung am Bruttosozialprodukt, z.B. niedrige Steuern.
- Die internationalen Handelsbeziehungen waren relativ ausgeglichen (Kolonien), die Goldreserven ziemlich gleichmäßig verteilt.
- Die Preise waren weitgehend reagibel, deswegen war die Diskontpolitik im Sinne der Regeln des Goldstandards sehr wirksam.
- Eine unabhängige Geldschöpfung der privaten Banken war noch wenig ausgeprägt.

Während man den ersten beiden Kriterien zustimmen kann, sind bei den anderen doch Zweifel angebracht: Zumindest zwischen den drei großen Goldstandard-Ländern waren die Goldreserven nicht gleichmäßig verteilt: England kam mit sehr niedrigen Goldreserven aus,

[15] Ab Mitte der 1890er Jahre: systematische Aufklärung der Bevölkerung über die Vorteile des Goldstandards durch die „Sound Money" Bewegung. Mitglieder waren hauptsächlich Geschäftsleute großer Unternehmen, Eisenbahn, Elektrizität, Banken, Versicherungen, usw. Ihr Hauptgrund gegen die „Free Silver" Bewegung war, daß die freie Ausprägung von Silber die Preise entwerten würde, was zu Inflation und Instabilität führen, und damit den Kapitaleignern schaden würde, vgl. Livingston, 1986.

[16] Vgl. Geisler, 1953, S. 49, FN 11. Für die Beschreibung der Funktionsweise des Goldstandards siehe Kap. 2.2.

während die der Banque de France sehr hoch waren (siehe Tabelle I.5). Auch ging der Ausgleich der Zahlungsbilanz wohl eher über Kapitalbewegungen als über den langsamen Mechanismus der inländischen Preisbewegungen (siehe Kap. 2.2.1). Weiterhin ist der fünfte Punkt, nämlich die unausgeprägte Geldschöpfung der privaten Banken z.B. im Hinblick auf die Banknotenemission der Privatnotenbanken des Deutschen Reichs oder der State Banks der USA anzuzweifeln.

Der weitere Verlauf des Goldstandards in den USA wird nun kurz dargestellt: Während des Ersten Weltkriegs 1917-1919 wurde der Goldstandard außer Kraft gesetzt.[17] Im Januar 1934 wurde festgelegt, daß keine Goldmünzen mehr umlaufen, nur Goldbarren bei der Federal Reserve deponiert werden sollten. Der Goldstandard wurde im Gold Reserve Act 1934 abgeschafft, und eine durch Gold gedeckte Papierwährung eingeführt. Der Goldpreis wurde in mehreren Schritten von $20,67 auf $35 pro Unze angehoben.[18] Ab den 1950er Jahren sanken die Goldreserven der USA wieder, bis die Golddeckung der Federal Reserve Notes erstmalig 1960 unter die geforderten 40% fiel.[19] Ab 1968 wurde kein Gold mehr an Privatpersonen verkauft und 1971 dann die Goldeinlösung des Federal Reserve System völlig eingestellt.[20]

3.2.2 Verstöße gegen die Spielregeln: Gold Devices

Erst mit der Gründung der Fed hätten die Spielregeln des Goldstandards, der in den USA offiziell seit 1900 existierte, tatsächlich eingehalten werden können. Mit dem Ersten Weltkrieg fand die Zeit des klassischen Goldstandards allerdings ihr Ende. Der „Interwar Gold Standard" hatte seine eigenen Merkmale, die Anwendung der Spielregeln des klassischen Goldstandards machte keinen Sinn.[21] Die Vereinigten Staaten versuchten zwar, den Spielregeln des Goldstandards zu folgen und dehnten nach den massiven Goldzuflüssen nach dem Ersten Weltkrieg die Geldmenge aus. Das führte tatsächlich zu Inflation, die die Zahlungsbilanzprobleme jedoch nicht lösen konnte.[22] Allerdings erfolgte die Ausdehnung wahrscheinlich nicht in dem geforderten Maß, denn die englischen und französischen Preise stiegen stärker als die amerikanischen, so daß der Mechanismus zum Zahlungsbilanzausgleich über die Handelsbilanz außer Kraft gesetzt war. Es machte im übrigen auch keinen Sinn, auf

17 Vgl. Kemmerer/Jones, 1959, S. 530
18 Vgl. Jastram, 1977, S. 141f
19 Vgl. Moore, 1990, S. 135
20 Vgl. Moore, 1990, S. 137
21 Wheelock findet allerdings, daß die Vereinigten Staaten in den Jahren 1924-29 den Spielregeln folgten, da Goldzuflüssen immer Diskontsatzsenkungen oder/und Offenmarktkäufe folgten und v.v., vgl. Wheelock, 1991, S. 36. Eine ausführliche Analyse des Goldstandards zwischen den Kriegen findet sich bei Eichengreen, 1992.
22 Vgl. Friedman/Schwartz, 1969, S. 196ff

die politisch bedingten Goldzuflüsse mit Preiserhöhungen zu reagieren, da der Ausgleich über den Außenhandel zu dieser Zeit nicht möglich war, die europäischen Länder waren auf den Import angewiesen, da die eigene Produktion für den Eigenbedarf und den Export noch nicht ausreichte.

Abgesehen von der diskretionären Manipulierung der Diskontsätze, um Goldbewegungen zu beeinflussen, gab es noch andere Maßnahmen - Gold Devices -, die die amerikanischen, geldpolitischen Instanzen zu diesem Zweck ergreifen konnten: Im Jahr 1906 wollte Schatzkanzler Shaw die saisonale Anspannung auf dem Geldmarkt im Herbst erleichtern, und die Banken veranlassen, Gold zu importieren. Er transferierte Fonds der Regierung in Banken, die er zu einem bestimmten Zeitpunkt in Gold abheben wollte. Dadurch wurden die Banken gezwungen, Gold zu importieren, um diesen vorherzusehenden Bedarf zu befriedigen. Im September/Oktober 1906 ergriffen die Bank of England und die Reichsbank jedoch Gegenmaßnahmen, um dem anhaltenden Goldabfluß in die USA vorzubeugen. Sie setzten sukzessive ihre Diskontsätze hoch, und deuteten an, daß keine weiteren amerikanischen Wertpapiere mehr angekauft, bzw. nach Ende der Laufzeit zurückgezahlt würden. Dadurch verringerten sich die amerikanischen Goldimporte, die Preise der Wertpapiere an der Börse sanken und die Wirtschaftstätigkeit verlangsamte sich trotz der Maßnahmen des Schatzamts.[23] Hier wird deutlich, daß kein Land auf einer kontinuierlichen Basis Goldbewegungen zu seinen Gunsten beeinflussen konnte, da die anderen Länder immer Gegenmaßnahmen ergreifen würden.

Weitere Möglichkeiten, die in den USA zur Zeit des Goldstandards angewandt wurden, um Goldbewegungen zu beeinflussen, waren Devisenpolitik, Variierungen im An- und Verkaufspreis für Gold, zinsfreie Kredite für Goldimporteure und die Einlösung von Banknoten in abgenutzten, nicht vollwertigen Münzen oder in Silber oder nur am Hauptsitz der Notenbank. Vom Schatzkanzler wurden Vergünstigungen für Goldimporteure gewährt, vom Zeitpunkt des Kaufs im Ausland bis zur Ankunft in den USA.[24]

3.3 Das amerikanische Bankensystem im 19. Jahrhundert

Vor allem die geographische Ausdehnung des Landes und der Widerstand gegen Zentralinstanzen lähmten die Entwicklung des Geld- und Bankwesens in den Vereinigten Staaten im 19. Jahrhundert. So entstand ein vielschichtiges und dezentralisiertes

---

23 Vgl. Friedman/Schwartz, 1969, S. 154f

24 Vgl. Timberlake, 1993, S. 187; Bopp, 1944, S. 266. Moore, 1990, S. 73, berichtet von einer weiteren Prozedur, die die Banken ergriffen, nicht um Gold zu behalten, aber um zu verhindern, daß Schecks persönlich eingelöst wurden, denn dann mußten sie zum Nennwert ausgezahlt werden: Sie zahlten alle Schecks einzeln aus und ließen den Kunden sehr lange warten.

Bankensystem. Es bestand hauptsächlich aus den State Banks, von den Einzelstaaten kontrollierte Notenbanken, und den National Banks, die zur Zeit des Bürgerkriegs einheitlich von der Regierung geschaffenen Notenbanken. Weiterhin gab es bis 1913 mehrere Versuche, Zentralbanken zu etablieren, die First und Second Bank of the United States zu Beginn des 19. Jahrhunderts, das Independent Treasury System und die Clearinghouse Associations.

3.3.1 Die Notenbanken der Einzelstaaten

Vor dem Bürgerkrieg dominierten die Einzelstaaten das Bankensystem. Bis zu den 1850er Jahren wurde im Grunde in allen Staaten „free banking" erlaubt. Die Notenbanken (State Banks) wurden von jedem Staat selbst reguliert. 1835 gab es 704 State Banks, 1860 schon 1562.[25] Die Vorschriften unterschieden sich von Staat zu Staat. Relativ ähnlich waren die Deckungsvorschriften: Die ausgegebenen Banknoten mußten durch Staatsanleihen oder andere Aktiva gedeckt sein, bzw. ein Drittel der ausgegebenen Banknoten durch Metallreserven.[26] Wegen guter Profitmöglichkeiten vermehrten sich die State Banks schnell. Sie waren jedoch durch unsolide Bankführung gekennzeichnet und siedelten sich an sehr abgelegenen Plätzen an, was die Einlösung von Noten praktisch unmöglich machte („wildcat banking").[27] Aus diesem Grund kursierten Banknoten häufig mit einem Abschlag.[28] Außerdem emittierten die Banken fast ausschließlich kleine Banknoten, weil diese nicht so häufig eingelöst wurden.[29]

Die Anzahl der State Banks nahm bis 1913 immer stärker zu, bis auf eine kurze Zeitspanne nach dem National Banking Act 1865, als viele State Banks zum neuen System übertraten (vgl. Tabelle II.2, Abbildung II.16, II.17). Insgesamt waren State Banks profitabler, da sie weniger Regulierungen unterlagen: Sie durften z.B. Immobilien als Sicherheiten akzeptieren. Profite brachte auch der sich aufgrund des hohen Wirtschaftswachstums schnell entwickelnde Scheckverkehr.[30]

Exkurs: Der amerikanische Bürgerkrieg und die Emission der Greenbacks

Während des Bürgerkriegs (1861-65) stellte sich die Frage seiner Finanzierung. Da die Staatseinnahmen zu der Zeit hauptsächlich aus Zöllen und Tarifen bestanden, deren

---

[25] 1865 gab es 38 Einzelstaaten, vgl. Geisler, 1953, S. 26f.

[26] Vgl. Timberlake, 1993, S. 49

[27] Als Beispiele von unsolider Bankführung vgl. Bogart/Kemmerer, 1942, S. 372: jeweils dieselbe Kiste Gold wurde dem Kontrolleur von verschiedenen Banken als Golddeckung vorgeführt; $86,46 an Gold dienten einer anderen Bank als Deckung für $580.000 Banknoten.

[28] Es gab auch sogenannte „banknote detectors", also Personen, die für die Identifizierung von Banknoten zuständig waren, vgl. Bogart/Kemmerer, 1942, S. 663.

[29] Auch die Bevölkerung fand kleine Noten bequemer zu nutzen, vgl. Timberlake, 1993, S. 119.

[30] Vgl. Kemmerer/Jones, 1959, S. 369ff

Einnahmen zu Kriegszeiten nicht sehr hoch waren, und da die zur Kriegsfinanzierung beschlossene Erhöhung der Einkommensteuer nur sehr langsam umgesetzt werden konnte, kam die Steuerfinanzierung nicht in Frage. Der Verkauf von Staatsanleihen, also die Schuldenfinanzierung wäre ein einfaches und schnell durchführbares Mittel gewesen. Die Nordstaaten jedoch griffen zur dritten, möglichen Finanzierungsart: Sie druckten Geld, die Staatsnoten (United States Notes oder Greenbacks), die sich von den Treasury Notes unterschieden (vgl. Kap. 3.5.3). Sie waren gesetzliches Zahlungsmittel für alle öffentlichen und privaten Schulden, hatten keine Metalldeckung und waren inkonvertibel.[31] Die Gesamtmenge der Greenbacks war sehr viel größer als die der Treasury Notes, sie waren eigentlich als temporäre Lösung gedacht und sollten nach dem Krieg wieder eingelöst werden. Die Reduzierung der Geldmenge durch Einziehung und Vernichtung der Greenbacks konnte nach dem Krieg mit Hilfe von Budgetüberschüssen begonnen werden. Die dadurch entstehende Deflation weckte aber Widerstand, so wurde ab 1868 die Politik des „growing up to the money stock“ verfolgt. Die restlichen $356 Mill. Greenbacks wurden also zum permanenten, von der Regierung emittierten Zahlungsmittel. Sie durften im Gegensatz zu den Treasury Notes wieder ausgegeben werden, wenn sie, z.B. durch Steuerzahlungen, an das Schatzamt zurückkamen. Da Gold während des Krieges entweder gehortet oder ins Ausland verschifft wurde,[32] stellten Regierung und Banken Ende 1861 die Zahlungen in Gold ein.

3.3.2 Das National Banking System

1861 gab es in den Vereinigten Staaten ca. 1600 Banken, 7000 Arten von Banknoten, außerdem 5000 Fälschungen. Das Bankensystem war extrem dezentralisiert und es herrschten chaotische Zustände.[33] Der National Currency Act 1863 - später umbenannt in National Banking Act - wurde während des Bürgerkrieges von den Abgeordneten der Nordstaaten im Kongreß beschlossen. Die Umsetzung begann erst 1865 mit der Gründung von National Banks in den gesamten USA. Die Verteilung der National Banks sollte nach den Anteilen der Einzelstaaten an der Gesamtbevölkerung erfolgen. Aber die erste Priorität war die Erhaltung der bestehenden Bankenstruktur, die Gesetzgeber bevorzugten Umwandlungen von State Banks in National Banks vor Neugründungen. Wegen der weniger großen Bankendichte in den Südstaaten und vielen Bankenzusammenbrüchen während des Krieges, verringerte sich die Bankenaktivität dort, während sie im Norden stark anstieg.

---

31 Vgl. Kemmerer/Jones, 1959, S. 357
32 Wegen der Inflation, der nominale Dollarpreis für Gold blieb jedoch fixiert.
33 Vgl. Geisler, 1953, S. 26

Wegen der strengen Regelungen traten zunächst nur wenige State Banks dem neuen System bei.[34] Durch ein Gesetz von 1865 wurden alle Banknoten, die nicht von National Banks emittiert wurden, mit einer zehnprozentigen Steuer belegt. Viele State Banks traten danach dem System bei, weil die eigene Notenemission unprofitabel wurde (vgl. Abbildung II.17).[35] Oder sie stellten die Notenemission ein und wurden zu Geschäftsbanken. Das Volumen der Sichteinlagen bei den State Banks vergrößerte sich, die Zahl der notenemittierenden State Banks verringerte sich deutlich. Das System der State Banks bestand jedoch weiter.

Das erforderliche Mindestkapital der National Banks war von der Einwohnerzahl des Ortes abhängig.[36] Für die National Bank Notes gab es einen Rückkauf-Fonds (Redemption Fund) von ca. $10 Mill. in Gold. National Banks durften keine Filialen eröffnen.[37] Ihre Banknotenausgabe wurde zum Teil der Bundesregierung unterstellt. Eine Konzessions- und Regulierungsbehörde wurde gegründet, das Office of the Comptroller of the Currency (OCC). Mit der Einführung der National Bank Notes wurde erstmalig ein einheitliches Zahlungsmittel für alle Teile des Landes geschaffen.[38] Bei Hinterlegung von Regierungsanleihen händigte der Comptroller of the Currency den National Banks 90% des Wertes an Noten aus. D.h. für jede emittierte Note mußten 111,11% Staatsanleihen als Sicherheiten gehalten werden.[39] Die Emission von National Bank Notes war zunächst auf $300 Mill. begrenzt, von denen $50 Mill. einen Nennwert von unter $5 haben durften, beide Grenzen wurden durch den Resumption Act 1879 abgeschafft. Die Noten mußten von allen National Banks angenommen werden. Auch für Sichtverbindlichkeiten mußten Reserven gehalten werden. Die Banken wurden dafür in drei Kategorien geteilt: Country Banks mußten für ihre Sichtverbindlichkeiten eine Reserve von 15% halten, von denen sie 8% in Bar halten mußten, 7% konnten bei anderen Banken (Reserve Agents) angelegt werden. Banken in Reserve Cities mußten 25% Reserven halten, die zu 50% angelegt werden durften. National Banks in Central Reserve Cities (New York, Chicago, St. Louis) mußten 25% als Reserven in Bar halten. Da manche Banken in Central Reserve Cities auf die bei ihnen hinterlegten Reserven Zinsen zahlten, wurden hauptsächlich diese Banken zur Reservehinterlegung genutzt. Die bei ihnen gehaltenen Reserven wurden von den Reserve Agents bei der New Yorker Börse angelegt, um Zinsen zu erwirtschaften. Sie wurden auch zur Aktienspekulation genutzt. D.h. die Reserven

34 1863: 66; 1864: 401, vgl. Geisler, 1953, S. 26

35 Die Banknotenemission der State Banks brachte nur 6% ein, vgl. Kemmerer/Jones, 1959, S. 369.

36 $50 000 bei weniger als 6000 Einwohnern, dann gestaffelt bis $200 000 bei über 50 000 Einwohnern. Die Hälfte mußte sofort einbezahlt werden, der Rest binnen sechs Monaten, vgl. Bogart/Kemmerer, 1942, S. 663f.

37 Vgl. Kemmerer/Jones, 1959, S. 369; Timberlake, 1993, S. 149

38 Vgl. Parthemos, 1988, S. 22

39 Vgl. Phillips, 1996, S. 143

konzentrierten sich an einem Bankplatz und waren während einer Krise nicht schnell genug verfügbar.[40]

Ein weiterer Nachteil des National Banking System war die Notenausgabe gegen Hinterlegung von Staatspapieren.[41] Die Banken erwirtschafteten Gewinne aus der Kreditgewährung durch Notenausgabe und gleichzeitig aus den Zinsen der hinterlegten Papiere. Solche Papiere bringen hohe Zinsen, wenn die Kurse niedrig sind und v.v. Also wurden bei hohen Kursen Papiere verkauft, d.h. wenig Papiere beim Comptroller of the Currency hinterlegt, also wenig Noten ausgegeben. Die Notenausgabe war damit nicht vom Bedarf, sondern vom Kursstand abhängig. In Zeiten hoher Wirtschaftsaktivität, wenn Banknoten gebraucht wurden, waren die Zinsen niedrig, was zu geringer Notenausgabe führte. Die Schwankungen der Zinssätze, hervorgerufen durch den ständigen Wechsel von Hinterlegen und Abziehen der Papiere, führten zu Spekulation und zu vermehrter Unsicherheit.

Die Hauptmängel des Systems waren:[42] 1. Dezentralisation der Reserven, bzw. Konzentration eines Teils der Reserven in New York, der zur Börsenspekulation benutzt wurde, 2. negative Elastizität der Notenausgabe, weil Wertpapiere als Sicherheiten gehalten wurden, bzw. Unelastizität in bezug auf die Wirtschaftsaktivität, 3. Die Kreditaufnahme für den landwirtschaftlichen Sektor war schwierig, da Grundbesitz/Immobilien als Sicherheit für Kredite nicht zugelassen war,[43] 4. keine Lender of Last Resort Funktion, so daß Banken in einer Krise keinen Zugriff auf Reserven hatten.[44]

3.3.3 Erfahrungen mit Zentralbanken oder anderen Institutionen in der Rolle der Zentralbank

Nachdem die Hauptbestandteile des Bankensystems im 19. Jahrhundert vorgestellt wurden, sollen nun Institutionen beschrieben werden, die in den Vereinigten Staaten die Rolle der Zentralbank zu übernehmen versuchten, bevor 1913 das Federal Reserve System gegründet wurde. Die Betrachtung dieses Abschnitts umfaßt den Zeitraum vom Ende des 18. bis zum

---

40 1912 hielten sechs oder sieben New Yorker Banken drei Viertel aller Guthaben der anderen Banken, vgl. Goodhart, 1988, S. 35.

41 Vgl. Livingston, 1986, S. 73

42 Vgl. Geisler, 1953, S. 33; Bogart/Kemmerer, 1942, S. 665f; Walter, 1994, S. 19f

43 Solche Sicherheiten waren in einer Krise nicht liquide genug.

44 Als die National Banks schon dem Federal Reserve System angehörten, beschloß der Comptroller of the Currency (der trotz der Gründung der Fed noch für die National Banks zuständig war) 1922, Filialen zu akzeptieren. Ab 1927 durften Filialen eröffnet werden, wenn die State Banks in der selben Stadt das auch durften, ab 1933 durften Filialen in jedem Ort eröffnet werden, dessen Einzelstaat Filialen gestattete. 1900 hatten 87 Banken 119 Filialen, 1913 gab es insgesamt 26 664 national und State Banks, vgl. Clair/Tucker, 1989, S. 4. 1956 wurde die Regulierungsbefugnis der National Banks vom OCC auf das Federal Reserve übertragen, vgl. Phillips, 1996, S. 161.

Beginn des 20. Jahrhunderts. Für zweimal 20 Jahre wurde am Ende des 18. Jahrhunderts eine Zentralbank vom Kongreß gegründet (1791-1811 First Bank of the United States, 1816-1836 Second Bank of the United States). Sie waren die größten ihrer Zeit, Banken der Regierung und gleichzeitig Geschäftsbanken. Ihre Daseinsberechtigung wurde nach jeweils 20 Jahren nicht erneuert, weil die Amerikaner skeptisch waren gegenüber einer großen, privilegierten Bank mit speziellen Beziehungen zur Regierung. Außerhalb der Geschäfte mit der Regierung konkurrierten die Zentralbanken mit den Geschäftsbanken.

Wegen ihrer Größe und der Beziehung zur Regierung hatten beide Zentralbanken die Möglichkeit, Regulierungen für andere Banken aufzustellen. Diese Regulierungsbefugnis wurde von zwei Seiten bekämpft. Eine Seite sah diese Befugnisse im Widerspruch zu demokratischen Prinzipien, die andere fand, daß sie ihren wirtschaftlichen Interessen im Wege stand. Die beiden ersten Zentralbanken der Vereinigten Staaten wurden in der Bevölkerung abgelehnt, weil sie von wirtschaftlichen und politischen Interessen nicht unabhängig genug waren.[45] Da diese Meinung die Mehrheit in Amerika repräsentierte, war die Nation von 1836 bis 1914 ohne offizielle Zentralbank. Das Independent Treasury System von 1840 bis 1914 und die Clearinghouse Associations von 1857-1907 nahmen jedoch Zentralbankfunktionen wahr.

a) First Bank of the United States

Nach der Unabhängigkeitserklärung 1776 und der Verfassung 1787 wurde auch eine Zentralbank gegründet.[46] Die Bank sollte sämtliche Transaktionen für die Regierung durchführen, eine einheitliche nationale Papierwährung, basierend auf Handelskrediten emittieren und Kredite an die Regierung vergeben. D.h. die Bank sollte dem Staat die Schuldenaufnahme erleichtern und die einheitliche Währung Zahlungen von und an die Regierung vereinfachen.

1791 gab der Kongreß seine Zustimmung. Der Sitz der First Bank of the United States war Philadelphia, die damalige Bundeshauptstadt. Ihr Kapital betrug $10 Mill., die Regierung übernahm ein Fünftel, der Rest wurde von privaten Zeichnern übernommen. Sie wurde vom Staat überwacht, war aber in Privatbesitz. Ein Teil der Direktoren wurde von der Regierung ernannt.[47] Die Leitung der Bank war unabhängig; Kredite an den Bund waren auf $100.000, an die Staaten auf insgesamt $50.000 beschränkt. Angeblich zeigte sie größte Zurückhaltung

---

[45] Vgl. im folgenden Sylla, 1988, S. 17f

[46] Die folgenden Ausführungen über die First Bank sind in der Hauptsache entnommen aus: Geisler, 1953, S. 22ff und Timberlake, 1993, Kap. 1.

[47] Vgl. Clair/Tucker, 1989, S. 2f

in ihrer Kreditgewährung an staatliche Stellen. Wegen ihrer geringen Größe hielt sie nur $6,2 Mill. von den insgesamt $75,5 Mill. Staatsschuld, das stärkte aber den Markt, so daß die Zinsen niedrig gehalten werden konnten. Die ausgegebenen Noten waren gesetzliches Zahlungsmittel. Die First Bank gewährleistete eine ausreichende Geldversorgung. Allerdings war es nicht ihre Aufgabe, die Menge des Papiergeldes zu verändern, um den Handel zu stabilisieren.[48] Sie hielt eine hohe Reserve verglichen mit den ausgegebenen Noten. Funktionen einer Zentralbank erfüllte sie, indem sie Noten anderer Banken diesen zur Einlösung präsentierte (restriktive Geldpolitik) oder bei Bedarf ihre eigene Kreditvergabe ausdehnte (expansive Geldpolitik). Noten von State Banks, die der Einlösungspflicht nicht nachkamen, wurden nicht angenommen.

Der Zinssatz durfte, wegen der Wuchergesetze, 6% nicht überschreiten. Die First Bank hatte die Verpflichtung, Berichte über ihren Status dem Schatzamt einzureichen (Veröffentlichungspflicht). Es wurden insgesamt acht Zweigstellen gegründet. Die Bank durfte ihre Filialen überall eröffnen, auch in Staaten, die Notenbanken oder Filialen verboten, außerdem wurden die Kontroll- und Regulierungsbefugnisse der Einzelstaaten außer Kraft gesetzt. Da sie hauptsächlich als Geschäftsbank arbeitete,[49] hatte sie also Vorteile gegenüber den State Banks. Nach mehreren Versuchen, das 1811 auflaufende Notenbankprivileg zu verlängern, wurde im Senat die Auflösung der Bank mit einer Stimme Mehrheit beschlossen; mit der Begründung, die Verfassungsmäßigkeit der Bank sei unklar. Die gerade geschaffene Ordnung des Geldwesens zerbrach.

1812 begann der Krieg gegen England, was zu einem Finanzbedarf der Regierung führte, den die First Bank in geordnete Bahnen hätte lenken können. Wegen mangelnder gesetzlicher Regelungen für State Banks waren chaotische Zustände zu verzeichnen.

b) Second Bank of the United States

Mit Beginn des Krieges endete die Konzession für die First Bank, die das Schatzamt bei der Finanzierung des Krieges hätte unterstützen können.[50] Die Staatsausgaben stiegen, während die Einnahmen sanken. Dieses Defizit wurde einerseits mit Hilfe der State Banks finanziert, was sehr umständlich war, da bei jeder Bank verschiedene Konten gehalten werden mußten,[51]

---

48 Die First Bank war nicht in dem Sinne als Zentralbank gedacht, daß sie Kontrolle über die Geldmenge ausüben, Kredite an Geschäftsbanken vergeben oder Lender of Last Resort Funktionen ausüben sollte, vgl. Geisler, 1953, S. 4.

49 Man muß wohl alle Banken, auch solche, die als Zentralbanken gegründet wurden, bis in das 20. Jahrhundert als Geschäftsbanken betrachten, weil lange Zeit das Gewinnmotiv erste Priorität besaß.

50 Die Ausführungen dieses Kapitels sind hauptsächlich aus Geisler, 1953, Kap. 1 und Timberlake, 1993, Kap. 2-4 entnommen.

51 Für die verschiedenen Geldarten (Noten der State Banks, andere Banknoten, zinstragende und nicht zinstragende Treasury Notes) mußten jeweils verschiedene Konten gehalten werden.

andererseits durch Ausgabe von Papiergeld durch das Schatzamt. Diese Treasury Notes waren verzinsliche Schuldscheine, wurden aber von der Bevölkerung auch als Zahlungsmittel genutzt. Da sie zu großen Nennwerten emittiert wurden (ab $100), hielten die Banken sie in den meisten Fällen als Reserven, sie wurden aber auch verzinst und konnten dazu noch sofort als Bargeld ausgezahlt werden. Eine optimale Situation für die Banken, allerdings vergrößerte sich damit die Geldmenge, was zu Inflation und damit zu Goldabflüssen führte, weil der Dollarwert des Goldes fixiert war. Ab 1816, nach dem Krieg, wurden fast alle ausgegebenen Treasury Notes wieder eingezogen.[52]

1816 wurde die Second Bank of the United States gegründet. Sie sollte keine reine Geschäftsbank sein, sondern die Gelder der Regierung verwalten und auch nationale Interessen beachten. Ihre Hauptaufgaben waren die Erwirtschaftung von Gewinnen für die Aktionäre - u.a. die Regierung - und die Einlösung von Banknoten und Papiergeld auf Anfrage in Metall, um damit ein gutes Beispiel zu geben. Das Notenbankprivileg war bis 1836 begrenzt, ihr Kapital betrug $37 Mill., sie hatte 27 Zweigstellen, in jedem Einzelstaat mindestens eine. Fünf der 25 Direktoren wurden von der Regierung ernannt und waren Mitglieder des Kongresses. Ihre Noten mußten von den State Banks eingelöst werden. Da diese in der Zwischenzeit gute Profite gemacht hatten, entstanden Ressentiments gegen die neue Bank. Ihr Reserveverhältnis betrug im Durchschnitt 37%, sie hielt ca. die Hälfte des von Banken gehaltenen Metalls und kontrollierte mehr als ein Drittel aller Bankaktiva zu der Zeit.[53] Ab den 1820er Jahren[54] nahm die Bank immer mehr Zentralbankfunktionen an, sie kontrollierte die Geldmenge und nahm zeitweise Lender of Last Resort Funktionen wahr.[55] Ihre Aufgaben wandelten sich dahingehend, daß sie mehr Geld ausgab und dessen Wert regulierte.[56] Mit der Menge des von der Regierung hinterlegten Geldes hatte die Bank ein Instrument, um am Geldmarkt zu intervenieren. Sie versuchte u.a. Schocks abzufangen, war allerdings eingeschränkt durch die Reservevorschriften.

Die Auflösung der Second Bank 1836 hatte mehrere Gründe: Mit Jackson wurde wieder ein Zentralbankgegner als Präsident gewählt.[57] Außerdem war das Recht, den Wert des Geldes zu regulieren, dem Kongreß zugesprochen worden und nicht einer einzelnen Bank.

---

52 Vgl. Timberlake, 1993, S. 15

53 Vgl. Clair/Tucker, 1989, S. 2

54 1923 wurde Nicholas Biddle Präsident der Second Bank of the United States.

55 Vgl.Garcia/Plautz, 1988, S. 29ff

56 „coin money and regulate the value thereof"; dieses Recht, von der Verfassung dem Kongreß zugesprochen, sollte später auch zu Diskussionen bzgl. des Rechtes des Federal Reserve System führen.

57 Die Aktionen Jacksons, um die Abschaffung der Second Bank zu erzwingen, muten seltsam an: Er entschied, daß alle Depositen der Regierung sofort abzuziehen und bei State Banks zu hinterlegen seien. Da der Schatzkanzler dagegen war, ernannte Jackson einen neuen. Da auch dieser sich weigerte, mußte ein dritter vorher unterschreiben, daß er die Order geben würde, die Regierungsgelder bei einer anderen Bank zu deponieren. Ohne diesen großen Posten konnte die Second Bank ihre Geschäfte nicht weiterführen.

Und die eigentliche Aufgabe der Bank war erfüllt: Die Staatsschuld, bestehend aus den während des Krieges ausgegebenen Treasury Notes, war mit Hilfe von Budgetüberschüssen zurückgezahlt, bzw. wieder eingezogen, worden.

c) Das Independent Treasury System

> „*If the Secretary of the Treasury were given $100,000,000 to be deposited with the banks or withdrawn as he might deem expedient, and if in addition he were clothed with authority over the reserves of the several banks, with power to contract the national-bank circulation at pleasure, in my judgment no panic as distinguished from industrial stagnation could threaten either the United States or Europe that he could not avert. No central or Government bank in the world can so readily influence financial conditions throughout the world as can the Secretary under the authority with which he is now clothed.*“[58]
> L.M. Shaw (Schatzkanzler)

Schon während der Existenz der First und Second Bank of the United States, aber v.a. nach 1836 begann das Schatzamt, vermehrt Zentralbankfunktionen anzunehmen und die Geldmenge zu regulieren. Diese Funktionen behielt es mehr oder weniger bis 1913 bei. Anfänglich versuchte der Schatzkanzler lediglich, Empfehlungen oder Mindestreservevorschriften auszusprechen, die er aber weder kontrollieren noch durchsetzen konnte.[59] Ab 1846 spricht man dann vom Independent Treasury System: Da die Regierung ihre Gelder den State Banks nicht mehr anvertrauen wollte (vgl. Kap. 3.3.1), wurden sie von über das ganze Land verteilten Zweigstellen des Schatzamts (Subtreasuries) verwaltet, unabhängig vom Bankensystem.[60] Das Schatzamt beeinflußte durch diese Zweigstellen Bank- und Kreditmärkte und übte oft wichtige Zentralbankfunktionen aus.[61]

Das Schatzamt konnte Geldpolitik betreiben, v.a. weil es die Möglichkeit hatte, bei einem temporären Defizit, Treasury Notes zu emittieren, die die Geldmenge ausdehnten. Der Schatzkanzler versuchte zu Beginn des 19. Jahrhunderts, Geldpolitik zu betreiben, indem er Gelder bei den Zweigstellen hinterlegte, die diese Gelder dann in Zeiten von Geldknappheit

[58] Friedman/Schwartz, 1969, S. 149f, Shaw schrieb diese Stellungnahme 1906.
[59] Vgl. Timberlake, 1993, S. 49
[60] Vgl. Geisler, 1953, S. 28f
[61] Vgl. Parthemos, 1988, S. 23

auf verschiedene Banken verteilten. Da die Maßnahmen aber nicht zentral koordiniert waren, hatten sie nur wenig Erfolg. 1847 wurde vom Schatzkanzler im Grunde die erste Offenmarktoperation ausgeführt, das Volumen der verwandten Staatspapiere war gering, aber die Intention war die Beeinflussung der Wirtschaft.[62] In den 1850er Jahren wurden über mehrere Jahre hinweg Offenmarktoperationen durchgeführt: Von $63 Mill. ausstehenden Staatsschuldtiteln wurden $38 Mill. zurückgekauft. Es wurde auch betont, daß das Schatzamt die Geldmengen- und Kreditausdehnung der Banken kontrollieren und Maßnahmen gegen Überausdehnung ergreifen würde.

Das Schatzamt konnte durch Neuemission oder Rückkauf von Staatsschuldtiteln auch noch durch einen zweiten Kanal Einfluß auf die Geldpolitik ausüben: Die umlaufenden National Bank Notes waren zu 111,11% durch Staatsschuldscheine gedeckt, die beim OCC, der Teil des Schatzamts war, hinterlegt waren. Wenn das Schatzamt nun Schulden zurückzahlte, mußte gleichzeitig der Notenumlauf eingeschränkt werden, bei Neuemission hatten die National Banks zumindest die Möglichkeit, die Notenausgabe auszudehnen. Allerdings ist es möglich, daß das Schatzamt solche Transaktionen noch nicht mit der Intention einer antizyklischen Politik oder der Stabilisierung der Wirtschaftstätigkeit durchführte.[63]

Bis 1887 betrug die Summe der vom Schatzamt in den National Banks deponierten Gelder immer ca. $11-13 Mill., im April 1888 waren es dann knapp $62 Mill. 1892 ging die Summe zurück auf $15 Mill. und variierte dann stark bis 1900.[64] Die hohen Einlagen 1888 könnten als Politikmaßnahme des Schatzamts verstanden werden, die darauffolgende Varianz jedoch eher nicht. Ab 1895 intervenierte das Schatzamt immer öfter auf dem Geldmarkt und übte Zentralbankaktivitäten auf einer regulären Basis aus. Das Independent Treasury System kam de facto einem Zentralbanksystem sehr nahe: „By 1906 the Treasury was more a central bank in its deliberate attempts to influence the monetary system than the Second Bank had ever been.“[65]

Da soviel diskretionäre Macht in der Hand des Schatzkanzlers vereint war, kamen Anfang des 20. Jahrhunderts Ressentiments gegen diese zentrale Institution auf. Der Schatzkanzler hatte keine klar vorgegebenen Ziele, es bestand die Gefahr, daß finanzielle, wirtschaftliche oder geographische Interessen bevorzugt wurden. Die Gefahr, daß das Schatzamt als Teil der Regierung eher zu einer expansiven Geldpolitik tendierte, wurde

62 Vgl. Timberlake, 1993, S. 78f, 81
63 Vgl. McKiernan, 1994, S. 70; Sylla, 1988, S. 18ff
64 Vgl. Timberlake, 1993, S. 161ff
65 Vgl. Timberlake, 1993, S. 83, 249; siehe auch Friedman/Schwartz, 1969, S. 150

damals allerdings noch nicht so deutlich wahrgenommen, obwohl im Federal Reserve Act 1913 auch daran gedacht wurde.[66]

d) Clearinghouse Associations

„It was New York's action that affected the whole country.“[67]

Die zweite Institution, die vor 1913 Zentralbankfunktionen übernahm, waren die Clearinghouse Associations. Sie entwickelten sich von 1857-1907 und endeten nach 1907 mit der Errichtung des Federal Reserve System.[68] Anstatt daß jede Bank ihre Transaktionen mit anderen Banken einzeln durchführte, wurden Repräsentanten zu einer einzigen zentralen Stelle gesandt.[69] Dort wurden alle Schulden insgesamt gegen alle Verbindlichkeiten aufgerechnet. Nur der Saldo wurde dem Konto des Clearinghouse gutgeschrieben oder abgezogen. Einer Bank wurde die zentrale Verwaltungsrolle zugewiesen. Jede Bank mußte einen Teil ihrer Metallreserven bei dieser Bank als Einlage halten. Es wurden Goldzertifikate („clearinghouse gold certificates“) ausgestellt, die für die Abrechnung der täglichen Salden verwendet wurden. Diese Zertifikate hatten hohe Nennwerte ($5 000 und $10 000), um die Abrechnung zu beschleunigen. In den ersten Jahren waren diese Zertifikate nur Platzhalter für echte Reserven, ein technisches Mittel, um das Zahlungssystem zu beschleunigen.

Während der Panik 1857 hätten die New Yorker Banken eigentlich ihre Kreditvergabe wegen der Verringerung ihrer Reserven einschränken müssen, was negative Wirkungen auf die Wirtschaftstätigkeit gehabt hätte.[70] Die Mitgliedsbanken der Clearinghouse Associations einigten sich jedoch, ihre Kreditvergabe so auszudehnen, daß sich sämtliche Salden proportional erhöhten und sich somit ausglichen. Dadurch wurden die Reserveanteile reduziert, d.h. die Clearinghouses wurden zu einer „fractional reserve institution“. Weil auch die Reserven der State Banks, die bei den Banken in New York hinterlegt waren, an die Öffentlichkeit ausgegeben worden waren, konnten die State Bank Notes nicht mehr eingelöst werden. Also einigten sich die Clearinghouse Banken darauf, die State Bank Notes als Teil der im Clearinghouse gehaltenen Reserven zu benutzen.[71] Gegen diese Noten wurden

66 Vgl. Sylla, 1988, S. 20
67 Friedman/Schwartz, 1969, S. 161, FN 43
68 Vgl. Timberlake, 1993, Kap. 14, siehe auch Goodhart, 1988, Kap. 3.
69 Für eine genauere Beschreibung der allgemeinen Abläufe in einer Abrechnungsstelle, siehe Kap. 2.5.6.2.
70 Vgl. Timberlake, 1984, S. 3f
71 Die State Bank Notes wurden als Sicherheiten benutzt (als Reserve), hatten also den gleichen Status wie Metall. Für diese Sicherheiten bekam der Kreditnehmer (also die State Banks) Geld (die Kreditzertifikate; d.h. die Kreditzertifikate sind keine Schuldscheine, sondern Geld und wurden auch als Geld/Zahlungsmittel benutzt, in diese Zahlungsmittel hatte die Bevölkerung Vertrauen). Nach der Krise mußten die State Banks die Kredite zurückzahlen (aber nicht in Kreditzertifikaten sondern in anderen Zahlungsmitteln), und bekamen

Kreditzertifikate („clearinghouse loan certificates“) emittiert, auf die 6% Zinsen gezahlt wurden. Die State Bank Notes selbst waren, je nach Vorschrift des Einzelstaates, durch Schuldscheine der Einzelstaaten gedeckt. Auch die Emission dieser Kreditzertifikate machte das Clearinghouse zu einer „fractional reserve institution“; Gold- und Kreditzertifikate überstiegen die Metallreserven bei weitem. Nach Ende der Panik lösten die Clearinghouse Associations die State Bank Notes sukzessive wieder gegen Metall bei den State Banks ein. Die ausgegebenen Zertifikate wurden wieder eingezogen. Nach diesem Muster wurden sämtliche Emissionen von Kreditzertifikaten bis 1907 durchgeführt, teilweise mit kleinen Änderungen, beispielsweise nahm das Clearinghouse im Jahr 1860 auch Anleihen des Staates New York und Treasury Notes an und emittierte dafür Kreditzertifikate - allerdings nur bis zu 75% des Nennwertes der Sicherheiten; der Zinssatz für den Kreditnehmer war 6%.

Die Clearinghouses hatten auch die Befugnis, die Metallreserven der Mitgliedsbanken auszugleichen; d.h. die gesamten Metallreserven aller Mitgliedsbanken wurden als eine gemeinsame Reserve betrachtet, die für gegenseitige Hilfe benutzt wurde. Außerdem wurden Verluste gemeinsam je nach Kapitalanteil getragen. Diese Zentralisierung der Reserven war natürlich nicht für alle Banken optimal, v.a. für die, die eine höhere Reserveposition durch vorsichtigere Geschäftsführung hatten. Um der Zentralisierung zu entgehen, veränderten manche Banken ihre Reservestruktur. Es wurden z.B. mehr National Bank Notes, die nicht eingezahlt werden mußten, und weniger Greenbacks, die eingezahlt werden mußten, gehalten.

Ab 1873 wurden nach der New York Clearinghouse Association (NYCHA) auch Clearinghouses in anderen Städten errichtet. Während einer Panik emittierten alle diese Institutionen regelmäßig Kreditzertifikate. Während der Krise im Mai 1884 emittierte die NYCHA $20 Mill. Kreditzertifikate, die danach wieder eingelöst wurden. 1893 sah die NYCHA eine Krise voraus und emittierte Zertifikate, bevor überhaupt Banken ihre Zahlungen einstellten. Seitdem emittierten die Clearinghouses auch andere Papiere außer Gold- und Kreditzertifikaten, um die fehlenden Zahlungsmittel zu ersetzen, wie beispielsweise „certified checks“, „certificates of deposit“ und „cashier's checks“ (Finanzinnovationen). Es wurde geschätzt, daß ca. $300 Mill. Geldsubstitute der Geldmenge hinzugefügt wurden.[72] Da die Clearinghouse Papiere bald als normale Zahlungsmittel benutzt wurden, wurden sie zu immer kleineren Nennwerten emittiert, so daß diese Papiere bald auch an solchen Plätzen kursierten, die gar kein Clearinghouse besaßen.[73] In der Krise 1907 emittierte die NYCHA $100 Mill. an

dafür ihre Sicherheiten (die State Bank Notes) wieder. Da in einer Krise nicht genug Zahlungsmittel vorhanden sind, waren die Zertifikate eine Möglichkeit, die Geldmenge auszudehnen.

72 Vgl. Timberlake, 1993, S. 202

73 Ein Grund für die Emission von immer kleineren Nennwerten war, daß das auf die Noten herausgegebene „echte“ Wechselgeld die Reserven der Banken reduzierte.

Kreditzertifikaten; die Chicago Association über \$39 Mill. Zahlungsmittel zum kleinsten Nennwert von \$1.[74] Im März 1908 waren alle ausgegebenen Papiere wieder eingezogen.[75]

Die ausgegebenen Papiere waren de facto eindeutig Zahlungsmittel, v.a. die kleinen Nennwerte, mit denen tägliche Transaktionen durchgeführt wurden. Das war nicht legal, da die private Herstellung von Zahlungsmitteln („currency and coin") nicht erlaubt war. Auch die Steuer auf alle Noten, die nicht von den National Banks emittiert wurden, mußten die Clearinghouses nicht zahlen. Da die Praxis der Clearinghouses ausschließlich positive Wirkungen während einer Krise hatte, wurde sie nachträglich sanktioniert. Die Clearinghouses nahmen tatsächlich nur den Ausgleich der fehlenden Elastizität der National Bank Notes während einer Krise wahr. Alle emittierten Zertifikate wurden nach jeder Krise wieder eingezogen. Die Gründe, die damals gegen die Clearinghouses als Zentralbanken vorgebracht wurden, waren wieder die fehlende Verfassungsmäßigkeit, der private Charakter und die Ressentiments des übrigen Bankensystems gegen den Bankplatz New York. Insgesamt sprechen gegen die Funktion von Clearinghouses als Zentralbanken mehrere Gründe:[76]

- Interessenkonflikte zwischen im Wettbewerb stehenden Geschäftsbanken, aus denen das Clearinghouse bestand.
- Konflikte zwischen Profitmaximierung und der Wichtigkeit, genügend freie Reserven zu halten, um Konvertibilität der ausgegebenen Papiere und die Weiterführung des monetären Regimes zu sichern.
- Zweifel, ob das Clearinghouse, oder die Gruppe der Banken, die die Rolle der Zentralbank übernahm, unabhängig genug war, um den Schiedsrichter zu spielen, also das Verhalten der Mitglieder zu kontrollieren.

Die Clearinghouses entstanden durch den Markt; die Initiative ging von Geschäftsbanken aus, vorher akkumulierte Reserven waren nicht notwendig. Das Zahlungssystem funktionierte durch die Beteiligung der Clearinghouse Associations effizienter. Ein Kreditkollaps während einer Krise wurde durch verminderte Auszahlung von Gold und vermehrte Emission von Kreditzertifikaten verhindert.[77] Das Verhalten der Banken in New York diktierte das Verhalten der Finanzmarktteilnehmer in den gesamten USA. Damals bildete sich also eine gewisse Leitfunktion des Bankplatzes New York heraus.

---

[74] Teilweise wurden sogar Papiere emittiert auf denen gar kein Nennwert stand, so daß die Banken den jeweils brauchbarsten wählen konnten!

[75] Für eine Aufstellung der von der NYCHA emittierten Kreditzertifikate während verschiedener Krisen, siehe Timberlake, 1993, S. 204.

[76] Vgl. Goodhart, 1988, S. 103f

[77] Vgl. Timberlake, 1993, S. 252f

3.3.4 Die Gründe für die Errichtung eines Zentralbanksystems in den Vereinigten Staaten

Vor 1913 gab es fünf Hauptbestandteile des amerikanischen Bankensystems: das Independent Treasury System, die Clearinghouse Associations, das National Banking System, das State Banking System und den Goldstandard. Das neu zu schaffende Zentralbanksystem sollte die Aufgaben der ersten drei Institutionen übernehmen und innerhalb der Goldwährung arbeiten. Das Problem war, daß zu der Zeit politisch alles abgelehnt wurde, was nur im entferntesten eine Machtverlagerung in Richtung einer Zentralbank bedeutete.[78] Das lähmte die monetäre Entwicklung und die Bankentwicklung im 19. Jahrhundert. Immer wieder scheint die Angst der Amerikaner durch, ein ausgewachsenes Zentralbanksystem zu bekommen.[79] Diese Abneigung der Amerikaner gegen eine Zentralgewalt ist aber nur schwer verständlich, wenn man bedenkt, daß vor der Fed das Schatzamt die monetäre Kontrolle hatte, ob nun durch die National Banks und den OCC oder durch die direkte Beeinflussung der monetären Konditionen im Land.

Ein Argument für eine zentralisierte Lösung war, daß die historische Entwicklung in anderen Ländern auf die Etablierung eines Zentralbanksystems wies, nur ein solches könne volatile Zinsen verhindern und eine elastische Geldversorgung sicherstellen.[80] Außerdem würde das Mißtrauen gegenüber kleinen Banken schwinden, und das Zentralbanksystem würde keine Konkurrenz für die anderen Banken sein, v.a. weil es keine Gewinne anstrebte. Es hätte eine größere Übersicht über den Geldmarkt und eine Zusammenarbeit mit ausländischen Zentralbanken würde sich einfacher gestalten.

Andererseits würde ein dezentralisiertes System den Vereinigten Staaten angemessener sein, v.a. da die Fläche der USA die der europäischen Länder bei weitem übertraf. Der landwirtschaftliche Westen befürchtete die Dominanz der Wall Street auf die Notenbank und eine geringere Kreditvergabe. Der Einfluß von politischen Interessen auf eine Zentralbank wäre nicht auszuschließen, bzw. eine zentrale Notenbank könnte von der Regierung abhängig sein, so daß sie nur noch ein Instrument derselben wäre. Einzelne Banken könnten nur schwer ihre Wünsche durchsetzen. Eine Zentralbank könnte in einem so großen Land nicht allen Anforderungen gerecht werden und eine elastische Geldversorgung könnte auch ohne eine Notenbank gewährleistet werden. Außerdem tauchte das Problem des Moral Hazard auf: Die Banken würden ihre Geschäfte weniger risikobewußt führen, da sie sich auf die Zentralbank als Lender of Last Resort verlassen konnten.

---

78 Vgl. Timberlake, 1993, S. 250

79 Z.B. in Warburg, 1930, Vol. 1, S. 175ff

80 Die Argumente sind entnommen aus Geisler, 1953, S. 36ff.

In den großen Wirtschaftskrisen 1861, 1893, 1907 kam das Fehlen einer Zentralbank besonders stark zum Ausdruck. In der Zeit vor dem Bürgerkrieg war der Schatzkanzler befugt, bis zu $250 Mill. als Kredit von den Banken aufzunehmen.[81] Wenn dieses Bargeld über die Privaten zu den Banken zurückgeflossen war, konnte der Schatzkanzler es erneut als Kredit entnehmen. Dieser Kreislauf funktionierte nur so lange, wie das Vertrauen in der Bevölkerung aufrechterhalten werden konnte; so daß diese das Geld nicht hortete und Zahlungen in Metall forderte. Die Finanzkrise begann Ende 1861: Der Krieg gegen England drohte, am 30.12.1861 stellten die Banken Metallzahlungen ein; Steuerzahlungen u.ä. wurden von der Bevölkerung fast nicht mehr vorgenommen. Innerhalb eines Monats wäre das Schatzamt zahlungsunfähig geworden. Die Lösung des Problems war die Emission von Greenbacks (siehe Kap. 3.3.1).

Während der Bankenpanik 1890-93 gab es insgesamt 550 Bankenzusammenbrüche, 1893 allein 360 (vgl. Abbildung II.1, II.2).[82] Während der Depression 1893-97 floß Gold wegen der hohen Nettoimporte ins Ausland, dadurch verringerten sich die Goldreserven, der Goldstandard war gefährdet.[83]

Von 1897-1906 wuchsen die Bankeinlagen schneller als die Reserven. Unter dem National Banking System gab es nicht genug Reserven, um eine Einlösung der Depositen sicherzustellen.[84] Die Depression von Mai 1907 bis Juni 1908 war eine der schwersten der Geschichte seit 1879: Nettosozialprodukt und Beschäftigung sanken. Im Oktober 1907 wurde die Depression durch eine Bankenkrise verschärft. Sie wurde ausgelöst durch den Zusammenbruch der Knickerbocker Trust Company; außerdem ereigneten sich Runs auf andere Trust Companies, weil die Bevölkerung um ihre Bankeinlagen fürchtete. Auszahlungen von Depositen wurden in einer konzertierten Aktion eingestellt. Es folgte eine tiefe Krise, mit einem starken Rückgang der Geldmenge. Das Schatzamt versuchte, mit Einlagen bei den National Banks in Central Reserve Cities die Geldmenge zu vergrößern, die Panik blieb jedoch bestehen. Die Restriktion der Zahlungen wurde Anfang 1908 langsam gelockert, die Wirtschaft erholte sich wieder. Als die Krise in New York unter Kontrolle war, war sie jedoch schon in andere Landesteile vorgedrungen. Country Banks verlangten Bargeld, um einem Run vorzubeugen. Das New York Clearinghouse emittierte Kreditzertifikate. Da 1907-08 keine Währungsinstitution existierte, die antizyklische Maßnahmen ergriff, gingen nicht nur schlecht geführte, sondern auch große und gesunde Unternehmen in Konkurs. Ohne zentralisierte Reserven konkurrierte jede Bank mit allen anderen Banken um Reserven, um

---

81 Vgl. Kemmerer/Jones, 1959, S. 356
82 Vgl. Livingston, 1986, S. 71f
83 Vgl. Kemmerer/Jones, 1959, S. 366
84 Vgl. Wheelock, 1991, S. 11; Phillips, 1996, S. 144; Friedman/Schwartz, 1969, S. 156ff

sich selbst zu schützen. Die Banken horteten Metall und suspendierten Barzahlungen untereinander. Das Schatzamt war machtlos.[85] Zwei Interpretationen dieser Krise sind möglich.[86] Eine eher milde Anspannung wurde durch die Bankenpanik und die Zahlungseinstellung der Banken in eine große Krise umgewandelt und eine Wiederholung sollte durch die Schaffung der Fed unterbunden werden.[87] Andererseits ist es auch möglich, daß die Zahlungseinstellung als prompte Reaktion der Banken eine noch größere Krise erst verhinderte.

Die Nachteile des National Banking System, die im Kap. 3.3.2 aufgeführt sind, gehörten auch zu den Gründen für den Aufbau einer Zentralbank, insbesondere die Inelastizität des Notenumlaufs. Das bestehende Bankensystem konnte antizyklische Aufgaben wegen der unelastischen Währung nicht wahrnehmen. Es bot außerdem keine für alle zugängliche, zentralisierte Lender of Last Resort Funktion an, so waren die Banken während einer Krise auf ihre eigenen Reserven angewiesen.[88] Vor allem während der Ernte wurden vermehrt Kredite bei den Banken in ländlichen Gebieten nachgefragt. Diese hatten keinen ausreichenden Zugang zu Krediten oder Bargeld, um die Nachfrage ihrer Kunden zu befriedigen. Deshalb zogen sie ihre Reserven, die sie bei Banken in den Finanzzentren hinterlegt hatten, ab. Daraufhin mußten wiederum die Banken in den Zentren ihre Kreditvergabe einschränken. Allgemein war die Lage auf dem Kreditmarkt sehr angespannt, das löste in regelmäßigen Abständen Krisen aus. Bargeld fungierte zum Teil auch als Reserve für Bankeinlagen (National Bank Notes, Metallgeld, Greenbacks, Silberzertifikate). So bedeutete jede Veränderung der Geldhaltung von Depositen zu mehr Bargeld eine Verringerung der zur Verfügung stehenden Reserven. Das Geldangebot sollte jedoch elastisch sein, so daß es den Bedürfnissen des Handels, bzw. der Wirtschaftstätigkeit, entsprach.[89] Es gab insgesamt zu viele verschiedene Arten von Zahlungsmitteln, die vor 1913 in den Vereinigten Staaten umliefen. Mit einem neuen System sollte das Münz- und Bargeldsystem vereinheitlicht werden. Vor allem gab es zuwenig Filialen/Zweigstellen zur Noteneinlösung.[90] 1912 existierten fast 27.000 unabhängige Banken. Von diesen unterhielten nur neun National Banks und 283 State Banks insgesamt 548 Zweigstellen, die wichtig für die Noteneinlösung waren.[91]

---

85 Vgl. Livingston, 1986, S. 173
86 Vgl. Friedman/Schwartz, 1969, S. 163
87 Über diese Lösung schreibt auch Warburg, 1930, Vol. 1, S. 37f.
88 Vgl. Garcia/Plautz, 1988, S. 34
89 Vgl. Friedman/Schwartz, 1969, S. 168f
90 Vergleiche: Die State Banks siedelten sich vorsätzlich an abgelegenen Plätzen an, damit ihre Banknoten nur schwer eingelöst werden konnten; den National Banks war es zu Beginn verboten, Filialen zu eröffnen.
91 Vgl. Geisler, 1953, S. 31

Livingston beschreibt drei Gründe, warum sich die Bevölkerung seit der Jahrhundertwende mehr mit einem Notenbanksystem befaßte:[92]

1. Kleine Unternehmen schlossen sich zu Korporationen zusammen, nahmen somit ihre Kredite nicht mehr an vielen kleineren Bankplätzen, sondern nur noch an einem großen, wo die Korporation ihren Hauptsitz hatte auf, z.B. in New York (siehe Tabelle II.1).
2. Kredite wurden vermehrt gegen Finanzwechsel (Wertpapiere) genommen, nicht mehr nur gegen Handelswechsel. Banken hielten als Sicherheiten vermehrt Börsenpapiere. Das bedeutete, daß Schocks, die auf dem Kapitalmarkt/der Börse auftraten, sofort auf den Geldmarkt weitergeleitet wurden und umgekehrt.
3. Es wurden immer mehr Finanzinstitute gegründet, die nicht Teil des bestehenden Notenbankensystems waren.

Diese Veränderungen im Bankensystem bedingten eine zentrale Steuerung und Kontrolle durch eine Notenbank. Die Debatte verlagerte sich zu den Aufgaben eines modernen Zentralbanksystems: Nachfragesteuerung, Preisstabilisierung, Abschwächung der Wirtschaftszyklen durch Kontrolle über das Geldangebot und das Angebot an Bargeldsubstituten.[93]

Die „Bewegung für Banken- und Währungsreform" ging aus der Krise der 1890er Jahre hervor.[94] Nach 1895 bis 1900 wurde allerdings zunächst die Debatte über den Währungsstandard wichtiger (vgl. Kap. 3.2.1). Die Krise von 1907 gab der Bankenbewegung dann wieder verstärkten Rückhalt. Es bildete sich die allgemeine Meinung, daß eine Zentralbank notwendig sei. Die Argumente waren, daß eine Zentralbank die Errichtung eines Marktes für Handelswechsel erleichtern, in Krisenzeiten ausreichend Kredite vergeben, die Bargeldausgabe während der Ernte zeitweilig erhöhen könne; außerdem könnten Banken ihre Aktiva ohne Verzögerung bei der Zentralbank rediskontieren und Diskontsatzbewegungen würden die Goldreserven schützen und spekulative Tendenzen eindämmen.[95] Zu Beginn des neuen Jahrhunderts gab es eine Vielzahl von Plänen zur Gestaltung eines neuen Zentralbanksystems (drei davon werden in Erläuterung II.1 kurz beschrieben).

Parthemos schreibt, daß Amerika im 19. Jahrhundert keine Neigung spürte, die europäischen Zentralbanken als Vorbild zu nehmen, man war sich der Unterschiede zu den ehemaligen Kolonialmächten bewußt und wollte ein eigenes System schaffen.[96] Es bestanden

---

[92] Vgl. Livingston, 1986, S. 132ff
[93] Vgl. Livingston, 1986, S. 149
[94] Moore, 1990, S. 56, berichtet von einer Umfrage bei Lehrern, deren Antworten darauf hindeuten, daß sie nicht wußten, was eine Zentralbank ist.
[95] Vgl. Livingston, 1986, S. 180
[96] Vgl. Parthemos, 1988, S. 19

monetäre, kulturelle, soziale und geographische Unterschiede, sowie Unterschiede im wirtschaftlichen Potential. Aber mit der Jahrhundertwende begann die Industrialisierung in den USA, die zumindest die wirtschaftlichen Unterschiede ausglich. Außerdem sind viele Gemeinsamkeiten zwischen den europäischen und dem amerikanischen Notenbanksystem zu finden, die allein schon durch die Mitarbeit Warburgs zustande kamen, der großen Einfluß auf die Gestaltung des Federal Reserve Systems hatte. Er erwähnt immer wieder, daß die europäischen Notenbanken das Vorbild für Amerika waren, z.B. die von Handelswechseln gedeckte Notenausgabe.[97]

Bei der Gestaltung des Zentralbanksystems wurde viel Wert auf regionale Interessen gelegt. Zur Debatte stand nicht eine Zentralbank, sondern immer ein System von Zentralbanken (Distriktbanken) mit einer Zentralinstanz in Washington (Board of Governors), deren genaue Kompetenzen noch diskutiert werden sollten; in diesem Sinne weicht die amerikanische Vorstellung einer Notenbank freilich von der europäischen ab. Die Abneigung gegen eine einzelne Zentralinstanz zeigt sich auch darin, daß ein Großteil der Bevölkerung mehrere kleine Distriktbanken (12) wenigen großen (8) bevorzugte, weil kleine Banken vertrauter mit den lokalen und regionalen Problemen wären.[98] Auch existierte allgemein die Auffassung, daß das Finanzzentrum New York nicht zu mächtig werden dürfe. Andererseits wären bei zu starker Aufsplitterung die Distrikte gegenüber dem Board in Washington zu schwach, also einigten sich die Gesetzgeber auf acht bis zwölf Distrikte. Trotz aller Abneigung gegen Zentralinstanzen zog man doch für die Ausübung der Kontrolle über das Banken- und Geldsystem die sieben Mitglieder des Boards den Personen vor, die vor 1913 diese Kontrolle inne hatten:[99] dem Comptroller of the Currency (National Banking System), dem Schatzkanzler (Independent Treasury System) und den Bankdirektoren in New York (Clearinghouse Associations).

3.4 Die Organisation des Federal Reserve System

„... the result of labors of many men, extending over a long period.“[100]

Der Federal Reserve Act schuf ein zweistufiges Notenbanksystem mit föderalen Elementen. Er kombinierte geldpolitische mit regulatorischen Aufgaben.[101] Das Federal Reserve System

---

97 Vgl. Warburg, 1930, Vol. 2, S. 39-67, 183-215 und Warburg, 1930, Vol. 1, z.B. S. 28f, 33,
98 Vgl. Moore, 1990, S. 14
99 Vgl. Parthemos, 1988, S. 23, FN11
100 Warburg, 1930, Vol. 1, S. 130
101 Im Gegensatz zur Reichsbank, die keine regulatorischen Möglichkeiten besaß.

begann als ein System von zwölf autonomen Distriktbanken mit dem Board als Verbindungsorgan. Die regionalen Notenbanken sollten weder dem Finanzplatz New York noch dem politischen Zentrum Washington zu große Macht lassen. Im Laufe der Jahre entwickelte sich die Fed jedoch zu einem System mit dem Machtzentrum in Washington und den Distriktbanken als Verwaltungsorganen. Das System war halb privat und halb öffentlich, da die Geschäftsbanken das Kapital hielten, der Staat jedoch die Kontrollbefugnis hatte (vgl. Kap. 3.5.5). Es wurde 1913 für 20 Jahre etabliert, 1927 wurde dieser Zeitraum unbegrenzt verlängert.[102]

3.4.1 Aufgaben und Ziele

In der Präambel des Federal Reserve Act dominierten ordnungspolitische Aufgaben, Stabilitätspolitik wurde erst im Laufe der Jahre wichtiger. Konjunkturpolitische Ziele wurden im Employment Act 1946 indirekt und im Federal Reserve Reform Act 1977 explizit eingeführt.

Im Federal Reserve Act wurden der Fed die Bereitstellung einer elastischen Geldmenge, das Angebot von Fazilitäten zur Diskontierung von Handelswechseln und die Verbesserung der Kontrolle über das Bankensystem als Ziele vorgegeben.[103] Eine der Hauptfunktionen der Fed war die Versorgung mit einer elastischen Währung entsprechend den regionalen, saisonalen und zyklischen Belangen der Wirtschaft. Zur Verhinderung von Runs auf Banken während Krisen sollte sie ausreichend Liquidität bereitstellen. Das Geldangebot sollte sich mit dem Transaktionsvolumen verändern.[104] Es war allerdings zumindest in den ersten Jahren nicht das Ziel der Fed, Konjunkturschwankungen auszugleichen, sondern die Währung zu stabilisieren und für ausreichenden Kredit zu sorgen.

Auch das Federal Reserve System, wie die Reichsbank, wanderte anfangs auf dem schmalen Grat zwischen volkswirtschaftlichen und privatwirtschaftlichen Zielen. Es sah die volkswirtschaftlichen Aufgaben, v.a. in Krisen, war aber trotzdem dem Gewinnstreben nicht ganz abgeneigt.[105] Das Federal Reserve System mußte Gewinne erwirtschaften, um seine Kosten zu decken, es bekam keine Zuschüsse vom Staat. Aber Profite waren nicht das Ziel der Fed, sie sollte im öffentlichen Interesse arbeiten. Diese beiden Ziele konnten sich durchaus widersprechen, wenn z.B. eine Eindämmung der Inflation eine Einschränkung der

[102] Vgl. Dykes/Whitehouse, 1989, S. 234

[103] Präambel des Federal Reserve Act „to furnish an elastic curreny, to afford means of rediscounting commercial paper, to establish a more effective supervision of banking ...".

[104] Vgl. Livingston, 1986, S. 130f

[105] Da die Angestellten und Leiter der Distriktbanken aus dem Bankgewerbe stammten, war es natürlich, daß sie auf Profite und Dividenden achteten, und sich das Bewußtsein einer für das Allgemeinwohl arbeitenden Zentralinstanz erst aneignen mußten, vgl. Moore, 1990, S. 33f.

Diskontkredite bedeutete, was die Einnahmen minderte. Außerdem war der Kongreß nicht verpflichtet, der Fed in finanziellen Schwierigkeiten zu helfen.[106] Die Distriktbanken begründeten ihre Portfoliohaltung und den Wechselankauf mit der Notwendigkeit, den Markt beobachten zu müssen.[107]

Die Ziele, die der Kongreß der Fed durch Gesetze vorgab, sind im Laufe der Zeit immer spezifischer geworden. 1943 publizierte die Fed zum ersten Mal eine Geldmenge; die erste moderne Geldmenge M1 wurde 1960 veröffentlicht.[108] Im Employment Act 1946 wurden die Ziele maximales (Voll-) Beschäftigungsniveau, ausgewogenes (potentialorientiertes) reales Wachstum, stabile Kaufkraft des Dollars und außenwirtschaftliches Gleichgewicht vorgegeben. Ab März 1970 wurden die Zielvorgaben zur Geldmenge hin verschoben: Zum ersten Mal wurde in den Instruktionen des FOMC (siehe Kap. 3.4.5) das Ziel vorgegeben, die Geldmenge moderat steigen zu lassen.[109] 1977 wurde durch Gesetz beschlossen, daß das Board und das FOMC das langfristige Wachstum der Geld- und Kreditaggregate dem langfristigen Wachstum des Produktionspotentials anpassen sollten.[110] Ab 1979 entschied die Fed unter dem Vorsitzenden P. Volcker, nicht mehr nur die Zinsen als Indikatoren für die Lage auf dem Geldmarkt zu benutzen, sondern auch das Geldmengenwachstum als Zielgröße zu verwenden.[111] Dafür wurden die Geldmengendefinitionen M1 bis M5 eingeführt. In den letzten Jahren wurde eindeutig eine inflationsfreie Wirtschaft zum Hauptziel der Fed.[112] Gleichzeitig sollte sie den kurzfristigen Schwankungen im realen Output, Beschäftigung und im Preisniveau gegensteuern, also antizyklische Politik betreiben. Dazu kamen noch z.T. die Notwendigkeit der Stabilisierung des Wechselkurses und Situationen finanzieller Instabilität.

Eine der ersten Aufgaben der Fed nach ihrer Gründung war die Errichtung eines landübergreifenden Abrechnungssystems für alle Mitgliedsbanken.[113] Das Federal Reserve System wurde gegründet, um Banken saisonal oder in Krisen durch die selbstregulierende Real-bills Doktrin oder die Diskontpolitik mit Liquidität zu versorgen. Es sollte seine Operationen innerhalb des Goldstandards tätigen.[114] Außerdem war eine der Hauptfunktionen und eine ganz neue, die der Fed zugeteilt wurde, die Befugnis, das Kreditvolumen zu

---

106 Vgl. Moore, 1990, S. 30
107 Diesen Grund gab auch die Reichsbank für ihre Aktivitäten auf dem Wechselmarkt an, vgl. Kap. 2.4.1.
108 Vgl. Anderson/Kavajecz, 1994, S. 4
109 Vgl. Brimmer, 1990, S. 100
110 Vgl. Lucia, 1980, S. 900
111 Vgl. Sylla, 1988, S. 35
112 Die Entwicklung der Ziele im Laufe der Existenz der Fed beschreibt Pierce, 1991.
113 Vorher war es ein Problem, wenn ein Scheck bei einer Bank gezogen und bei einer sehr weit entfernten eingelöst wurde. Vgl. Kemmerer/Jones, 1959, S. 437; Flannery, 1996, S. 826
114 Vgl. Timberlake, 1986, S. 758

kontrollieren, zu regulieren oder zu beeinflussen.[115] Der Präsident der New York Fed B. Strong erkannte, daß nicht nur Bargeld, sondern auch Bankdepositen Einfluß auf die Preise hatten.[116] Die Fed tätigte auch Finanztransaktionen für das Schatzamt: Bis zum Kriegseintritt am 6.4.1917 hinterlegte das Schatzamt keine Gelder bei den Distriktbanken,[117] wozu es laut Federal Reserve Act die Möglichkeit hatte. Transaktionen wurden bis zu diesem Zeitpunkt über die Zweigstellen des Schatzamts durchgeführt. 1920 wurde im Appropriation Act beschlossen, alle Zweigstellen zu schließen und das Federal Reserve System zum Fiskalagenten zu machen, also alle staatlichen Transaktionen durch die Fed ausführen zu lassen. Für diese Leistungen zahlte das Schatzamt eine Gebühr.

In der folgenden Abbildung 5 wird die Struktur des Federal Reserve System dargestellt.

Abbildung 5: Die Organisation des Federal Reserve System

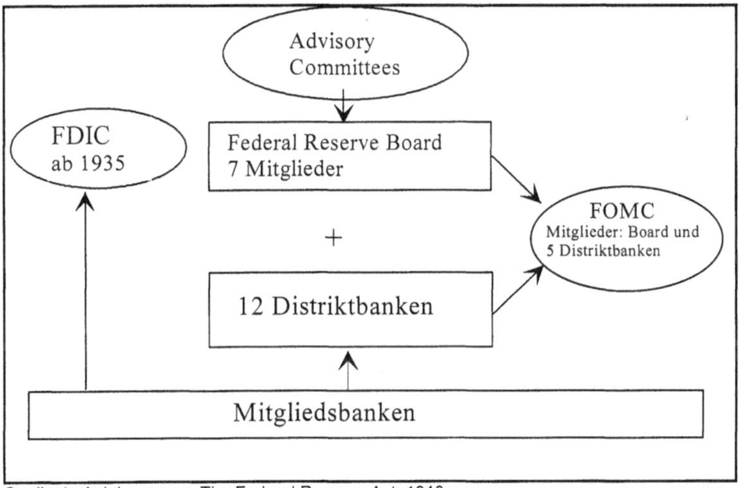

Quelle: in Anlehnung an: The Federal Reserve Act, 1913

3.4.2 Das Federal Reserve Board

Das Federal Reserve Board in Washington war ein reines Aufsichts- und Koordinationsorgan mit gewissen Kontrollbefugnissen; betrieb also keine Bankgeschäfte. Es bestand aus sieben Mitgliedern, die vom Präsidenten der Vereinigten Staaten auf Vorschlag des Senats ernannt

[115] Vgl. Strong, 1989, S. 7
[116] Für eine genauere Beschreibung der Kontrolle des Kreditvolumens vgl. Kap. 3.5.
[117] Vgl. Moore, 1990, S. 46

wurden; zwei davon waren *ex officio* Mitglieder, der Schatzkanzler und der Comptroller of the Currency.[118] Der Präsident sollte darauf achten, daß die Handels-, Industrie- und geographische Verteilung der Vereinigten Staaten im Board repräsentiert war. Mindestens zwei Mitglieder mußten in Finanz- oder Bankfragen versiert sein. Das Board sollte nicht von einer Partei oder einer Interessengruppe dominiert werden, v.a. die Interessen des Finanzplatzes New York sollten unterdrückt werden. Aus jedem Distrikt sollte nur ein Mitglied stammen. Da diese Vertreter mit den spezifischen Wünschen und Interessen ihres Distrikts vertraut waren, wurde also Wert auf die Regionen im Gegensatz zur Zentralinstanz gelegt. Die Amtszeit der Direktoren betrug 10 Jahre,[119] sie wurden rotierend gewählt, so daß alle zwei Jahre ein Mitglied ausschied, damit der Präsident in seiner Amtsperiode keine Mehrheit bestimmen, bzw. nicht das gesamte Board austauschen konnte. Der Präsident ernannte auch für jeweils drei Jahre den Vorsitzenden des Boards.[120] Das Board wurde am 10.8.1914 eingeschworen. In den Jahren bis 1930 wechselten die Mitglieder so oft, daß eine kontinuierliche Politik beinahe unmöglich war.[121]

Das Board überwachte die Operationen der Distriktbanken, regulierte ihre Beziehungen untereinander und zwischen ihnen und der Regierung; es sollte im allgemeinen für eine einheitliche Bank- und Geldpolitik in den Vereinigten Staaten sorgen.[122] Ein wöchentlicher Ausweis über den Status aller Distriktbanken wurde publiziert. Zu Beginn war die Aufteilung der Befugnisse zwischen Board und Distriktbanken sehr unklar (siehe Kap. 3.6.1). Ab 1935 hatte das Board endgültig alle Instrumente der Geld- und Kreditpolitik unter sich (Diskontsätze, Mindestreservesätze, Offenmarktpolitik, Margin Requirements, Verbraucherkredite).[123] (Für spezielle Zuständigkeiten des Boards in den ersten Jahren, siehe Erläuterung II.2.)

3.4.3 Die Distriktbanken

Die Vereinigten Staaten wurden in zwölf Distrikte geteilt,[124] in denen jeweils eine Distriktbank lag. Diese übten die eigentliche Notenbanktätigkeit aus. Sie waren als rechtlich

[118] 1922 wurde das auf acht Mitglieder ausgedehnt, ab 1935 bestand es dann wieder aus sieben Mitgliedern, allerdings ohne die beiden *ex officio* Mitglieder.

[119] Die Amtsperiode wurde 1935 auf 14 Jahre verlängert.

[120] Für eine Aufstellung der Vorsitzenden vgl. Tabelle II.6. Eine Aufstellung sämtlicher Mitglieder des Boards findet sich in Moore, 1990, S. 212f.

[121] Vgl. Moore, 1990, S. 22, 60

[122] Vgl. Sylla, 1988, S. 22

[123] Vgl. Geisler, 1953, S. 41f

[124] Die Distrikte sollten so aufgeteilt sein, daß keine Bank weiter als eine Nachtzugreise von ihrer Distriktbank entfernt ist, so daß ein Banker die Papiere bei seiner Distriktbank diskontieren, und am nächsten Morgen seiner Bank mitteilen kann, daß genug Geld vorhanden ist, um alle Kundenwünsche zu erfüllen, vgl. Moore, 1990, S. 11. Distriktbanken wurden eröffnet in Boston, New York, Philadelphia, Cleveland, Richmond,

selbständige Banken konzipiert, deren Aufgaben gemeinwirtschaftlich und die nicht an Gewinnerzielung interessiert waren.[125] Die Distriktbanken nahmen am 16.11.1914 ihre Tätigkeit auf.

Das Direktorium jeder Distriktbank bestand aus neun Direktoren, die anfänglich für jeweils drei Jahre - auch hier sollte eine Rotation der Mitglieder gewährleistet sein - nach dem folgenden Schema gewählt wurden:[126] Drei Klasse-A Direktoren wurden von den Mitgliedsbanken gewählt, je einer von den drei Gruppen der kleinen, mittleren und großen Mitgliedsbanken, drei Klasse-B Direktoren von aktiv im Distrikt in Handel, Landwirtschaft oder Industrie tätigen Personen, drei Klasse-C Direktoren wurden vom Board gewählt, einer von diesen war Vorsitzender und gleichzeitig Federal Reserve Agent. Mit diesen Vorkehrungen wurde die Kontrolle über die Distriktbanken diversifiziert. Der Agent beschaffte die Federal Reserve Notes vom Board und überwachte die Ausgabe und die Deckungsvorschriften. Von den anderen sechs Direktoren wurde einer zum Präsidenten der Distriktbank gewählt, der im Lauf der Zeit im Vergleich zum Agent immer mehr Befugnisse erhielt. Diese detaillierten Vorschriften im Federal Reserve Act sollten verhindern, daß eine Gruppe, wie z.B. große Banken, zuviel Einfluß auf die Distriktbanken bekam,[127] dasselbe galt für das Board.

Die Distriktbanken hatten die Möglichkeit, eigenständig Offenmarktoperationen auszuführen, das Board gab nur allgemeine Richtlinien für diese Operationen aus. Also bildeten Vertreter der Distriktbanken ein ausführendes Komitee (Governors' Conference 1915), das solche Transaktionen und die Diskontpolitik für alle Distriktbanken diskutierte, harmonisierte und durchführte. Außerdem übernahm es Transaktionen mit Zentralbanken.[128] Die Governors' Conference wurde auch gegründet, um die Interessen der Distriktbanken besser gegen die des Boards vertreten zu können.[129] Da sie Politikempfehlungen gab, kam sie in Konflikt mit dem Board. Fast alle Direktoren der Distriktbanken hatten Bankerfahrung, während den Mitgliedern des Boards die praktischen Kenntnisse fehlten. Aus diesem Grund und weil die Machtverteilung so wenig festgelegt war, hätten die Direktoren oft Erkenntnisse und Ideen austauschen sollen. Das passierte jedoch nur sehr selten. Das Board versuchte, Einfluß über die Distriktbanken zu gewinnen, was diese zu verhindern suchten. Im März 1923 wurde die Governors' Conference vom Board aufgelöst und ein neues Komitee mit denselben

Atlanta, Chicago, St. Louis, Minneapolis, Kansas City, Dallas, San Francisco. Sie sind frei von Steuern, nur Grundsteuer ist zu entrichten, auch die Reichsbank war von bestimmten Steuern befreit.

125 Bzgl. der Distriktbanken vgl. Geisler, 1953, S. 43f

126 Vgl. Sektion 4 im Federal Reserve Act

127 Vgl. Parthemos, 1988, S. 26

128 Vgl. Warburg, 1930, Vol. 1, S. 175

129 Vgl. Eichengreen, 1991, S. 4

Mitgliedern gebildet, das für Offenmarktoperationen zuständig war, allerdings unter der Aufsicht des Boards, das Open Market Investment Committee (OMIC).[130] Diese Umgestaltung signalisierte einen Wechsel in der Geldpolitik, das Board hatte zum ersten Mal ein Mitspracherecht über Offenmarkttransaktionen (siehe auch Kap. 3.5.2).[131]

Jede Bank besaß ein eigenes Notenausgaberecht, also ein partielles Monopol auf die Banknotenausgabe, die Ausgabe von Noten anderer Distrikte war verboten, solche mußten an die Ausgabebank zurückgeschickt werden.[132] Jede Mitgliedsbank konnte von ihrer Distriktbank gegen Sicherheiten (im Normalfall Handelswechsel) Kredit erhalten, entweder in Form von Federal Reserve Notes oder als Einlage bei der Distriktbank.

Die Distriktbanken hatten zu Beginn das Vorschlagsrecht für den Diskontsatz, der in ihrem Distrikt gelten sollte. Die Diskontsätze konnten also zwischen den verschiedenen Distrikten variieren (vgl. Abbildung II.9).[133] Das funktionierte nur, weil die Mitgliedsbanken nur bei der Bank ihres Distrikts diskontieren durften. Diese weitgehende Unabhängigkeit konnte jedoch nicht aufrechterhalten werden (vgl. Kap. 3.6.1). Der Federal Reserve Act eröffnete in Sektion 11(b) unter bestimmten Voraussetzungen die Möglichkeit von Inter-Distrikt-Rediskontierungen. Das Board konnte Distriktbanken die Erlaubnis oder auch die Anordnung geben, Papiere von anderen Distriktbanken zu diskontieren, allerdings nur zu von ihm festgelegten Zinssätzen. Damit wurde die Möglichkeit für ein nationales System geschaffen.

Jede Distriktbank hielt die Reserven der Mitgliedsbanken und gewährte diesen Rediskontkredite. Weitere Aufgaben waren der Handel mit Wertpapieren oder Banknoten der Vereinigten Staaten oder mit Goldmünzen und -barren, die Operation des Zahlungssystems und des Schecksystems, die Verteilung von Banknoten und Münzen an die Mitgliedsbanken, die Kontrolle der in das Federal Reserve System eingetretenen State Banks, die Durchführung von Transaktionen für die Regierung, die Veröffentlichung eines wöchentlichen Ausweises und die Eröffnung von Zweigstellen in ihrem Bezirk, deren Direktorium von der jeweiligen Distriktbank und vom Board ernannt wurde. Die Banken nahmen die Lender of Last Resort

130 Interessant ist der Umstand, daß B. Strong, der Vorsitzende der New York Fed und mächtigster der Vorsitzenden der Distriktbanken, zur Zeit der Umgestaltung krank war und nicht teilnehmen konnte. Cargill schreibt, daß Strong, als er das herausfand, beinahe gekündigt hätte, Cargill, 1992, S. 1275. Siehe auch Dykes/Whitehouse, 1989, S. 241.

131 1930 wurde dieses Komitee wieder aufgelöst und durch die Open Market Policy Conference (OMPC) ersetzt, dann 1935 durch das FOMC.

132 Ab 19.7.1959 galt der Unterschied in den Federal Reserve Notes der verschiedenen Distriktbanken nicht mehr, vgl. Moore, 1990, S. 37.

133 Vgl. Eichengreen, 1991, S. 2

Funktion in ihren Distrikten wahr.[134] Geldpolitik machte nur einen Teil ihrer Aufgaben aus.[135] Seit 1915 erwirtschafteten die Distriktbanken hohe Profite.

Der Ausgleich von Zahlungen zwischen den Distriktbanken fand mit Hilfe des Gold Settlement Fund statt, dieser erleichterte den Zahlungsausgleich zwischen den Banken und förderte somit das weitere Zusammenwachsen dieser föderalen Struktur, v.a. wegen der immer größeren Ausbreitung des Schecksystems.[136] Täglich telegraphierte jede Bank die Summen, die sie anderen Banken schuldete und die andere Banken ihr schuldeten an das Board, das als Abrechnungsstelle diente. Damit wurde ein großer Teil der Goldtransporte zwischen den Banken überflüssig.

Die Sonderaufgaben der New York Fed bestanden in Gold- und Devisentransaktionen mit dem Ausland und der Verwaltung der Einlagen von IWF, International Bank for Reconstruction and Development (IBRD) und anderen internationalen Organisationen; also in der Durchführung von sämtlichen internationalen Transaktionen des Federal Reserve System. Der Open Account Manager der New York Fed führte die Offenmarkttransaktionen aus, die das FOMC beschlossen hatte. Diese Sonderaufgaben fielen dieser Distriktbank v.a. wegen der starken Stellung von B. Strong, dem Vorsitzenden, zu. In den Anfangsjahren wurden etwa 40% der Transaktionen des gesamten Federal Reserve System von der New York Fed ausgeführt.[137]

3.4.4 Die Mitgliedsbanken

Alle National Banks waren Pflichtmitglieder des Federal Reserve System, sie mußten sich den Regeln des National Banking System unterwerfen und gleichzeitig denen des Federal Reserve System. National Banks konnten allerdings durch Umwandlung in State Banks aus dem System herausfallen. State Banks konnten freiwillig beitreten und ebenso auch wieder austreten.[138] Im ersten Jahr traten nur 17 State Banks dem Federal Reserve System bei, bis 1919 durch patriotische Argumente und Befürchtungen wegen Kriegsnotfällen 1042.[139] Die Anreize für State Banks, dem System beizutreten, waren nicht sehr groß: Nach den Vorschriften der Einzelstaaten mußten Schecks nicht zum Nennwert eingelöst werden, es gab weniger strenge Kreditvorschriften, außerdem wurden sie als Mitgliedsbanken wohl stärker überwacht. Auch gab es Bedenken, daß der Staat in ihre Geschäfte eingreifen würde. Und die

---

[134] Vgl. Sylla, 1988, S. 22
[135] Vgl. Moore, 1990, S. 72
[136] Vgl. Warburg, 1930, Vol. 1, S. 162f; Moore, 1990, S. 35
[137] Vgl. Strong, 1989, S. 6; Dykes/Whitehouse, 1989, S. 233
[138] Im Federal Reserve Act wurde keine Möglichkeit gegeben, aus dem System wieder auszutreten, das wurde am 21.6.1917 geändert, vgl. Moore, 1990, S. 49.
[139] Vgl. Dykes/Whitehouse, 1989, S. 238f

Ressentiments gegen eine Zentralbank waren noch sehr stark.[140] Die Teilnahme wurde jedoch im Laufe der Existenz des Federal Reserve System immer größer.[141] Aus der Tatsache, daß nicht alle Banken dem System unterstanden, sondern z.T. noch den Einzelstaaten, ergab sich ein Free-rider Problem: Die nicht teilnehmenden Banken genossen die Vorteile des neuen Systems indirekt, z.B. das stabile Geldwesen und die relativ stabilen Zinssätze. Dafür brauchten sie ihre Freiheit nicht aufzugeben und sich den Regeln zu unterwerfen.

Die Mitgliedsbanken unterlagen einer Mindestreservepflicht, sie wurden kontrolliert[142] und es gab Bestimmungen bzgl. Filialen, Zusammenschlüssen und Kreditgewährung. Privilegien der Mitgliedsbanken waren die Möglichkeit der Kreditnahme gegen Aktiva von den Distriktbanken, Nutzung des Clearingverkehrs, der Schecksysteme[143] und der Federal Reserve Notes, 6% Dividende auf die Aktien und Einflußnahme auf die Politik ihres Distrikts durch die Wahl der Direktoren.

Das gesamte Kapital des Federal Reserve System wurde von den Mitgliedsbanken gehalten, trotzdem waren die Kontrollmöglichkeiten sehr begrenzt. Sie beschränkten sich hauptsächlich auf die Wahl der Direktoren der Distriktbanken. Jede Mitgliedsbank mußte Anteile in Höhe von 6% ihres Kapitals zeichnen;[144] wurde damit die Mindesthöhe des Kapitals der Distriktbank von $4 Mill. nicht aufgebracht, wurden die restlichen Anteilscheine der Bevölkerung zur Zeichnung angeboten; als letzter Kapitalgeber stellte das Schatzamt den noch fehlenden Betrag zur Verfügung.[145] D.h. die Höhe des Kapitals jeder Distriktbank war nicht fix, sie variierte mit der Anzahl der Mitgliedsbanken oder wenn sich deren Kapitalausstattung änderte. Das Kapital der Distriktbanken wurde in Anteile von $100 geteilt. Nur die Hälfte des Kapitals der Anteilscheine mußte eingezahlt werden.[146] Außerdem mußten die Reserven der Mitgliedsbanken eingezahlt werden, für die Kapitalverteilung zwischen den Distriktbanken siehe Tabelle II.4. Die Aktionäre der Distriktbanken erhielten eine jährliche Dividende von 6% auf ihre gezeichneten Aktien. Die Dividende war also kein Anteil am

---

140 Vgl. Moore, 1990, S. 49

141 Im Jahr 1946 verfügten die Mitgliedsbanken über 85% aller Depositen. 1986 hatte das Federal Reserve System knapp 6000 Mitgliedsbanken, von denen über 80% Pflichtmitglieder waren. Bzgl. der Mitgliedsbanken vgl. Geisler, 1953, S. 45ff; Bogart/Kemmerer, 1942, S. 831 und Guba, 1989, S. 3, FN1. Auch die Anzahl der Angestellten des Boards wuchs mit den Jahren, siehe Tabelle II.3.

142 Jede Mitgliedsbank (state bank) wurde zweimal im Jahr vom oder der zuständigen Distriktbank kontrolliert, National Banks wurden vom OCC kontrolliert.

143 Das hatte Vorteile, da vorher die Scheckeinlösung, durch die geographische Größe der USA, mehrere Tage dauern konnte.

144 Das Federal Reserve System war also in Privatbesitz, kontrolliert wurde es jedoch vom Staat.

145 Vgl. Moore, 1990, S. 11

146 Ein Sechstel des gezeichneten Kapitals mußte von den Mitgliedsbanken sofort bei den Distriktbanken eingezahlt werden (also am 16.11.14 bei Eröffnung), das zweite Sechstel nach drei Monaten, das dritte nach weiteren sechs Monaten, die restlichen 50% nach dem Ermessen des Boards, vgl. Keesing, 1915, S. 11.

Gewinn, sondern eine festgeschriebene Summe.[147] Vom verbleibenden Gewinn ging die Hälfte an die Regierung, die andere Hälfte wurde solange in einen Überschußfonds eingezahlt, bis dieser die Höhe von 40% des Grundkapitals der jeweiligen Distriktbank erreichte. Das heißt, ähnlich wie im Deutschen Reich schwankte auch hier die Gewinnausschüttung an die Regierung. Die Gewinne sollten vom Schatzamt zur Stärkung der Goldreserve für Greenbacks und Treasury Notes verwendet werden, oder zum Rückkauf von ins Ausland verkauften Staatswertpapieren, also zur Tilgung der Staatsschuld.[148]

3.4.5 Weitere Organe

Mit der Bankakte 1935 wurde das Federal Open Market Committee (FOMC) gegründet. Vorläufer des FOMC waren das Open Market Investment Committee seit 1923 und die Open Market Policy Conference seit 1930, die verschiedene Organisationsstrukturen bzgl. den Distriktbanken und des Boards aufwiesen, die innere Machtverteilung verschob sich bis 1935 immer mehr in Richtung Board.[149] Das FOMC bestand aus den Mitgliedern des Boards und jeweils fünf Vertretern der Distriktbanken, von denen der Repräsentant der New York Fed permanentes Mitglied war. Der Vorsitzende W.M. Martin (1951-1970) führte ein, daß alle Repräsentanten bei den Treffen anwesend waren, von denen fünf das Stimmrecht hatten.[150] Auch die wirtschaftlichen Berater der Distriktbanken waren anwesend. Das FOMC war zuständig für die Offenmarkt- und die Devisenmarktpolitik. Es beschloß die Offenmarktoperationen für das Federal Reserve System; d.h. es wurden allgemeine Anweisungen ausgearbeitet, die der Open Account Manager der New York Fed dann ausführte. Die Befugnis der einzelnen Distriktbanken, in den ersten Jahren eigenständig Offenmarktpolitik zu betreiben, war auf eine zentrale Instanz übergegangen, die nationale Ziele verfolgte. Alle Distriktbanken mußten den Anweisungen des FOMC ausnahmslos folgen. Die Offenmarktpolitik entwickelte sich seit Mitte der 1930er Jahre zum wichtigsten, und wegen des Anwachsens der Staatsschuld zum meistbenutzten, Instrument der Fed.

1933 wurde durch den Glass-Steagall Act eine Institution geschaffen, um Einlagen bei National Banks zu versichern. Mit dem Bankgesetz 1935 wurde dann die Federal Deposit Insurance Corporation (FDIC) gegründet, um Runs auf Banken zu verhindern.[151] Einlagen bis $5000[152] waren von der Versicherung garantiert, auch Nicht-Mitgliedsbanken durften

---

[147] Vgl. Sylla, 1988, S. 21f
[148] Vgl. Keesing, 1915, S. 12
[149] Siehe auch Kap. 3.4.3 und 3.6.1.1.
[150] Vgl. Moore, 1990, S. 117f
[151] Vgl. Geisler, 1953, S. 51
[152] Ab 1951: $10 000.

eintreten. Das war die erste Maßnahme, um das Federal Reserve System auf das gesamte Bankensystem auszudehnen. Dieses Ziel wurde durch Vorteile der Mitgliedschaft im Federal Reserve System verfolgt, die allen Banken zugänglich gemacht wurden.

Das Federal Advisory Council (1913) setzte sich zusammen aus je einem Vertreter der zwölf Distriktbanken, dieser wurde jährlich neu gewählt. Es traf sich mindestens vier mal pro Jahr, oder wenn das Board es anordnete, und unterbreitete Vorschläge bzgl. Diskontsätzen, Rediskont, Notenausgabe, Reservevorschriften, Handel mit Gold oder Sicherheiten, Offenmarktoperationen und allgemeinen Aufgaben des Zentralbanksystems. Das Council besprach mit dem Board die allgemeine Wirtschaftslage und hatte das Recht, Empfehlungen zu geben. Es stellte eine direkte Verbindung zwischen dem Board und den Distriktbanken dar, hatte aber keine große Bedeutung. Es wurde gegründet, um den Einfluß des Staates auf das Board, beispielsweise durch die Ernennung der Mitglieder, zu mindern.[153] Das Federal Advisory Council entsprach in seiner Funktion den Ausschüssen bei der Reichsbank.

Außerdem wurde das Consumer Advisory Council (1976) gegründet, das die Interessen der Konsumenten vertrat; und das Thrift Institutions Advisory Council (1980), bestehend aus Repräsentanten der Sparkassen, das Informationen über die speziellen Probleme dieser Institutionen weitergab.[154]

3.5 Die Geldpolitik des Federal Reserve System

Kaum war das Federal Reserve System in Kraft getreten, begann der Erste Weltkrieg, und alle Gegebenheiten, auf denen das System basierte, veränderten sich. Die Fed agierte somit nicht mehr unter normalen Bedingungen, es konnte sich zunächst keine einheitliche, geldpolitische Strategie herauskristallisieren. Mit Ausbruch des Krieges wurde Kapital aus den USA zurückgefordert, es kam zu Goldabflüssen und wegen Verkäufen von amerikanischen Wertpapieren durch Europäer auch zu Turbulenzen auf den Finanzmärkten und im Bankensystem. Es wurde jedoch Notgeld emittiert (siehe Erläuterung II.1), Zertifikate der Clearinghouse Associations liefen um und die Krise ging schnell vorbei.[155] Während des Krieges hatte die USA dann große Goldimporte zu verzeichnen, mit denen die Europäer die in den USA gekauften Waren zur Kriegführung bezahlten. Die Spielregeln des Goldstandards - Banknotenausdehnung und Inflation - konnten das Problem nicht lösen, da sich die Nachfrage, wegen des Krieges, nicht nach Europa zurückverschieben konnte. Auch der

[153] Vgl. Moore, 1990, S. 8
[154] Vgl. of Governors, 1984, S. 10f
[155] Vgl. Moore, 1990, S. 22f, Angelini, 1994, S. 548

Real-bills Doktrin wurde die Grundlage durch Ersetzen der Handelswechsel durch Staatspapiere entzogen.

3.5.1 Die Real-bills Doktrin

Die Gedanken des Goldstandards und der Real-bills Doktrin wurden schon ca. 1818 von dem damaligen Schatzkanzler vorweggenommen. Während der Rezession, die mit den üblichen Symptomen Rückgang der Wirtschaftstätigkeit und Bankenzusammenbrüche verbunden war, schlug er vor, in einem Papiergeldsystem die Geldmenge an das Wachstum des Handels zu binden. Außerdem sollte die Geldmenge festgelegt werden, indem Papiergeld auf Verlangen in Metall einlösbar wäre. Zu dem Zeitpunkt war es allerdings noch nicht sicher, ob der Kongreß oder die Regierung überhaupt das Recht hatten, eine Papierwährung zu emittieren.[156] In der amerikanischen Verfassung war festgelegt, nur der Kongreß dürfe „coin money and regulate the value whereof".

Ein Real-bill (Handelswechsel) war eine Sicherheit, die aus der tatsächlichen Produktion von realen Gütern entstand, deren Verkauf nahe bevorstand. Eine Bank, die einen Real-bill als Sicherheit nahm, gewährte Kredit nur auf der Basis, daß Güter tatsächlich auf den Markt kamen. Neue Produktion initiierte einen Kredit. Damit richtete sich die Produktion von Geld nach der Produktion von Gütern. Die Überlegung hinter der Real-bills Doktrin war: Solange Kreditnehmer Ansprüche auf tatsächliches Eigentum als Sicherheiten boten, konnte die Kreditmenge nicht zu stark ausgedehnt werden und damit Inflation durch Übernachfrage auslösen. Kredit sollte nur gegen gute, akzeptable Handelswechsel gegeben werden. Die Güterproduktion sollte den Geldbedarf bestimmen, so daß eine Unter- oder Überversorgung mit Geld ausgeschlossen wäre.

Die Monetisierung von Gütern anstelle von Gold war insofern komplizierter, als die Summe der Dollars für die Sicherheit nicht festgelegt war. Bei der Monetisierung von Gütern wurde die äquivalente Summe durch die bewertenden Banker festgelegt, d.h. der Kreditgeber legte den Wert der produzierten Güter fest. Bei zu hoher Bewertung der Güter, also hoher Kreditgewährung, kam es zur Inflation, bei zu skeptischer Bewertung zu Deflation.[157] Ein weiterer Nachteil der Theorie war, daß der Kredit zu weiteren Transaktionen oder Spekulationen außerhalb der, für die der Wechsel eigentlich ausgestellt war, genutzt werden konnte, so daß es zu Inflationstendenzen kommen konnte. Außerdem konnte kein Geld für Dienstleistungen oder Fixkapital zur Verfügung gestellt werden.[158] Weiterhin schienen in

[156] Vgl. Timberlake, 1993, S. 24ff
[157] Vgl. Timberlake, 1993, S. 259f
[158] Für Kritik an der Theorie siehe Bopp, 1970, S. 18.

einer Krise, in der große Mengen an Geld gebraucht wurden, alle Wechsel schlecht, somit wurde tendenziell zuwenig Kredit gewährt.[159]

3.5.2 Der Instrumenteneinsatz

Eine der Hauptfunktionen, die der Fed 1914 gegeben wurde, war die Befugnis und die Möglichkeit, das Kreditvolumen zu regulieren.[160] Der Federal Reserve Act 1913 änderte drei Gegebenheiten bezüglich des Bankkredits:

1. Mindestreservevorschriften von National Banks wurden reduziert, so daß die Reserve effizienter wurde, weil sie eine größere Menge von Depositen und Krediten kontrollierte als vorher.
2. Die Clearinghouse Funktionen wurden der Fed übertragen, so daß das Zahlungssystem effizienter wurde, z.B. ging die Einlösung von Schecks schneller vor sich. Dazu trug auch das nationale Abrechnungssystem und der „gold settlement fund" bei.
3. Die Distriktbanken wurden befugt, die Geldmenge zu beeinflussen, die als Bankreserven oder umlaufendes Geld genutzt wurde.

Die verschiedenen Instrumente wurden in den ersten Jahren der Fed von verschiedenen Institutionen kontrolliert: Das Board hatte die Mindestreservevorschriften und Margin Requirements unter sich, die Diskontsätze wurden von den Distriktbanken festgesetzt, die Offenmarktpolitik wurde von einem Komitee ausgeführt. Ab 1935 unterstanden alle Instrumente dem Board.[161]

a) Diskontpolitik

Laut Federal Reserve Act legte jede Distriktbank ihren Diskontsatz selbst fest „subject to review and determination of the Federal Reserve Board",[162] so daß dieser die Kreditkonditionen in dem jeweiligen Distrikt widerspiegelte. Wenn auch keine Vorschriften im Federal Reserve Act enthalten waren, wie der Diskontsatz zu setzen sei, so sollte er doch den Spielregeln des Goldstandards folgen, die einen hohen Diskontsatz bei Goldabfluß und v.v. vorschrieben. Für die ersten Diskontsätze im November 1914 reichten die Distriktbanken Vorschläge beim Board ein, dieses nahm manche Vorschläge an, und schlug bei anderen Änderungen vor, die dann von den Distriktbanken auch angenommen wurden (siehe

[159] Vgl. Timberlake, 1993, S. 229. Siehe auch die Ausführungen in Kap. 3.5.2.

[160] Vgl. Strong, 1989, S. 7

[161] 1991 sah die Bilanz der Fed folgendermaßen aus: größter Aktivposten waren die Regierungs-Schuldverschreibungen (82%), dann Devisen- und Sortenbestände (8%), Goldzertifikate (3%); Passivseite: Banknoten (82%), Mindestreserve (8%), Konto des Schatzamtes (5%), vgl. Walter, 1994, S. 72.

[162] Federal Reserve Act, 1913, Sektion 14

Kap. 3.5.4). Die Sätze lagen zwischen 6% und 6,5%. In den Anfangsjahren bis 1941 variierten die Diskontzinsen, aber in späteren Jahren gab es einen uniformen Zinssatz (vgl. Abbildung II.9).[163] Die Regelung der möglichen Varianz der Diskontsätze wurde eingeführt, weil die Bevölkerung keine Zentralbank wollte und die Banken einen einheitlichen Diskontsatz für alle Gebiete nicht förderlich fanden, v.a. wenn dieser zentral in New York gesetzt wurde.[164] Daß der New Yorker Satz nicht die Kreditkonditionen des gesamten Landes widerspiegelte, wird daran deutlich, daß der New Yorker Satz in den meisten Fällen nicht mit den anderen übereinstimmte. Trotz der eigenständigen Festlegung der Diskontsätze achteten die Distriktbanken auch auf nationale, geldpolitische Ziele, und Änderungen der Sätze wurden untereinander koordiniert. Die Diskontsätze reflektierten eventuelle Meinungsverschiedenheiten. Hauptbeweggründe für Diskontänderungen waren der Wunsch nach Konformität mit den anderen Diskontsätzen, Änderungen der Marktzinsen, ungewöhnliche Kreditnachfrage in dem jeweiligen Distrikt und Beeinflussung der lokalen, ökonomischen Bedingungen.[165]

Der Diskontsatz der New York Fed war normalerweise niedriger als der der anderen Distriktbanken. Da die Sätze sich an den Marktsätzen orientierten, waren diese in New York wohl niedriger als in anderen Landesteilen. Theoretisch wurde der Diskontsatz nicht als Instrument gesehen, mit dem der Preis des Kredits festgelegt wurde, sondern die Zentralbanker konstatierten den Zins als natürlich gegeben. Auch die Reichsbank war der Meinung, daß die Bank den Marktzins nur konstatieren und in Grenzen beeinflussen könne.[166] In der Praxis und v.a. in späteren Jahren wichen die Banker aber von dieser Theorie ab und benutzten den Diskontsatz vorsätzlich, um Goldbewegungen zu beeinflussen oder das Preisniveau stabil zu halten.

Um das Ziel der elastischen Währung zu erreichen, wurden den Distriktbanken nahezu unbegrenzte Refinanzierungsmöglichkeiten für Wechselkredite eingeräumt, da eine der Aufgaben der Fed darin bestand, Liquidität zur Verfügung zu stellen.[167] Aber weil die Diskontsätze der Distriktbanken meistens bis zu einem Prozentpunkt über den Marktsätzen lagen, wurden zunächst nur wenig Diskontierungen durchgeführt, nach 1917 stieg die Anzahl.[168] Hier widersprechen sich wohl Anspruch und Wirklichkeit: Der Anspruch der Fed war, ausreichend Liquidität zur Verfügung zu stellen, dafür wurden den Distriktbanken

[163] Vgl. Moore, 1990, S. 39
[164] Vgl. Wheelock, 1991, S. 74f
[165] Vgl. Wheelock, 1991, S. 81f
[166] Vgl. Bopp, 1944, S. 265f und das Zitat von Havenstein in Kap. 2.5.1.
[167] Vgl. Guba, 1989, S. 5
[168] Vgl. Fishe, 1991, S. 310, die Diskontierungen 1914 entsprachen nur etwa 4% ihrer Möglichkeiten, 1915 10%, erst 1917 stellte die Fed, bedingt durch den Krieg, mehr Liquidität zur Verfügung.

Refinanzierungsmöglichkeiten eingeräumt (Lender of First Resort). Tatsächlich waren die Diskontsätze der Distriktbanken höher als die Marktsätze, so daß die Banken während Krisen zum Lender of Last Resort zu hohen Zinsen wurden.

Die Diskontpolitik während des Ersten Weltkriegs, also der ersten Jahre der Fed, war widersprüchlich: Einerseits sollte der Satz niedrig gehalten werden, um die Finanzierung der Staatsschuld zu ermöglichen, andererseits wurde damit die Expansion der Geldmenge gefördert.[169] Als Lösung versuchte das Board die Distriktbanken zu überzeugen, in der Tradition der Real-bills Doktrin, Kredite nur für wirtschaftliche, nicht für spekulative Zwecke zu vergeben. Ab Mitte der 1930er Jahre vergab die Fed Kredite nicht mehr automatisch für jeden akzeptablen Wechsel, sondern diskretionär als Teil ihrer allgemeinen Kreditpolitik, d.h. die Real-bills Doktrin wurde nicht mehr als Grundlage der Geldpolitik gesehen; der Einsatz von Instrumenten richtete sich nicht mehr nach automatischen Vorschriften, sondern nach dem Ermessen der Zentralbanker.[170] Zu Beginn ihrer Existenz vergab die Fed an die Mitgliedsbanken jede Kreditsumme. In den 1950er Jahren hatte sich diese Position gewandelt: Sollte eine Bank sich in nicht selbst verschuldeten Schwierigkeiten befinden, unterstützte die Fed sie, gegebenenfalls auch über Monate hinweg, durch Diskontkredite. Sollten diese Schwierigkeiten selbstverschuldet sein, bekam sie nur unter strenger Überwachung Unterstützung.[171]

Die Distriktbanken durften Handels-, landwirtschaftliche und industrielle Wechsel mit höchstens 90 Tagen Restlaufzeit zum Rediskont annehmen,[172] Bankakzepte[173] und Staatsanleihen mit drei Monaten Restlaufzeit wurden zur Finanzierung des Außenhandels verwandt. Wechsel aus Investitionen oder aus Aktien- oder Wertpapierhandel, also Kredite für Spekulation oder Börsentransaktionen waren ausgeschlossen.

---

169 Friedman/Schwartz schreiben, daß die Fed in den ersten Jahren keine Möglichkeit hatte, die Geldmenge autonom zu verändern. Sie konnte die Geldmenge ausdehnen, indem sie Federal Reserve Notes emittierte und durch Rediskontierung oder Wertpapierkäufe ausgab, aber ihr fehlten die Mittel für eine restriktive Geldpolitik, vgl. Friedman/Schwartz, 1969, S. 213. Aber durch einen höheren Diskontsatz konnte sie die Kreditmenge restriktiv beeinflussen, Friedman/Schwartz beziehen sich darauf, daß der Fed in den ersten Jahren noch keine Wechsel zur Verfügung standen, die verkauft werden konnten. Nichtsdestotrotz kann durch einen hohen Diskontsatz die Einreichung von Wechseln zum Diskont eingeschränkt werden.

170 Vgl. Bopp, 1944, S. 268f

171 Vgl. Moore, 1990, S. 127f

172 Vgl. Federal Reserve Act, 1913, Sektion 13; Wheelock, 1991, S. 12, FN11

173 Bankakzept: Der Lieferant schickt mit den Waren ein Papier auf dem die Waren und die Zahlungskonditionen aufgeführt sind; bei Ankunft unterschreibt der Kunde das Papier, akzeptiert so die Konditionen und schickt das Papier dem Lieferant zurück. Dieses Papier kann der Lieferant nun verkaufen, z.B. an eine Bank, wenn die Bank es annimmt wird es zum Bankakzept, die Bank steht nun für die Zahlungen ein, vgl. Moore, 1990, S. 43f.

b) Reservehaltung und Deckungsvorschriften

Vor der Schaffung der Fed wurden Silber und Silberzertifikate, Gold, Treasury Notes und National Bank Notes von der Regierung ausgegeben, sie wurden gleichzeitig als Transaktionsmittel von der Bevölkerung und als mögliche Reserven von den Banken genutzt.[174] Wurden Sichtdepositen in Geld umgewandelt, so dezimierten sich gleichzeitig die Reserven der Banken. Die Banken konnten also nur weniger Kredite vergeben und die Menge an Sichtdepositen nicht aufrecht erhalten. Erleichterung brachte eine temporäre Emission von Papiergeld in Krisen, wie die Kreditzertifikate der Clearinghouses (vgl. Kap. 3.3.3).

Die Fed hielt hauptsächlich Goldreserven. Die Distriktbanken mußten eine Goldreserve[175] von 35% auf Depositen der Mitgliedsbanken (i.e. Reserven der Mitgliedsbanken) und 40% auf Federal Reserve Notes halten, und zwar 5% beim Schatzamt und 35% als eigene Reserven (siehe Abbildung II.6, II.7).[176] Die Goldreserveverpflichtung konnte im Notfall, laut einer Klausel im Federal Reserve Act, außer Kraft gesetzt werden (elastische Notendeckung), trotzdem wurde die Goldreserve als bindend angesehen.[177] Am 3.3.1935 wurde die Golddeckung der Distriktbanken für Depositen und Noten auf 25% reduziert.[178]

Für die Federal Reserve Notes mußten zusätzlich zu den 40% Golddeckung noch 100% Reserven in akzeptablen Wertpapieren - ab 1917 waren auch Staatspapiere zugelassen - oder Gold gehalten werden, ab 1917 nur noch 60%. Die Distriktbanken kauften die beim Federal Reserve Agent hinterlegten Wechsel mit Gold jedoch wieder zurück.[179] Das hatte erstens die Konsequenz, daß das hinterlegte Gold nur durch eine Einschränkung des Notenumlaufs wieder zurückgewonnen werden konnte. Und zweitens, daß die zurückgekauften Wechsel nun wieder als Reserve für neue Notenemission genutzt werden konnten, d.h. die Real-bills Doktrin wurde außer Kraft gesetzt. Möglich war diese Prozedur jedoch nur mit einer ausreichenden Menge an Gold, dieses kam durch die kriegsbedingten Exporte nach Europa ins Land.

---

174 Vgl. Timberlake, 1993, S. 210

175 Bis 1917 durften weder Gold noch Goldzertifikate als Reserve für Federal Reserve Notes gehalten werden, nur Wertpapiere, vgl. Moore, 1990, S. 36.

176 Falls die Deckungsgrenze der Federal Reserve Notes unterschritten wurde, mußte eine besondere Steuer gezahlt werden. Von 40% bis 32,5%: 1% Steuer, danach für jede 2,5% unter den 32,5%: 1,5% Steuer. Die Zins- und Diskontsätze der Distriktbanken mußten um diesen Satz erhöht werden. Damit sollte erreicht werden, wie in Deutschland durch die Notensteuer (die sich allerdings auf das steuerfreie Kontingent bezog), daß nicht zuviele Noten ausgegeben wurden, vgl. Keesing, 1915, S. 15f; Wheelock, 1991, S. 14f.

177 Das Board durfte die Mindestreserve für höchstens 30 Tage außer Kraft setzen, um expansive Geldpolitik zu betreiben, vgl. Wheelock, 1991, S. 12, Friedman/Schwartz, 1969, S. 238, FN59.

178 1960 sanken die Goldreserven der Distriktbanken für den Notenumlauf auf 37,9%. 1966 wurde die Golddeckung für Bankdepositen aufgehoben, 1968 die für Federal Reserve Notes, vgl. Timberlake, 1986, S. 753.

179 Das Folgende ist entnommen aus Fishe, 1991, S. 309ff.

Die Klassifizierung von Geschäftsbanken in Country, Reserve City and Central Reserve City (siehe Kap. 3.3.2) blieb im Federal Reserve Act erhalten, aber nach einer Übergangszeit mußten die Reserven in die Distriktbanken umgeschichtet werden, so daß ein Teil bei den Banken selbst und ein Teil bei den Distriktbanken gehalten wurde.[180] Von Central Reserve City Banks mußten 18% auf Sichtverbindlichkeiten als Reserven gehalten werden, von Reserve City Banks 15% und von Country Banks 12%. Alle Banken mußten 5% Reserve auf Spareinlagen halten.[181] 1917 wurden erstens diese Vorschriften auf respektive 13%, 10%, 7%, und 3% für Spareinlagen gemindert. Zweitens sollten die Reserven so umgeschichtet werden, daß sich ein großer Teil bei den Distriktbanken konzentrierte.[182] Diese Neufestsetzung der Mindestreservevorschriften ebnete den Weg für die spätere Nutzung der Mindestreserve als geldpolitisches Instrument zur Beeinflussung des Geldangebots.[183] Ab 1933 verbesserte sich die Liquiditätssituation der Banken, die Überschußreserven stiegen von \$35 Mill. (1932) auf \$6,6 Mrd. (1939).[184] Aufgrund dieser Entwicklung erhöhte die Fed sukzessive die Reservevorschriften (vgl. Tabelle II.5). In der Bankakte 1935 wurden explizit diskretionäre Änderungen der Mindestreserve als neues Instrument eingeführt, somit vergrößerte sich der Einfluß auf die Reserven der Mitgliedsbanken. Da häufige Änderungen der Reservesätze die Planung für Banken jedoch nur unnötigerweise verkompliziert hätten, sollten Änderungen nur für Ankündigungseffekte und relativ selten benutzt werden.[185]

c) Offenmarktpolitik

Etwa seit 1922 begann die Fed Offenmarktoperationen als Instrument zur Kreditkontrolle zu nutzen. Das Instrument war vorher bekannt, Offenmarktoperationen wurden in Sektion 14 des Federal Reserve Act angesprochen, aber die Wirksamkeit ergab sich erst im Laufe der Zeit. Die ersten Operationen ab 1922 hatten nichts mit Lender of Last Resort Überlegungen oder der Bereitstellung eines elastischen Geldangebots zu tun. Die Fed griff aktiv in den Geldmarkt ein, indem sie Goldflüsse manipulierte, Exportmarktprobleme voraussah und mit anderen Zentralbanken bzgl. der internationalen Kontrolle von Goldflüssen zusammenarbeitete.[186]

---

180 Reserven, die von Mitgliedsbanken gehalten werden müssen, können bestehen aus: National Bank Notes, Treasury Notes, Währungsmetall, Greenbacks, Silberzertifikaten.

181 Vgl. Moore, 1990, S. 38

182 Vgl. Warburg, 1930, Vol. 1, S. 158f; Moore, 1990, S. 50f. Es gibt keine Mindestreserve auf Spareinlagen natürlicher Personen, Reservesätze bei Sicht-, Termin- und Spareinlagen juristischer Personen sind innerhalb von Grenzen variabel, vgl. Walter, 1994, S. 72.

183 Vgl. Friedman/Schwartz, 1969, S. 195

184 Vgl. Moore, 1990, S. 89

185 Vgl. of Governors, 1984, S. 70f

186 Vgl. Timberlake, 1993, S. 262

Wenn die Fed die Kreditvergabe einschränken wollte, offerierte sie eigene Staatsanleihen zum Verkauf. Wenn diese mit einem Scheck auf eine National Bank bezahlt wurden, konnte die Fed die Reserven dieser Banken reduzieren, weniger Kredite wurden vergeben. Oder sie mußten Reserven von der Distriktbank leihen, die evt. ihren Diskontsatz erhöhte.[187]

Da zur Zeit des Federal Reserve Act die Offenmarktpolitik noch keine wichtige Rolle spielte, wurden dort auch keine Regelungen bzgl. Wertpapiertransaktionen getroffen. Die Distriktbanken koordinierten solche Transaktionen in der Governors' Conference,[188] da sie sonst gegeneinander bieten und so die Zinssätze sinken würden. In den 1920er Jahren wurde die Offenmarktpolitik dann auf einer regulären Basis angewandt. Die passive Real-bills Doktrin wurde durch aktive Kreditpolitik seitens der Fed ersetzt. Offenmarktoperationen boten sich an, weil sie schnell ausgeführt und leicht rückgängig gemacht werden konnten.

Da 1916 die Staatsschuld nur $1,2 Mrd. betrug, gab es auch nur relativ wenig Staatsanleihen, mit denen die Fed Offenmarktpolitik betreiben konnte. Nach dem Ersten Weltkrieg im Juni 1919 war die Schuld auf $25,5 Mrd. angewachsen, so daß die Möglichkeiten der Offenmarktpolitik erheblich gestiegen waren (siehe Abbildung II.10-12, II.14).[189] Das Anwachsen der Staatsschuld ermöglichte, daß die Offenmarktpolitik zum meistbenutzten Instrument wurde.

d) Margin Requirements

Dieses Instrument wurde 1934 eingeführt, um die Kreditaufnahme für spekulative Zwecke zu begrenzen. Die „margin" beschreibt die Geldmenge beim Aktienkauf, die nicht als Kredit aufgenommen, sondern selbst-finanziert sein muß. Wenn das Margin Requirement bei 60% läge, müßte ein Kreditnehmer für einen Aktienkauf über $10.000 $6.000 an eigenem Geld vorweisen und dürfte nur für $4.000 einen Kredit zur Finanzierung des Kaufs aufnehmen.[190]

3.5.3 Der Geldumlauf

Bis zur Mitte des 19. Jahrhunderts stellten Münzen ausländischer Prägung einen Großteil des Münzumlaufs in den Vereinigten Staaten dar.[191] Erst Mitte der 1850er Jahre wurde ein nationales Goldprägesystem auf der Grundlage der Goldfunde aus Kalifornien aufgebaut. 1853 wurde Silber, wegen der großen Goldfunde, zum untergeordneten Währungsmetall. Jede

---

[187] Vgl. Kemmerer/Jones, 1959, S. 539
[188] Für die weitere Entwicklung der Conference siehe Kap. 3.4.3.
[189] Vgl. Moore, 1990, S. 71
[190] Vgl. of Governors, 1984, S. 72f
[191] Vgl. Parthemos, 1988, S. 22

State Bank durfte eigene Banknoten emittieren, die im ganzen Land umliefen. Zur Zeit des Bürgerkrieges gab es über 7000 verschiedene Banknoten.[192] Eine einheitliche Banknotenzirkulation für alle Teile des Landes wurde erst mit Einführung des National Banking System nach Ende des Bürgerkriegs erreicht.

National Bank Notes, State Bank Notes, Greenbacks und Goldzertifikate bildeten die Hauptbestandteile der Währung in den Jahren nach dem Bürgerkrieg. Das langsame Wachstum der Geldmenge in den 1870er Jahren gekoppelt mit hohem Wirtschaftswachstum führte zu Deflation. Von den Greenback- und „free silver"-Bewegungen (1870-95) wurde die Forderung nach monetärer Expansion propagiert. Die Greenback-Bewegung führte zur Einstellung des schrittweisen Wiedereinzugs der Greenbacks, so daß ca. $300 Mill. Greenbacks als permanenter Teil der Geldmenge bestehen blieben. Die „free silver"-Bewegung führte zur Emission von $500 Mill. Silberdollars und silbergedeckten Treasury Notes.

Bis in die 1930er Jahre herrschte in den Vereinigten Staaten der Goldstandard. Bis 1914 der Gold-Münzen-Standard, d.h. der Geldumlauf bestand zu diesem Zeitpunkt zu mehr als einem Sechstel aus Goldmünzen (vgl. Abbildung II.3-5). Etwa ein Drittel bestand aus Goldzertifikaten und Treasury Notes, 10% Greenbacks, 20% National Bank Notes, 16% Silberzertifikate und Silberdollars, und Silber-, Nickel- und Kupferscheidemünzen.[193] Im folgenden werden diese Zahlungsmittelarten unter den Rubriken Metallgeld und Zertifikate, Papiergeld und Banknoten vorgestellt. Danach werden das Problem der kleinen Scheine und Münzen, die jahreszeitlichen Schwankungen der Geldnachfrage und die Entwicklung des Scheckverkehrs kurz beschrieben

a) Metallgeld und Zertifikate

Bis zum Ersten Weltkrieg bestand ein Großteil des umlaufenden Geldes in den Vereinigten Staaten aus Goldmünzen. Außerdem liefen Scheidemünzen aus Silber, Kupfer und Nickel um. Goldzertifikate waren vom Schatzamt emittierte Noten zum Nennwert von $100, die zu 100% in Gold aus einem Fonds gedeckt waren.

Ab 1879 waren Silberdollars gesetzliches Zahlungsmittel. Anstatt allerdings Silbermünzen zu benutzen, die relativ groß und unhandlich waren, wurden ab 1886 Silberzertifikate zu den Nennwerten $1, $5 und $10 emittiert. Für jedes Zertifikat lagen zu 100% Silbermünzen und -barren beim Schatzamt, so daß dieses kein „fractional reserve" Geld war. Jedes Silberzertifikat war in Silber einlösbar.

---

[192] Vgl. Garcia/Plautz, 1988, S. 33
[193] Vgl. Kemmerer/Jones, 1959, S. 528f

b) Papiergeld

1862 wurden erstmals $250 Mill. an United States Notes (Greenbacks) vom Schatzamt emittiert. Dieses Papiergeld war gesetzliches Zahlungsmittel, hatte keine Metalldeckung und war inkonvertibel.[194] Greenbacks konnten vom Schatzamt wieder ausgegeben werden. Bei Ende des Krieges gab es ca. $400 Mill. Greenbacks, die mit Hilfe von Budgetüberschüssen wieder eingezogen werden sollten. Dies wurde wegen der Deflationsgefahr eingestellt, so daß weiterhin ca. $350 Mill. umliefen. Ab 1884 waren sie auch in Friedenszeiten gesetzliches Zahlungsmittel.

Treasury Notes wurden vom Schatzamt für Zahlungen an die und von der Regierung emittiert. Auf die Papiere wurden ein Jahr lang Zinsen gezahlt, sie konnten nicht wieder ausgegeben werden, wurden nur zu großen Nennwerten und in limitierten Mengen emittiert. Zur Einlösung existierte ein Goldfonds über $150 Mill., der auch zur Einlösung der Greenbacks genutzt wurde. Der Anteil der Treasury Notes war ab 1914 vernachlässigbar, der der Federal Reserve Notes nahm kontinuierlich zu (siehe Abbildung II.4, II.5).[195] (Das Papiergeld der Clearinghouses, v.a. Gold- und Kreditzertifikate, wird in Kap. 3.3.3 beschrieben.)

c) Banknoten

Die Federal Reserve Notes wurden diskretionär vom Board emittiert und durch die Federal Reserve Agents an die Distriktbanken weitergeleitet.[196] Die Noten mußten von allen Mitgliedsbanken und für alle Zahlungen an die öffentliche Hand (Steuern, Zölle usw.) angenommen werden. Auf Nachfrage waren sie beim Schatzamt in Gold einlösbar, bei den Distriktbanken in Gold oder gesetzlicher Währung. Sie waren zu 40% in Gold und zu 60% in Staatspapieren gedeckt. Welche Papiere von den Distriktbanken für die Noten beim Federal Reserve Agent zu hinterlegen waren, war in Sektion 13 des Federal Reserve Act geregelt. Die Noten wurden ab 1914 zu Nennwerten von $5, $10, $20, $50 und $100 emittiert, ab 1918 waren auch Nennwerte von 500, 1000, 5000 und 10.000 Dollar zulässig.[197] Federal Reserve Notes konnten als Bargeld oder als Reserven der Banken genutzt werden. Die beiden Mechanismen, die in den ersten Jahren quasi-automatisch die Menge der Federal Reserve Notes festlegten, waren der Goldstandard (über die Golddeckung der Noten) und die Real-bills Doktrin (über die Deckung der Noten in Handelswechseln). Die Treasury Notes,

[194] Man konnte allerdings Staatspapiere damit kaufen, die vom Schatzamt in Gold eingelöst werden mußten.
[195] Vgl. Friedman/Schwartz, 1969, S. 216
[196] Vgl. Moore, 1990, S. 35
[197] Vgl. Moore, 1990, S. 208

National Bank Notes und das Notgeld sollten langfristig dem Umlauf entzogen und durch Federal Reserve Notes ersetzt werden. Der Notenumlauf wies, wie in Deutschland, eine saisonale Komponente auf, die Notenausgabe stieg jeweils zum Jahresende stark an, um dann am Anfang des nächsten Jahres stark abzufallen.[198] Diese ausgeprägten Schwankungen traten erst ab dem Jahr 1918 auf, d.h. nach dem Amendment von 1917.

Die Ausgabe von Notgeld (Emergency Currency) wurde im Aldrich-Vreeland Act 1908 beschlossen. Ein Zusammenschluß von mehreren National Banks wurde vom Schatzamt zur Ausgabe dieser Noten ermächtigt, wenn bestimmte Voraussetzungen bzgl. Überschußreserve und Kapital erfüllt waren (siehe Erläuterung II.1).[199] (Die State Bank Notes und die National Bank Notes, die auch nach 1913 weiter umliefen, werden in Kap. 3.3.1 und 3.3.2 beschrieben.

d) Das Problem der kleinen Münzen und Scheine

Im 19. Jahrhundert gab es verschiedene Arten von kleinen Münzen und Scheinen, die verschiedene Nachteile hatten:[200] Goldmünzen waren unter $5 zu klein, Silber war unterbewertet, sein Marktwert war höher als der Nennwert, Scheidemünzen aus Kupfer, Nickel oder Silber waren nicht ausreichend vorhanden, kleine Banknoten von privaten Banken waren unerwünscht, Bankdepositen waren v.a. im Süden und Westen noch nicht sehr entwickelt. Im frühen 19. Jahrhundert waren die meisten Münzen in den USA spanischer Herkunft, von denen einige tatsächlich gesetzliches Zahlungsmittel waren. 1820 existierten pro Kopf der Bevölkerung weniger als $0,25 an kleinen Münzen. Der Coinage Act von 1857 stellte genügend Münzen für die täglichen Transaktionen zur Verfügung, der Bürgerkrieg machte diese Vorkehrungen jedoch wieder zunichte. Nach dem Krieg durften $300 Mill. in National Bank Notes emittiert werden, davon $50 Mill. zum Nennwert von unter $5. Ab dem Resumption Act 1879 galt jedoch eine Untergrenze von $5, weil Zahlungen in Metall wieder aufgenommen werden sollten. In den 1880er Jahren wurde Silber in kleinen Werten gemünzt und der Scheckverkehr entwickelte sich, so löste sich das Problem der fehlenden kleinen Zahlungsmittel.

Die Unerwünschtheit von kleinen Banknoten wurde - im Gegensatz zu kleinen Münzen - oft betont (vgl. Kap. 3.3.1). Banken emittierten mit Vorliebe kleine Banknoten, da sie nur selten eingelöst wurden, also aus demselben Grund wie in Deutschland. Aber auch die Nachfrager nach kleinen Noten fanden diese bequem zu nutzen. Die wachsende Menge an

---

[198] Vgl. Fishe, 1991, S. 323
[199] Vgl. Keesing, 1915, S. 8f
[200] Für die folgenden Ausführungen vgl. Timberlake, 1993, Kap. 9, S. 118ff.

kleinen Noten war nur ein Symptom, das die größere Nachfrage nach einem Transaktionsmedium für die gewachsene Volkswirtschaft reflektierte. Die Emission von kleinen Noten wurde ermöglicht durch die wachsende Menge an Staatspapieren, die als Deckung für die Noten benutzt werden konnte. Vor dem Bürgerkrieg begannen New York und Pennsylvania, Noten unter $5 zu verbieten, ca. ein Dutzend Staaten folgten dem Beispiel, sie wollten die Verwendung von Gold und Silber im täglichen Handel verstärken. Auch Greenbacks durften nicht unter $5 emittiert werden.

e) Jahreszeitliche Schwankungen

„*... New York banks had to prepare in advance for the inevitable autumnal demand on their resources.*“[201]

Genauso wie im Deutschen Reich wurde der Notenumlauf in den Vereinigten Staaten im Herbst ausgedehnt, um die Ernte und deren Transport zu finanzieren. Ab Januar ließ die Geldnachfrage dann wieder nach. Die Geldnachfrage war abhängig von Ernte, Zahltagen und Kaufgewohnheiten. Anstatt den Bargeldumlauf nach einer erhöhten Nachfrage wieder zu vermindern, wurden Kredite eingeschränkt und die Zinsen erhöht.[202]

Nach der Jahrhundertwende ergriff der Schatzkanzler Shaw Maßnahmen, um die saisonale Anspannung im Herbst und Frühling auf dem Geldmarkt zu erleichtern.[203] Sie bestanden in der Hinterlegung von Staatspapieren bei Banken. Die Papiere wurden von den Banken als Reserven genutzt, bis sie Gold importieren konnten. Der Goldimport wurde dadurch induziert, daß der Schatzkanzler einen Zeitpunkt ankündigte, zu dem die Papiere wieder abgezogen würden (vgl. Kap. 3.2.2).

Fishe untersucht die saisonalen Bewegungen der Zinsen und der Notenausgabe nach Inkrafttreten des Federal Reserve System 1913.[204] Er findet keinen Anhaltspunkt, daß die Fed versuchte, die saisonalen Bewegungen der kurzfristigen Zinsen durch Wertpapiertransaktionen zu glätten, die Bewegungen waren auch nicht sehr groß. Im Gegensatz dazu ist bei der Notenausgabe der Fed die saisonale Komponente zwischen 1917-1929 sehr stark ausgeprägt. Jeweils zum Jahresende ist die Notenausgabe sehr hoch, zu Beginn des neuen Jahres dann wieder relativ niedrig.

---

[201] Vgl. Livingston, 1986, S. 199
[202] Vgl. Livingston, 1986, S. 199; Board of Governors of the Federal Reserve System, 1943, S. 405
[203] Vgl. Friedman/Schwartz, 1969, S. 154f
[204] Vgl. Fishe, 1991

f) Der Scheckverkehr

Transaktionen wurden im Laufe des 19. Jahrhunderts zunehmend mit Bankeinlagen, auf die Schecks gezogen werden konnten („checking deposits“, „checking accounts“) durchgeführt. Schon nach dem Bürgerkrieg wurden in der Hauptsache Schecks als Zahlungsmittel genutzt, Ende des Jahrhunderts wurden dann mindestens 85% aller Transaktionen mit Schecks getätigt.[205] Da vor dem Federal Reserve Act für Bankeinlagen keine Reservevorschriften galten, war dieser Geschäftszweig auch sehr viel profitabler als die Kreditgewährung durch Bargeldausgabe. Nach der Einführung der Steuer auf State Bank Notes, traten zunächst viele State Banks zum National Banking System über. Durch die Einführung von Sichtguthaben allerdings, über die mit Hilfe von Schecks verfügt werden konnte, überholten sie dennoch nach 1890 die National Banks an Zahl und Kapital (siehe Abbildung II.16-18).[206] Das Problem des Scheckverkehrs vor 1913 war, daß die Einlösung zu langsam vonstatten ging - Schecks waren oft sehr lange unterwegs bis sie zur Einlösung bei der ausstellenden Bank ankamen - und daß viele Banken bei der Einlösung eine Gebühr verlangten.

Eine der ersten Aufgaben der Fed war es, die langen Wege, die die Schecks bis zur Einlösung zurücklegten, zu verringern oder abzuschaffen. Am 15.7.1916 wurde ein einheitliches System zur „clearance and collection“ der Schecks eingeführt,[207] das alle Distriktbanken übernehmen mußten. Ab Juni 1917 durften auch Nicht-Mitgliedsbanken an diesem System teilnehmen. D.h. das Schecksystem wurde stetig ausgebaut. Allerdings machten zunächst nur wenige Banken von diesem Angebot Gebrauch. Bei Ende des Ersten Weltkriegs verlangten die meisten Banken bei Einlösung der Schecks keine Gebühr mehr.[208] Den Distriktbanken war die Erhebung einer Gebühr ab 1918 verboten. Der Erfolg wird am wachsenden Volumen der eingelösten Schecks deutlich. Die Scheckverrechnung wuchs von 2.771.200 Schecks im Jahr 1931 auf 13.440.061 (1955).[209]

3.5.4 Die strukturelle Geldpolitik

Schon mit der Gründung von verschiedenen Distriktbanken, also einem Notenbanksystem anstatt einer einzelnen Zentralbank, wurde explizit eine strukturelle Geldpolitik gefördert. Die Gesetzgeber wollten keine zu kleinen Distrikte, um nicht zu viele Entscheidungsträger in der Geldpolitik zu haben, allerdings auch keine zu großen, damit diese den Überblick über ihren Distrikt nicht verlören. Ebenfalls das Direktorium sollte sich zum Teil aus Personen

[205] Vgl. Kemmerer/Jones, 1959, S. 369, 528
[206] Vgl. Garcia/Plautz, 1988, S. 34
[207] Vgl. Moore, 1990, S. 40ff
[208] Einige Banken verlangten noch bis 1980 Gebühren.
[209] Vgl. Moore, 1990, S. 92, 125

zusammensetzen, die sich mit den wirtschaftlichen und monetären Gegebenheiten ihres Distrikts auskannten. Im Federal Reserve Act waren die Distriktbanken als eigenständige Notenbanken konzipiert, die durch das Board in Washington nur koordiniert und beraten werden sollten. Jede Distriktbank durfte ihren Diskontsatz selbst festlegen, allerdings mußte er vom Board genehmigt werden (siehe Kap. 3.6.1). Trotzdem gab es für einige Zeit verschiedene Diskontsätze in den verschiedenen Distrikten. In den ersten Jahren des Federal Reserve System war die Geldpolitik also auf jeden Fall strukturell, also nach Regionen verschieden. Die Frage war allerdings nicht, ob die strukturell unterschiedliche Geldpolitik den wirtschaftlichen Gegebenheiten der Vereinigten Staaten eher angemessener war als eine zentrale Geldpolitik: Ein System der Zentralbanken wurde gegründet, weil in der föderal organisierten Nation eine einzelne Zentralbank im Parlament auf keinen Fall durchsetzbar gewesen wäre.

Vergünstigungen für die Landwirtschaft waren bei der Fed ebenso wie bei der Reichsbank zu beobachten. Vor 1913 durften State Banks - im Gegensatz zu National Banks - Kredite gegen Grundbesitz vergeben. In schlechten Zeiten für die Landwirtschaft in einer Region konnte das allerdings Rückwirkungen auf die Banken dieser Region haben. Es fehlte eine Institution, die auf längerfristiger Basis Kredite gegen Grundbesitz gewährte.[210] Die Bewegung für landwirtschaftlichen Kredit setzte sich dafür ein, daß dieser Vorschlag in den Federal Reserve Act aufgenommen wurde, das geschah jedoch nicht.[211] Im Gold Standard Act 1900 wurden Vorkehrungen mit dem Ziel getroffen, daß sich auch in abgelegenen Regionen Notenbanken ansiedelten. Diese würden, so hoffte man, in Zeiten großer Geldnachfrage Banknoten ausgeben, z.B. während der Ernte. Sie sollten das unterschiedliche Geldangebot in den Regionen ausgleichen und damit auch den eher landwirtschaftlich orientierten Einzelstaaten genügend Kredit sichern.[212]

Die Ausrichtung der Geldpolitik auf die Belange der Landwirtschaft wird an den Regelungen bzgl. der Direktoren der Distriktbanken deutlich. Die drei Klasse-B Direktoren sollten aktiv in Handel, Landwirtschaft oder Industrie tätig sein. 1922 wurde auch in das Board ein zusätzliches Mitglied aufgenommen, um explizit landwirtschaftliche Interessen zu vertreten.[213] Sektion 24 des Federal Reserve Act[214] beschäftigte sich speziell mit Krediten auf

---

[210] Vgl. Kemmerer/Jones, 1959, S. 370
[211] Vgl. Livingston, 1986, S. 217f
[212] Vgl. Livingston, 1986, S. 130
[213] Vgl. Federal Reserve Act, Amendment von 1922, Sektion 10.
[214] Vgl. Federal Reserve Act, 1913, Sektion 24

landwirtschaftlichen Grundbesitz. Dort wurden die Konditionen festgelegt, zu welchen National Banks gegen solche Sicherheiten Kredit gewähren durften.[215]

Außerdem zeigen die erhobenen Vorwürfe gegen die Fed, sie vernachlässige die Interessen der Landwirtschaft, die allgemeine Auffassung, daß die Geldpolitik sich auch mit dem Agrarsektor zu beschäftigen habe.[216] 1914 wurde wegen fallender Baumwollpreise[217] Druck auf das Board ausgeübt, diese Preise zu stützen und den Farmern Kredithilfe zu gewähren. Im Januar 1915 lag ein Plan für einen Cotton Loan Fund vor, der von Geschäftsbanken gezeichnet werden und den Farmern langfristige Kredite gewähren sollte. Nach dem Ersten Weltkrieg wurde dieser Cotton Loan Fund dann gegründet; er brachte allerdings eher einen psychologischen als einen tatsächlichen Effekt.[218]

1927 kaufte die Fed Wertpapiere am offenen Markt, um die europäische Nachfrage anzuregen, damit landwirtschaftliche Produkte in den USA gekauft würden.[219] Im August 1929 wurde der Diskontsatz erhöht, um Kredite, v.a. an der Börse, einzuschränken. Gleichzeitig wurde aber ein hohes Kreditkontingent nur für die Landwirtschaft und andere „legitime" Verwendungen bereitgehalten.[220] In der Periode 1967-82 wurden jedesmal, wenn die Inflation eingedämmt war, Proteste laut, der hohe Zins würde die Wirtschaft einzwängen und v.a. dem landwirtschaftlichen Sektor schaden.[221]

Die Beachtung der Binnenwirtschaft war bei der Fed keine Frage der Unabhängigkeit mehr - wie noch bei der Reichsbank -, sondern wurde erleichtert durch die sukzessive Außerkraftsetzung der Spielregeln des Goldstandards in der Periode zwischen den beiden Weltkriegen.[222] Die Phase des klassischen, internationalen Goldstandards war mit Beginn des Ersten Weltkriegs beendet; die rigiden Spielregeln und Ziele dieses Währungssystems hatten keinen so hohen Stellenwert mehr. Das internationale Ziel der Aufrechterhaltung des Goldstandards wurde dem Ziel der Abgrenzung der Binnenwirtschaft von außenwirtschaftlichen Einflüssen mittels Handelsbeschränkungen und Währungskontrollen untergeordnet. Das Federal Reserve System begann erst in dieser Phase seine Arbeit (vgl.

---

[215] Auch Wechsel mit einer Restlaufzeit von bis zu sechs Monaten, die auf Landwirtschaft oder Viehzucht beruhten, durften bis zu einem bestimmten Prozentsatz des Kapitals der Distriktbank in Zahlung genommen werden, vgl. Federal Reserve Act, 1913, Sektion 13; Keesing, 1915, S. 12.

[216] Ein solches Ereignis beschreiben Dykes/Whitehouse, 1989, S. 240.

[217] Die Baumwollernte 1914 war die größte seit langem, vgl. Dykes/Whitehouse, 1989, S. 237.

[218] Vgl. Moore, 1990, S. 23

[219] Vgl. Timberlake, 1993, S. 262

[220] Vgl. Wheelock, 1991, S. 20

[221] Vgl. Timberlake, 1986, S. 753. Auch kleine Geldinstitute, die keinen effektiven Zugang zu nationalen Kapitalmärkten hatten, bekamen Vergünstigungen in Form von saisonalen Diskontkrediten, vgl. of Governors, 1984, S. 58f.

[222] Für eine einführende Beschreibung des Währungsstandards in der Zwischenkriegszeit siehe Jarchow/Rühmann, 1989, S. 62ff.

auch Kap. 3.6.3). Ansätze einer antizyklischen Kreditpolitik entwickelten sich ab 1924.[223] Die Fed versuchte seit 1924, Fluktuationen in der Wirtschaftsaktivität einzudämmen, und in ihrer Diskontpolitik internationale sowie auch interne Ziele zu beachten.[224] Außerdem wurden unter dem ersten Präsidenten der New York Fed, B. Strong, Strategien entwickelt, die die Fluktuationen in der Wirtschaftsaktivität erfolgreich eindämmten.[225]

3.5.5 Die Unabhängigkeit der Fed und ihre Ausgestaltung durch Optimale Kontrakte

„*After six months [on the board] everybody is a central banker*"

A.F. Burns (Vorsitzender des Boards)[226]

In der Debatte für oder wider eine zentrale Notenbank vor 1913 fürchtete man, daß eine zentrale Institution so abhängig von der Regierung sein könne, daß sie nur noch ein Instrument derselben wäre.[227] Also wurde ein Zentralbanksystem gegründet, auch um die Unabhängigkeit der Notenbank zu schützen. Vorkehrungen für eine unabhängige Notenbank wurden schon in den Federal Reserve Act aufgenommen.[228] Das Board mußte dem Kongreß und nicht der Regierung Bericht erstatten, die Fed mußte sich selbst finanzieren und war somit nicht vom Kongreß abhängig, die Macht in dem neuen System war so verteilt, daß die Interessen der verschiedenen Gruppen in den Distriktbanken verschmolzen. Die Verwaltung der Distriktbanken sollte in die Hände von erfahrenen und unabhängigen Männern gelegt werden.[229] Die Fed war instrumenten- aber nicht zielunabhängig, die Ziele wurden ihr vom Kongreß durch Gesetze vorgegeben (vgl. Kap. 3.4.1). Ab 1916 sollte die Unabhängigkeit vergrößert werden, indem die Position des Vorsitzenden rotierte.[230] Dieser Vorsatz wurde aber nicht konsequent durchgehalten, wie an den unterschiedlich langen Amtszeiten der Vorsitzenden zu erkennen ist (siehe Tabelle II.6).

---

[223] Vgl. Guba, 1989, S. 6; Friedman/Schwartz, 1969, S. 240

[224] Vgl. Wheelock, 1991, S. 29f, 34, 113

[225] Die Geldpolitik berücksichtigte möglicherweise auch in steigendem Maße den sich institutionalisierenden Arbeitsmarkt. Zusammenschlüsse von Arbeitern, die als Gewerkschaften bezeichnet werden können, bildeten sich in den Vereinigten Staaten zu Beginn des 19. Jahrhunderts. Gegen Ende des Jahrhunderts wurden Gesetze zur Regelung des Arbeitsmarktes erlassen. Mit dem National Labor Relations Act 1934 wurden Gewerkschaften endgültig als legal erklärt. Ab Anfang dieses Jahrhunderts wurden nach und nach Höchstarbeitszeiten und Mindestlöhne gesetzlich festgelegt. Diese Standards wurden 1938 im Fair Labor Standards Act auch auf föderaler Ebene festgesetzt. Sozialversicherungen wurden 1935 im Social Security Act auf Initiative von Präsident Roosevelt eingeführt. Vgl. Letwin, 1989, S. 677ff. In Deutschland wurden Sozialversicherungen schon in den 1880er Jahren auf Initiative von Bismarck eingeführt.

[226] Zitiert in Moore, 1990, S. 146

[227] Vgl. Geisler, 1953, S. 38

[228] Vgl. Burns, 1976, S. 494

[229] Vgl. Livingston, 1986, S. 220

[230] Vgl. Dykes/Whitehouse, 1989, S. 235

Das Board war dem Präsidenten nicht direkt verantwortlich,[231] es gab keinen offiziellen Kanal zwischen Regierung und Zentralbank und der Präsident hatte keine rechtliche Macht über das Board. Aber der inoffizielle Einfluß der Regierung war durch die beiden *ex officio* Mitglieder natürlich groß. Mit dem Ausschluß dieser beiden Mitglieder 1935 wurde der direkte Einfluß des Schatzamts auf die Fed jedoch vermindert. Weitere Argumente dafür, daß die Fed in den ersten Jahren nicht unabhängig war, finden sich im Kap. 3.6.1.

Das Thomas Amendment zum Agricultural Adjustment Act am 12.5.1933 zeigte, wie einfach es war, die Unabhängigkeit der Fed zu umgehen, bzw. einzuschränken. Dieses Gesetz gab dem Präsidenten der Vereinigten Staaten weitgehende Befugnisse bzgl. des Außenwerts des Dollars, der Art des Währungssystems und der Ankaufsverpflichtung von Staatsanleihen seitens der Fed (vgl. Kap. 3.6.4).[232] Gesetzesänderungen wie das Thomas Amendment zeigen, daß eine solche jederzeit dazu benutzt werden konnte, eine höhere Abhängigkeit wieder herzustellen.[233]

Finanzielle Unabhängigkeit erreichte die Fed durch das Bankgesetz 1933,[234] die finanziellen Mittel der Fed durften nicht als öffentliche Gelder betrachtet werden. Allerdings wurde ein Teil ihres Gewinns dem Schatzamt überwiesen. Der Umzug der Fed in ein neues Gebäude 1937 verringerte die äußerliche Abhängigkeit vom Schatzamt. Als M.S. Eccles' Amtszeit als Vorsitzender des Boards 1948 endete, wurde er von Präsident Truman nicht wieder ernannt, weil diesem die Ansichten Eccles' nicht gefielen.[235] Der Präsident der Vereinigten Staaten durfte, bei Vorliegen triftiger Gründe, den Vorsitzenden des Boards abberufen.[236]

Man kann auch argumentieren, daß die erste ernstzunehmende Aktionsfreiheit für die Fed erst dem Fed-Treasury Accord 1951 folgte.[237] Ein ehemaliger Schatzkanzler gab zu, daß er die Aktivitäten des Boards dominierte, er habe das Board als einen Teil des Treasury behandelt.[238] Die Fed stützte die Kurse der Staatsanleihen bis 1951, in diesem Jahr verlangte Eccles als Mitglied des Boards, daß sich das Schatzamt nicht mehr in die Angelegenheiten des Boards einmische. D.h. eine starke Persönlichkeit konnte die Unabhängigkeit der Fed wieder herstellen. Mehrere Autoren schreiben, daß die Unabhängigkeit der Fed zu einem großen Teil

[231] Vgl. Dykes/Whitehouse, 1989, S. 235
[232] Vgl. Kemmerer/Jones, 1959, S. 533
[233] Andererseits ist das in Deutschland bzgl. der Bundesbank genauso; das Bundesbankgesetz ist ein einfaches Gesetz und kann durch den Bundestag jederzeit geändert werden. Wichtiger ist vielmehr der Stabilitätskonsens in der Bevölkerung; bei einer solchen Änderung müßte mit Widerstand gerechnet werden.
[234] Vgl. Dykes/Whitehouse, 1989, S. 232
[235] Vgl. Moore, 1990, S. 96
[236] Vgl. Geisler, 1953, S. 41
[237] Vgl. Munger/Roberts, 1990
[238] Vgl. Timberlake, 1986, S. 752

vom Charakter und der Stärke des Vorsitzenden des Boards oder den Personen des Boards oder der Distriktbanken abhing.[239] Also nicht Gesetze, sondern kompetente Leute machen gute Geldpolitik.[240] Ein Komitee Anfang der 1950er Jahre entschied, daß die Fed unabhängig innerhalb der Regierung („independent within government") und dem Kongreß verantwortlich sei.[241]

1962 beantragte Präsident Kennedy im Kongreß, daß der jeweils neu gewählte Präsident auch einen neuen Vorsitzenden des Boards ernennen könne. Der Kongreß lehnte diese Forderung jedoch ab. 1965 erhöhte die Fed den Diskontsatz um nur 0,5%, um die Inflation einzudämmen, die durch die Krieg in Vietnam, hohe Budgetdefizite und Vollbeschäftigung ausgelöst wurde. Diese nur milde Demonstration ihrer Unabhängigkeit wurde stark von der Regierung kritisiert.[242]

Lucia untersucht die Unabhängigkeit der Fed bzgl. des Kongresses, des Schatzamts und der Geschäftsbanken.[243] Der Kongreß gab der Fed im Laufe der Zeit immer spezifischere Ziele vor, von sehr vagen Vorschriften im Federal Reserve Act bis zu genauen Vorschriften im Monetary Control Act; außerdem ist die Fed für ihre Zielerreichung dem Kongreß verantwortlich. Außer in den Zielvorgaben griff der Kongreß die Unabhängigkeit der Fed in seinen Gesetzesvorlagen nicht an. In bezug auf das Schatzamt gestaltete sich das Verhältnis anders. In den ersten Jahren und v.a. während der Kriege stand die Fed eindeutig unter der Leitung des Schatzamts. Die Fed war gebunden durch die Verpflichtung, die Zinsen auf Staatsanleihen niedrig zu halten. Der Accord 1951 gab der Fed etwas mehr Handlungsfreiheit, war aber ein Kompromiß. Danach folgte die Geldpolitik im großen und ganzen der Fiskalpolitik, die Fed handelte im Einklang mit den Wünschen des Schatzamts. Eine Bevorzugung mancher Geschäftsbanken durch die Fed wurde befürchtet; darauf gibt es allerdings keine Hinweise. In den 1950er Jahren steuerte die Geldpolitik gegen die Fiskalpolitik, von 1960-80 folgte sie immer der Fiskalpolitik („accomodating monetary policy"). Das heißt nicht, daß in dieser Periode antizyklische Geldpolitik zur Erreichung von wirtschaftlicher Stabilität völlig abwesend war, aber es deutet darauf hin, daß die Fed nicht völlig unabhängig vom Schatzamt war. Darüber hinaus handelte die Fed wahrscheinlich auch schon in den 1950er Jahren im Einklang mit den Wünschen des Schatzamts, denn die

---

239 Vgl. Timberlake, 1993, S. 299, 344; Sylla, 1988, S. 37. Moore, 1990, Kap. 10, S. 153ff, erwähnt Persönlichkeiten, die die Fed veränderten: Glass und Wilson (Gründung), Strong (Anfangsschwierigkeiten), Eccles (Reorganisation in den 1930er Jahren), Martin (Treasury Accord), Volcker (Eindämmung der Inflation).

240 Auch im erweiterten Barro/Gordon Modell führt bei externen Schocks nicht die regelgebundene Geldpolitik zu optimalen Ergebnissen, sondern die diskretionäre evt. mit Optimalen Kontrakten.

241 Vgl. Moore, 1990, S. 112f

242 Vgl. Sylla, 1988, S. 32

243 Vgl. Lucia, 1980

Philosophie der Regierung unter Eisenhower entsprach stabilitätsorientierter und antizyklischer Geldpolitik.

Heutzutage wird die Fed als eine der unabhängigsten Zentralbanken betrachtet, da sie ihre Politik gegen den Willen der Regierung durchsetzen kann. Aber funktional ist sie nicht unbedingt unabhängig, da z.B. Geld- und Fiskalpolitik sich gegenseitig beeinflussen:[244] Ein hohes Budgetdefizit wird entweder zu Inflation führen, wenn die Leitzinsen niedrig gehalten werden, oder zu hohen Zinsen, wenn Preisstabilität das Ziel ist.

Viele Formen von Optimalen Kontrakten sind innerhalb der Fed zu beobachten. Die Amtszeit der Mitglieder des Boards beträgt 14 Jahre, d.h. ein Präsident kann während seiner Amtszeit nicht die Mehrheit der Mitglieder ernennen, es gibt keine Wiederernennung und kein Abberufungsrecht des Präsidenten, außer bei Vorliegen triftiger Gründe. Allerdings ernennt der Präsident auch den Vorsitzenden und Vize-Vorsitzenden des Boards für jeweils drei Jahre, dadurch kann er Einfluß auf das Board ausüben.[245] Zunächst durften die Mitglieder der Fed während der Amtszeit und für zwei Jahre danach keinen Posten in einer Mitgliedsbank annehmen.[246] 1919 wurde beschlossen, daß Mitglieder des Boards Positionen in Mitgliedsbanken annehmen durften, wenn sie eine volle Amtszeit geleistet haben.[247] Sie durften keine Bankaktien oder Staatsanleihen halten und nicht an der Börse spekulieren. Kein Mitglied von Senat oder Kongreß durfte dem Board oder einer Distriktbank angehören.[248] Die Bezahlung konnte in den Anfangsjahren nicht mit den Gehältern der Wirtschaft konkurrieren; die Mitglieder des Boards nahmen die Position möglicherweise aus Verantwortung gegenüber der Gesellschaft an.

Für die Präsidenten der Distriktbanken galten dieselben Restriktionen, nur ihre Gehälter waren höher.[249] Um Interessenkonflikte zu vermeiden, durfte keiner der drei Klasse-C Direktoren der Distriktbanken aus einer Bank kommen oder Anteile an einer Bank halten.[250] Den Chefs der Distriktbanken wurde der Titel „governor" gegeben, um Anreize für kompetente und führungsstarke Persönlichkeiten zu geben, den Posten anzunehmen.[251]

Fast jede Distriktbank publizierte in einer monatlichen Zeitschrift, die anderen veröffentlichten informell. Das Board gab ab Mai 1915 den Federal Reserve Bulletin

[244] Vgl. Sylla, 1988, S. 25 und Kap. 1
[245] Vgl. Munger/Roberts, 1990, S. 84
[246] Die zwei Jahre gelten nur, wenn sie keine volle Amtszeit geleistet haben.
[247] Vgl. Moore, 1990, S. 50f
[248] Vgl. Federal Reserve Act, 1913, Sektion 4
[249] Vgl. Moore, 1990, S. 121
[250] Vgl. Federal Reserve Act, 1913, Sektion 4
[251] Vgl. Warburg, 1930, Vol. 1, S. 172. Der Titel wurde später in „director" geändert.

heraus.[252] Schon vor dem Zweiten Weltkrieg begann die von Roosevelt angeregte Praxis, mit dem Vorsitzenden der Fed, dem Schatzkanzler und ein bis zwei anderen Personen wöchentliche Treffen zu veranstalten, um sich regelmäßig auszutauschen. Mit der Amtszeit des Vorsitzenden W.M. Martin wurde diese Praxis nach dem Krieg wieder aufgenommen.[253]

Die Fed muß nach einer gewissen Zeitspanne die Berichte der Versammlungen des Boards und des FOMC veröffentlichen. Die Öffentlichkeit erfährt so nicht nur das Ergebnis, sondern auch die Entscheidungsprozeduren und welches Mitglied wie abgestimmt hat. Das ermöglicht einerseits eine große Transparenz der Geldpolitik, andererseits macht es die einzelnen Mitglieder zu Objekten massiver Kritik. Außerdem geht möglicherweise ein Stück der Reputation der Zentralbank verloren, wenn öffentlich wird, daß auch innerhalb der Zentralbank Meinungsverschiedenheiten bestehen.

3.6 Die auftretenden Probleme und die anschließende Anpassung des neuen Systems

> „*Experience ... demonstrated the dangers of a system in which power and responsibility were diffused in an ambiguous way among the Board and the 12 Reserve banks, with no one body clearly empowered to take the initiative for the system as a whole or to force unified action*“[254]

Der fundamentale Konflikt des amerikanischen Zentralbanksystems sah folgendermaßen aus: Einerseits beobachtete man eine pragmatische Hingabe an die staatliche Macht, um die von Unternehmen geprägte Wirtschaft zu stabilisieren und Konflikte zwischen gesellschaftlichen Gruppen einzudämmen - daraus ergäbe sich eine vom Staat kontrollierte oder sogar geleitete Zentralbank -, andererseits die Verteidigung des Privateigentums als Quelle und Garantie der Freiheit. Aus diesem Konflikt entstand eine Zentralbank, die weder Eigentum des Staates, noch privat kontrolliert war, und damit beinahe niemanden zufrieden stellte.[255]

Ein weiterer Widerspruch entstand bei der Berücksichtigung regionaler und nationaler Interessen. Da die Einzelstaaten zuviel Macht in der amerikanischen Föderation besaßen,

---

[252] Weitere Veröffentlichungspflichten beschreiben Sylla,1988, S. 35; Moore, 1990, S. 101, 140ff. Dazu gehört beispielsweise die Berichterstattung vor dem Kongreß. Seit 1978 soll die Fed auch detailliert über ihre geldpolitischen Ziele berichten; dagegen wehrte sie sich, da sich durch die Bekanntmachung der Ziele das Verhalten der Bevölkerung änderte und so die Ziele nicht mehr erreicht werden könnten, vgl. den Beitrag von Lucas in Brunner/Meltzer, 1976.

[253] Vgl. Moore, 1990, S. 116

[254] Chandler, L.V., American Monetary Policy 1928-1941, New York 1971, S. 89, zitiert in Wheelock, 1991, S. 69.

[255] Vgl. Livingston, 1986, S. 221. Eine ähnliche Konstellation findet man bei der Reichsbank; auch deren Kapital wurde von privaten Anteilseignern aufgebracht, gleichzeitig stand sie letztlich unter der Kontrolle des Reichs.

würde auf keinen Fall eine Zentralbank im europäischen Sinne zustande kommen. Andererseits fand die Notwendigkeit, daß die Geldpolitik von einer Zentralinstanz koordiniert werden müsse, große Zustimmung. So bestand der Federal Reserve Act hauptsächlich aus Kompromissen.[256]

Innerhalb der Durchführung der Geldpolitik manifestierten sich die Probleme in der fehlenden Koordination und Kooperation der verschiedenen Instanzen und der mangelnden, eindeutigen Führerschaft innerhalb des Systems.[257]

3.6.1 Die Verteilung der Kompetenzen

Die verwirrende Verteilung der Kompetenzen wird z.B. an den Kontrollbefugnissen über die Geschäftsbanken deutlich: Der Comptroller of the Currency überwachte die National Banks, das FDIC überwachte versicherte Nicht-Mitgliedsbanken und das Board überwachte die State Banks, die Mitglieder des Federal Reserve System waren. Der Vorsitzende M.S. Eccles (1934-48) fand, diese Aufteilung zeuge von Ineffizienz, Verschwendung und schlechtem Bankmanagement. Der Schatzkanzler sah in dieser Kritik jedoch nur einen Versuch des Vorsitzenden, mehr Macht für das Board zu gewinnen.[258]

3.6.1.1 - zwischen Board und Distriktbanken

„*Over the years, practices had grown up inside the System which had reduced the Reserve Board in Washington to impotence.*“

M.S. Eccles (Vorsitzender des Boards, 1934)[259]

Jede einzelne Distriktbank sollte ihren Diskontsatz so festlegen können, daß er die Kreditkonditionen in dem jeweiligen Distrikt widerspiegelte. So erklärt sich die Regelung im Federal Reserve Act, daß jede Distriktbank den Diskontsatz aufstellte („establish“) und das Board diesen dann guthieß („subject to review and determination of the Board“[260]). Das Board sollte trotz der dezentralen Gliederung des Systems die nationalen Interessen vertreten und die Ansprüche der einzelnen Distrikte koordinieren. Schon im Vorfeld der Formulierung des Federal Reserve Act wurde eine zufriedenstellende Antwort auf die Frage gesucht, wie die

---

[256] Vgl. Parthemos, 1988, S. 27

[257] Das Fehlen von Kooperation sprechen an, Garcia/Plautz, 1988, S. 37; Wheelock, 1991, S. 112. Moore, 1990, S. 105ff schreibt, daß die Frage der Führerschaft im System 1950 immer noch nicht eindeutig geklärt war.

[258] Vgl. Moore, 1990, S. 91

[259] Vgl. Todd, 1996, S. 128

[260] Federal Reserve Act, 1913, Sektion 14

Eigenständigkeit der Distriktbanken gewährleistet und gleichzeitig das Board nicht nur mit Kontrollfunktionen, sondern auch mit Koordinations- und Weisungsbefugnissen ausgestattet werden konnte. Warburg war der Meinung, daß dieses Dilemma nicht lösbar sei.[261] Vielleicht wurde der Satz („subject to review and determination of the Board") auch aufgenommen, weil weder eine Zentralbank im europäischen Sinne gewollt war, noch wollte man die monetären Gegebenheiten des Landes völlig in dezentralisierter Hand lassen. Vertreter beider Auffassungen waren vor 1913 in den Vereinigten Staaten zu finden, es mußte ein Kompromiß geschlossen werden. Eine weitere Erklärung für die oben genannte Vorschrift wäre, daß man eine automatische Festlegung der Diskontsätze annahm, da durch den Goldstandard und die Real-bills Doktrin der Diskontsatz immer vorgegeben wäre.[262]

Mit dem Satz „subject to review and determination of the Board" waren allerdings die Probleme vorprogrammiert: Welche Instanz hatte die endgültige Entscheidungskompetenz über die Diskontsätze? Teilweise lag die Kontrolle bei den Distriktbanken, andererseits sind auch Fälle bekannt, in denen die Banken das Board angingen, die Diskontsätze ändern zu dürfen. 1927 sollten alle Distriktbanken ihre Diskontsätze senken, um Goldzuflüsse von England zu stoppen und die inländische wirtschaftliche Aktivität zu stimulieren. Chicago und San Francisco taten das nur mit Widerwillen, nachdem das Board Druck ausübte. Sie hoben die Sätze aber so früh wie möglich wieder an, weil mit niedrigen Sätzen die Börsenspekulation noch gefördert und die Aktienkurse noch weiter steigen würden.[263] Auch am Fall des „Chicago Incident"[264] manifestierte sich das zweideutige Verhältnis bzgl. der Diskontfestsetzungen. Moore beschreibt die Diskontfestsetzung so, als ob die Distriktbanken ohne Billigung des Boards keine Änderung durchführen konnten. Teilweise reichten sie einen Antrag auf Neufestlegung der Rate ein, der erst nach mehrmaligen Anfragen vom Board gebilligt wurde.[265] Andererseits spricht Geisler von einer weitgehenden Machtlosigkeit des Boards gegenüber den Distriktbanken.[266]

Auch die Kontrolle der Diskontpolitik insgesamt war nicht eindeutig zugeordnet.[267] Das Board hielt sich nicht für befugt, über die Kreditgewährung der Distriktbanken zu entscheiden, es habe keine Befugnis zu einer qualitativen Kreditkontrolle. Die Zentralbanker

---

261 Vgl. Warburg, 1930, Vol. 1, S. 170ff. Warburg äußert sich später (S. 473f) zur Machtverteilung bzgl. der Diskontsätze. Er meint, es wäre am besten, den Satz in Sektion 14 des Act so zu belassen, denn sonst hätte man entweder eine politisch kontrollierte Zentralbank, oder eine gemeinsame, nationale Geldpolitik wäre völlig ausgeschlossen.

262 Vgl. Dykes/Whitehouse, 1989, S. 236f

263 Vgl. Wheelock, 1991, S. 76f

264 Vgl. Warburg, 1930, Vol. 1, Addendum I, S. 488ff

265 Vgl. Moore, 1990, S. 39

266 Vgl. Geisler, 1953, S. 50

267 Die folgenden Ausführungen sind entnommen aus Geisler, 1953, S. 110ff.

glaubten, das Instrument der Kreditkontrolle nicht restriktiv nutzen zu dürfen, also vergaben sie auch Kredite, die zu unerlaubten Spekulationen verwendet wurden. Das Board hatte laut Federal Reserve Act auch die Möglichkeit Inter-Distrikt-Rediskontierungen anzuordnen, so daß liquide Mittel zwischen den Distrikten fließen konnten. Das Board durfte die Kreditvergabehöhe festlegen und Sanktionen verhängen. In der Praxis diskutierten die Banken und das Board gemeinsam über mögliche Diskontänderungen, das Board hatte die allgemeine Wirtschaftslage und das Allgemeininteresse im Auge, während die Banken eher auf die Interessen ihres Distrikts achteten.[268] Das Board wandte keine Druckmittel an. In ruhigen Zeiten funktionierte das, in Krisenzeiten nicht. Als sich die Krise 1929 ankündigte, waren sich Board und Banken einig, daß die Spekulation sofort eingedämmt werden müsse, aber über das angemessene Mittel konnten sie sich nicht einigen: Das Board wollte eine direkte Kreditkontrolle, deren Durchführung möglicherweise Probleme bereiteten würde; die Banken eine Diskonterhöhung, deren Wirksamkeit nicht erwiesen war. Über diesen Meinungsverschiedenheiten vergingen drei Monate; eine starke Führung hätte die Krise evt. eindämmen oder lindern können (siehe Kap. 3.6.3). Wegen der mangelnden Zuordnung der Kompetenzen verblieb das Federal Reserve System zeitweise in völliger Untätigkeit. Es wird die These vertreten, hätte die Fed zu Beginn der 1930er Jahre sofort und mit einer Stimme gehandelt, wäre die Depression zumindest etwas milder ausgefallen; stärker ausgedrückt, daß die Fed den wirtschaftlichen Zusammenbruch verlängerte, wenn nicht gar vertiefte.[269]

Anlaß zu Unstimmigkeiten gaben auch die Federal Reserve Agents als Vertreter des Boards bei den Distriktbanken: Einerseits sollte sich das Board und damit die Agents so wenig wie möglich mit dem Tagesgeschäft der Distriktbanken befassen, andererseits stand das Board gerade durch diese Personen ständig in engem Kontakt mit den Distriktbanken.[270] Der Agent war Vorsitzender der Distriktbank und zuständig für die generellen Zielvorgaben. Zusätzlich dazu wurde ein Präsident ernannt, der für die Tagesgeschäfte führte. Dies schuf ein Problem der Verantwortlichkeit für die Geldpolitik des Distrikts.

Speziell zwischen dem Board in Washington und der New York Fed herrschte ein ständiger Konkurrenzkampf.[271] Zunächst war die Distriktbank dominanter, das Gewicht verschob sich jedoch bis zu den 1930er Jahren zum Board. Auch bei internationalen Finanzbeziehungen wurde das amerikanische Notenbanksystem nicht immer durch das Board vertreten; so berief der Vorsitzende der New York Fed, B. Strong, 1927 eigenmächtig eine

268 Vgl. Warburg, 1930, Vol. 1, S. 175, er schreibt, daß das in der Praxis auf eine nationale, koordinierte Geldpolitik achtete.

269 Vgl. Wheelock, 1991, S. 1f, 46; aber S. 114; Dowd, 1990, S. 436; Cargill, 1992, S. 1273

270 Vgl. Moore, 1990, S. 24, 31

271 Vgl. Friedman/Schwartz, 1969, S. 190

Konferenz der Notenbankchefs von England, Frankreich und Deutschland ein, mit ihm als Vertreter der USA, und zwar ohne das Board zu konsultieren. Das Board forderte vom Kongreß immer wieder größere Machtbefugnisse, aber bis 1935 wurden diese nie erteilt.[272] Der Schatzkanzler verhandelte oft direkt mit den Distriktbanken, ohne das Board hinzuzuziehen, was um so fragwürdiger war, da er selbst Mitglied des Boards war.[273]

Nach dem Inkrafttreten des Federal Reserve Act wurde 1915 die Governors' Conference als Organ der Interessenvertretung der Distriktbanken gegenüber dem Board gegründet. Sie wurde von der New York Fed dominiert und war unabhängig vom Board.[274] Die Governors' Conference traf sich in den ersten Jahren informell, um Offenmarkttransaktionen und Diskontpolitik zwischen den Distriktbanken zu diskutieren und zu koordinieren.[275] 1922 wurde ein Komitee gewählt, das sich offiziell mit diesen Problemen beschäftigen sollte. Das traf auf Widerstand im Board, da dieses meinte, die Kontrolle für sich beanspruchen zu dürfen. Also wurde das Komitee im März 1923 aufgelöst und unter der Leitung des Boards mit fünf Vertretern der Distriktbanken unter dem Namen Open Market Investment Committee (OMIC) wieder eröffnet. Auch diese Struktur traf im Laufe der 1920er Jahre auf Widerstand, diesmal allerdings bei den Distriktbanken, die nicht im OMIC repräsentiert waren. Sie waren der Meinung, ihre Geldpolitik würde von New York (New York Fed) und Washington (Board) dominiert. 1930 wurde dann die Open Market Policy Conference (OMPC) gegründet mit allen zwölf Distriktbanken als Mitgliedern. Mit der OMPC war das Komitee nun tatsächlich zum Exekutivorgan geworden, das lediglich die Anweisungen des Boards ausführte.

Seit 1935 trifft sich die Conference of Presidents, die aus den Präsidenten der Distriktbanken besteht, regelmäßig mit dem Board. Innerhalb dieses Gremiums gibt es Arbeitsgruppen, die sich mit verschiedenen Problembereichen befassen.

3.6.1.2 - zwischen Board und Schatzamt

Während der beiden Weltkriege war die Zusammenarbeit zwischen Fed und Schatzamt am offensichtlichsten. 1916 wurde die erste Staatsanleihe über $50 Mill. ausgegeben, die zu einem Zinssatz von 2% vollständig von der Fed aufgekauft werden sollte. Erst nach Protest und der Anhebung der Zinsen auf 2,5% fügte sie sich. Die nächste Anleihe 1917 über $2 Mrd.

---

272 Vgl. Geisler, 1953, S. 127f
273 Vgl. Geisler, 1953, S. 128
274 Vgl. Sylla, 1988, S. 22
275 Vgl. Eichengreen, 1991

wurde zu einem Zinssatz von 3,5% vollständig von der Bevölkerung aufgekauft.[276] Bis zum Kriegsende wurden für knapp $21,5 Mrd. Anleihen ausgegeben. Gegen den dadurch entstehenden, inflationären Druck konnte die Fed nichts tun, da die Kriegführung erste Priorität hatte.[277]

Während des Zweiten Weltkriegs kooperierte die Fed sehr viel stärker mit dem Schatzamt. Im Ersten Weltkrieg wurden die Staatsanleihen von den Distriktbanken lediglich rediskontiert, während des Zweiten Weltkriegs kaufte die Fed die Anleihen jedoch zu einem großen Teil direkt.[278] Die Finanzierung und Verwaltung der sehr hohen Staatsschuld[279] machte eine enge Zusammenarbeit zwischen Fed und Schatzamt unumgänglich. Da die Fed dazu verpflichtet war, den Zins auf die Anleihen niedrig zu halten, also den Markt für Regierungsanleihen zu stabilisieren, waren Stützungskäufe in großen Mengen notwendig; das führte zu massivem Wachstum der Reserven und der Geldmenge (expansive Offenmarktpolitik). Durch die jederzeitige Ankaufsverpflichtung der Fed waren Staatspapiere gleich verzinslichem Geld.[280] Preis- und Lohnkontrollen hielten die Inflation während des Krieges in Grenzen, aber nach deren Aufhebung stieg das Preisniveau. Aus drei Gründen blieb die Fed auch während dieser Entwicklung passiv, bzw. führte die Niedrigzins-Politik weiter, wodurch der Inflation noch mehr Vorschub geleistet wurde: Die Inflation wurde als unvermeidlich angesehen, man hatte Bedenken vor einer erneuten Depression und die Fed hatte die Verpflichtung, wegen der Finanzierung der Staatsschuld, die Zinsen niedrig zu halten;[281] sobald der Preis der Anleihen sank, wurden sie von der Fed gekauft. Als die Fed nach dem Krieg die Zinsen erhöhen wollte, um die Inflation einzudämmen, konnte das Schatzamt das erfolgreich verhindern.[282] Staatsanleihen nahmen einen immer größeren Teil der Aktiva der Banken ein, 1945 wurden mehr Geschäfte mit der Regierung als mit Privaten gemacht, ein „Niedrigzinsstandard" ersetzte den Goldstandard. Nach dem Krieg konnte die Fed ihre Instrumente zur Kreditkontrolle - restriktive Offenmarktpolitik, hoher Diskontsatz und Mindestreserve - nicht anwenden, um die steigenden Preise und den Boom einzudämmen. Denn dann hätten die Geschäftsbanken ihre Mengen an Staatsanleihen am Markt angeboten, die die Fed, wegen der Verpflichtung den Zins auf Staatspapiere niedrig zu halten, hätte aufkaufen müssen.[283] Deswegen wurde mehr Kredit gewährt, woraus eine höhere Inflation

[276] Das Zinseinkommen auf diese Anleihe war steuerfrei, da man befürchtete, sie würde nicht gekauft. Die Nachfrage war jedoch größer als das Angebot.
[277] Vgl. Moore, 1990, S. 46
[278] Vgl. Sylla, 1988, S. 31
[279] Die Staatsschuld stieg von 1940 bis 1945 von $42,1 Mrd. auf $278 Mrd. an, vgl. Moore, 1990, S. 113f.
[280] Vgl. Geisler, 1953, S. 145f
[281] Diese Verpflichtung wurde erst 1951 teilweise mit dem Fed-Treasury Accord aufgehoben.
[282] Vgl. Moore, 1990, S. 96
[283] Vgl. Kemmerer/Jones, 1959, S. 545

resultierte. 1951 wurde der Accord zwischen Fed und Schatzamt ausgehandelt (vgl. Kap. 3.6.4).

Da der Schatzkanzler in den ersten Jahren auch Mitglied des Boards war, war er dem Schatzamt und der Fed gleichzeitig verantwortlich, das führte zwangsläufig zu einem Interessenkonflikt.[284] Es gab Bedenken, daß der Schatzkanzler zuviel Kontrolle über das Board, bzw. das gesamte Federal Reserve System habe.[285]

Die Kontrollbefugnis über National Banks lag beim OCC, der Teil des Schatzamts war; das Board überwachte die restlichen Mitgliedsbanken, also zu Beginn in der Hauptsache State Banks. Die Fed wurde zusätzlich zu den bestehenden Strukturen gegründet („superimposed").[286] Das bedeutete, daß alle Mitgliedsbanken der Fed unterstanden, zusätzlich wurden die National Banks vom OCC und die State Banks von den Einzelstaaten überwacht. Außerdem waren alle Banken durch die FDIC versichert. Der Comptroller of the Currency war verpflichtet, dem Board die Berichte über die National Banks zukommen zu lassen. Der Informationsfluß zwischen diesen beiden Instanzen war in den ersten Jahren jedoch nicht sehr ausgeprägt. Der Comptroller entschied, welche Informationen er weitergab. Weiterhin war der OCC zunächst mit den Kontrollbefugnissen über Bank Holding Companies ausgestattet. Mit dem Bank Holding Company Act 1956 wurde dieses Recht auf das Board übertragen. Auch diese Übertragung führte natürlich anfangs zu Reibungspunkten.[287]

Als die Amtszeit des Vorsitzenden M.S. Eccles 1948 endete, wurde er von Präsident Truman nicht wiederernannt, weil diesem die Ansichten Eccles' nicht gefielen.[288] Der Präsident der Vereinigten Staaten durfte, nur bei Vorliegen triftiger Gründe, den Vorsitzenden des Boards auch abberufen.[289] Der Vorsitzende W.M. Martin versuchte, die Empfehlungen der Regierung nicht mit den vorgeschlagenen Instrumenten und auch nicht zur Gänze auszuführen. Als der Vietnamkrieg 1965 eskalierte, stiegen die Preise, Martin verfolgte eine restriktive Geldpolitik, während die Regierung, zur Erleichterung der Kriegsfinanzierung, auf einer Niedrigzinspolitik bestand. Die Regierung konnte sich jedoch nicht durchsetzen; das Board erhöhte sogar den Diskontsatz um einen halben Punkt auf Anfrage der Distriktbanken in New York und Chicago.[290]

---

284 Vgl. Dykes/Whitehouse, 1989, S. 232

285 Vgl. Sylla, 1988, S. 22

286 Vgl. Friedman/Schwartz, 1969, S. 196

287 Phillips, 1996, beschreibt die Probleme der Regulierung der Bank Holding Companies. Er kommt zu dem - etwas einfachen - Schluß, daß die Kontrolle schon seit 1863 beim OCC läge, und nun 100 Jahre später nicht einfach auf eine andere Institution übertragen werden könne. Das Argument, daß es positive Auswirkungen haben könnte, alle Zentralbankfuntionen bei der Fed zu konzentrieren, spricht er nicht an.

288 Vgl. Moore, 1990, S. 96

289 Vgl. Geisler, 1953, S. 41

290 Vgl. Moore, 1990, S. 133

3.6.1.3 - zwischen den Distriktbanken

Die Distriktbanken waren nicht verpflichtet, an den Offenmarktoperationen teilzunehmen, die im OMIC beschlossen wurden. Sie mußten ihren Teil der gekauften Wertpapiere nicht annehmen, auch konnten einzelne Banken selbständig solche Operationen durchführen. Die Vorgehensweise bei einer gemeinsamen Politikmaßnahme war nicht geklärt. Auch nach der Umwandlung in die OMPC, waren Alleingänge der Distriktbanken immer noch möglich.[291]

Eichengreen zeigt, daß Moral Hazard zwischen den Distriktbanken durch das Fehlen einheitlicher Regeln bzgl. der Offenmarktpolitik auftreten konnte.[292] Er betrachtet zwei Distriktbanken, New York und Chicago. Die Chicago Fed kooperiert nicht, auf Kosten der New York Fed und zu Lasten der Stabilität im gesamten System. Sie führt keine Offenmarkttransaktionen durch, die notwendig wären, um zusätzliche Liquidität und damit Stabilität zu gewährleisten, sondern hält ihren Goldvorrat konstant und läßt alle Operationen von der New York Fed ausführen, bis deren Golddeckungsverhältnis auf die Untergrenze von 40% sinkt und die Liquiditätsversorgung eingestellt werden muß. Das Deckungsverhältnis der Chicago Fed bleibt relativ hoch, aber die Stabilität des Bankensystems ist nicht gewährleistet.

Die europäische Geldpolitik basierte auf dem Wechselmarkt und lenkte so Kredite in den Handel. In den USA gab es keine wichtigen Diskontmärkte außerhalb von New York, so wurde zuviel Kapital an der New Yorker Börse angelegt.[293] Diese Praxis trug zur Spekulation und Instabilität des Systems bei.

3.6.2 Die Krise nach dem Ersten Weltkrieg

„*The fear of speculation and inflation influenced policy during the 1920s, and affected it no less during the 1930s.*“[294]

Während des Ersten Weltkriegs floß Gold in die USA, die Fed konnte die Effekte auf das Preisniveau nicht sterilisieren, weil sie erstens noch keine Wertpapiere besaß, die sie am offenen Markt verkaufen konnte und zweitens noch nicht die Befugnis hatte, die Mindestreservesätze zu erhöhen.[295] Nachdem die USA in den Krieg eingetreten waren, verkaufte das Schatzamt Staatsanleihen an das Publikum, dieses nahm Kredite bei den Banken auf, um die Anleihen zu bezahlen. Die Fed wehrte sich gegen den niedrigen Zins und die Höhe der Kreditfinanzierung. Sie schlug eine höhere Steuerfinanzierung des Krieges vor.

[291] Vgl. Eichengreen, 1991, S. 8ff
[292] Vgl. Eichengreen, 1991, S. 19ff
[293] Vgl. Warburg, 1930, Vol 1, S. 465
[294] Vgl. Wheelock, 1991, S. 101
[295] Vgl. Sylla, 1988, S. 26f

Während des Krieges galt der Overman Act, der den Präsidenten autorisierte, im Falle eines Krieges oder wenn die nationale Sicherheit in Gefahr war, die Entscheidungsbefugnis über das gesamte Federal Reserve System zu übernehmen. Damit wurde der Fed gedroht, falls sie sich den Wünschen des Schatzamts widersetzte. Das Gesetz wurde allerdings nach dem Krieg außer Kraft gesetzt, so daß die Unabhängigkeit zumindest de jure wieder gewährleistet war.

Während des ersten Weltkriegs unterstützte die Fed das Schatzamt beim Verkauf der Staatsanleihen, also bei der Schuldenausweitung.[296] Nach dem Krieg hätte die Fed die Kreditexpansion durch eine Erhöhung des Diskontsatzes wieder eindämmen sollen; diese hätten die Mitgliedsbanken an ihre Kunden weitergeben müssen, was erstens die Wirtschaftstätigkeit verlangsamt und zweitens die Zinszahlungen des Schatzamts auf seine Anleihen erhöht hätte. Beides wollte das Schatzamt verhindern, und drängte die Fed, die Zinsen nicht zu erhöhen. Obwohl der Krieg als Ausnahmesituation vorbei war, tat die Fed wie ihr geheißen. Das erhöhte die Inflationsrate, die Spekulation nahm wegen der billigen Kredite zu, die Blase platzte im Mai 1920, eine Depressionsphase folgte. Als Kreditkontrollinstanz hatte die Fed nach dem Krieg versagt. Auch in der folgenden Depression reagierte sie falsch, indem sie den Diskontsatz zu spät und deshalb zu stark erhöhte[297] und die Kredite einschränkte. Ab Mitte 1919 fielen die Goldreserven der Fed, der Diskontsatz wurde bis Mitte 1920 sukzessive erhöht.[298] Obwohl die Großhandelspreise ab 1920 sanken, wurde der Satz nicht vermindert, erst im Mai 1921, als die Fed sich sicher war, daß das Reserveverhältnis stabil bleiben würde. Wegen dieser Politik der Nachkriegsjahre wurde die Fed stark kritisiert. Die expansive Offenmarktpolitik von November 1921 bis Mai 1922, um die Geldmenge auszudehnen, wurde wiederum vom Schatzamt kritisiert. Diese Krise wurde dennoch von der Fed besser bewältigt als die von 1907 (vgl. Kap. 3.3.4): Es war keine Liquiditätskrise, es gab keine Furcht um Bankeinlagen, und keine Umwandlung von Einlagen in Bargeld. Die Depression war ein weltweites Phänomen.

3.6.3 Wirtschaftskrise und Depression 1929-1935

Die Wirtschaftskrise 1929 und die darauffolgende Depression sind ein Beispiel dafür, daß das Federal Reserve System in der bestehenden Form nicht funktionierte, weil ausreichende Kooperation und eine klare Verteilung der Entscheidungskompetenzen fehlten. Außerdem

---

[296] Vgl. Kemmerer/Jones, 1959, S. 538

[297] Der Diskontsatz der Distriktbanken (New York führte mit drei anderen Distriktbanken diese Änderung an) wurde im Januar 1920 von 4,75% auf 6% angehoben, dann im Mai 1920 auf 7%, siehe Dykes/Whitehouse, 1989, S. 239.

[298] Die Reserven der Distriktbanken betrugen im Juni 1919: 50,6%, im März 1920: 40,6%. Der Diskontsatz der New York Fed wurde im Nov. 1919 von 4% auf 4,75% gehoben, im Jan. 1920: 6%, im Juni 1920: 7%, vgl. of Governors of the Federal Reserve System, 1943, S. 346, 439.

werden als Mängel der Fed angeführt: das Fehlen klarer Politikvorgaben und adäquater Instrumente.[299]

Während der 1920er Jahre setzte sich der oben beschriebene Konflikt zwischen Board und Distriktbanken fort.[300] Die beiden Instanzen waren sich uneinig über die Mittel, um die wachsende Finanzspekulation einzudämmen: Die Distriktbanken sahen eine Diskonterhöhung als geeignet an, das Board eine qualitative Kreditkontrolle. Diese Meinungsverschiedenheiten führten teilweise zu einer Geldpolitik, die durch Kompromisse geprägt war, teilweise zu langen Verzögerungen bis zur Implementierung der Instrumente. Nach dem Börsencrash im Oktober 1929 reduzierten die Distriktbanken sukzessive ihre Diskontsätze unter Führung der New York Fed. Im Mai 1931 betrug der niedrigste Satz 1,5% (New York), der höchste 3,5% (Minneapolis). Mit Ausnahme von New York waren diese Sätze zu hoch, als daß sie einen wirtschaftlichen Aufschwung stimuliert hätten. Diese relativ hohen Sätze wurden beibehalten, obwohl sich das Land in einer Depression befand, weil es während einer solchen Phase wenig Kooperation zwischen den Banken gab. Da sie um Finanzmittel konkurrierten, war der durchschnittliche Diskontsatz höher als optimal, es gab einen deflationären Bias.[301] D.h. die Distriktbanken ließen sich doch nicht so sehr wie angenommen von den lokalen wirtschaftlichen Bedingungen leiten. Dieser Effekt wurde verstärkt, da sie nicht kooperierten. Mitte 1932 war kein Diskontsatz niedriger als die Marktzinsen.[302] Sowenig wie über die Diskontsätze, waren sich die Entscheidungsträger innerhalb des Systems über die Offenmarktpolitik einig. Sie befürchteten erhöhte Spekulation. Nur die New York Fed und die Atlanta Fed befürworteten größere Offenmarktkäufe während der Depression, einige Distriktbanken sprachen sich sogar für Offenmarktverkäufe aus, deswegen wurde keine expansive Offenmarktpolitik vor 1932 betrieben. Mit ein Grund dafür war eine Interpretation der Real-bills Doktrin: Eine zu große Geldmenge in Krisenzeiten würde zu Spekulation oder Inflation führen, da es nicht genug Möglichkeiten gibt, das Geld produktiv zu nutzen. Also sollte in der Depression das Kreditangebot gering bleiben.

Die Fed war relativ passiv während der Krise 1929/30 und auch während der beiden Jahre 1930 und 1931, als viele Banken ihre Tätigkeit aufgeben mußten. Nachdem England im September 1931 den Goldstandard verließ, wurde damit gerechnet, daß Amerika folgen würde. Deswegen fanden große Goldabflüsse nach Europa statt, weil Ausländer ihre Dollarbestände rechtzeitig in Gold umtauschten. Nun stellte sich ein typisches Problem des

[299] Vgl. Moore, 1990, S. 57
[300] Für das Weitere vgl. Sylla, 1988, S. 27ff; Wheelock, 1991; Warburg, 1930, Vol. 1, Addendum II, S. 501ff und Calomiris/Mason, 1997.
[301] Vgl. Wheelock, 1991, S. 79ff
[302] Vgl. Wheelock, 1991, S. 95ff

Goldstandards: Die Goldabflüsse nach Europa erforderten eine Diskonterhöhung, während die innenpolitischen Verhältnisse, nämlich eine drohende Depression, eine Politik des leichten Geldes erforderten. Die Fed entschied sich, getreu den Spielregeln, für die erste Strategie; d.h. Priorität hatte die Aufrechterhaltung des Goldstandards. Der erhöhte Diskontsatz reduzierte tatsächlich die Goldabflüsse, aber es fehlten expansive Offenmarktoperationen, um die verlorenen Bankreserven[303] zu ersetzen, also den binnenwirtschaftlichen Verhältnissen Rechnung zu tragen. Von April bis August 1932 verfolgte die Fed dann tatsächlich eine expansive Offenmarktpolitik; unter dem Druck des Kongresses und einigen großen Geschäftsbanken kaufte die Fed für über $1 Mrd. Staatsanleihen am offenen Markt. Das frühe Ende dieser Politik führte jedoch zu mehr Bankenzusammenbrüchen. Von 1921-33 reduzierte sich die Zahl der Geschäftsbanken von 28.197 auf 13.245, fast der gesamte Rückgang ist auf Bankenzusammenbrüche zurückzuführen (siehe Abbildung II.2).[304]

Die Frage, warum die Fed die angemessene, expansive Offenmarktpolitik nicht weiterführte, kann eventuell mit dem Einfluß der Geschäftsbanken auf die Fed durch die Sitze in den Direktorien der Distriktbanken erklärt werden: Die Offenmarktpolitik hätte die Zinsen auf Staatsanleihen noch weiter gesenkt. Da diese fast die einzige Anlage der Geschäftsbanken waren,[305] wären dadurch die schon schmalen Gewinne der Banken noch weiter verringert worden. Durch ihren Einfluß drängten die Geschäftsbanken auf Einstellung der Offenmarktoperationen.[306] Der Fed widerstrebte die Weiterführung der Offenmarktkäufe, weil sie nicht kontrollieren konnte, wohin das zur Verfügung gestellte Geld floß. Sie wollte eine gleichmäßige Verteilung, aber der größte Teil floß doch in die Zentren, zu großen Banken in New York oder Chicago.[307]

Die Krise erfuhr ihren Höhepunkt im März 1933. Im Zeitraum von 1929-33 stieg die Arbeitslosigkeit von 3,2% auf 24,9%, noch 1940 waren es 14%. Im gleichen Zeitraum (1929-33) reduzierte sich das BSP auf die Hälfte, die Preise fielen stark, die Umlaufgeschwindigkeit des Geldes reduzierte sich, und die Geschäftsbanken erfuhren hohe

303 Die Bankreserven fielen von Sept. 1931 bis Feb. 1932 von $2.333 Mill. auf $1.907 Mill., vgl. of Governors of the Federal Reserve System, 1943, S. 371.

304 Laut Wheelock, 1991, S. 39, kümmerte sich die Fed nicht um die Bankenzusammenbrüche; diese wären nicht auf ein Fehler des Systems, sondern auf schlechtes Management zurückzuführen. Angesichts der hohen Zahl der Zusammenbrüche scheint das eine relativ zynische Position.

305 Während der Krise waren das die einzigen Wertpapiere, die einigermaßen sicher waren.

306 Vgl. Wheelock, 1991, S. 41. Die Fed begründete die nicht durchgeführten Offenmarktkäufe mit fehlenden Goldreserven, mit denen sie ihre Verbindlichkeiten - die ausgegebenen Federal Reserve Notes und Depositen - decken mußte. Aber der Glass-Steagall Act 1932 erlaubte auch das Halten von Staatsanleihen als Sicherheiten für Federal Reserve Notes. Diese Beschreibung der Fehleinschätzung der Fed über die Lage auf dem Geldmarkt findet sich in Wheelock, 1991, S. 46ff.

307 Vgl. Wheelock, 1991, S. 105f

Verluste. Allein 1933 gab es 4000 Bankenzusammenbrüche (siehe Abbildung II.2, II.13, II.15).

Das fehlende Vertrauen in die Wirtschaft wurde offensichtlich, als im Februar 1933 über $250 Mill. in Gold von den Banken abgehoben wurden.[308] Daraufhin ordnete der neu gewählte Präsident F.D. Roosevelt einen Bank Holiday an, um den Run auf die Banken zu stoppen. Am 9.3.1933 wurden sämtliche Goldexporte ohne Erlaubnis des Schatzamts verboten. Goldzahlungen, und damit der Goldstandard, wurden ausgesetzt. Am 5.4.1933 begann das „Gold Demonetization Program" des Schatzamts, Gold wurde nationalisiert: Horten von Goldmünzen, -barren oder -zertifikaten wurde verboten, sämtliche Goldvorräte der Bevölkerung, die $100 pro Person überstiegen, mußten bei der Fed abgegeben werden. Das Thomas Amendment, das dem Präsidenten große Befugnisse übertrug, wurde beschlossen.[309] 1936/37 wurden die Mindestreservesätze von der Fed erhöht, angeblich um einer Inflation vorzubeugen. Das war aber nicht notwendig und dazu schädlich, da die Wirtschaft sich gerade von der Depression erholte. Nach diesen Veränderungen war kein Potential mehr für Inflation vorhanden, geschweige denn eine Besserung für Wirtschaft und Beschäftigung in Sicht. Die Maßnahmen dauerten von 1936-38 und verhinderten eine Erholung der Wirtschaft.[310] V.a. die ausreichende Bereitstellung von Kredit während der Krise ist der Fed nicht gelungen.[311]

Von 1930 bis 1940 stieg die Varianz der Outputwachstumsrate und die der Inflationsrate stark an, da die Fed sich nicht mehr den Regeln des Goldstandards unterwarf. Die durchschnittliche Wachstumsrate fiel und die Aktienpreise wurden volatiler. Auch nach dem Ersten Weltkrieg waren die Varianz des Output hoch und die Preise instabil, aber nicht in dem Ausmaß wie nach dem Zweiten Weltkrieg.

3.6.4 Die Weiterentwicklung und Anpassung des Federal Reserve System

Der Federal Reserve Act von 1913 war den Gegebenheiten der Großen Depression nach 1929 nicht angemessen, auch veränderten sich das Banksystem und die Merkmale der Wirtschaft im Laufe der Jahre, so daß die Gesetze immer wieder angepaßt werden mußten. Als Vergleich dient die Skandinavische Münzunion, die sich gerade dadurch auszeichnete, daß sie eine ausgeprägte Anpassungsfähigkeit an Veränderungen besaß. Die Bankakte 1933-35, der

---

308 Vgl. Kemmerer/Jones, 1959, S. 533

309 Für eine Beschreibung des Amendments siehe Kap. 3.6.4.

310 Vgl. Timberlake, 1993, S. 293ff

311 Vgl. Moore, 1990, S. 76, er versucht, zur Ehrenrettung der Fed, darzulegen, daß es während der Krise nicht Aufgabe der Fed war, Konjunkturschwankungen auszugleichen, sondern die Währung zu stabilisieren und für ausreichenden Kredit zu sorgen. Aber gerade die ausreichende Bereitstellung von Kredit ist der Fed nicht gelungen.

Monetary Control Act 1980 und die Anpassung an veränderte, äußere Gegebenheiten veränderten das Federal Reserve System fast völlig. In die Zeit seit 1913 fielen zwei Weltkriege und drei verschiedene, internationale Währungssysteme (Goldstandard, Bretton Woods System, System flexibler Wechselkurse). Das Federal Reserve System veränderte sich von einem System, in dem die Distriktbanken größte Befugnisse besaßen, zu einem, in dem das Board dominierte.[312] Am Anfang diskontierte die Fed gelegentlich Wechsel, jetzt führt sie Offenmarktoperationen in großem Maße aus, die Lender of Last Resort Funktion wurde ausgebaut. Sie entwickelte sich von einem automatischen Regulierer von Währung und Bankreserven zu einer Institution, die diskretionär stabilitätsorientierte Geldpolitik betreibt.

Aus der Krise nach 1929 und der bisherigen Funktionsweise der Fed ergab sich die Notwendigkeit der Bankakte von 1933-1935. Teile daraus werden nun kurz dargestellt.

12.5.1933 Thomas Amendment zum Agricultural Adjustment Act: Es wurde bestimmt, daß der Präsident jederzeit eine oder alle der folgenden Maßnahmen einleiten kann:[313] 1. eine Abwertung des Dollars um bis zu 50%, 2. Emission von bis zu $3 Mrd. Staatsanleihen des Schatzamts, 3. die Verpflichtung der Fed zum Ankauf dieser $3 Mrd. und gleichwertige Emission von Federal Reserve Notes, 4. Einführung des Bimetallismus.

16.6.1933 Banking Act:[314] Das Board durfte die Höhe der Kredite zur Wertpapierspekulation an die Mitgliedsbanken begrenzen (Margin Requirements). Es überwachte ausländische Beziehungen der Distriktbanken. Die Regeln für die Eröffnung von Filialen wurden gelockert. Geschäfte mit Wertpapieren wurden für Mitgliedsbanken und deren Tochtergesellschaften verboten, d.h. die beiden Geschäftszweige Investment Banking und Commercial Banking wurden getrennt. Es gab keine Zinsen auf Sichteinlagen mehr, weil der Wettbewerb um Sichteinlagen für die Bankenzusammenbrüche verantwortlich gemacht wurde, und das Board durfte die Zinsen auf Spar- und Termineinlagen festsetzen. Bankeinlagen bis $2.500 wurden durch die neu geschaffene Federal Deposit Insurance Corporation (FDIC) versichert, alle Mitgliedsbanken mußten ihr beitreten, andere Banken hatten die Möglichkeit, wenn sie bestimmte Auflagen erfüllten. Die Distriktbanken mußten die Hälfte ihres Überschusses als Kapital für die FDIC aufbringen. Die Versicherung durch das FDIC war zunächst zeitlich begrenzt. Es wurde ein dreiteiliges Sicherheitssystem geschaffen: Versicherung der Bankeinlagen, System der Überwachung und Regulierung und die Lender of Last Resort Funktion.

[312] Vgl. Timberlake, 1993, S. 416
[313] Vgl. Kemmerer/Jones, 1959, S. 533
[314] Vgl. Moore, 1990, S. 87; Timberlake, 1993, S. 277

Am 15.1.1934 wurde beschlossen, Goldmünzen nicht mehr als Bargeld zu nutzen. Der Gold Reserve Act am 30.1.1934 legte formal den Gold-Barren-Standard fest. Der Dollar wurde um 69% entwertet, indem der Goldpreis in mehreren Schritten von $20,67 auf $35 pro Unze angehoben wurde. Aus diesem Grund sind alle Darstellungen von Werten, die mit Gold in Zusammenhang stehen und über das Jahr 1934 hinausgehen, mit Vorsicht zu betrachten.[315] Alle monetären Goldbestände wurden beim Schatzamt deponiert, die inländische Einlösung der Noten in Gold abgeschafft, privater Münzgoldbesitz verboten, Goldimporte mußten dem Schatzamt zum Kauf angeboten werden.

20.8.1935 Banking Act:[316] Dieses Gesetz veränderte die grundlegende Organisation, die Machtverteilung und die Aufgaben und Ziele der Fed. Das Federal Reserve Board wurde umbenannt in Board of Governors of the Federal Reserve System, die Amtszeit des Vorsitzenden (Chairman) beträgt 4 Jahre. Das Board hat sieben Mitglieder, alle werden vom Präsidenten ernannt, auf Vorschlag und mit Billigung des Senats. Die *ex officio* Mitglieder wurden ausgeschlossen. Die Amtszeit jedes Mitglieds beträgt 14 Jahre, es gibt keine Wiederwahl. Der Vorsitzende jeder Distriktbank heißt „President" statt „Governor". Dieser und sein Stellvertreter werden vom Direktorium mit Billigung des Boards gewählt. Die Amtszeit des Präsidenten beträgt fünf Jahre. Der Federal Reserve Agent wurde zum nicht aktiven Posten, er war nur noch für die Notenausgabe und die Annahme der Sicherheiten zuständig. Seine ehemaligen Pflichten übernimmt der Präsident. Das Federal Open Market Committee (FOMC) wurde zur Durchführung der Offenmarktpolitik gegründet. Vorher war jede Distriktbank für ihre Offenmarktoperationen selbst verantwortlich, nun waren alle verpflichtet, an den Transaktionen des FOMC teilzunehmen. Das Board durfte die Mindestreservesätze ändern.[317] Die Versicherung von Einlagen durch die FDIC bis zu $5000 galt nun unbegrenzt. Für Nicht-Mitgliedsbanken im FDIC galten die gleichen Einschränkungen wie für Mitgliedsbanken, bzgl. Zinsen auf Sichteinlagen

Insgesamt wurde der Federal Reserve Act durch die Bankakte 1933-1935 in vielerlei Hinsicht geändert.[318] Die Führung der Fed wurde zentralisiert und die Unabhängigkeit von wirtschaftlichen oder politischen Interessen gestärkt. Es gab symbolische Änderungen wie die Änderung des Namens des Boards oder dessen Vorsitzenden und substantielle Änderungen: Das Board durfte die Mindestreservesätze ändern, Höchstzinsen für Sichtguthaben festsetzen

[315] Z.B. erhöhten sich die amerikanischen Goldreserven von ca. $4 Mrd. 1933 auf ca. $8,2 Mrd. 1934, vgl. of Governors of the Federal Reserve System, 1943, S. 536.

[316] Vgl. Moore, 1990, S. 88

[317] Die Höchstsätze betrugen nun: 26% für Central Reserve City Banks, 20% für Reserve City Banks, 14% für Country Banks, 6% für Termindepositen. Das waren die doppelten Werte der im Federal Reserve Act festgelegten, die Mindestsätze waren durch den Act vorgegeben.

[318] Vgl. Sylla, 1988, S. 21ff

und Margin Requirements für Kredite zum Wertpapierkauf festsetzen. Durch die Bankakte erhielt das Board endgültig die Kontrolle über das FOMC, keine Distriktbank durfte eigenmächtig von beschlossenen Operationen zurücktreten und eigenständig Transaktionen durchführen, d.h. die Kontrolle über Offenmarktoperationen war auf eine zentrale Instanz übergegangen, die nationale Ziele verfolgte. Hauptsächlich war das Gesetz 1935 dazu gedacht, dem Board im Gegensatz zu den Distriktbanken mehr Macht zu geben, aber gleichzeitig wurde auch die Unabhängigkeit des Boards gegenüber der Exekutive gestärkt. Durch den Ausschluß der beiden *ex officio* Mitglieder des Boards wurde der direkte Einfluß des Schatzamts auf die Fed gemindert. Außerdem wurde die Amtszeit von 10 auf 14 Jahre verlängert, so daß ein Präsident während seiner Amtszeit nicht die Mehrheit der Mitglieder ernennen konnte. Der Einfluß des Vorsitzenden des Boards wurde auf Kosten der Präsidenten der Distriktbanken vergrößert. Das kann als Erhöhung der Verantwortlichkeit gegenüber der Politik interpretiert werden, oder als verstärkte Konzentration der Macht bei einer Person.[319] Im Vergleich mit dem Präsidenten, dem Kongreß und dem Schatzamt, scheinen die Distriktbanken die meiste Macht zu verlieren.[320] Insgesamt waren die Ziele der verschiedenen Bankakte, das Vertrauen in die Geschäftsbanken wieder herzustellen, die Banken zu stärken, Anreize zur Spekulation abzuschaffen und die Befugnisse der Fed auszuweiten. Durch das Gesetz wurde das Board für eine einheitliche, stabilitätsorientierte Geldpolitik gestärkt. Das Zentrum der Macht verschob sich von New York nach Washington. Ein großer Mangel war, daß nicht für alle Banken die Pflichtmitgliedschaft festgelegt wurde, 80% der State Banks gehörten dem System nicht an.[321]

Im Full Employment Act 1946 wurden der Fed erstmalig explizit gesamtwirtschaftliche Ziele vorgegeben; nämlich ein maximales (Voll-) Beschäftigungsniveau, ein ausgewogenes (potentialorientiertes) reales Wachstum, die stabile Kaufkraft des Dollar und außenwirtschaftliches Gleichgewicht.

Ab 1950 stiegen die Großhandelspreise um 1% pro Monat (vgl. Kap. 3.6.1.2 und Abbildung II.15).[322] Die Fed zog tendenziell eine stabilitätsorientierte Politik vor, das Schatzamt eine inflatorische. Der Präsident war auf der Seite des Schatzamts, der Kongreß auf der der Fed. Eine Verständigung des Schatzamts mit der Fed war unumgänglich. Der Accord zwischen Schatzamt und Fed am 4.3.1951 legte fest, daß die Finanzierung der

---

319 Vgl. Munger/Roberts, 1990, S. 87

320 Vgl. Sylla, 1988, S. 30; Timberlake, 1986, S. 749

321 Weitere Bankakte von 1933-35 werden in der Erläuterung II.3 beschrieben. Hauptverantwortlicher war H. Steagall. Vgl. für die Bankakte auch Geisler, 1953, S. 51ff.

322 Ein weiterer Grund für den Anstieg der Preise könnte neben der Stabilisierungspolitik der Fed der Beginn des Koreakriegs gewesen sein.

Regierungsbedürfnisse gewährleistet und gleichzeitig die Monetisierung der Staatsschuld vermieden werden solle.[323] Die Fed mußte die Kurse der Staatsanleihen nicht mehr stützen,[324] die Stabilisierung wurde allerdings nur langsam zurückgefahren, die Inflationsrate sank und die Zinsen stiegen auf eine normale Höhe. Die Fed änderte die Zinsen allerdings nicht, ohne das Schatzamt zu konsultieren, eine Strategie zur Schuldenfinanzierung wurde ausgearbeitet. Nach dem Accord vom 4.3.1951 war es der Fed zumindest theoretisch möglich, eine autonome Geldpolitik zu führen. Sie wurde relativ unabhängig von der Regierung.

Der Financial Institutions Deregulation and Monetary Control Act 30.3.1980[325] sollte eine effektivere Überwachung des Bankensystems ermöglichen, um Wirtschaft und Finanzmärkte zu stabilisieren. Die erste Sektion dieses Gesetzes vergrößerte die Befugnisse des Boards, Sektion zwei deregulierte das Bank- und Finanzsystem. Die Ziele und Aufgaben der Fed wurden festgelegt auf: 1. Ausdehnung ihrer Herrschaft über das gesamte Finanzsystem, 2. Ausdehnung ihrer Möglichkeiten, mit Wertpapieren auf ausländischen Finanzmärkten zu handeln und 3. Aufrechterhaltung der Funktion des seigniorageschaffenden Agenten der Regierung.[326]

Im Monetary Control Act wurde die Mindestreserve für alle Geschäftsbanken der Vereinigten Staaten festgelegt. Außerdem hatten alle Kreditinstitute Zugang zum Diskontfenster der Fed. Sie wurden zur Lender of Last Resort Funktion der Fed zugelassen und zu allen anderen Diensten der Fed, beispielsweise wurden Abrechnungsfazilitäten für diese Institutionen eingerichtet. Alle Kreditinstitute („depository institutions“) mußten Mitglied werden und die Reservevorschriften erfüllen. Nach der Implementierung des Monetary Control Act vergrößerte sich die Mitgliederzahl der Fed schlagartig. Es gab drei Hauptveränderungen:

- Alle Institutionen, die Sicht- oder Termineinlagen annehmen, mußten Reserven bei der Fed halten, egal ob sie Mitglied waren oder nicht.
- Alle Einrichtungen der Fed, auch das Diskontfenster, waren für alle Kreditinstitute zugänglich.
- Für alle Dienstleistungen, z.B. das Abrechnungssystem, der Fed mußten Gebühren erhoben werden.

Konkrete Bestimmungen umfaßten: Den Wegfall von Zinsobergrenzen auf Sicht-, Termin- oder Spareinlagen. Versichert durch die FDIC waren nun Einlagen bis zu $100.000. Die

[323] Vgl. Sylla, 1988, S. 32
[324] Moore, 1990, S. 108ff schreibt allerdings, daß sich die Fed im Gegenzug zu den Zinserhöhungen zur Kursstabilisierung verpflichtete.
[325] Vgl. Moore, 1990, S. 156ff
[326] Vgl. Timberlake, 1986, S. 758

Wuchergesetze der Einzelstaaten galten nicht mehr. Für Federal Reserve Notes, die in den Distriktbanken gehalten wurden, waren keine Sicherheiten mehr notwendig. Weitere Wertpapiere, wie z.B. Government Bonds, wurden als Sicherheiten für die umlaufenden Federal Reserve Notes zugelassen. Das Schatzamt durfte auch langfristige Wertpapiere bis zu $70 Mrd. emittieren.

3.7 Schlußbetrachtung des Kapitels

Das Hauptmerkmal des Federal Reserve System in den ersten Jahren war die starke Dezentralisierung, und die fehlende Konzentration der Machtbefugnisse bei einer einzelnen Instanz. Eine eigenständige und konsistente Geldpolitik wurde einerseits durch die Probleme zwischen Board und Distriktbanken und andererseits durch die zwischen Board und Schatzamt eingeschränkt. Die weitreichenden Befugnisse, die der Federal Reserve Act den Distriktbanken erteilte, erklären sich aus der historischen Entwicklung des amerikanischen Bankensystems: Die Einzelstaaten hatten durch die State Banks große Kontroll- und Gestaltungsmöglichkeiten hinsichtlich des Bankensystems und wollten diese Kompetenzen nicht einfach zugunsten eines Bundesgesetzes aufgeben. Außerdem hatten die New Yorker Banken über die Clearinghouse Associations schon Erfahrungen mit Zentralbankfunktionen gesammelt, und besaßen somit Vorteile gegenüber dem neugeschaffenen Federal Reserve Board. Der Präsident der New York Fed, B. Strong, war ein sehr kompetenter Zentralbanker, der auf internationale Beziehungen zurückgreifen konnte. Also war die Gründung eines 'supra-einzelstaatlichen' Zentralbanksystems über den ausgeprägten, föderalen Strukturen der USA ohne Berücksichtigung der einzelstaatlichen Interessen nicht möglich. Das bedeutete, daß die Distriktbanken, die föderalen Elemente der Fed, große Machtbefugnisse erhielten. Die Vormacht der Distriktbanken wurde weiterhin durch die zweideutigen, aus Kompromissen entstandenen Vorkehrungen des Federal Reserve Act erleichtert, da z.B. Sektion 14 regelt, daß jede Distriktbank den Diskontsatz aufstellt („establish"), der dann durch das Board festgelegt wird („subject to review and determination of the Board"). Da die Bedeutung dieser Worte nicht eindeutig geklärt werden konnte, war wohl die Intention des Federal Reserve Act, die Bedeutung absichtlich im Dunkeln zu lassen, weil eine Kompromißlösung unumgänglich war.

Eine unabhängige Geldpolitik wurde außerdem durch den Einfluß der Bundesregierung eingeschränkt. In den ersten Jahren gehörten der Schatzkanzler und der Comptroller of the Currency als *ex officio* Mitglieder dem Board in Washington an. Der Schatzkanzler übte große Macht über die Fed aus, oder verhandelte am Board vorbei direkt mit den Distriktbanken. Da das Board in den ersten Jahren keine großen Befugnisse hatte, waren die Kompetenzen des Schatzkanzlers um so größer. Die Fed war abhängig von der Regierung, obwohl sie teilweise gegen die Spielregeln des Goldstandards verstieß und die Binnenwirtschaft oder die Landwirtschaft bevorzugte. Als ungünstige Umstände sind natürlich die beiden Weltkriege zu werten, die immer Ausnahmesituationen sind. Die USA traten in den Ersten Weltkrieg ein, als die Fed gerade drei Jahre existierte, eine unabhängige Zentralbankpolitik konnte sich noch gar nicht herausbilden. Während eines Krieges war die Zusammenarbeit zwischen Regierung und Zentralbank wegen des erhöhten Finanzbedarfs des Staates zwangsweise sehr eng. Die Möglichkeiten der Zusammenarbeit waren vielfältig, von der direkten Kreditgewährung, über die Monetisierung der Staatsschuld bis zur Konstanthaltung der Zinsen auf die Schuld.

Sehr ausgeprägt innerhalb der weiteren Entwicklung der Fed war die Anpassung an Veränderungen des Bankensystems, der äußeren Gegebenheiten und der Erkenntnisse über die Ausgestaltung von Zentralbanksystemen. Unter die Anpassungen fallen v.a. die Bankakte in der Zeit 1933-35, die nach 20 Jahren der Existenz der Fed Fehlentwicklungen korrigierten. Auslöser für die Anpassungen war u.a. die Wirtschaftskrise und Depression nach 1929, während der die Fehler im System offen zutage traten. Vor allem die mangelnde, eindeutige Kompetenzverteilung zwischen Board und Distriktbanken verhinderte die schnelle Anpassung nach der Krise: Weil sich die beiden Organe nicht über die passenden Strategien zur Bekämpfung der Depression einigen konnten, ging Zeit verloren. Die Bankakte Anfang der 1930er Jahre verschoben die Machtverteilung innerhalb der Fed eindeutig in Richtung des Boards.

Eine wichtige Anpassung im Laufe der Zeit, die ihren Abschluß ebenfalls in den Bankakten Anfang der 1930er Jahre fand, war die Veränderung des FOMC. Im Federal Reserve Act waren keine Vorkehrungen für die Offenmarktpolitik getroffen worden, da zunächst die Diskontpolitik das wichtigste Instrument der Fed war. Bald entwickelten sich jedoch die Offenmarktoperationen - auch durch das Anwachsen der Staatsschuld - zum meistbenutzten Instrument. Die Offenmarktpolitik mußte zwischen den Distrikten koordiniert werden. Dafür wurde zunächst die informelle Governors' Conference etabliert, die dann im Laufe der Jahre durch verschiedene Umgestaltungen zum FOMC 1935 wurde. Im FOMC hatte dann eindeutig das Board die Vormacht, die Distriktbanken hatten zwar auch Entscheidungsbefugnisse, waren aber im Endeffekt nur ausführendes Organ. Allenfalls der New York Fed fiel über den Open Account Manager eine gestalterische Rolle zu.

1935 wurde ein weiterer Schritt in Richtung Unabhängigkeit unternommen, indem die beiden *ex officio* Mitglieder vom Board ausgeschlossen wurden. Dies wurde jedoch durch den

Eintritt der USA in den Zweiten Weltkrieg wieder zunichte gemacht. Nach dem Krieg mußte die Fed die Zinsen auf die Staatsschuld konstant halten, so daß sie einen bestimmten Höchstwert nicht überstiegen. Das machte eine eigenständige Geldpolitik beinahe unmöglich. Erst mit dem Accord von 1951 konnte die Fed sich durchsetzen und zumindest die Obergrenze des Zinses heraufsetzen. Völlig unabhängig bezüglich der Zinssetzung wurde sie allerdings erst im Laufe der Jahre nach 1951.

Eine wichtige Eigenschaft der Fed war also die ausgeprägte Anpassungsfähigkeit an Veränderungen. Die Fed wurde im Laufe der Jahre aus eigener Kraft immer unabhängiger und die Geldpolitik immer weniger von der Form der Politischen Union beeinflußt. Die Entwicklung bis zu diesem Stadium ging jedoch relativ langsam vor sich.

4 Zusammenfassung der Ergebnisse und Ausblick auf die Europäische Union

4.1 Die Wechselwirkungen zwischen Währungsunion und Politischer Union

In diesem Abschnitt werden zunächst einige Vergleichspunkte zwischen der Reichsbank und dem Federal Reserve System dargestellt. Daran anschließend werden die theoretischen und empirischen Ergebnisse aus den bisherigen Betrachtungen zusammengefaßt und ein Fazit gezogen.

a) Der Goldstandard:

In den Vereinigten Staaten wurde die Diskussion um Goldstandard und Bimetallismus, der hauptsächlich durch die Bewegung der „Free Coinage of Silver" vertreten wurde, bis zu den Präsidentschaftswahlen 1896 geführt. Die Republikaner waren für die Goldwährung, die Demokraten für den Silberstandard. Nicht zuletzt wegen der Aufklärungskampagne der „National Sound Money League" über die Vorteile der Goldwährung gewannen die Republikaner mit William McKinley die Wahl.[1] Der Goldstandard war jedoch nur für den Augenblick gesichert. Die Befürwortung der Bevölkerung zugunsten der Goldwährung konnte sich nur aufgrund des wirtschaftlichen Aufschwungs ab Mitte der 1890er Jahre halten, der auch durch die erfolgreiche Beendigung des Kriegs gegen Spanien ausgelöst wurde.

Dieselbe Konstellation findet man im Deutschen Reich: Bis zur Mitte der 1890er Jahre war die Aufrechterhaltung des Goldstandards, der durch das Münzgesetz 1873 eingeführt wurde, umstritten, da dieser für die fortwährende Depression verantwortlich gemacht wurde. Nur die vermehrten Goldfunde ab ca. 1895 und der daraufhin einsetzende Aufschwung ließen die Kritik am Goldstandard verschwinden. Die positive, wirtschaftliche Entwicklung seit Mitte der 1890er Jahre wird also meist auf die vermehrten Goldfunde dieser Zeit zurückgeführt, die die Befriedigung der vermehrten Geldnachfrage durch Goldgeld und v.a. Deckung der Banknoten erst ermöglichten. Diese Behauptung bedarf zumindest genauerer Nachforschung, wenn man bedenkt, daß auch schon vor 1896 die Gold- und v.a. die Metalldeckung der Banknoten stets und meist weit über der gesetzlich geforderten Dritteldeckung lag (vgl. Abbildung I.6, I.7). Außerdem ließ sich die Reichsbank nie von dem Kontingent ungedeckter Noten leiten, sondern zahlte immer, wenn erhöhter Geldbedarf vorlag, die ihr auferlegte Notensteuer. Auch erhöhte sich der ungedeckte Notenumlauf bis 1914 stetig (siehe Abbildung I.8), so daß die Goldfunde den ungedeckten Notenumlauf zwar wahrscheinlich verringerten, aber die generelle Tendenz nicht umkehren konnten. Also waren

[1] Vgl. Livingston, 1986, S. 106

die Goldfunde ab 1896 nicht unerläßlich für die erhöhte wirtschaftliche Aktivität ab diesem Zeitpunkt.

b) Zentralisierungstendenzen von Zentralbanksystemen:

Zentralisierungstendenzen gab es im National Banking System, im Federal Reserve System und bei der Reichsbank. In allen Systemen wurden „föderale Elemente" durch Zwang dazu gebracht, das zentrale Organ zu unterstützen.

Mit dem National Banking Act 1863 in den Vereinigten Staaten sollte ein einheitliches Bankensystem geschaffen werden, an dem möglichst viele Banken teilnahmen. Da die Regelungen für die National Banks aber keine Anreize boten, traten viele State Banks dem neuen System nicht bei. Durch ein Zusatzgesetz wurden dann alle Banknoten der State Banks, bzw. alle Noten, die nicht von National Banks emittiert wurden, mit einer zehnprozentigen Notensteuer belegt. Damit wurde die Notenemission weniger profitabel; die State Banks schlossen sich entweder dem neuen System an oder gaben die Notenemission auf. Damit kam man dem Ziel der Vereinheitlichung der Notenausgabe sehr viel näher.

Pflichtmitglieder des Federal Reserve System waren zu Beginn nur die National Banks, für alle anderen war die Teilnahme freiwillig. Im Laufe der Jahre wurde die Teilnahme jedoch auf alle Banken in den Vereinigten Staaten ausgedehnt. Zuerst durch Angebote, wie die FDIC, deren Versicherung auch Nicht-Mitgliedsbanken angeboten wurde, um die Vorteile der Mitgliedschaft im Federal Reserve System deutlich zu machen und später auch durch Zwang. Ab 1980 galten für alle Geldinstitute Mindestreservevorschriften, dafür hatten sie Zugang zu bestimmten Refinanzierungsinstrumenten.

Im Deutschen Reich waren zwar die Privatnotenbanken - die nicht Teil der Reichsbank waren - durch das Reichsbankgesetz weiterhin zugelassen, doch verringerten sich ihre Zahl und ihr Einfluß bis zum Ausbruch des Ersten Weltkriegs erheblich. Sie wurden durch die Bestimmungen des Gesetzes quasi dazu gezwungen, dem „Reichsbanksystem" als einfache Geschäftsbanken „beizutreten". In Deutschland war kein System der Notenbanken wie in den USA geplant, deshalb konnten die Privatnotenbanken nicht im eigentlichen Sinne der Reichsbank beitreten, sondern förderten die neue Zentralbank dadurch, daß sie ihr Notenemissionsprivileg aufgaben und als Geschäftsbanken weiter existierten. Die Regelungen für Privatnotenbanken im Reichsbankgesetz sollten die Privatnotenbanken dazu bringen, sich entweder den rigorosen Vorschriften anzupassen oder auf ihr Notenemissionsprivileg zu verzichten. Die Regelungen brachten den gewünschten Erfolg: Vor dem Ersten Weltkrieg existierten nur noch vier Privatnotenbanken.

c) Geldpolitik:

Die Deckungsvorschriften und die Reservehaltung des Federal Reserve System können mit denen der Reichsbank verglichen werden: Deckungspflicht bestand in den Vereinigten Staaten auch für Sichtdepositen, nämlich 35% der Einlagen in Gold oder gesetzlichem Geld. Für die Federal Reserve Notes mußten 40% Goldreserve und der Rest in Handelswechseln gehalten werden.[2] In den Veröffentlichungen der Fed wurde das Deckungsverhältnis für Noten und Sichtdepositen gemeinsam ausgewiesen (vgl. Abbildung II.7). In den Vereinigten Staaten war eine elastische Notendeckung vorgesehen: Das Board konnte die Reservepflicht für 30 Tage außer Kraft setzen.[3] Allerdings mußte eine Steuer auf den Betrag, um den die Reserve fiel, gezahlt werden. Ähnliche Vorkehrungen galten für die Reichsbank, ein Drittel der ausgegebenen Banknoten mußte in Gold gehalten werden, der Rest in Handelswechseln. Für die Sichtverbindlichkeiten bestand keine offizielle Deckungspflicht, aber deren Deckungsverhältnisse wurden in den Reichsbankveröffentlichungen ebenfalls ausgewiesen. Die elastische Notendeckung wurde mit der Abwesenheit eines Gesamtkontingents und der Implementierung der Notensteuer erreicht.

Ab 1935 wurden bei der Fed nicht nur Handelspapiere als Sicherheiten zugelassen, sondern alle Wertpapiere solange sie solide und sicher („sound") waren und der Kredit aus Sicht der Wirtschaftslage und der Geldpolitik zu rechtfertigen war.[4] Hier wird ein anderer Akzent gesetzt, als bei der Reichsbank, die zwar nur Handelswechsel akzeptierte, aber solange diese solide waren, waren der Kreditvergabe und Notenausgabe keinerlei Obergrenzen gesetzt.

Der Governor der New York Fed, Benjamin Strong, deutete an, daß der Diskontsatz geändert würde, wenn es sich zu weit von den Marktsätzen entfernte.[5] Das erinnert an die Bemerkung von Havenstein, daß die Reichsbank dem Zins nur folgen, ihn aber nicht setzen kann. Beide waren also der Auffassung, daß Notenbanken mit dem Diskontsatz die Geldmenge nicht eigenständig beeinflussen können.

Eine der Aufgaben der Reichsbank war es, den Zahlungsverkehr im gesamten Deutschen Reich zu fördern, dazu wurde der Giroverkehr ausgebaut und in allen Städten Abrechnungsstellen eingerichtet. Diese Stellen wurden von der Reichsbank geleitet, sie vereinfachten die Transaktionen zwischen den Banken, waren aber im Endeffekt eine rein technische Einrichtung. In den USA lag der Akzent der Abrechnungsstellen (Clearinghouse Associations) anders. Zwar sollten sie in erster Linie auch den Zahlungsverkehr erleichtern

---

2 Vgl. Federal Reserve Act, 1913, Sektion 16
3 Diese Ausnahmeregelung konnte mehrmals um jeweils 15 Tage verlängert werden.
4 Vgl. Geisler, 1953, S. 48
5 Vgl. Wheelock, 1991, S. 31

und Goldtransporte vermeiden. Aber erstens wurden sie nicht von einer Zentralinstanz gegründet, also z.B. vom Schatzamt - zu dieser Zeit existierte noch keine Zentralbank - sondern die Geschäftsbanken in den jeweiligen Städten schlossen sich aus eigener Initiative zusammen und zweitens gingen die Befugnisse der Clearinghouses in den Vereinigten Staaten mit den Jahren immer weiter, sie emittierten Zahlungsmittel, die teilweise als Finanzinnovationen bezeichnet werden können. Außerdem nahmen sie während der Krisen Lender of Last Resort, also Zentralbank-, Funktionen wahr.

In den beiden Kapiteln 2.5.7 und 3.5.4 über die Vergünstigungen der Reichsbank und der Fed für den landwirtschaftlichen Sektor wurde dargelegt, daß Überlegungen bezüglich der Landwirtschaft in die geldpolitischen Entscheidungen der beiden Zentralbanken einflossen. Der damals wichtigste Sektor, zumindest bis in die ersten Jahrzehnte des neuen Jahrhunderts,[6] wurde in der Geldpolitik berücksichtigt.

d) Unabhängigkeit:

Obwohl die Reichsbank durch die Position des Reichskanzlers als oberstem Chef in ihrer Unabhängigkeit theoretisch eingeschränkt war, gab es in der Praxis doch nur äußerst selten Konfliktfälle. Im Jahr 1880 verfügte Bismarck, den Diskontsatz anzuheben und den Lombardkredit einzuschränken, 1887 verbot er die Annahme russischer Wertpapiere. Ansonsten gestaltete die Reichsbank die Geldpolitik weitgehend selbst; Abhängigkeit auf dem Papier bedeutete nicht auch de facto Abhängigkeit. Trotzdem kann man sich fragen, wie hoch der implizite Einfluß des Reichs auf die Geldpolitik tatsächlich war. Hier sind zwei Sichtweisen denkbar: Entweder die Reichsbank kannte ihre Grenzen und bezog diesen Reaktionsspielraum immer in ihre Entscheidungen ein. Also wurden solche Situationen, in denen der Kanzler eingegriffen hätte, von vornherein vermieden, d.h. der implizite Einfluß des Reichs war relativ hoch. Oder die Reichsbank traf die Entscheidungen, die sie für richtig hielt, bis zum Veto des Kanzlers. Da dies nur sehr selten vorkam, schloß sie aus der Vergangenheit auf ihre de facto Unabhängigkeit. Die vermehrte Annahme von Reichsschatzanleihen ab der Jahrhundertwende deutet auf einen hohen Einfluß des Reichs, während die institutionellen Vorkehrungen der Reichsbank bei Geschäften mit dem Reich eher auf Unabhängigkeit deuten (siehe Kap. 2.6.4 und Abbildung I.19). Wie in der Schlußbetrachtung zu Kapitel 2 dargelegt, sind weitere Argumente für die tatsächliche Unabhängigkeit der Reichsbank zu finden. Die

6 Wahrscheinlich spielen in die relativ lange Aufrechterhaltung der Vergünstigungen für die Landwirtschaft (trotz der Industrialisierung in der Zeit) auch Gewöhnungseffekte mit herein. Genauso wie es heute schwierig ist, Subventionen für die Branchen Bergbau, Stahl und für den Agrarsektor (sic!) zu streichen, wird es damals schwer gewesen sein, einmal gewährte Vergünstigungen der Notenbank abzuschaffen.

erhöhte Annahme von Reichsschatzanleihen vor dem Ersten Weltkrieg deutet auf Rüstungsausgaben zur Kriegsvorbereitung. In einer solchen Situation beugen sich alle Institutionen des Staates den Erfordernissen der nationalen Sicherheit. Die Außerkraftsetzung der Unabhängigkeit der Notenbank während der beiden Weltkriege findet sich auch bei der Fed.

Innerhalb des Federal Reserve System waren der amerikanische Schatzkanzler und der Comptroller of the Currency *ex officio* Mitglieder des Board. Die automatische Mitgliedschaft der beiden Regierungsbeamten wurde 1935 abgeschafft. Geisler schreibt, daß eine solche Verknüpfung zwischen Regierung und Notenbank in europäischen Staaten undenkbar wäre.[7] Die obigen Ausführungen machen aber deutlich, daß genau diese Konstellation im Deutschen Reich bestand.

In der Literatur wird häufig konstatiert, daß wegen der rigiden Spielregeln des Goldstandards eine nationale, unabhängige Geldpolitik der Notenbanken gar nicht möglich war. Die Absicherung der Autonomie der Zentralbank - im Sinne von Abgrenzung von der staatlichen Budgetpolitik - sei im Goldstandard überflüssig, weil die Einhaltung der Spielregeln die funktionale Unabhängigkeit der Geldpolitik von der politischen Einflußnahme begründe.[8] Das heißt, die Notenbank sei zwar unabhängig von der Politik, aber abhängig vom Währungssystem. Beispielsweise schreiben Garcia/Plautz, daß bis nach dem Ersten Weltkrieg die zirkulierende Geldmenge in den Vereinigten Staaten von der Goldmenge bestimmt wurde.[9] Danach wurden Offenmarkt- und Diskontpolitik die wichtigeren Determinanten der Geldmenge. Dem ist nur begrenzt zuzustimmen. Während der ersten Jahre des Federal Reserve System wurde die Emission der Federal Reserve Notes tatsächlich von der Goldmenge mitbestimmt.[10] Aber obwohl sich das Schatzamt mit dem Gold Standard Act 1900 verpflichtete, bestimmte Geldarten in Gold einzulösen, waren die Goldreserven bei den verschiedenen Geldarten vor 1913 nur ein untergeordneter Faktor bei der Bestimmung der Emissionsmenge; die State Bank Notes waren durch Anleihen der Einzelstaaten, die National Bank Notes durch Regierungsanleihen gedeckt. Insgesamt gab es in den Vereinigten Staaten vor 1913 zu viele Geldarten, als daß argumentiert werden könnte, die Goldmenge wäre der bestimmende Faktor gewesen.

---

7 Vgl. Geisler, 1953, S. 129
8 Vgl. Thomasberger,1993, S. 76
9 Vgl. Garcia/Plautz, 1988, S. 36; Walter schreibt, daß die Reichsbank wirklich abhängig nur vom Gold sei, vgl. Walter, 1994, S. 162.
10 Der zweite Bestimmungsfaktor war die Menge der Handelswechsel (Real-bills), die auch zur Deckung der Noten gehörten.

Die oben angesprochenen Autoren gehen davon aus, daß der Goldstandard nach der reinen Theorie funktionierte. Diese Meinung ist zumindest zu relativieren: Erstens gab es bei der Bereitstellung des Geldangebots Spielräume, da die Dritteldeckung bei der Reichsbank meist weit überschritten war (siehe Abbildung I.6, I.7). Zweitens wurde in den Kapiteln 2.2.2, 2.6.4 und 3.2.2 gezeigt, daß die Notenbanken und insbesondere die Reichsbank, die Spielregeln des Goldstandards sehr flexibel auslegten, sich teilweise gar nicht daran hielten, bzw. sehr wohl der Binnenwirtschaft Vorrang vor außenwirtschaftlichen Verpflichtungen gaben.

e) Veröffentlichungspflicht:

Ein wichtiges Element der Geldpolitik im Deutschen Reich war die Einführung der Veröffentlichungspflicht im Reichsbankgesetz 1875. Denn um Banken überhaupt kontrollieren oder überwachen zu können, sollte die Kontrollinstanz natürlich Einblick in die Verhältnisse der Banken haben; so muß z.B. die Einführung der Dritteldeckung für alle ausgegebenen Banknoten überprüft werden können. Um das zu erreichen, wurde den deutschen Privatnotenbanken die Veröffentlichungspflicht von wöchentlichen Ausweisen und jährlichen Bilanzen auferlegt. Als der amerikanische Schatzkanzlers in den 1830er Jahren die State Banks anwies, daß sie ihre Banknoten zu einem Drittel in Währungsmetallen decken sollten,[11] hatte er keine Kontrollmöglichkeit, so daß die Vorschrift nicht durchsetzbar war.

f) Zusammenfassung und Fazit:

Die Arbeit behandelte die Frage der Wechselwirkungen zwischen Politischer Union und Währungsunion. Es wurde postuliert, daß mit einer Währungsunion auch immer eine Politische Vergemeinschaftung - in welcher Form auch immer - einhergeht. Eine Währungsunion kann unabhängig von der Politischen Union funktionieren, wenn bestimmte Kriterien erfüllt sind. Um aber politische Gründe für das Auseinanderbrechen der Union zu verhindern, ist ein Finanzausgleich zwischen den Mitgliedstaaten notwendig.

Unter diesem Gesichtspunkt wurden die Wechselwirkungen zwischen monetärer und politischer Unifizierung zunächst theoretisch beleuchtet. Speziell die zentralisierte oder dezentralisierte Finanzpolitik kann die Funktionsfähigkeit einer Währungsunion negativ beeinflussen. Hier sind Externalitäten in Form eines höheren Zinsniveaus in der Gemeinschaft oder Auswirkungen auf den Wechselkurs der Unionswährung zu nennen; auch die Gewährleistung eines Bail-out kann undisziplinierte Finanzpolitik fördern. Expansive

[11] Vgl. Timberlake, 1993, S. 49

Schuldenpolitik erhöht die Wahrscheinlichkeit des Drucks auf die Zentralbank, denn eine expansivere Geldpolitik führt zu Schuldenentwertung und höheren Seigniorageeinnahmen. Dieses Problem des Einflusses der Finanzpolitik auf die gemeinsame Geldpolitik kann durch verschiedene Lösungsmöglichkeiten verhindert werden. Zunächst kann der Markt z.B. durch Risikoprämien und Kreditrationierung die erhöhte Schuldenaufnahme eines Staates verringern. Außerdem können Regeln, wie beispielsweise ein glaubwürdiger Haftungsausschluß seitens der Gemeinschaft oder Höchstgrenzen für Budgetdefizite, zu demselben Ziel führen. In bezug auf die Geldpolitik würde eine tatsächlich unabhängige Zentralbank die erfolgreiche Ausübung von Druck auf die Geldpolitik verhindern. Einige dieser Lösungsmöglichkeiten können als Ausprägungen einer Politischen Union bezeichnet werden. Wenn weiterhin eine Währungsunion von asymmetrischen Schocks getroffen wird, wenn also die Mitgliedstaaten realwirtschaftlich nicht konvergent sind, dann wird ebenfalls eine Ausgestaltung der Politischen Union notwendig, nämlich ein Finanzausgleich. Dieser kann beispielsweise die Form von automatischen Stabilisatoren annehmen, die bei asymmetrischen Schocks stabilisieren, oder in Form von Transfers auftreten, die eine Anpassung bei permanenten Strukturproblemen finanzieren. Aufgrund dieser Komplexität ist eine differenzierte Betrachtung des Zusammenspiels von monetärer und politischer Union notwendig. Die einfache Antwort, daß beide nur zusammen funktionieren können, ist nicht befriedigend. Insgesamt wurde gezeigt, daß bestimmte Formen einer Politischen Union negative Auswirkungen auf die Funktionsfähigkeit der Währungsunion haben können, andere Ausprägungen jedoch wichtig sind. Ein wichtiges Ergebnis des ersten Kapitels war die Unabhängigkeit der Zentralbank. Eine unabhängige Notenbank erhöht die Funktionsfähigkeit der Währungsunion, ohne daß die Ausgestaltung der Politischen Union berücksichtigt werden muß.

Im Hinblick auf das Zusammenwirken zwischen Politischer Union und Währungsunion und unter besonderer Beachtung der Unabhängigkeit der Notenbank wurden dann die Reichsbank im Deutschen Reich und das Federal Reserve System in den USA betrachtet. Beide Staaten wiesen die politische Form einer Föderation auf, in der die Einzelstaaten jedoch noch signifikante Machtbefugnisse besaßen und größtenteils souverän waren. Die Zentralregierung übernahm jeweils nur bestimmte Aufgabenbereiche. In beiden Staaten kam also zur Währungsunion - der Schaffung einer einheitlichen Währung und einer neuen Zentralbank - noch der Aspekt, daß zentralisierte und dezentralisierte Finanzpolitik die gemeinsame Geldpolitik beeinflussen konnten.

Die Struktur des Deutschen Reichs bestand aus der gemeinsamen Geldpolitik, dem gemeinsamen Binnenmarkt und der föderalen Finanzpolitik. Das Reich übernahm bestimmte Aufgabengebiete wie die Außen- und Verteidigungspolitik, die Verwaltung der Kolonien und die Handelsgesetzgebung. Die Einzelstaaten behielten weitgehende Souveränität, v.a. in der Finanz-, und Wirtschaftspolitik. Die Reichsbank war kein Zentralbanksystem, sondern eine Zentralbank mit Filialen, die im übrigen auch Geschäftsbankfunktionen wahrnahm. Die Doppelrolle der Reichsbank als Zentral- und Geschäftsbank wird darin deutlich, daß sie auch Privatwechsel annahm und somit im Wettbewerb mit den Geschäftsbanken stand. Um sich Wettbewerbsvorteile zu verschaffen, diskontierte sie eine Zeitlang auch zum Vorzugssatz, dem sogenannten Privatsatz.

Bei der Betrachtung der Reichsbank wurde in der Hauptsache der Aspekt herausgearbeitet, ob die Bank als unabhängig bezeichnet werden kann. Im allgemeinen wird postuliert, daß die Reichsbank aufgrund der Vorkehrungen der Goldwährung unabhängig von der Politik sei. Dazu ist zunächst zu sagen, daß verschiedene Gründe auch für die Abhängigkeit der Bank hätten sprechen können. Die Reichsbank wurde vom Reich geschaffen, der Reichskanzler war erster Vorsitzender der Bank. Außerdem gewährte sie erhebliche Vergünstigungen für die Landwirtschaft, die eine einflußreiche Gruppe innerhalb des Reichs darstellte. Diese auf einen Sektor konzentrierte Geldpolitik war sicher im Sinne der Regierung. Außerdem vergab die Reichsbank trotz der strikten Regeln im Bankgesetz seit der Jahrhundertwende vermehrt Kredite an das Reich. Diese Kreditvergabe zeugt von der Abhängigkeit der Bank, kann jedoch mit Rüstungsausgaben und Kriegsvorbereitungen erklärt werden. Bei Gefährdung der nationalen Sicherheit wurde in den meisten Fällen eine eigenständige Geldpolitik begrenzt. Institutionelle Regelungen deuten ebenfalls auf die beabsichtigte, politische Unabhängigkeit der Bank. Im Bankgesetz 1875 wurde das Mitspracherecht der privaten Anteilseigner festgelegt, das insbesondere in einem Vetorecht bezüglich der Kreditgewährung an das Reich zum Ausdruck kam; außerdem gab es Vorkehrungen, die als Optimale Kontrakte für Reichsbanker bezeichnet werden können. Der Reichskanzler war zwar formal der erste Vorsitzende der Bank; der in der Literatur belegte Einfluß des Kanzlers auf die Geldpolitik beschränkte sich allerdings auf drei Episoden, während der er Weisungen erteilte. Auch die wiederkehrenden Debatten im Reichstag über die Verstaatlichung der Reichsbank deuten darauf, daß die Bank zumindest von einem Teil der Bevölkerung als zu unabhängig angesehen wurde, diese Meinung setzte sich aber nicht durch. So war die Reichsbank relativ unabhängig vom Staat.

Auch die weitgehende Unabhängigkeit vom Währungssystem des Goldstandards kann belegt werden. Verschiedene Gründe sprechen für diese Sichtweise. Die Reichsbank richtete sich nicht nur nach den Spielregeln des Goldstandards, sondern auch nach den Erfordernissen der Binnenwirtschaft. Diese Prioritäten kamen z.B. in der Diskontpolitik zum Ausdruck; ein Großteil der Zinsbewegungen war nicht außen-, sondern innenpolitisch motiviert. Die Bank versuchte den Diskontsatz im Durchschnitt so niedrig wie möglich zu halten; so wurde der Zins nach jeder Erhöhung, um die Geldnachfrage an den Quartalsenden einzudämmen, sofort wieder gesenkt. Außerdem wandte die Reichsbank die sogenannten Gold Devices an, um gegen die Spielregeln vermehrt Goldzuflüsse zu attrahieren. Zwar glichen sich diese Maßnahmen unter den Kernländern des Goldstandards vermutlich aus, ob das jedoch auch auf die Länder der Peripherie zutraf, bleibt zu untersuchen. Daher konnten durch die Gold Devices möglicherweise doch Vorteile erlangt werden. Eine Erklärung für das Verhalten der Reichsbank im Goldstandard könnte eine hohe Glaubwürdigkeit sein. Die Reichsbank konnte relativ unabhängig von den Regeln der Goldwährung entscheiden, da die Finanzmärkte keine Änderung der Goldparität erwarteten. Im Hinblick auf die folgende Diskussion der Fed soll darauf hingewiesen werden, daß auch die Reichsbank sich an veränderte Gegebenheiten anpaßte. Die Bestimmung, das Reichsbankprivileg zur Notenausgabe alle zehn Jahre zu erneuern, gab die Möglichkeit oder auch Notwendigkeit dazu. Bei diesen Gelegenheiten fand regelmäßig eine Debatte über den Status der Reichsbank statt, der Reichstag änderte außerdem das Reichsbankgesetz in den Gesetznovellen 1889, 1899 und 1909. Die Novellen wurden hauptsächlich dazu genutzt, den Reichsanteil am Gewinn der Bank zu erhöhen. Es gab allerdings auch wichtige Neuerungen, wie die Erklärung der Reichsbanknoten zum gesetzlichen Zahlungsmittel, die Erhöhung des Grundkapitals und des ungedeckten Notenkontingents, Vorschriften bzgl. des Diskontsatzes der Privatnotenbanken und die Ermächtigung zu Ausgabe von Banknoten eines kleinen Nennwerts.

Bei der Betrachtung des Federal Reserve System trat ein anderer Aspekt des Zusammenspiels von monetärer und politischer Union in den Vordergrund, nämlich die ausgeprägte Anpassungsfähigkeit der amerikanischen Währungsunion an veränderte Rahmenbedingungen und die Korrektur von Fehlentwicklungen. Der politische Aufbau der Vereinigten Staaten war dem des Reichs sehr ähnlich und der Souveränitätsanspruch der Einzelstaaten ebenfalls sehr groß. Der Staat existierte nach der Staatsgründung für einen Zeitraum von mehr als 100 Jahren ohne Zentralbank. Die State Banks wurden unabhängig voneinander von den Einzelstaaten kontrolliert; auch das National Banking System hatte verschiedene Nachteile. Daß der Wunsch nach einer Koordination der Geldpolitik vorhanden war, sieht man auch an den vielfältigen Versuchen im 19. Jahrhundert, eine zentralbankähnliche Institution zu schaffen. Es gab öffentliche Bestrebungen wie die First und Second Bank of the United States und das Independent Treasury System und solche von privater Seite wie die Clearinghouse Associations. Wegen der Struktur des Bankensystems im 19. Jahrhundert war die Schaffung eines Zentralbanksystems sehr kompliziert. Die Einzelstaaten bestanden auf ihren Souveränitätsansprüchen und wehrten sich gegen alle Aktivitäten, die eine Verlagerung der Macht in Richtung einer Zentralgewalt in Washington oder New York zum Inhalt hatten. Man kann argumentieren, daß die dezentralen Fiskalpolitiken die monetäre Vereinigung soweit torpediert haben, daß bis 1913 keine gemeinsame Geldpolitik entstehen konnte. Die vielfältigen Probleme spiegelten sich dann im Federal Reserve Act und in der Funktionsweise der Fed in den ersten Jahren wider. Eine kohärente, funktionsfähige Geldpolitik kam nicht zustande, weil erstens der zentrale Teil der Politik - die Bundesregierung - und zweitens der dezentrale Teil - die Einzelstaaten durch die Distriktbanken - zuviel Einfluß auf die Entscheidungen der Fed hatten. Der Einfluß der Bundesregierung manifestierte sich beispielsweise in zwei Regierungsvertretern als *ex officio* Mitglieder im Board und in der Verpflichtung der Fed, die Zinsen auf Staatspapiere niedrig zu halten. Der Federal Reserve Act gab den Distriktbanken große Machtbefugnisse und v.a. die Kompetenzverteilung zwischen den föderalen Elementen der Fed und dem Board war nicht ausreichend geregelt. Die Machtverschiebung in Richtung Board im Laufe der ersten Jahre spiegelte sich u.a. in der Entwicklung des FOMC wider. Die Krise nach 1929 gab den Anstoß zur ersten gesetzlichen Änderung des Federal Reserve Act, nämlich den Bankakten 1933-35; durch weitere Bankakte wurde die Fed im Laufe der Jahre immer unabhängiger und die gemeinsame Geldpolitik immer konsistenter. Auch bei der Fed wird deutlich, daß die erlangte Stufe der Unabhängigkeit während der beiden Weltkriege regelmäßig außer Kraft gesetzt wurde.

Wichtig für die langfristige Funktionsfähigkeit einer Währungsunion unabhängig von der Form der Politischen Union ist also die tatsächliche Unabhängigkeit der Zentralbank und die ausgeprägte Anpassungsfähigkeit der Union an veränderte Umweltbedingungen oder an Fehlentwicklungen während ihrer Existenz.

4.2 Das Europäische System der Zentralbanken in der Europäischen Union

Das Europäische System der Zentralbanken (ESZB) besteht aus der Europäischen Zentralbank mit Sitz in Frankfurt und den 15 nationalen Zentralbanken. Die an der Währungsunion teilnehmenden 11 Zentralbanken mit der EZB werden als Eurosystem bezeichnet. Wenn alle

Länder der EU der Währungsunion beigetreten sind, werden die Begriffe Eurosystem und ESZB synonym verwandt. Die Vorschriften des Maastrichter Vertrags für die EZB bestimmen Preisstabilität als ihr oberstes Ziel und Unabhängigkeit als ihr bestimmendes Merkmal. Im folgenden Kapitel wird zunächst die Organisation und die Geldpolitik der EZB beschrieben und die Ausgestaltung der Unabhängigkeit analysiert. Es wird herausgearbeitet, ob sie mangels Verantwortlichkeit und wegen des Demokratiedefizits zu unabhängig ist. Anschließend wird analysiert, welche Teilbereiche der Europäischen Union als Ausprägungen einer Politischen Union bezeichnet werden können.

4.2.1 Aufbau und Geldpolitik der EZB

4.2.1.1 Die Organe und ihre Befugnisse

Wie in anderen Bereichen der Europäischen Währungsunion, wurde auch bei der Organisation des Eurosystems versucht, das Prinzip der Subsidiarität zu berücksichtigen. Der Rat hat die oberste Entscheidungsbefugnis, dem Direktorium obliegt die Durchführung der Geldpolitik und die nationalen Zentralbanken führen die beschlossenen, geldpolitischen Operationen aus. Es wurde keine Zentralnotenbank im klassischen Sinne, sondern ein Notenbanksystem geschaffen.[12]

Der Rat der EZB besteht aus dem Direktorium und den Präsidenten der nationalen Zentralbanken der Länder, die an der Währungsunion teilnehmen. Die Länder, die nicht an der Währungsunion teilnehmen, haben einen Sitz im Rat, aber keine Stimme. Der Rat tritt zehnmal im Jahr zusammen. Er hat die Entscheidungsbefugnis bezüglich der Geldpolitik und legt die Leitlinien fest. Der Rat formuliert die Werte der Zwischenziele, die Leitzinsen, das Angebot an Reserven - also die Bereitstellung von Zentralbankgeld - und die notwendigen Leitlinien für die Durchführung.[13]

Der erweiterte Rat der EZB besteht aus dem Präsidenten, dem Vizepräsidenten und den 15 nationalen Zentralbankpräsidenten. Er entscheidet u.a. bei Fragen, die sich auf die Kapitalausstattung und auf die nicht an der Währungsunion teilnehmenden Mitglieder beziehen; außerdem wird er vom EZB-Rat informiert und hat Beratungspflichten.

Bei der EZB stellt sich, trotz der immer wieder beschworenen Unabhängigkeit, das Problem, daß zwar das kürzlich bestellte Direktorium eine hervorragende Reputation in bezug auf stabilitätsorientierte Geldpolitik hat, aber der zweite Entscheidungsträger der EZB

---

[12] Die weiteren Ausführungen des Kapitels 4.2.1.1 sind entnommen aus dem Protokoll über die Satzung des ESZB und der EZB, 1992.

[13] Vgl. Protokoll über die Satzung des ESZB und der EZB, 1992, Artikel 12

- der Zentralbankrat - sich aus den nationalen elf Notenbankpräsidenten und dem Direktorium zusammensetzt. Wenn Entscheidungen in diesem Gremium getroffen werden, könnte das Direktorium überstimmt werden. Zur theoretischen Diskussion bzgl. der Mehrheitsverteilung im Rat (siehe Kap. 1.3.2.2). Der Rat beschließt mit einfacher Mehrheit, bei Stimmengleichheit entscheidet die Stimme des Präsidenten.[14] Das Stimmenverhältnis von regionalen (nationale Zentralbankpräsidenten) zu zentralen (Direktorium) Vertretern im Rat beträgt elf zu sechs.[15] Es wird erwartet, daß die Zentralbankpräsidenten keine nationalen Interessen vertreten, sondern die der Gemeinschaft. Im Vergleich mit der Fed und der Bundesbank hat das zentrale Element (Direktorium) im Entscheidungsgremium der EZB die schwächste Position.[16] Im Maastrichter Vertrag wurde jedoch von zwölf nationalen Zentralbankchefs ausgegangen, das wurde als annehmbar angesehen. Probleme mit der Mehrheitsverteilung könnte es bei einer Erweiterung der Währungsunion geben.

Abbildung 6: Die Organisation des Eurosystems

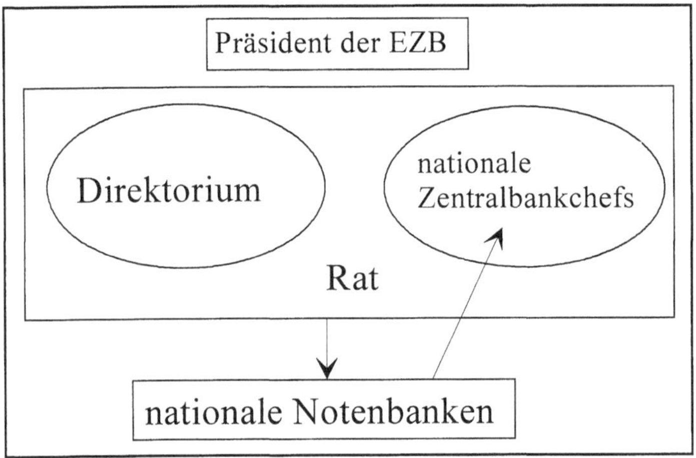

Quelle: Protokoll über die Satzung des europäischen Systems der Zentralbanken und der Europäischen Zentralbank zum Vertrag über die Europäische Union, 1992, eigene Darstellung

14 Bei Entscheidungen, die Kapitalveränderungen, den Schlüssel für die Kapitalzeichnung, die Übertragung von Währungsreserven auf die EZB, die Verteilung der Einkünfte der nationalen Zentralbanken und die Verteilung der Nettogewinne und Verluste betreffen, werden die Stimmen nach gezeichnetem Kapital gewogen, das Direktorium hat keine Stimmberechtigung.

15 Vgl. Gros, 1998

16 Die Verteilung bei der Deutschen Bundesbank ist neun zu sieben, bei der Fed im FOMC fünf zu sieben.

In der EU stellt sich das Problem der divergierenden Inflationspräferenzen. Es ist also möglich, daß die Geldpolitik des Rats bei Mehrheitsabstimmungen die mittlere Inflationsrate der teilnehmenden Länder widerspiegelt[17]. Also soll die EZB ähnlich wie die Deutsche Bundesbank ausgestaltet sein. Trotzdem haben die Mitglieder des Rats noch immer individuelle Präferenzen, die die deutsche Position bei Mehrheitswahlen möglicherweise in die Minderheit drängen würden. Die Konvergenzkriterien des EU-Vertrags sollen sicherstellen, daß alle Mitglieder annähernd die gleichen Präferenzen haben. Eine niedrige Inflationsrate soll erreicht werden, indem die EZB größeres Gewicht auf Preisstabilität legt als die Bundesbank; der entsprechende Artikel 2 des Protokolls zum Maastrichter Vertrags ist eindeutiger formuliert als der des Bundesbankgesetzes. Daß die EZB tatsächlich eine nicht stabilitätsorientierte Geldpolitik anstrebt, ist unwahrscheinlich, da das Direktorium an den Abstimmungen beteiligt ist und sich zumindest nicht alle Zentralbankpräsidenten als nationale Interessenvertreter sehen.

Das Direktorium besteht aus dem Präsidenten der EZB, dem Vizepräsidenten und vier weiteren Mitgliedern. Es wurde im Mai 1998 von den Regierungschefs auf Vorschlag des EWI ernannt. Alle weiteren Ernennungen werden von den Regierungschefs auf Empfehlung des Ministerrats und nach Anhörung des Europäischen Parlaments und des EZB-Rats getroffen. Die Amtszeit beträgt acht Jahre, weitere Beschäftigungen der Mitglieder während dieser Zeit sind nicht zugelassen. Es gibt keine Wiederernennung, eine Amtsenthebung ist nur bei schweren Verfehlungen und nur durch den Europäischen Gerichtshof möglich. Der Präsident hat den Vorsitz im Rat und im Direktorium und die Vertretung der EZB nach außen. Das Direktorium entscheidet mit einfacher Mehrheit, bei Stimmengleichheit entscheidet die Stimme des Präsidenten. Da der EZB-Rat sich nur ca. einmal im Monat trifft, kann er bezüglich der Geldpolitik keine detaillierten Entscheidungen treffen. Aus diesem Grund obliegt dem Direktorium die Implementierung und Durchführung der Geldpolitik gemäß den Leitlinien und Entscheidungen des Rats. Es führt die laufenden Geschäfte. Das Direktorium hat keine eigenständige Befugnis über die Geldpolitik, es ist lediglich durchführendes Organ. Ein weiterer Grund für die Existenz des Direktoriums, außer der Führung der laufenden Geschäfte, könnte der Wunsch nach einem Gegengewicht zu den Stimmen der nationalen Notenbankpräsidenten im Rat gewesen sein.

Den nationalen Zentralbanken obliegt die praktische Ausführung der Geldpolitik, die EZB nutzt die nationalen Zentralbanken für die Implementierung der geldpolitischen Operationen, die das Direktorium der EZB festgelegt hat. Dieses erteilt den nationalen

---

[17] Vgl. De Grauwe, 1996 (a)

Zentralbanken Weisungen, aber auch die Erteilung bestimmter Befugnisse ist möglich. Die nationalen Zentralbankpräsidenten werden von jedem Land nach den dort üblichen Verfahren ernannt. Ihre Amtszeit muß mindestens fünf Jahre betragen. Entlassung ist nur bei schweren Verfehlungen möglich. Davon abgesehen bleibt die Struktur der nationalen Zentralbanken erhalten.[18] Die Reduzierung der nationalen Zentralbanken auf ausführende Organe wird dadurch erschwert, daß jede Zentralbank langjährige Erfahrungen im geldpolitischen Management hat, die sich sehr voneinander unterscheiden. Sie haben einen Vorteil gegenüber dem Direktorium, weil sie mit dem Finanzsystem ihrer Länder vertrauter sind und in den meisten Fällen Überwachungsfunktionen über das Bankensystem inne haben. So werden sich wahrscheinlich Reibungspunkte bzgl. der Kompetenzen ergeben, was dadurch verkompliziert wird, daß die nationalen Notenbankpräsidenten im Rat sitzen und die Geldpolitik bestimmen, während sie als Oberhäupter ihrer nationalen Zentralbanken nur - ihre eigenen - Anweisungen auszuführen haben.

Das Kapital der EZB beträgt zu Beginn fünf Mrd. Euro, die nationalen Zentralbanken sind Zeichner und Inhaber des Kapitals. Der Schlüssel für die Kapitalzeichnung berechnet sich zu gleichen Teilen nach dem Bevölkerungsanteil und dem Anteil am EU-BIP zu Marktpreisen und wird alle fünf Jahre angepaßt. Die EZB ist mit Währungsreserven von fünf Mrd. Euro ausgestattet. 20% der monetären Einkünfte werden zunächst an den Reservefonds ausgeschüttet bis dieser 100% des Kapitals beträgt, der Rest wird den Kapitalanteilen entsprechend an die nationalen Notenbanken verteilt.

Die Beziehungen zu den Ländern der EU, die nicht an der Währungsunion teilnehmen, sind durch das Wechselkurssystem EWS II geregelt. Griechenland wurde aufgrund der Nichteinhaltung des Defizitkriteriums des Maastrichter Vertrags zunächst von der Währungsunion ausgeschlossen;[19] Schweden, Großbritannien und Dänemark behalten sich vor, der Währungsunion zunächst nicht beizutreten. Da zur Zeit des Maastrichter Vertrags noch angenommen wurde, daß die Gruppe dieser Länder größer wäre,[20] wurde es von allen Seiten als wichtig erachtet, die währungspolitischen Beziehungen zwischen den Outs und der EZB zu regeln. Die Outs sollten sich auf den Eintritt in die Währungsunion vorbereiten und die Einhaltung der geldpolitischen Stabilität beweisen; die Mitglieder der Währungsunion wollten Wechselkursschwankungen zu ihren Handelspartnern vermeiden. Das sogenannte EWS II wird ähnlich wie das EWS aufgebaut sein, mit dem wichtigen Unterschied, daß keine

---

18 Allerdings könnte man sich überlegen, ob die Organisation der Banken nicht etwas verkleinert werden könnte, da keine eigenständige Geldpolitik mehr ausgeführt wird. Beginnen könnte dieser Prozeß bei den deutschen Landeszentralbanken; davon zeugt auch der Rücktritt der Präsidenten zweier Landeszentralbanken.

19 Das Schuldenkriterium wurde bei der Auswahl der Mitglieder nicht berücksichtigt.

20 Damals wurde noch davon ausgegangen, daß die Konvergenzkriterien strikt interpretiert werden würden.

symmetrische Interventionsverpflichtung geplant ist. Bei Abweichungen der Wechselkurse von ihren Leitkursen soll die EZB nur intervenieren, wenn dieses ihre Geldpolitik nicht beeinflußt. Die Hauptanpassungslast liegt bei den Outs. Die EZB und die nationalen Zentralbanken können Änderungen der Paritäten initiieren, wenn diese nicht mehr aufrechterhaltbar sind. Die Outs haben also keine Möglichkeit, die gemeinsame Geldpolitik der Union zu torpedieren.

4.2.1.2 Aufgaben und Ziele

Die geldpolitischen Aufgaben der EZB sind in Artikel 3 des Protokolls zum Maastrichter Vertrag aufgeführt, sie bestehen darin:

- die Geldpolitik der Gemeinschaft festzulegen und auszuführen,
- Devisengeschäfte zu führen,
- die offiziellen Währungsreserven der Mitgliedstaaten zu halten und zu verwalten,
- das reibungslose Funktionieren der Zahlungssyteme zu fördern und
- die Aufsicht über die Kreditinstitute und die Stabilität des Finanzsystems zu unterstützen.

Das vorrangige Ziel der EZB ist die Gewährleistung von Preisstabilität. Dieses Ziel ist im EU-Vertrag eindeutiger formuliert als der korrespondierende Artikel des Bundesbankgesetzes. Die EZB stabilisiert den harmonisierten Verbraucherpreisindex. Preisstabilität wird von der EZB definiert „... als Anstieg des Harmonisierten Verbraucherpreisindex (HVPI) für das Euro-Währungsgebiet von unter 2% gegenüber dem Vorjahr“.[21] Trotz dieses gemeinsamen Preisindexes existiert das Problem der regionalen Inflationsraten, wenn der bisherige Warenkorb eines Landes stark vom mittleren, europäischen abweicht. Dann ist es möglich, daß es regionale Abweichungen von der Preisstabilität gibt. Diese Abweichungen werden allerdings nur offensichtlich, wenn weiterhin nationale Inflationsraten publiziert werden.

Für die Einhaltung des Ziels der Preisstabilität ist die EZB nicht allein verantwortlich, auch die Einstellung der Öffentlichkeit (Stabilitätskultur) und das Verhalten von Gewerkschaften und Arbeitgebern sind wichtig. Weiterhin kann die EZB höchstens langfristig die Inflationsrate beeinflussen, kurzfristig ist sie noch von anderen Faktoren abhängig, wie Importpreise, Erhöhung der indirekten Steuern, Lohnerhöhungen.

Die Einhaltung des Ziels wird der EZB aber erleichtert durch die starken institutionellen Vorkehrungen, eine zersplitterte Opposition seitens der Regierungschefs und weil das Prestige der Banker davon abhängt, ob sie die Stabilitätspolitik der Bundesbank erreichen können. Das Ziel der Preisstabilität kann nur eingehalten werden, wenn die EZB

[21] Vgl. Europäische Zentralbank, Monatsbericht, Januar 1999, S. 51

politisch unabhängig ist. Wenn die EZB gezwungen werden kann, Budgetdefizite zu finanzieren, dann ist Preisstabilität nicht mehr möglich. Die Konvergenzkriterien des Maastrichter Vertrags zeugen von Zweifeln, ob Unabhängigkeit der Zentralbank und die Verpflichtung auf Preisstabilität allein für eine stabile Inflationsrate sorgen können.[22]

Der optimale Wert für die Inflationsrate ist klein und positiv.[23] Ein Zielwert von Null sollte nicht angestrebt werden, da die normalen Inflationsmaße die tatsächliche Inflationsrate, z.B. mangels Berücksichtigung von Qualitätsfortschritten, überschätzen. Außerdem kann bei einer Inflationsrate von Null eine Reallohnanpassung nach unten nur durch Senkung der Nominallöhne geschehen. Dagegen ist der Widerstand normalerweise relativ groß. Da die EZB nicht das Preisniveau, sondern die Inflationsrate stabilisieren wird, ist Preisstabilität vereinbar mit Sprüngen im Preisniveau. Die Stabilisierung eines Preisniveauziels wäre eine härtere Vorgabe für die EZB. Bei Sprüngen im Preisniveau muß die EZB die dadurch entstehenden Inflationserwartungen eindämmen, die auch entstehen, wenn die Veränderung der Preise nicht durch die EZB verursacht wurde. Dadurch und weil sie Reputation erst erwerben muß, wird die Politik der EZB in den ersten Jahren möglicherweise einen restriktiven bzw. deflationären Bias haben.

Die Erreichung des Preisstabilitätsziels kann eingeschränkt werden durch die Beteiligung der Europäischen Währungsunion an einem Wechselkursregime. Im Maastrichter Vertrag ist festgelegt, daß der Ministerrat über ein Wechselkurssystem für den Euro entscheiden und die Wechselkursparitäten festlegen darf, nachdem die EZB und das Europäische Parlament konsultiert wurden. Weiterhin darf der Ministerrat allgemeine Orientierungen für die Wechselkurspolitik der EZB geben, wenn diese nicht mit der Preisstabilität kollidieren. Die Teilnahme an einem internationalen Wechselkurssystem ist für den Euro zumindest in den ersten Jahren jedoch nicht vorstellbar.[24] Und bei anderen als formalen Abmachungen wird die EZB wohl die Oberhand behalten, bzw. allgemeine Orientierungen zu umgehen wissen. Wenn die EZB tatsächlich das Ziel der Preisstabilität verfolgt, wird sie sich den Widerspruch mancher Politiker zuziehen, die Wechselkursmanipulationen oder der Stimulierung durch expansive Geldpolitik nicht abgeneigt sind. Wenn die EZB tatsächlich unabhängig ist, wird sie solchem Druck der Regierungen widerstehen.

---

22 Man kann argumentieren, wenn die Unabhängigkeit der EZB unzweifelhaft ist, dann sind die fiskalpolitischen Kriterien nicht notwendig.

23 Vgl. Howitt, 1994

24 In diesem Sinn äußert sich auch die EZB, vgl. Europäische Zentralbank, Monatsbericht, Januar 1999, S. 45; siehe aber auch Steuer, 1992, S. 196f.

Außerdem kann die Preisstabilität gefährdet sein durch die Finanzierung von öffentlichen Defiziten. Der EU-Vertrag verbietet die direkte Finanzierung. Probleme können allerdings bei der Auswahl der Wertpapiere für die Offenmarktpolitik auftreten.[25] Entweder die EZB kauft nur Titel mit der höchsten Kreditwürdigkeit oder die Anteile der Wertpapiere jedes Staates im Portfolio der EZB sind genau festgelegt oder Offenmarktoperationen werden nur mit privaten Papieren ausgeführt. Im Artikel 104b des EU-Vertrags wird außerdem der Grundsatz des No Bail-out festgelegt: Kein Problem ist der Ausschluß der Haftung der Gemeinschaft, denn ein solcher Bail-out seitens der EU braucht Einstimmigkeit, was äußerst unwahrscheinlich ist. Schwieriger durchzusetzen ist der Haftungsauschluß seitens der Mitgliedsstaaten (siehe Kap. 1.3.3.1).

Die dritte Möglichkeit, die Geldpolitik der EZB zu beeinflussen, besteht darin, daß die Zentralbank auch die allgemeine Wirtschaftspolitik der Gemeinschaft beachten soll. „Soweit dies ohne Beeinträchtigung des Zieles der Preisstabilität möglich ist, unterstützt das ESZB die allgemeine Wirtschaftspolitik in der Gemeinschaft ...".[26] Aber erstens wird klar geschrieben, daß dieses Ziel nur verfolgt werden soll, wenn das Ziel der Preisstabilität nicht in Gefahr ist, und zweitens ist dies kein direkter Kanal, durch den der Ministerrat die Geldpolitik beeinflussen könnte. Die Worte sind eindeutiger formuliert als im Bundesbankgesetz - der Bundesbank wird mehr Raum für Interpretation gelassen -, sind aber doch ein politisches Zugeständnis. In bezug auf die Outputstabilisierung kann die EZB Kompromisse eingehen, da kurzfristige Schwankungen der Inflationsrate möglich sind. Wie weit hier Zugeständnisse gemacht werden, sollte vorher festgelegt werden, denn in jeder Rezession wird Druck ausgeübt werden, den geldpolitischen Kurs etwas zu lockern. Die EZB interpretiert diesen Passus des Vertrags folgendermaßen: Der beste Beitrag der EZB zur allgemeinen Wirtschaftspolitik besteht in der Gewährleistung von Preisstabilität.[27] Die allgemeine Wirtschaftspolitik bezieht sich natürlich nicht auf die Wirtschaftspolitik eines einzelnen Staates, sondern auf die der Gemeinschaft. Außerdem wird damit festgelegt, daß die EZB in Zeiten von Preisstabilität nicht eigenmächtig wirtschaftspolitische Ziele verfolgen darf, sondern die der Gemeinschaft unterstützen muß.[28] Keine der möglichen Einschränkungen der Preisstabilität ist also sehr wahrscheinlich.

---

25 Vgl. Gros, 1998, S. 351
26 Protokoll über die Satzung des ESZB und der EZB, 1992, Artikel 2
27 Vgl. Europäische Zentralbank, Monatsbericht, Januar 1999, S. 45f
28 Vgl. Hagen/Neumann, 1998, S. 365

4.2.1.3 Die geldpolitische Strategie

Im Oktober 1998 entschied sich der Rat für eine Geldmengenstrategie im Sinne der Bundesbank. Diese Strategie besteht aus drei Elementen: der quantitativen Festlegung des Ziels der Preisstabilität, der Ankündigung eines Referenzwerts für das Wachstum der Geldmenge und einer Beurteilung der Aussichten für die künftige Preisentwicklung und der Risiken für die Preisstabilität.[29]

Effektivität: Sehr wichtig für die Durchführung der Geldmengensteuerung ist die Konstanz der Geldnachfrage, also ob ein stabiler Zusammenhang zwischen der Geldmenge und der Inflationsrate besteht und ob der Referenzwert durch die EZB kontrolliert werden kann. Hier gibt es verschiedene Studien, die nicht alle zu demselben Ergebnis kommen.[30] Gegen eine Konstanz der Geldnachfragefunktion sprechen Finanzmarktderegulierung und Finanzinnovationen. Außerdem ist die Schaffung einer Währungsunion ein Regimewechsel, der die bisherigen, monetären Relationen möglicherweise verändert. Nicht nur die Instabilität der Geldnachfrage („velocity instability problem"), sondern auch die Unterschiede in der Geldnachfrage in den europäischen Ländern stellen ein Problem dar. Ebenso wichtig sind Kenntnisse über die Transmissionsprozesse, es existieren lange und variable Wirkungsverzögerungen. Die EZB muß den durchschnittlichen, europäischen und die verschiedenen, nationalen Transmissionsprozesse beachten. Eine Angleichung dieser Transmissionsprozesse sollte versucht, bzw. die Instrumtente so gewählt werden, daß sie einigermaßen gleichmäßig wirken. Auch Unterschiede in den Institutionen, Regulierungen, Traditionen und Politiken spielen eine Rolle. Wenn es einen hinreichend stabilen Zusammenhang zwischen Geldmenge und Preisen gibt, kann eine Geldmengensteuerung effektiv sein, wenn nicht, sollte auf ein Geldmengenziel verzichtet werden.

Verantwortlichkeit: Für die Geldmenge ist die Zentralbank direkt verantwortlich, diese kann sie tatsächlich beeinflussen. Bei bindenden Geldmengenzielen besteht die Möglichkeit, automatische Sanktionen zu verhängen.

Transparenz: Die Erreichung des Geldmengenziels ist sehr transparent; es kann leicht und v.a. relativ schnell nachgeprüft werden, ob das Ziel erreicht wurde. Unter Transparenz fällt auch die Forderung, daß die Durchführung der Strategie seitens der EZB durch Veröffentlichungen o.ä. verständlich gemacht wird.

Kontinuität: Die EZB könnte durch Übernahme der Geldmengensteuerung die Reputation und Glaubwürdigkeit von der Bundesbank übernehmen. Andererseits erreichte die

29 Vgl. Europäische Zentralbank, Monatsbericht, Januar 1999, S. 50ff; Europäische Zentralbank, Monatsbericht, Februar 1999, S. 29ff; European Monetary Institute, 1997, S. 7ff

30 Vgl. European Monetary Institute, 1997, S. 8

Deutsche Bundesbank das selbstgesetzte Geldmengenziel in ca. der Hälfte der Fälle nicht. Die Frage ist, wie oft es sich die neu gegründete EZB leisten kann, das Ziel zu verfehlen.[31]

Konsistenz mit der Unabhängigkeit der EZB: Bei Geldmengenzielen haben die Regierungen weniger Möglichkeiten und Argumente, in die Geldpolitik der EZB einzugreifen.

4.2.1.4 Die Instrumente der EZB

Die EZB ist instrumentenunabhängig, d.h. der Rat kann seine Instrumente selbst festlegen.[32] Die Instrumente der EZB sollten verschiedene Voraussetzungen erfüllen:[33] Effizienz (das Instrument muß die Geldmärkte hinreichend beeinflussen können), Wettbewerbsneutralität (die nationalen Finanzsysteme in der EU sind noch sehr verschieden, die Instrumente sollten neutral bezüglich des Wettbewerbs zwischen privaten Marktteilnehmern sein) und Subsidiarität (dieses Prinzip sollte durch die Instrumente nicht beeinträchtigt werden). Die EZB wird ständige Fazilitäten anbieten, Offenmarktpolitik betreiben und eine Mindestreserve fordern. Die ständigen Fazilitäten und die Standardtender der Offenmarktgeschäfte werden nur über die nationalen Zentralbanken gewährt. Außerdem wird ein Teil der refinanzierungsfähigen Sicherheiten von den nationalen Zentralbanken ausgewählt, nämlich solche, die für die nationalen Finanzmärkte und Bankensysteme von besonderer Bedeutung sind. Für diese werden besondere Zulassungskriterien auf der Basis von EZB-Mindeststandards festgelegt. Der andere Teil der Sicherheiten wird zentral von der EZB festgelegt und gilt im gesamten Währungsgebiet.

Im Zuge der Offenmarktpolitik kann die EZB auf Finanzmärkten Wertpapiere kaufen oder verkaufen. Offenmarktoperationen können nach dem Zweck der Geschäfte in verschiedene Kategorien eingeteilt werden: Hauptfinanzierungsinstrument (wöchentliche, befristete Transaktionen mit zweiwöchiger Laufzeit), längerfristige Refinanzierungsgeschäfte (monatlich, dreimonatige Laufzeit), Feinsteuerungsoperationen (Ausgleich unerwarteter Liquiditätsschwankungen) und strukturelle Operationen (Anpassung der Liquiditätsituation des Finanzsektors). Offenmarktgeschäfte können mit Standardtendern (24 Stunden), Schnelltendern (eine Stunde) oder bilateralen Geschäften ausgeführt werden. Die Instrumente der Offenmarktpolitik sind: befristete Transaktionen (Pensionsgeschäfte, Pfandkredite), definitive Käufe/Verkäufe, Emission von Schuldverschreibungen, Devisenswapgeschäfte und

---

31 Die EZB setzt einen etwas anderen Akzent bezgl. der Übernahme von Reputation: Die nationalen Zentralbanken hätten sich in den letzten Jahren eine Reputation der Inflationsstabilisierung erworben, die auf die EZB übergehen könne, vgl. Europäische Zentralbank, Monatsbericht, Januar 1999, S. 49.

32 Vgl. Protokoll über die Satzung des ESZB und der EZB, 1992, Artikel 20. Für die Beschreibung der Instrumente der EZB siehe Europäische Zentralbank, 1998; European Monetary Institute, 1997.

33 Vgl. Jerger/Menkhoff, 1998, S. 388f

Hereinnahme von Termineinlagen. Da die Geldpolitik neutral gegenüber den nationalen Finanzsystemen sein sollte, sollte sie möglichst viele Arten von Papieren für die Offenmarktpolitik zulassen. Auch kleine und große Finanzzentren sollten gleichbehandelt werden. Die Verfahren der EZB sollten so gestaltet sein, daß alle Banken gesetzlich und tatsächlich den gleichen Zugang zu allen Fazilitäten der EZB haben. Weil Offenmarkttransaktionen risikoreicher sind, verlassen sich kleinere Banken eher auf ständige Fazilitäten, d.h. ein großer Anteil von Offenmarkttransaktionen der EZB ist nicht neutral bezüglich der Bankengröße. Weil bei Offenmarkttransaktionen keine Bank benachteiligt werden soll und alle Zugang zu diesem Instrument haben sollen, werden die nationalen Zentralbanken in die Transaktionen mit einbezogen.

Die ständigen Fazilitäten werden dezentral von den nationalen Zentralbanken verwaltet. Es wird eine Spitzenrefinanzierungsfazilität geben, die über Nacht ohne Beschränkungen Liquidität bereitstellt und eine Einlagefazilität ohne Höchstgrenze, bei der Guthaben bis zum nächsten Tag angelegt werden können. Die Zinsen der Fazilitäten bilden die Ober- und Untergrenze des Tagesgeldsatzes.

Der Maastrichter Vertrag überließ die Entscheidung bzgl. der Mindestreservepflicht dem EZB-Rat; dieser entschied sich dafür. Die Mindestreserve wird genutzt, um Geldmarktzinsen zu stabilisieren, um strukturelle Liquiditätsknappheit herbeizuführen oder zu vergrößern und um die Geldmengensteuerung zu erleichtern. Für die ständigen Fazilitäten und Standardtender sind nur solche Kreditinstitute zugelassen, die eine Mindestreserve halten. Die Mindestreserveeinlagen werden von den nationalen Zentralbanken gehalten.

4.2.1.5 Die Unabhängigkeit der EZB und ihre Ausgestaltung durch Optimale Kontrakte

a) Die Ausgestaltung der Unabhängigkeit:

Unerwartete Inflation kann temporär die ökonomische Aktivität stimulieren und den realen Wert von Schulden reduzieren. Eine unabhängige Zentralbank kann dieses Glaubwürdigkeitsproblem lösen.[34] Auch optimale Kontrakte können die Zentralbank auf das Ziel der Preisstabilität festlegen.[35] Andererseits hat das Glaubwürdigkeitsproblem seinen Ursprung in den wiederkehrenden, politischen Wahlzyklen: In Europa sind die nationalen Wahlen jedoch immer zu verschiedenen Zeitpunkten, so daß sich möglicherweise keine Mehrheit der Regierungen zu einem Zeitpunkt für eine expansivere Geldpolitik einsetzt.[36]

---

34 Persson/Tabellini, 1994 fassen die Glaubwürdigkeitsdebatte in ihrem Sammelband zusammen.

35 Vgl. Walsh, 1995; dagegen argumentiert jedoch McCallum, 1995 und 1997, der meint, daß durch einen optimalen Kontrakt das Problem der Zeitinkonsistenz nur auf eine höhere Ebene verschoben würde, denn der Principal (Regierung) habe keinen Anreiz, den Kontrakt durchzusetzen.

36 Vgl. Gros, 1998, S. 353f; Lohmann, 1998, S. 375

Wenn sich die Staatschefs nicht einigen können, zu welchem Zeitpunkt sie Druck auf die EZB ausüben, dann ist theoretisch noch nicht einmal Unabhängigkeit für die EZB notwendig. Dies ist auch ein Grund gegen eine Politische Union im Sinne eines europäischen Staates, denn dann würden die verschiedenen, nationalen Wahlzyklen zu einem europäischen zusammenfallen.

Politische Unabhängigkeit der EZB ist laut Artikel 107 des EU-Vertrags in jedem Fall gegeben, sie darf keine Weisungen von öffentlichen Organen entgegennehmen. Für die personelle Unabhängigkeit ist durch verschiedene Vorkehrungen gesorgt, z.B. durch die langen Amtszeiten oder die Entlassung nur bei schwerem Fehlverhalten. Es gibt keine Wiederwahl, so daß expansive Geldpolitik nicht von Regierungen belohnt werden kann. Allerdings könnten Zentralbanker auf lukrative Jobs nach ihrer Amtszeit hoffen. Obwohl die nationalen Zentralbanken unabhängig sind, ist es möglich, daß die Präsidenten bei den Entscheidungen des Rats im Sinne ihrer nationalen Interessen abstimmen. Dagegen spricht der sogenannte Beckett-Effekt, nämlich daß selbst Personen, die aus der Regierung kommen, sobald sie in die Zentralbank eintreten, deren Werte vertreten. Die Unabhängigkeit kann auch danach gemessen werden, wie einfach die Statuten der Zentralbank geändert werden können. Da die Statuten der EZB in einem Protokoll zum EU-Vertrag verankert sind, ist die Änderung nur durch eine Anpassung eines völkerrechtlichen Vertrags möglich. Das wiederum kann nur mit der Zustimmung aller unterzeichnenden Staaten geschehen. Auch so gesehen ist die EZB unabhängiger als die Bundesbank, denn das Bundesbankgesetz kann durch einfache Mehrheit im Bundestag geändert werden. Auch in dieser Hinsicht ist eine Politische Union nicht wünschenswert. Die EZB ist instrumenten- aber nicht zielunabhängig. Welche geldpolitischen Instrumente sie wählt, und wie sie diese anwendet, kann sie selbst gestalten. Bezüglich des Ziels ist sie auf Preisstabilität festgelegt, allerdings wurde weder der zu stabilisierende Preisindex noch der Zielwert im EU-Vertrag festgelegt, so daß die EZB auch in der Zielfestlegung Freiheiten besitzt. In den Veröffentlichungen der EZB wurden u.a. Index und Zielwert inzwischen konkretisiert (vgl. Kap. 4.2.1.2).

Es gibt verschiedene Möglichkeiten der Ausgestaltung von Optimalen Kontrakten. Dem Vertreter des Landes, das die Budgetkriterien nicht erfüllt, könnte das Wahlrecht im Rat entzogen werden. Das verstieße allerdings gegen das Prinzip, daß die Mitglieder des Rats nicht als Vertreter ihres Landes gesehen werden sollen. Das Direktorium könnte seines Amtes enthoben werden, wenn das Inflationsziel nicht erfüllt wird. Ein Anreizmechanismus wäre die Kopplung des Gehalts der Mitglieder der EZB an die Überschreitung eines kritischen Wertes der Inflationsrate. Die Festsetzung eines Mindestalters könnte die Suche nach lukrativen Jobs nach der Amtszeit verhindern. Außerdem gibt es formale Studien, in denen eine lineare Strafzahlung die Inflationsrate vermindert, ohne die Volatilität des Outputs zu erhöhen.[37] Solche Optimalen Kontrakte helfen auch, die Inflationsrate noch nach 1999 niedrig zu halten, wenn die Konvergenzkriterien nicht mehr greifen. Keiner von diesen Vorschlägen ist im Vertrag verankert, das gibt der EZB große Freiheiten. Da die EZB aus den genannten Gründen sehr unabhängig ist, muß dieses Demokratiedefizit durch Verantwortlichkeit („accountability") ausgeglichen werden.

b) Die Verantwortlichkeit und Veröffentlichungspflicht der EZB:

Zwei verschiedene Zusammenhänge zwischen Unabhängigkeit und Verantwortlichkeit sind denkbar: Entweder stehen die beiden im Gegensatz zueinander; sobald die Notenbank für die Geldpolitik verantwortlich gemacht wird, ist auch ihre Unabhängigkeit eingeschränkt. Oder Unabhängigkeit ist nicht ohne Verantwortlichkeit möglich; die Zentralbank muß ihre Aktionen rechtfertigen und erklären. Da sie im demokratiefreien Raum steht, könnten ihre Aktionen ohne Rechtfertigungspflicht überhaupt nicht überprüft werden. Verantwortlichkeit kann als eine Art von Regelbindung gesehen werden, durch die Verantwortlichkeit legt sich die EZB auf einen bestimmten Zielwert fest, und kann davon nur schwer abweichen. Verschiedene Ausgestaltungen der „accountability" sind denkbar. Kriterien nach denen die Verantwortlichkeit gemessen werden könnte, umfassen:[38]

- eine klare Definition des Ziels der Preisstabilität,
- die Ankündigung der Indikatoren und des Zwischenziels,
- Erklärung, wie geldpolitische Ziele und Maßnahmen andere Politiken und Ziele beeinflussen,
- regelmäßige Veröffentlichungen von Daten über die Indikatoren, Zwischenziele, Inflationsvorhersagen und Abweichungen vom Zielwert,
- Anhörungen im Parlament,
- Teilnahme von Regierungsvertretern an Sitzungen des Zentralbankrats und
- detaillierte Veröffentlichung der Sitzungsprotokolle, einschließlich der Stimmabgabe der Mitglieder.

Nur die EZB als Ganzes ist verantwortlich, nicht die einzelnen Mitglieder; nach einer Sitzung des Zentralbankrats dürfen zwar die Ergebnisse veröffentlicht werden, aber nicht die

[37] Vgl. z.B. Walsh, 1995
[38] Vgl. Bini Smaghi, 1998, S. 128f

Prozeduren, durch die die Ergebnisse erreicht wurden oder wie die einzelnen Mitglieder abgestimmt haben.

Die EZB kann nicht den nationalen Parlamenten verantwortlich sein, weil sie für die europäische Geldpolitik zuständig ist, aber auch nicht dem Europäischen Parlament oder dem Europäischen Rat, da diese nichts mit der Ernennung der nationalen Notenbankpräsidenten zu tun haben. Aber sie kann der europäischen Öffentlichkeit verantwortlich sein. Dafür sind natürlich eine europäische, öffentliche Meinung und europäische Medien vonnöten. Insgesamt hat die EZB aufgrund der Vorkehrungen des EU-Vertrags, wie Veröffentlichungspflicht und Preisstabilitätsziel, eine gewisse Rechtfertigungspflicht, scheint aber im Hinblick auf die Institution, der sie verantwortlich sein soll, doch eher im demokratiefreien Raum zu stehen.[39]

Durch Transparenz kann die Öffentlichkeit die Zielereichung überprüfen, um mit den ihr zur Verfügung stehenden Mitteln die EZB zu sanktionieren. Mindestens vierteljährlich müssen Berichte über die Tätigkeit der EZB veröffentlicht werden, außerdem ein wöchentlicher, konsolidierter Ausweis, Monatsberichte und ein Jahresbericht über die Geld- und Währungspolitik im vergangenen und im laufenden Jahr.[40] Die EZB ist weiterhin zu einer Berichterstattung über die Finanzmärkte und die Ziele der Geldpolitik gegenüber einem parlamentarischen Komitee verpflichtet worden, um das Verständnis der Geldpolitik zu fördern.[41]

Eine Veröffentlichung der geldpolitischen Aktionen kann auch bei Entscheidungen der Einzelstaaten helfen und die Kooperation fördern.[42] Wenn ein Mitgliedsland expansive Fiskalpolitik betreiben will, könnte die EZB evt. schon präventiv die Zinsen heben. Wenn sie diese Aktion vorher ankündigt, kann das Programm des einzelnen Landes nochmals überdacht werden, weil die Anwort der EZB alle Länder der Währungsunion treffen würde.

So wie die Transparenz der Geldpolitik ist im Übrigen auch die Transparenz der Fiskalpolitik zu fordern, z.B. Offenlegung aller Schattenhaushalte und Budgetprozeduren. Das fördert die Durchsichtigkeit der finanziellen Situation eines Landes und damit die Bildung der öffentlichen Meinung.

---

39 Wegen dieser fehlenden Institution, der die EZB verantwortlich sein sollte, ist ein automatischer Sanktionsmechanismus notwendig, da zumindest die Regierungen keine Anreize haben, die gesetzten Ziele des EU-Vertrags auch mit Sanktionen durchzusetzen.

40 Vgl. Protokoll über die Satzung des ESZB und der EZB, 1992, Artikel 15

41 Vgl. Europäische Zentralbank, Monatsbericht, Januar 1999, S. 46. Der Vorsitzende der Fed muß regelmäßig vor dem Kongreß erscheinen und Fragen beantworten. Eine solche Berichtspflicht existiert bei der Bundesbank nicht.

42 Vgl. Bini Smaghi, 1998, S. 127

4.2.2 Die Ausgestaltung der Politischen Union in der EU

Im folgenden werden drei Teilbereiche des Regelwerks der Europäischen Union beschrieben, die Aspekte einer Politischen Union darstellen. Das Verfahren bei einem übermäßigen Defizit und der Stabilitätspakt schränken die Handlungsmöglichkeiten der nationalen Finanzpolitik erheblich ein. Allerdings wurde im ersten Kapitel herausgearbeitet, daß solche Regeln für Schulden und Defizite nicht unbedingt für die Funktionsfähigkeit einer Währungsunion notwendig sind. Das Subsidiaritätsprinzip regelt in der Europäischen Union die Verteilung der Kompetenzen zwischen nationalen und gemeinschaflichen Organen. Außer diesem Prinzip werden im letzten Abschnitt verschiedene Vorkehrungen des Maastrichter Vertrags bezüglich einer Politischen Union beschrieben.

4.2.2.1 Das Verfahren bei einem übermäßigen Defizit

Im Artikel 104c des Maastrichter Vertrags ist das Verfahren bei einem übermäßigen Defizit verankert. Grundlage ist die Regel, daß das Budgetdefizit eines Staates 3% des BIP nicht überschreiten darf. Die Kommission überwacht laufend das Budgetdefizit und den Schuldenstand aller Mitgliedsländer. Stellt sie ein übermäßiges Defizit oder die Gefahr eines solchen fest, erstellt sie einen Bericht, in dem auch „alle sonstigen einschlägigen Faktoren, einschließlich der mittelfristigen Wirtschafts- und Haushaltslage“[43] berücksichtigt werden. Zu diesem Bericht nimmt der beratende Währungsausschuß Stellung. Dann wird er dem Rat vorgelegt, dieser entscheidet, ob ein übermäßiges Defizit vorliegt.[44] Wird ein solches festgestellt, werden dem betreffenden Mitgliedsstaat Empfehlungen zur Verringerung gegeben. Werden diese innerhalb einer festgelegten Frist nicht ausgeführt, folgt die Veröffentlichung. Wenn weiterhin nicht Folge geleistet wird, kann der Rat bestimmte Maßnahmen anordnen und deren Durchführung überprüfen. Der Rat hat die Möglichkeit, verschiedene Sanktionen zu verhängen, die u.a. die Überprüfung der Darlehensgewährung der Europäischen Investitionsbank, unverzinsliche Einlagen bei der Gemeinschaft oder Geldbußen in angemessener Höhe einschließen.

Insgesamt ist die Prozedur langfristig und die Formulierung im Vertrag sehr vage gehalten, außerdem enthält sie viele diskretionäre Entscheidungen. Weiterhin sitzen im Rat, der über ein übermäßiges Defizit bestimmt, auch Vertreter von Ländern, die damit rechnen müssen, ebenfalls in eine solche Situation zu geraten. Somit ist nicht gewährleistet, daß bei Verfehlungen eines Mitglieds adäquate Maßnahmen ergriffen werden. Die Frage ist, wie

---

[43] Vertrag über die Europäische Union, 1992, Artikel 104c (3)

[44] Schon die Feststellung eines übermäßigen Defizits braucht die qualifizierte Mehrheit im Rat! Für die Beschreibung der EDP („excessive deficit procedure“) siehe Eichengreen/Hagen, 1996, S. 3f.

kategorisch der Ministerrat ein Land mit exzessivem Defizit verfolgt und mit welcher Mehrheitsregelung in Zukunft abgestimmt wird.[45]

Eichengreen/Hagen argumentieren, daß das Verfahren bei einem exzessiven Defizit überflüssig ist.[46] In Phase II der Währungsunion führten Regeln wie die finanzpolitischen Konvergenzkriterien nicht zum Ziel, da sie die undisziplinierten Länder nicht herausfilterten. In Phase III sind keine Regeln wie das Verfahren bei einem übermäßigen Defizit notwendig, wenn die No Bail-out Klausel eingehalten wird. Das Verfahren ist plausibel, um überhöhte Schulden einzudämmen und eine Schuldenkrise zu verhindern. Aber ein hoher Schuldenstand stellt nur ein Problem dar, wenn er mit einem Bail-out gelöst wird. Daß das Verfahren in den Vertrag aufgenommen wurde, deutet auf die Erwartung hin, daß die Klausel ignoriert werden wird. Das kann damit begründet werden, daß die EU eine Solidaritätsgemeinschaft ist, die die Prinzipien der Kohärenz und Konvergenz verfolgen soll.

4.2.2.2 Der Stabilitäts- und Wachstumspakt

Da auch in Zeiten positiven Wirtschaftswachstums ein Defizit von 3% erlaubt ist, kann die Neuverschuldung in einer Rezession leicht über diesen Wert steigen. In einer solchen Situation ist es beinahe unmöglich, von einer Regierung einen Sparkurs zu fordern. Aus diesem Grund wurden zwei Vorschläge gemacht. Ein Staat sollte in einer Phase positiven Wachstums ein Defizit von 1% anstreben, so daß dieses in einer Rezession auf 3% steigen kann. Außerdem wurden die eher vagen Bestimmungen des EU-Vertrags bzgl. des übermäßigen Defizits im Stabilitätspakt genauer formuliert.[47] Dieser wurde von allen Teilnehmern der Währungsunion ratifiziert. Wenn ein Mitgliedsstaat die Obergrenze des Budgetdefizits überschreitet oder zu überschreiten droht, soll die Kommission dem Ministerrat einen Bericht vorlegen, in dem auch die Wachstumsrate des BIP festgestellt wird. Anhand dieser Berichte entscheidet der Ministerrat, ob Sanktionen verhängt werden:

- Liegt das Wirtschaftswachstum unter -1,5%, werden keine Sanktionen verhängt.
- Liegt der Anstieg des BIP über -0,75%, muß das Land Strafzahlungen von bis zu 0,5% des BIP leisten.
- Liegt das Wachstum zwischen diesen beiden Werten, entscheiden Kommission, Ministerrat und Wirtschafts- und Währungsausschuß über mögliche Sanktionen.

---

[45] Das Konsensverfahren wurde nach der Einheitlichen Europäischen Akte zugunsten von Mehrheitsentscheidungen aufgegeben, mit Ausnahme von fiskalischen Fragen, Fragen der Europäischen Politischen Zusammenarbeit und der Erweiterung, vgl. Schmidt-Chiari, 1991, S. 206.

[46] Vgl. Eichengreen/Hagen, 1996, S. 4f, 15; Eichengreen/Hagen, 1995, S. 23

[47] Für eine Diskussion des Stabilitätspakts vgl. z.B. Steuer, 1997.

Als Sanktionen[48] müssen zinslose Einlagen bei der Gemeinschaft hinterlegt werden, wenn das exzessive Defizit mehr als zwei Jahre vorhält, werden Strafzahlungen fällig. Der Stabilitätspakt muß rechtsverbindlich sein, also der Rechtsprechung des Europäischen Gerichtshofs unterliegen. Die Sanktionen bei Nichteinhaltung müssen einerseits automatisch sein, um Moral Hazard auszuschließen, andererseits sollen die Staaten nicht für unvorhergesehene Schocks bestraft werden, also müssen weitere Indikatoren berücksichtigt werden. Eine Lösungsmöglichkeit wäre die Gründung eines unabhängigen Stabilitätsrats, der über Ausnahmen der automatischen Sanktionen entscheidet. Der Stabilitätspakt bedeutet die formale Aufgabe der finanzpolitischen Souveränität der Staaten, also kann er als eine Art Politische Union aufgefaßt werden.[49] An der konkreten Ausgestaltung des Pakts kann jedoch Kritik geübt werden, denn erstens ist die Feststellung eines übermäßigen Defizits eine diskretionäre Entscheidung und zweitens existieren keine glaubwürdigen Sanktionen.

4.2.2.3 Die Politische Union im Maastrichter Vertrag und das Subsidiaritätsprinzip

Gleichzeitig mit der „Inter-governmental Conference on Economic and Monetary Union" wurde Ende 1990 auch die „Inter-governmental Conference on Political Union" geschaffen, die sich mit der politischen Integration Europas befaßte.

Die Bestimmungen des Maastrichter Vertrags bezüglich der Politischen Union umfassen mehr Rechte für EU-Bürger, Reform von Institutionen und Entscheidungsprozeduren, verstärkte Kooperation in Umwelt-, Polizei- und Rechtsfragen (Justiz und Inneres), größere Rechte in internationalen Beziehungen, die gemeinsame Außen- und Sicherheitspolitik (GASP) und eine gemeinsame Verteidigungspolitik.[50] Der Regionalausschuß und der Kongreß für Beratungen über die Zukunft sollten neu gegründet werden.[51] Bereiche der Kultur, Bildung, Berufsbildung, Gesundheit, Verkehrssicherheit und des Verbraucherschutzes werden in Unionskompetenz überführt. Die Zusammenarbeit in der Einwanderungs- und Asylpolitik, der Banden- und Drogenkriminalität und gegen den Terrorismus soll verstärkt werden. Außerdem sollen mehr Entscheidungen durch qualifizierte Mehrheit getroffen werden, Ausnahmen bilden konstitutionelle Fragen, Einschränkungen gibt es bei Fragen bzgl. Steuern, sozialer Sicherheit und Staatsangehörigen von Drittländern. Die Mitgliedstaaten behalten jedoch einen großen Handlungsspielraum, die Größe der gemeinsamen Aktionen bestimmen die Staaten selbst, und es wird genügend Freiraum für

[48] Verschiedene Sanktionsmöglichkeiten im Maastrichter Vertrag beschreibt Caesar, 1994, S. 254f.
[49] Vgl. Steuer, 1997, S. 19
[50] Vgl. Ginsberg, 1992, S. 101
[51] Vgl. Dankert, 1992, S. 7

eigene Aktionen gelassen. Außerdem gibt es für die politische Zusammenarbeit nur unbedeutende Verfahrensvorschriften, die für die gemeinsame Geldpolitik sind sehr viel expliziter.

Das System der EU, das nach Maastricht geschaffen wurde, kann durch fünf Elemente beschrieben werden:[52]

1. Primat der Preisstabilität, das sich u.a. in der Unabhängigkeit der EZB und dem Verbot der monetären Finanzierung von Staatsausgaben äußert,
2. Anstreben von marktgerechten Lösungen bei wirtschaftspolitischen Problemen,
3. begrenzte, redistributive Funktionen für die Einkommensumverteilung,
4. Vergemeinschaftung von nur wenigen Politikbereichen mit begrenzten Budgets,
5. Entscheidungen werden i.allg. nicht auf der Gemeinschaftsebene durchgesetzt, sondern durch Etablierung von allgemein gültigen Regeln, die danach in jedem Land in nationales Recht umgewandelt werden.

Verschiedene Elemente sprechen also dafür, daß die EU schon jetzt zum Teil eine Politische Union ist:[53] Alle Entscheidungen, die auf EU-Ebene gefällt werden, haben politischen Charakter. Die EU besitzt die Institutionen einer Föderation - Parlament, Senat, Gericht, Verwaltung -, außerdem bricht europäisches Recht das Staatsrecht.

Das Subsidiaritätsprinzip soll der natürlichen Tendenz zur Verstärkung der Zentralgewalt und den Risiken einer auswuchernden Bürokratisierung vorbeugen.[54] Dezentrale Lösungen werden angestrebt. Nur öffentliche Aufgaben, die nicht oder nicht effizient auf nationaler Ebene geregelt werden können, oder deren Durchführung externe Effekte für andere Staaten verursacht, sollen auf Gemeinschaftsebene geregelt werden. Umgekehrt haben die Mitgliedstaaten das Recht, in solche Politikbereiche einzugreifen, die der Union übertragen wurden, wenn Handlungsbedarf besteht, die Gemeinschaftsinstitutionen aber nicht bereit oder in der Lage sind, selbst zu handeln. Dabei ist die Hauptfunktion des Subsidiaritätsprinzips, die Last der Beweisführung denen aufzuerlegen, die für mehr Zentralisierung plädieren. Dabei entsteht ein Problem der Abgrenzung: Welche Entscheidungen sollten zentral, welche bei den Staaten getroffen werden? Das Prinzip der Subsidiarität ist offen formuliert. Da ein Schutz gegen die Ansprüche der Zentralorgane notwendig ist, soll auf dieser Ebene nur geregelt werden, was in Verträgen festgelegt wurde. Wenn die Beschlüsse eines Landes keinen substantiellen Einfluß auf ein anderes haben, darf

52 Vgl. Podiumsdiskussion, 1996, S. 69
53 Vgl. Padoa-Schioppa, 1994, S. 185f
54 Vgl. Scherpenberg, 1992, S. 214

die Gemeinschaft nicht eingreifen. Außerdem sollte die Gemeinschaft nicht solche Funktionen ausüben, die die Länder ohne adverse Konsequenzen für andere auch selbst ausüben können.

4.3 Implikationen und Handlungsanweisungen der beiden historischen Betrachtungen für die EU

Im folgenden werden die Ergebnisse dieser Arbeit auf die Europäische Union angewandt. Zunächst werden einzelne Punkte vorgestellt, die sich aus den historischen Betrachtungen auf die Europäische Union und die EZB übertragen lassen, bevor ein Fazit der gesamten Arbeit für die Funktionsfähigkeit der EZB in der Europäischen Union gezogen wird.

a) Der Goldstandard:

Panic vergleicht die Europäische Währungsunion mit dem Goldstandard.[55] Die Frage, ob der Goldstandard als Währungsunion bezeichnet werden kann, soll hier nicht analysiert werden. Eine Voraussetzung für die Funktionsfähigkeit einer (Quasi-) Währungsunion ist die Abwesenheit von Kapitalverkehrs- und Arbeitsmobilitätsbeschränkungen. In Anlehnung an Mundells Kriterium der Faktormobilität[56] funktionierte der Goldstandard u.a. aufgrund der hohen Mobilität der Arbeitskräfte und der langfristigen Kapitalbewegungen innerhalb der teilnehmenden Länder. Panic postuliert, daß im Vergleich dazu die Faktorbewegungen innerhalb der Europäischen Union nicht sehr bedeutend sind: Der Arbeitskräfteaustausch innerhalb der EU ist vernachlässigbar, ebenso die Direktinvestitionen innerhalb der EU im Vergleich mit denen zwischen der EU und anderen Ländern.[57]

Die Auswanderung von Personen aus Deutschland zur Zeit der Goldwährung ist in Abbildung I.21, I.22 dargestellt. Besonders vor dem Ersten Weltkrieg war die Immigration in die Vereinigten Staaten sehr hoch, allerdings waren die USA zu dieser Zeit nicht so stark wie die europäischen Staaten in der Goldwährung integriert. Im Vergleich mit der gesamteuropäischen, machte die Auswanderung aus Deutschland nur einen kleinen Teil aus. Die Frage ist, ob die Migration von Arbeitskräften tatsächlich Schwankungen in der Zahlungsbilanz ausglich. Auch hat Arbeitsmobilität nicht immer positive Wirkungen, denn sie führt in einer Währungsunion tendenziell zur Angleichung der Löhne, und damit zu einer Verringerung der Wettbewerbsfähigkeit der weniger produktiven Länder.[58] In diesem

55 Vgl. Panic, 1992, Kap. 5, siehe auch Eichengreen, 1997.
56 Vgl. Mundell, 1961
57 Vgl. Panic, 1992, S. 148ff; er betrachtet jedoch nur die Periode bis Anfang der 1980er Jahre. Mit der Analyse von transnationalen Investitionen seit dem 19. Jahrhundert befaßt sich Pohl, 1994.
58 Vgl. Sievert, 1997, S. 11

Szenario ist Arbeitsmobilität also negativ, während bei asymmetrischen Schocks Arbeitskräftebewegungen die adversen Wirkungen ausgleichen können.

Auch zu Panics Darstellung der Direktinvestitionen kann einiges angemerkt werden. Da eine solche Analyse jedoch nicht Teil dieser Arbeit ist, sollen hier lediglich einige Indizien angeführt werden, daß die Schlußfolgerungen von Panic möglicherweise einer Überprüfung bedürfen. Zunächst hat der Vergleich mit den Investitionen außerhalb der EU keine direkte Bedeutung für die Funktionsfähigkeit einer Währungsunion, sie können allerdings als Vergleichsbasis herangezogen werden. Der Anteil der Direktinvestitionen innerhalb der EU ist relativ hoch: Bei der Betrachtung der EU mit 12 Mitgliedsländern erreichten ausfließende, intra-EU Direktinvestitionen ihren Höhepunkt im Jahr 1992 mit 72% der gesamten ausfließenden Direktinvestitionen der EU.[59] Nach 1992 kehrte sich der Trend jedoch um, und ein wachsender Teil der ausfließenden Investitionen ging in Länder außerhalb der EU, ein Anstieg von 28% auf 45% war zu verzeichnen. Von diesen ging jedoch ein großer Teil in die neu beigetretenen Mitglieder Österreich, Finnland und Schweden; 53% aller einfließenden Investitionen in diese Länder stammen aus der EU. In der Dekade seit 1985 betrugen die einfließenden, intra-EU Direktinvestitionen immer über die Hälfte der gesamten. Ausfließende Investitionen von Österreich, Finnland und Schweden in die EU halbierten sich jedoch zwischen 1990 und 1994. Deutsche Zahlen legen nahe, daß diese Trends auch bis 1996 anhielten.[60] Mehr als 70% des Anstiegs des deutschen Direktinvestitionsvermögens im Ausland in den Jahren 1994 und 1995, und mehr als die Hälfte des deutschen Bestands an Auslandsinvestitionen Ende 1995 entfiel auf die EU. Bezüglich der nach Deutschland einfließenden Direktinvestitionen, kamen ca. zwei Drittel der Zunahme aus der EU, und Ende 1995 die Hälfte des Bestandes.

Während des Goldstandards unterhielten mehrere Länder Handelsbeschränkungen, um evt. fehlende Faktormobilität auszugleichen. Panic schreibt, daß die höher industrialisierten Länder diese Beschränkungen ihrer Exporte zuließen, damit sich Einkommen und Industrialisierungsgrad in den weniger entwickelten Ländern anpassen konnten.[61] Diese Handelsbeschränkungen waren wichtig für Länder, die ihre Handelsbilanz nicht mit anderen Mitteln ausgleichen konnten. Im Gemeinsamen Markt der EU seit 1992 sind solche Handelsbeschränkungen nicht zugelassen. Je nachdem inwieweit Nachfrageausfälle in einer Region der EU, die außerhalb einer Währungsunion zu Handelsbilanzdefiziten führen und mit

59 Vgl. UNCTAD; World Investment Report 1997, S. 5, 46f
60 Vgl. Deutsche Bundesbank, 1997, S.69ff
61 Vgl. Panic, 1992, Kap. 5

Wechselkursanpassungen ausgeglichen werden könnten, mit anderen Mitteln ausgeglichen werden können, wird diese Regelung von größerem oder weniger großem Nachteil sein.

b) Das historische Argument:

Das historische Argument wird hauptsächlich von Theurl vertreten. Sie konstatiert, daß die historischen Währungsunionen, die auch politische Unionen waren, heute noch Bestand haben (Italien, Schweiz, Deutschland), während reine Währungszusammenschlüsse früher oder später auseinanderfielen (Lateinische Münzunion, Skandinavische Münzunion, Deutsch-Österreichischer Münzverbund).[62] Dieses Argument besagt also, daß eine Währungsunion nur im Zusammenspiel mit einer Politischen Union Bestand hat. Durch die letztere sinkt die Wahrscheinlichkeit, daß sich die Staaten aus dem eingegangenen Bund lösen.

Diese allgemeine Sichtweise sollte jedoch relativiert werden. Die Frage ist, ob nicht Strukturbrüche wie der erste Weltkrieg ein natürliches Ende für die Währungsunionen des 19. Jahrhunderts bedeuteten. Und man muß sich auch fragen, wie lange Währungsunionen gehalten haben müssen, damit sie als ein Erfolg bezeichnet werden. Die Währungsunion zwischen Belgien und Luxemburg hat seit 1921 Bestand.[63] Außerdem gibt es unter den mittel- und osteuropäischen Staaten auch Beispiele von Währungsunionen mit Politischen Unionen, die auseinanderbrachen. Aber auch da gab es den Strukturbruch der Öffnung der Sowjetunion in Richtung Marktwirtschaft und den damit einhergehenden Zusammenbruch des Warschauer Pakts.

Eine weitere Relativierung des Theurlschen Arguments ist bei der Betrachtung der Skandinavischen Münzunion möglich, die zufriedenstellend funktionierte und relativ lange Bestand hatte. Die Münzsysteme, die effizienten Banksysteme und die realwirtschaftlichen Gegebenheiten der drei Mitgliedsländer der Skandinavischen Münzunion - Schweden, Norwegen, Dänemark - waren sich schon vor der Gründung sehr ähnlich. Dies würde für die ökonomistische Integrationstheorie sprechen, die eine Konvergenz der wirtschaftlichen Bedingungen der Teilnehmerländer fordert, bevor sie eine Währungsunion gründen. Wichtig ist also realwirtschaftliche, wie De Grauwe sie fordert, und gleichzeitig nominale Konvergenz, wie sie im Maastrichter Vertrag postuliert ist.[64]

Im Jahr 1871 vereinigten sich die deutschen Staaten in einer Politischen Union zum Deutschen Reich. Ihre Geldpolitik wurde mit der Währungsreform und der Gründung der Reichsbank vergemeinschaftet. Außerdem waren sie in einen Gemeinsamen Markt

62 Vgl. Theurl, 1992
63 Vgl. Fischer, 1997, S. 202
64 Vgl. De Grauwe, 1994; Vertrag über die Europäische Union, 1992, Artikel 109j

eingebunden, dessen Anfänge in der Zollunion von 1834 lagen. Jedoch blieben die Kleinstaaten in ihrer Finanzpolitik noch lange relativ souverän.[65] Das Reich hatte nur bestimmte Aufgaben zu erfüllen, wie z.B. die gemeinsame Zoll- und die Verteidigungspolitik, oder die Repräsentation nach außen. Dem Reich wurden für seine Aufgaben auch nur die Einnahmen aus den indirekten Steuern zugestanden, so daß das Reich noch lange der „Kostgänger der Einzelstaaten" blieb, die Matrikularbeiträge flossen von den Einzelstaaten zum Reich. Durch die Delegation von Aufgabenbereichen an das Reich, konnten sich die Einzelstaaten eher anderen Bereichen, wie der Förderung der Wirtschaft, zuwenden. Von Politikbereichen wie der Verteidigungspolitik kauften sie sich durch die Matrikularbeiträge los. Es ist möglich, daß diese Ausgangssituation dem Deutschen Reich zu dem einmaligen wirtschaftlichen Aufstieg zu einer der großen Industrienationen Europas verhalf.[66] Allerdings war dies eine Zeit der weltweiten Industrialisierung, und auch andere, nicht föderal aufgebaute Länder nahmen an diesem Prozeß teil. Die Struktur des Deutschen Reiches sollte also nicht als Grund für den wirtschaftlichen und politischen Aufstieg Deutschlands gesehen werden, sondern als eine der Voraussetzungen dafür.

In den Vereinigten Staaten war die Politische Union ebenfalls vor der monetären vollendet. Die nordamerikanischen Staaten schlossen sich schon 1776 - also ca. einhundert Jahre früher als die Kleinstaaten Deutschlands - durch die Unabhängigkeitserklärung zu den Vereinigten Staaten von Amerika zusammen. Die Währungsunion wurde im Laufe des 19. Jahrhunderts vollendet, und ab 1913 wurde die Geldpolitik zentral durch das Federal Reserve System implementiert. Die Distriktbanken hatten jedoch in den ersten Jahren mehr Einfluß auf die Geldpolitik als das Board in Washington. So kann der Schluß von Theurl auch auf die Vereinigten Staaten ausgedehnt werden, deren monetäre Union heute noch Bestand hat. Die Ausprägung der Politischen Union der Vereinigten Staaten sollte jedoch näher analysiert werden, denn die Einzelstaaten hatten zu Beginn des Jahrhunderts große Autonomie, nur wenige Politikbereiche waren zentralisiert.

Auch in der Europäischen Union wird die Geldpolitik vergemeinschaftet, die Fiskalpolitik soll jedoch zu großen Teilen in der nationalen Kompetenz bleiben, eine Ausnahme bildet z.B. die gemeinsame Außen- und Sicherheitspolitik.

So wie andere Formen einer Politischen Union kann auch eine vorherige Einigung über Handelsfragen fördernd auf die Gründung einer Währungsunion wirken. Auch hier gibt es Parallelen: Der Zollverein (1834) der deutschen Staaten und der Norddeutsche Bund (1867) existierten vor der politischen und monetären Einigung Deutschlands, so wie der EU-

[65] Vgl. Hansmeyer, 1994 , S. 17
[66] Siehe auch Schremmer, 1989, S. 485

Binnenmarkt 1987 durch die Einheitliche Europäische Akte vor dem Start der Europäischen Währungsunion beschlossen und seine Umsetzung begonnen wurde.

c) Die Einführung einer neuen Währung:

Holtfrerich gibt zu bedenken, daß die Schwierigkeiten einer Europäischen Zentralbank nicht nur darin bestehen, die Geldpolitik zentral zu kontrollieren, sondern auch darin, einheitliche Banknoten als gesetzliches Zahlungsmittel in allen Mitgliedsstaaten auszugeben.[67] Das heißt, die Akzeptanz des neuen Geldes in der Bevölkerung ist eine grundlegende Voraussetzung für eine erfolgreiche Währungsunion. Aus dieser Perspektive ist der Vergleichspunkt nicht die Schaffung der Reichsbank, sondern die Standardisierung und Koordinierung der verschiedenen Münzsysteme der deutschen Kleinstaaten. Holtfrerich betrachtet also die Münzverträge, die vor 1875 geschlossen wurden, wie z.B. die Dresdner Münzkonvention 1838 und der Wiener Vertrag 1857. Sie standardisierten einen großen Teil der Münzvielfalt in Deutschland. Zur Zeit der Reichsgründung war der Gebrauch von Banknoten so stark angestiegen, daß auch dafür Regelungen notwendig wurden. Zum gesetzlichen Zahlungsmittel wurden die Noten allerdings erst Anfang des 20. Jahrhunderts erklärt. Staatspapiergeld, wie die Reichskassenscheine, die ab 1871 emittiert wurden, war zuerst in den Kleinstaaten und dann auch im Reich immer gesetzliches Zahlungsmittel.

Mit dem Problem des Übergangs zu einer gemeinsamen Währung in Europa beschäftigten sich u.a. das EWI und die Kommission. Bei der Einführung des Euros sollten verschiedene Kriterien beachtet werden, z.B. Durchführbarkeit, Einfachheit, Flexibilität, Kostengünstigkeit, Übereinstimmung mit dem Vertrag und Glaubwürdigkeit des Umstellungsprozesses.[68] Dies sind jedoch lediglich Probleme der technischen Umstellung. Das Problem einer Währungsunion liegt eher im mangelnden Vertrauen der Bevölkerung in die neue Währung, das sich in Inflationsängsten oder -erwartungen niederschlägt und damit Implikationen für die Lohnpolitik und den Außenwert der Währung hat. Diesen Inflationserwartungen zu begegnen, ist Sache der Geldpolitik. Um in diesem Bereich Rückschlüsse aus der Geschichte zu ziehen, bietet es sich an, die Schaffung der Reichsbank zu betrachten, und nicht die Vereinheitlichung der Münzsysteme.

Die Währungsumstellung ab 1871 ging sehr langsam vor sich. Die alten Münzen wurden nur allmählich aus dem Verkehr gezogen und durch Gold- und Scheidemünzen der neuen Währung ersetzt. Talermünzen beispielsweise liefen noch bis Anfang des neuen Jahrhunderts um. Die alten Landeswährungen blieben zunächst gesetzliches Zahlungsmittel,

---

[67] Vgl. Holtfrerich, 1989

[68] Vgl. Schubert/Wagner, 1996, S. 91, FN 10 und 11

sie wurden nur allmählich - nicht etwa alle auf einmal - außer Kurs gesetzt. Die Bevölkerung konnte sich langsam an das neue Geld gewöhnen. Das Vertrauen in die neue Währung ist so auf natürliche Weise entstanden und bedurfte keiner administrativen Zwänge. Gründe, warum die neue Reichswährung ohne größere Schwierigkeiten angenommen wurde, könnten sein:[69]

1. Der Übergang ging langsam vonstatten, die Wahl des Zahlungsmittels wurde quasi der Bevölkerung überlassen.
2. Die Verschiebung des Preisverhältnisses zwischen Gold und Silber zum Gold, ließ die Goldwährung als die überlegenere erscheinen.
3. Zumindest die Talerwährung konnte relativ leicht in die neue Währung umgerechnet werden, 1 Taler : 3 Mark.
4. Die neugeschaffenen Münzen verbanden Altes mit Neuem, auf einer Seite war der Reichsadler mit der Inschrift „Deutsches Reich" eingeprägt, auf der anderen Seite das Bild des Landesherren, bzw. das Hoheitszeichen der freien Städte. So wurde nicht etwas völlig Neues in Umlauf gebracht.

Auch in den USA gab es - wie im Deutschen Reich - die Schaffung einer Zentralnotenbank und die Einführung von neuen Banknoten. Allerdings war die Einführung in den USA sehr viel weniger radikal als im Deutschen Reich. Vom Reich wurde tatsächlich eine neue Währung, die Mark, geschaffen, auf die alle Geldarten innerhalb von gewissen Zeitspannen lauten mußten. In den USA wurden lediglich neue Banknoten, die Federal Reserve Notes, eingeführt, die in Wettbewerb zu den bestehenden traten. Allerdings wurde der Wettbewerb zum Vorteil der Federal Reserve Notes durch Gesetze eingeschränkt.

Zu Punkt 1: Im Vergleich mit der Übergangsperiode im Reich nach 1871 wird die Übergangszeit, in der die alten Währungen und der Euro parallel umlaufen, nur sehr kurz sein, dadurch wird die Gefahr verringert, daß der Euro nicht gebraucht wird und nur Symbolcharakter hat.[70] Dieses Phänomen trat auch während der Deutsch-Österreichischen Münzunion auf, als der gemeinsame Vereinstaler nicht für tägliche Transaktionen verwendet wurde, u.a. weil sein Prägewert zu hoch war. Auch im Europäischen Währungssystem hatte der ECU nur Symbolcharakter, weil dieses Geld nicht für private Transaktionen verwendet werden konnte, sondern lediglich als Bezugsgröße für den Wechselkursmechanismus, Reservemedium und Rechnungseinheit für die Währungsbehörden fungierte.

Die Bürger des Deutschen Reichs hatten bei der Einführung der neuen Goldwährung die Wahl, die auf Mark lautenden Münzen zu benutzen oder nicht. Die neuen Goldmünzen

---

69 Vgl. Häuser, 1997, S. 4

70 Trotzdem kann eine sofortige Umstellung gefordert werden, da die Periode des gemeinsamen Umlaufs hohe Kosten verursacht, wie z.B. die doppelte Ausführung von Unternehmensbilanzen, Münzgeldautomaten usw.

liefen relativ lange mit den alten Währungen um, diese wurden nur allmählich und zum Teil erst sehr spät ersetzt, beispielsweise blieben Silbertaler noch bis 1907 uneingeschränkt gesetzliches Zahlungsmittel. Die Reichsbank schreibt, daß Jahre vergingen, bis sich die Mark im Verkehr allgemein durchsetzte.[71] Die Goldwährung besaß im Vergleich mit der alten Silberwährung, bzw. den verschiedenen Münzsystemen in Deutschland, jedoch entscheidende Vorteile: Die Goldmünzen waren bei steigenden Transaktionsvolumina handlicher, und das einheitliche Währungssystem erleichterte den innerdeutschen Handel. Das führte dazu, daß nach und nach das neue Währungssystem der Goldmark die alten, einzelstaatlichen Münzen verdrängte.

Die papierenen Zahlungsmittel wurden ab 1876 laut Gesetz durch solche der neuen Währung ersetzt, so daß die Wahl zwischen Banknoten oder Staatspapiergeld, die auf verschiedene Währungen lauteten, nicht bestand. Jedoch konnte die Nutzung von Papiergeld ganz verweigert und auf Münzgeld zurückgegriffen werden. Auch hier wirkten sich jedoch die Vorteile von Papiergeld, v.a. die leichtere Handhabung bei größeren Transaktionen, positiv auf die Verwendung dieser Zahlungsmittel aus.[72] Die Banknoten im Deutschen Reich wurden erst 1909 zum gesetzlichen Zahlungsmittel erklärt, bis dahin bestand kein Annahmezwang, nur die öffentlichen Kassen mußten Zahlungen mit Banknoten akzeptieren. Dieses Geld setzte sich, auch im Vergleich zum staatlich emittierten Papiergeld, zuerst als komplementäres, dann immer mehr als hauptsächliches Zahlungsmittel, im Vergleich mit Metallgeld, jedoch durch.

Auch die gemeinsame europäische Währung hätte auf diese Art eingeführt werden können. Becker schlägt vor, daß die neue Währung nicht oktroyiert wird, sondern die Wirtschaftssubjekte unter den europäischen Währungen wählen: „Ich glaube, daß es bedeutend besser wäre, den Wettbewerb zwischen den europäischen Währungen zu fördern, anstatt ihn zu eliminieren.“[73] Nach derselben Argumentation könnte man auch den Euro neben den bestehenden Währungen umlaufen lassen. Wenn die gemeinsame Währung tatsächlich Vorteile für die Mehrheit der Bevölkerung bietet, wird sie sich auf lange Sicht durchsetzen. Diese Diskussion wird hier jedoch nicht weiter verfolgt; es sollte lediglich auf die Parallele zum Deutschen Reich hingewiesen werden.

Auch aus dem dritten Punkt - Einfachheit der Umrechnungskurse - kann eine Parallele zwischen der Neuschaffung der Mark im Dezember 1871 und der Festsetzung der Euro-Wechselkurse gezogen werden: In Norddeutschland herrschte bis 1871 das Talersystem, in

---

71 Vgl. Reichsbank, 1940, S. 33

72 Dieselbe Argumentation kann auch auf den Wettbewerb zwischen Papier- und Giralgeld angewandt werden. Die Verwendung von Giralgeld nahm bis 1914 rasant zu, vgl. Abbildung I.3.

73 Vgl. Becker, 1995, S. 55. Zur theoretischen Diskussion der Entnationalisierung des Geldes siehe Hayek, 1977.

Süddeutschland das Guldensystem. Um nicht ein System zu bevorteilen, indem es zum Reichsmünzstandard erklärt wurde, wurde eine neue Einheit, die Mark, eingeführt. Nichtsdestotrotz war die Relation Taler:Mark (1:3) eine einfachere als die Gulden:Mark (1:1,71).[74] Bei der Festsetzung der endgültigen, festen Wechselkurse der Währungen der teilnehmenden Staaten zum Euro Ende 1998 kam es zu ähnlichen Vorteilen für ein Land, der Kurs DM:Euro z.B. ist relativ einfach. Das Umrechnungsproblem ist von großer Bedeutung. Goodhart schreibt: „Since I view the key to the whole exercise as being its public acceptability, the choice of a set of user friendly cross rates strikes me as important."[75]
Wie in Punkt 4 für die Reichsmünzen beschrieben, verbinden auch die Euro-Münzen Merkmale der Gemeinschaft mit solchen der Nationalstaaten. Bei den Banknoten ist ein anderer Weg gegangen worden, sie zeigen keine konkreten Motive aus den einzelnen Ländern, sondern Stilmerkmale aus verschiedenen Kunstepochen.

d) Geldpolitik:

Die Reichsbank war Notenbank und Geschäftsbank zugleich; d.h. sie tätigte auch normale Bankgeschäfte wie Diskontierung von Wechseln, um die Geldnachfrage der Bevölkerung nachvollziehen zu können.[76] Die Bekanntheit der Geldnachfragefunktion ist wesentlich, um den Geldumlauf im Währungsgebiet zu regeln. Auch die mögliche Strategie der Geldmengensteuerung der EZB wird erschwert, wenn die gesamteuropäische Geldnachfragefunktion nicht bekannt ist, die Geldnachfrage zwischen den einzelnen Teilnehmern differiert oder die Konstanz der Geldnachfrage nicht gewährleistet ist. Eine Handlungsmaxime ist aus der historischen Betrachtung jedoch nicht abzuleiten, da der Geldmarkt des Reichs und der der Europäischen Union zu große Unterschiede aufweisen.

Die Reichsbank nahm Lender-of-Last-Resort-Funktionen wahr, um das Bankensystem zu stabilisieren. In der Krise 1901 wurde diese Funktion so umfassend ausgeübt, daß sich die Geschäftsbanken daraufhin sehr sicher waren, daß jeder Wechsel von der Reichsbank in Gold eingelöst werden würde. Sie dehnten daraufhin ihr Kreditgeschäft aus mit zum Teil im Ausland geliehenen Geld, der Kehrseite der hohen Handelsbilanzdefizite, was die Gefahr von Goldabflüssen vergrößerte und damit wiederum Handlungsbedarf für die Reichsbank schuf. Durch ihr Verhalten als letzter Kreditgeber entstand also ein Moral-Hazard-Problem: Die Banken konnten sich auf die Einlösung der Wechsel (Bail-out) in Krisenzeiten jederzeit

74 Vgl. Borchardt, 1976, S. 8
75 Vgl. Goodhart, 1996, S. 252. De Grauwe/Spaventa, 1997 beschreiben das Umrechnungsproblem bevor die dritte Stufe der Europäischen Währungsunion in Kraft trat.
76 Vgl. Beutler, 1909, S. 120

verlassen und mußten somit nicht auf ihre Reserven achten.[77] Die Probleme des Moral Hazard, der falschen Anreize, lassen sich auf die Europäische Währungsunion übertragen. Auch hier besteht ein Anreiz für nationale Regierungen, höhere Schulden zu machen, wenn die Möglichkeit eines monetären oder von anderen Regierungen durchgeführten Bail-out besteht.

e) Glaubwürdigkeit:

Die gesetzlich vorgeschriebene Dritteldeckung für die Banknotenausgabe jeder Notenbank in Deutschland war eine willkürlich gewählte Zahl. Aber wegen der strikt eingehaltenen Deckung war die immer gewährleistete Einlösung der Banknoten in deutsches Geld glaubwürdig. Niemals sank der Metallvorrat oder stieg die Notenausgabe unter bzw. über den durch die Deckungsvorschrift festgelegten Wert.[78] Auch der Goldstandard erlangte Glaubwürdigkeit durch den immer eingehaltenen Wechselkurs der deutschen Währung zum Gold. Eine Veränderung des Wechselkurses war ein seltenes Ereignis und wurde deshalb kaum erwartet, d.h. Kapitalbewegungen waren meistens stabilisierend. Wenn ein Land für einige Zeit aus dem Währungssystem herausfiel, so erfolgte der Wiedereinstieg zur gleichen Parität. Wenn der Begriff Glaubwürdigkeit ganz allgemein verwandt wird, wären im Vergleich mit der EU die willkürlich gewählten Werte von 3% und 60% für die Defizit- und Schuldenquote dann glaubwürdig gewesen, wenn sie nicht in Frage gestellt und immer eingehalten worden wären.

f) Transparenz der Politik:

In den Vereinigten Staaten sorgten mehrere Bürgerbewegungen und Aufklärungskampagnen für die nationale Anerkennung und Befürwortung des neuen Federal Reserve System; auch der Einführung des Goldstandards im Gold Standard Act 1900 wurde so der Weg geebnet. Für die schnelle Akzeptanz des neuen Zentralbanksystems in der Bevölkerung sorgte u.a. die „National Citizens' League for a Sound Banking System". Diese trug viel dazu bei, daß das neue dezentralisierte Notenbanksystem überhaupt entstehen konnte: „No doubt, the activities

---

77 „Under that system the question of our own cash reserve is of secondary importance, as we can at all times convert our holdings of commercial paper into cash at the Reichsbank", vgl. National Monetary Commission, Interviews on the Banking and Currency Systems of England, Scotland, France, Germany, Switzerland, and Italy, Washington D.C. 1910, S. 374; zitiert in: James, 1997, S. 20.

78 Nichtsdestotrotz sagten Reichsbankbeamte folgendes auf die Frage, was passierte, wenn die Deckung unter ein Drittel sinken würde: „We should have to go on discounting bills. We should simply have to do it. We could not stop it. If we did it would bring about the greatest panic that we ever experienced", vgl. National Monetary Commission, Interviews on the Banking and Currency Systems of England, Scotland, France, Germany, Switzerland, and Italy, Washington D.C. 1910, S. 356; zitiert in: James, 1997, S. 20f. Wäre diese Aussage ein paar Jahre früher veröffentlicht worden, hätte sie sicher Auswirkungen auf die Glaubwürdigkeit der Reichsbank gehabt.

of the league were helpful in gaining quick acceptance of the Federal Reserve System."[79] Eine Aufklärung über und v.a. eine Befürwortung des neuen Zentralbanksystems wäre auch in Europa hilfreich gewesen. Denn Ablehnung oder Skepsis in der Bevölkerung hätte nicht nur zur völligen Aufgabe des Plans, sondern auch zu schlechten Ergebnissen des errichteten Systems führen können. Hohe Inflationserwartungen können über Lohnforderungen zu einer tatsächlich höheren Inflationsrate oder einer Kapitalflucht aus Europa führen; das erste implizierte eine reale Aufwertung der Gemeinschaftswährung, das zweite eine Abwertung.

g) Institutionen:

Die Preußische Bank wurde vom Reich gekauft, also übernommen, um sie in die Reichsbank umzuwandeln. Alle Strukturen blieben erhalten, es wurden nur kleinere Änderungen vorgenommen, z.B. waren die Beamten nun Reichsbankbeamte, die einzelnen Organe wurden umbenannt. Die Reichsbank wurde also nicht völlig neu geschaffen. Der gleiche Vorschlag wurde auch in bezug auf die EZB gemacht.[80] Es wäre einfacher und würde Kosten und Zeit sparen, wenn die DM als europäische Währung in allen Teilnehmerländern akzeptiert würde und die Bundesbank Vertreter dieser Länder in ihr Direktorium aufnehmen würde.[81] Die Struktur der Bundesbank bliebe also erhalten, es würden nur kleinere Anpassungen und Namensänderungen vorgenommen. Die Kosten dieser Umstellung könnten gleichmäßig auf alle Länder verteilt werden. Diese kostensparende Lösung war jedoch politisch nicht durchsetzbar.

Das FOMC entwickelte sich seit Mitte der Dreißiger Jahre zum wichtigsten Organ des Federal Reserve System. Das Komitee besteht aus den Mitgliedern des Boards, also der zentralen Entscheidungsbehörde des Federal Reserve System, und jeweils fünf der insgesamt zwölf Direktoren der Distriktbanken auf rotierender Basis. Es entscheidet über den zukünftigen Kurs der Geldpolitik; die entsprechenden Offenmarktoperationen werden dann von der New York Fed ausgeführt. Im Zusammenhang mit der EZB wird oft die Befürchtung laut, der Rat, bestehend aus den Zentralbankchefs der Mitgliedsländer - die möglicherweise noch nationale Interessen vertreten - und dem Direktorium - dessen Mitglieder höchstwahrscheinlich für eine stabilitätsorientierte Geldpolitik eintreten -, würde sich nicht auf eine optimale Geldpolitik festlegen, i.e. auf eine niedrige Inflationsrate. Die Präferenzen der einzelnen Mitglieder bezüglich der Inflationsrate würden zu einer mittleren Inflationsrate

79 Vgl. Moore, 1990, S. 28
80 Vgl. Goodhart, 1996, S. 242; James, 1997, S. 31
81 Um den Vergleich konsequent zuende zu führen: Für die Nutzung der Bundesbank sollte die EU an die Bundesrepublik Kompensationszahlungen leisten.

führen. Die späteren Erfahrungen des FOMC zeigen, daß eine gemeinsame, von allen getragene, stabilitätsorientierte Geldpolitik von verschiedenen Notenbankdirektoren möglich ist. Andererseits wurde die amerikanische Geldpolitik in den ersten 20 Jahren eindeutig von den Vertretern der Distriktbanken dominiert. Wichtig sind deshalb die Entscheidungsstrukturen innerhalb der EZB.

Aus den Erfahrungen der ersten Jahre der Fed können verschiedene Schlußfolgerungen bzgl. der institutionellen Ausgestaltung gezogen werden:[82]

- Eine enge Koordination der nationalen Zentralbanken in der Währungsunion ist wichtig. Dezentralisierte, monetäre Kontrolle birgt die Gefahr einer Unterversorgung mit Stabilität. Stabilität hat die Eigenschaften eines öffentlichen Gutes. Das galt v.a. für die zweite Phase der EWU, in der die Wechselkurse nach Möglichkeit fix gehalten werden sollten, aber die nationalen Zentralbanken noch große Autonomie besaßen. Es bestand die Möglichkeit der Unterversorgung mit Stabilität: Die nationalen Notenbanken mußten die Kosten der Stabilisierung selbst tragen, der Nutzen kam jedoch allen zugute.
- Meinungsverschiedenheiten über die Kontrollverteilung sollten vor Beginn der Währungsunion evt. durch Gesetze geklärt worden sein. Wenn die tatsächliche Verteilung der Entscheidungsbefugnisse erst nach Beginn der dritten Phase offensichtlich wird, ist es wahrscheinlich, daß die nationalen Zentralbanken ihre Macht testen, was zu überzogenen Reaktionen der EZB führen kann, die ihre Dominanz demonstrieren muß. Vor allem weil politische Überlegungen in diesem öffentlichen Bereich der Geldpolitik mit hereinspielen, ist es wichtig, daß die Befugnisse der EZB und der nationalen Banken vorher geklärt wurden. Der Federal Reserve Act ließ diese Fragen offen.
- Eine sachdienliche und kohärente Zentralbankfunktion ist notwendig, die die Ziele für die EZB und deren Reihenfolge festlegt. Trotzdem müssen die Ziele auch flexibel gehandhabt werden können: Die EZB ist auf das Preisstabilitätsziel festgelegt. Wenn allerdings in Zukunft Probleme eher durch Finanzinstabilität, z.B. Bankenzusammenbrüche, zustande kommen, wird Preisstabilität als einzige Zielvorgabe nicht mehr angemessen sein. Die Statuten der EZB müssen den veränderten Umständen angepaßt werden können. Dieser Punkt wird im nächsten Abschnitt weiter ausgeführt.

h) Anpassung der Gesetze:

Wie im Kap. 2.1.2 angedeutet, ist eine Schlußfolgerung der Analyse der Skandinavischen Münzunion die Notwendigkeit der häufigen Anpassungen der Gesetze, um das Überleben

---

[82] Vgl. Eichengreen, 1991, S. 26ff

einer Währungsunion zu sichern. Dieser Schluß gilt auch bei der Betrachtung des Federal Reserve System: Nach der Gründung begann der Erste Weltkrieg und damit der Niedergang des klassischen Goldstandards. Schon 1917 wurde der Federal Reserve Act zum ersten Mal geändert. Nach den Erfahrungen der ersten Jahre und denen der Krise nach 1929 entstanden die Bankakte 1933-35, deren Hauptmerkmal darin bestand, die Macht innerhalb des Systems zum Board zu verschieben. Nach jeweils nur wenigen Jahren wurde eine weitere Änderung vom Kongreß beschlossen: 1946 der Full Employment Act, 1951 der Fed-Treasury Accord und 1980 der Monetary Control Act. Veränderte Umweltgegebenheiten bedingten veränderte Gesetze. Auch dies kann als Handlungsanweisung für die EZB innerhalb der Währungsunion dienen.

Die Erfahrungen der Fed sollten auch als Warnung dienen, daß explizite und strikte Ziele für die EZB hinderlich sein können. Im Fall der Fed war die Wichtigkeit der Offenmarktoperationen nicht vorauszusehen. Die Organisation des Systems mußte mit der Gründung des FOMC diesem Instrument angepaßt werden. Dies spricht dafür, daß die EZB mit höherer Diskretion ausgestattet werden sollte, um auf alle Eventualitäten reagieren zu können. Optimale Kontrakte könnten sicherstellen, daß trotz diskretionärer Handlungsspielräume die gesetzten Ziele eingehalten werden. Der EZB-Vertrag sollte alle zehn oder zwanzig Jahre neu gestaltet werden, um neue Entwicklungen im Wirtschaftssystem mit einbeziehen zu können.

i) Fazit

Die EZB ist nach dem Vorbild der Deutschen Bundesbank gestaltet und steht dieser in bezug auf die Unabhängigkeit in nichts nach. Eher stellt sich bei der europäischen Notenbank die Frage, ob ihr Demokratiedefizit nicht zu stark ausgeprägt ist. Aus diesem Grund sollte die Europäische Politische Union insofern erweitert werden, daß zumindest eine Institution vorhanden ist, der die EZB verantwortlich ist. Die große Unabhängigkeit wird jedoch durch verschiedene Maßnahmen ausgeglichen. Die EZB unterliegt z.B. der Veröffentlichungspflicht, der Präsident muß viermal im Jahr vor dem Parlamentarischen Ausschuß erscheinen. Außerdem könnten Optimale Kontrakte die Zentralbanker auf bestimmte Ziele oder Verhaltensweisen festlegen. Innerhalb der Europäischen Union sind Ausprägungen einer Politischen Union zu beobachten, wie z.B. der Stabilitätspakt, die Institutionen einer Föderation - Parlament, Vertretung der Mitgliedstaaten im Rat -, die Struktur- und Kohäsionsfonds und die No Bail-out Klausel des EU-Vertrags. Die Frage ist jedoch, ob die von den politischen Entscheidungsträgern gewählte Form der Politischen Union den

Zusammenhalt der Gemeinschaft tatsächlich fördert. Es ergeben sich verschiedene Probleme aus der bisherigen Ausgestaltung: Transferzahlungen aus Fonds bringen vielfältige Probleme mit sich und sollten wohldefiniert sein, um keine negativen Auswirkungen - z.B. Gewöhnungseffekte - zu haben. Die Institutionen einer Föderation sind in der EU zwar vorhanden, haben jedoch keine großen Machtbefugnisse. Wichtige, politische Entscheidungen werden im Ministerrat getroffen, dem Organ eines losen Staatenbunds, in dem jeder Mitgliedsstaat Vetorechte besitzt. Der Stabilitätspakt ist einerseits zu strikt, andererseits nicht strikt genug formuliert, denn der Handlungsspielraum der Staaten ist zu stark eingeschränkt, um angemessen auf asymmetrische Schocks zu reagieren oder nationale Präferenzen in der Finanzpolitik zu erfüllen. Außerdem stellt der Pakt kein glaubwürdiges Instrument zu Verfügung, um expansive Schuldenpolitik in einzelnen Staaten tatsächlich zu verhindern, denn erstens ist schon die Feststellung eines übermäßigen Defizits eine diskretionäre Entscheidung aller Mitgliedstaaten und zweitens existieren keine glaubwürdigen Sanktionsmechanismen.

Die Funktionsfähigkeit der Europäischen Währungsunion ist durch die unabhängige Zentralbank und die zum großen Teil stabilitätsorientierten Mitglieder des Zentralbankrats zumindest mittelfristig gewährleistet. Die ersten Monate der Währungsunion, die ohne Turbulenzen auf den Finanzmärkten Anfang 1999 implementiert wurde, bestätigen diesen Schluß. Für den langfristigen, politischen Zusammenhalt der realwirtschaftlich unterschiedlichen Mitgliedstaaten sollte die Ausprägung der Politischen Union jedoch angepaßt, bzw. neu organisiert werden. Die Transfersysteme sollten so ausgestaltet werden, daß eine faire und von allen getragene Umverteilung stattfinden kann, und die Stabilisierung nach asymmetrischen Schocks sollte unionsweit gewährleistet werden. Weiterhin sollte eine zentrale Instanz geschaffen werden, der die EZB direkt verantwortlich ist. Die Diskussion über eine weitergehende Vergemeinschaftung in Richtung einer Föderation oder einer europäischen Verfassung soll hier nur erwähnt werden.

Wichtig für die langfristige Funktionsfähigkeit der Europäischen Währungsunion ist also die tatsächliche Unabhängigkeit der Zentralbank und eine ausgeprägte Anpassungsfähigkeit der Union an veränderte Umweltbedingungen oder an Fehlentwicklungen während ihrer Existenz.

5 Schlußwort

In dieser Arbeit wurde der Frage nach den Wechselwirkungen zwischen einer Währungsunion und einer Politischen Union und deren Ausgestaltungen nachgegangen. Verschiedene Formen einer Politischen Union können negative Auswirkungen auf die Funktionsfähigkeit einer Währungsunion haben. Insbesondere kann dezentralisierte aber auch zentralisierte Finanzpolitik das gemeinsame Geld torpedieren, indem der Wechselkurs der Unionswährung oder das Zinsniveau der Gemeinschaft beeinflußt werden. Außerdem kann Druck auf die gemeinsame Zentralbank ausgeübt werden, eine expansive Geldpolitik zu betreiben und damit die Staatsschulden zu entwerten oder höhere Seigniorageeinnahmen zu erzielen. Diesen höheren Anreizen, in einer Währungsunion eine expansive Schuldenpolitik zu betreiben, stehen drei Lösungsmöglichkeiten gegenüber. Die Finanzmärkte können durch Risikoprämien oder Kreditrationierung für eine nachhaltige Schuldenpolitik sorgen. Das gleiche Ergebnis ist durch verschiedene Regeln möglich. Im Bereich der Geldpolitik kann dem Druck der Regierungen mit einer tatsächlich unabhängigen Zentralbank vorgebeugt werden.

Regellösungen wie Höchstwerte auf nationale Defizit- und Schuldenquoten sind eine Form der Politischen Union. Eine weitere Ausgestaltung der politischen Vergemeinschaftung wird notwendig, wenn die Mitgliedstaaten realwirtschaftlich heterogen sind und von asymmetrischen Schocks getroffen werden. Automatische Stabilisatoren oder ein Transfersystem können die Funktion eines Finanzausgleichs übernehmen.

Im Deutschen Reich sind eine Politische Union und die Währungsunion gemeinsam aufgetreten. Das Reich wies die Staatsform einer Föderation auf, in der die Kleinstaaten noch große Souveränitätsrechte besaßen. Wechselwirkungen zwischen dezentraler und zentraler Politik und der gemeinsamen Notenbank traten nur begrenzt auf. Die Regierung hatte über den Kanzler Einfluß auf die Reichsbank, auch die Kreditgewährung der Bank an das Reich war zeitweilig sehr hoch. Insgesamt läßt sich jedoch zeigen, daß die Bank sowohl unabhängig von der Politik als auch größtenteils unabhängig vom Goldstandard entscheiden konnte. Dies war einer der Gründe dafür, daß die deutsche Währungsunion unabhängig von der Form der Politischen Union funktionierte.

Im Fall der Vereinigten Staaten waren die Wechselwirkungen zwischen politischer und monetärer Ebene sehr viel stärker ausgeprägt. Auch in den USA hatten die Einzelstaaten innerhalb einer föderalen Verfassung noch große Souveränitätsrechte. Im 19. Jahrhundert und in den ersten Jahren der Fed waren diese Ansprüche der Staaten so groß, daß zunächst keine monetäre Vergemeinschaftung entstehen konnte und danach die Funktionsfähigkeit der Fed nicht gewährleistet war. Dem Board als zentralem Entscheidungsorgan der Fed wurden im

Federal Reserve Act zunächst keine eindeutigen Machtbefugnisse zugeteilt. Aus diesem Grund unterlag es der Einflußnahme der Regierung und der Einzelstaaten, die ihren Einfluß über die Distriktbanken geltend machten. Beginnend mit den Bankakten Anfang der 1930er Jahre, die durch die Weltwirtschaftskrise nach 1929 ausgelöst wurden, in der die Fed dem Anspruch eines Zentralbanksystems nicht gerecht werden konnte, wies die Fed eine ausgeprägte Anpassungsfähigkeit an veränderte Gegebenheiten auf, die sich in den verschiedenen, folgenden Bankakten manifestierte. Durch die Änderungen bekam die Fed größere Freiheiten in den geldpolitischen Entscheidungen und die Machtverteilung wurde in Richtung Board verschoben, so daß das System im Laufe der Jahre immer zentralisierter und gleichzeitig unabhängiger wurde.

Die Europäische Zentralbank ist aufgrund ihrer Organisation und den Vorschriften im Maastrichter Vertrag sehr unabhängig. Aus diesem Grund wird die Währungsunion zumindest mittelfristig funktionieren. Im Hinblick auf den politischen Zusammenhalt der Union und auf das langfristige Funktionieren der gemeinsamen Geldpolitik sollte jedoch die Ausgestaltung der Politischen Union verändert werden. Es gibt keine Instanz, der die EZB direkt verantwortlich ist. Das Element der demokratischen Kontrolle der unabhängigen Geldpolitik fehlt. Außerdem fehlt ein von allen Mitgliedsländer getragener und angemessener Finanzausgleich, der die realwirtschaftlichen und Einkommensunterschiede kompensiert.

Als Fazit ergibt sich, daß eine Währungsunion unabhängig von der politischen Ausgestaltung der Gemeinschaft funktionieren kann, wenn die gemeinsame Zentralbank tatsächlich unabhängig ist und die Union eine ausgeprägte Anpassungsfähigkeit an Veränderungen aufweist.

Anhang I: Die Reichsbank im Deutschen Reich

Erläuterung I.1: Das Verfahren der Abrechnungsstellen:

Das Verfahren bei den Abrechnungsstellen ist geregelt durch eine Geschäftsordnung, die teilweise auf die Besonderheiten des einzelnen Abrechnungsplatzes abgestimmt ist.[1]

Jeden Morgen versammeln sich alle Mitglieder der Abrechnungsstelle mit den Papieren,[2] die einem anderen Mitglied zur Zahlung vorgelegt werden sollen. Jedes Mitglied besitzt eine Aufstellung der übergebenen und erhaltenen Papiere. In der Bank werden die erhaltenen Papiere überprüft. Findet ein Papier keine Zustimmung, wird es beim zweiten Treffen dem Einreicher mit Begründung zurückgegeben. Alle nicht zurückgegebenen Papiere gelten als akzeptiert. Jedes Mitglied besitzt ein Abrechnungsblatt, auf dem die Namen der anderen Mitglieder sowie ein Debit- und eine Kreditspalte eingetragen sind. Da jedes Mitglied ein solches Blatt besitzt, wird jeder Vorgang zweimal eingetragen, auf dem Blatt des Einreichers und dem des Empfängers. Für zurückgegebene Papiere wird ein neuer Vorgang verbucht, der auf dem Blatt mit R gekennzeichnet wird.

Bei kleineren Stellen finden diese Treffen nur zweimal am Tag statt, bei größeren dreimal, also können beim zweiten Treffen wieder Papiere eingereicht werden, erst bei dritten findet die eigentliche Abrechnung statt, bei kleineren Stellen findet diese schon beim zweiten Treffen statt.

Beim letzten Treffen werden die jeweiligen Salden der einzelnen Blätter ausgerechnet: Ist die Kreditseite höher (die Bank schuldet also per Saldo), wird ein grüner Scheck ausgestellt, mit dem die Reichsbank aufgefordert wird das bankeigene Konto zugunsten des Kontos der Abrechnungsstelle bei der Reichsbank zu belasten. Ist die Debitseite höher, wird ein gelber Scheck ausgestellt, der das Abrechnungsstellenkonto der Reichsbank zugunsten des Bankkontos belastet. Dann werden die Abrechnungsblätter und die Schecks dem Vorsteher der Abrechnungsstelle übergeben, der die Hauptbilanz erstellt, deren Saldo gleich Null sein muß.

In der Regel erkundigt sich der Vorsteher bei den Debit-Mitgliedern, ob sie über ein genügend großes Guthaben verfügen, um ihre Schulden zu begleichen, danach werden die

---

1 Vgl. Teschemacher, 1910

2 Hauptsächlich sind Wechsel und Schecks verrechnet worden, aber auch Forderungen aus dem Wertpapiergeschäft und die Einziehung von Zinsscheinen waren zugelassen, später kamen noch Devisen- und Rückwechselrechnungen und Platzüberweisungen hinzu. Diese Regelungen unterschieden sich je nach Abrechnungsstelle, vgl. Teschemacher, 1910, S. 16, FN 37

erforderlichen Umbuchungen vorgenommen, das Bilanzblatt und die Schecks unterschrieben, die Abrechnungsblätter zurückgegeben und die Abrechnung für geschlossen erklärt.

Falls ein Mitglied zahlungsunfähig ist, und sich auch die erforderlichen Mittel nicht z.B. durch Lombardkredit beschaffen kann, kommt die Abrechnung nicht zustande. Dann schreiten die übrigen Mitglieder zu einer erneuten Abrechnung, bei der jedoch die Forderungen und Verbindlichkeiten des zahlungsunfähigen Mitglieds unberücksichtigt bleiben. Alle Mitglieder der Abrechnungsstellen müssen bei den Treffen vertreten sein, auch wenn sie keine Papiere einzuliefern haben, denn es kann sein, daß sie Papiere bekommen. D.h. es muß evt. ein Vertreter geschickt werden, oder man kann sich von einem Mitglied einer anderen Bank vertreten lassen.

Die Abrechnung erfolgt unmittelbar zwischen den Beteiligten (Einreicher und Empfänger eines Papiers), ohne Einschieben eines Zwischengliedes. Das Konto der Abrechnungsstelle bei der Reichsbank ist ein sogenanntes „totes“, das nur zu Kontrollzwecken dient, da die einzelnen Zu- und Abschreibungen bei den Konten der Mitglieder aufgrund der Prozedur der Abrechnung sich nicht unbedingt entsprechen.

Der gelbe Scheck an die Reichsbank ist kein Scheck im eigentlichen Sinne, denn er enthält keine Zahlungs- oder Auszahlungsanweisung an die Reichsbank, diese ist nur zur Überweisung der Summe verpflichtet, wenn von einem anderen Konto eine Zahlungsanweisung an das Abrechnungskonto erging, das Konto der Abrechnungsstelle ist nur Zwischenstation. Wenn sich die Salden nicht ausgleichen besteht keinerlei Verpflichtung für die Reichsbank. Auch der grüne Scheck ist keine Zahlungsanweisung, denn keinem Konto der Mitglieder wird die exakt gleiche Summe gutgeschrieben, da jedes Mitglied anders zusammengesetzte Debit- oder Kreditsalden hat. Bis zum Ende der Abrechnung sind die übergebenen Papiere nicht das rechtliche Eigentum des Empfängers.

Erläuterung I.2: Die Verteilung des Gewinns der Reichsbank

Bis 1889 wurde der Gewinn folgendermaßen verteilt:[3]

1. Die Anteilseigner bekamen eine Vordividende von 4,5% des Grundkapitals der Reichsbank.
2. 20% des verbleibenden Gewinns gingen an den Reservefonds, bis dieser seinen Höchststand erreichte.

3 Vgl. Das Bankgesetz und das Statut der Reichsbank, 1875, §24, und die verschiedenen Änderungen des Gesetzes. Eine Aufstellung der Renditen der Anteile findet sich bei Bach, 1930, S. 23.

3. Von dem übrigen Betrag wurde je die Hälfte an Reich und Anteilseigner überwiesen, bis zu einer Gesamtdividende von 8% für die Anteilseigner.
4. Vom Restgewinn gingen drei Viertel an das Reich, ein Viertel an die Anteilseigner.

In der Banknovelle 1889 wurde die Vordividende auf 3,5% beschränkt, Punkt 4. setzte schon nach einer Gesamtdividende von 6% ein. Ab 1899 wurde nach Abzug der Vordividende und der Rücklagen (Reservefonds) nur noch ein Viertel an die Eigner ausgeschüttet. Ab 1909 gingen vom verbleibenden Gewinn ein Zehntel an den Reservefonds, zwei Zehntel an die Eigner und sieben Zehntel an das Reich.

Tabelle I.1: Einstiegsdaten in den Goldstandard und Beginn der Industrialisierung in ausgewählten Ländern

	Goldstandard	Industrialisierung
UK	1821	1780er Jahre
Kanada	1867	1890er Jahre
Deutschland	1873	1850er Jahre
Schweden	1874	1860er Jahre
Norwegen	1874	1860er Jahre
Dänemark	1874	1860er Jahre
Niederlande	1874	1850er Jahre
Finnland	1874	1860er Jahre
Frankreich	1878	1830er Jahre
Schweiz	1878	1850er Jahre
Belgien	1878	1820er Jahre
USA	1879	1840er Jahre
Österreich-Ungarn	1892	1870er Jahre
Rußland	1897	1890er Jahre
Japan	1897	1880er Jahre
Italien	1902	1890er Jahre
Argentinien	1900	1930er Jahre
Bulgarien	1906	o.A.
Mexiko	1900-1910	1940er Jahre
Portugal	1890[1]	o.A.
Spanien	-	o.A.
Brasilien	-	1930er Jahre
China	-	1950er Jahre

[1] verließ den Goldstandard zwischenzeitlich

Quelle: Panic, 1992, S. 34-35

Tabelle I.2: Beispiele für internationalen Währungsbeistand zur Zeit des internationalen Goldstandards

Rußland	1875-84	mehrere Kredite in Berlin
	1884	15 Mill. Pfund in Berlin
	1888, 1889, 1890	Kredite über 3 Mrd. Francs in Paris
	1891, 1894	Kredite in Paris
	1902, 1904, 1905	Kredite in Berlin
	1906	2.225 Mill. Francs in Paris, teilweise in London
	1909	Kredit in Paris
	ab 1914	jährliche Kredite von 400 bis 500 Mill. Francs bis insgesamt 2.500 Mill. Francs in Paris
Italien	bis Anfang 1880er	Kredite in Paris
	1883	Kredit über 170 Mill. Lire in Berlin
	ab Ende 1890er	Kredite in Paris
Österreich-Ungarn	ab 1908	Kredite in Paris
	1911	Kredit über 100 Mill. Kronen in Paris
	1912	mehrere Kredite in Paris
Türkei	1854	Kredit von London und Paris
	bis 1914	„orgy of borrowing at ruinous rates of interest“
	1888	30 Mill. Mark bei der Deutschen Bank
	1903	Kredit über 54 Mill. Francs, hauptsächlich in Deutschland
	1903	Kredit in Paris, Teil in Deutschland
	1909	Kredit von Deutschland, Frankreich, England zu gleichen Teilen
	1911	Kredit in Deutschland
	1914	Kredit über 500 Mill. Francs in Paris
Bulgarien	bis 1892	Kleinere Kredite von Österreich
	1902	Kredit über 106 Mill. Francs in Paris und Rußland
	1904, 1907	Kredite von Paris
	1911	Kredit in Paris und Berlin
	1912	französischer Kredit über 25 Mill. Francs, Kredite von Rußland
	1913	kurzfristiger Kredit in Österreich
	1914	deutscher Kredit über 500 Mill. Francs
	1881, 1910, 1914	französischer Kredit an Serbien
	1902	englischer Kredit über 5 Mill. Pfund an Japan
		Deutsche Kredite an Rumänien

Quelle: Viner, 1993

Tabelle I.3: Anzahl der Privatnotenbanken im Deutschen Reich

1875	32	1890	12
1876	20	1891	8
1882	17	1894	7
1887	16	1901	6
1888	15	1902	5
1889	13	1905	4

Quelle: Deutsche Bundesbank, 1976, S. 38

Tabelle I.4: Eröffnung von Abrechnungsstellen der Reichsbank

1883	Berlin, Frankfurt, Stuttgart, Köln, Leipzig, Dresden, Hamburg	1908	Hannover, Mannheim, Nürnberg
1884	Breslau, Bremen	1909	Düsseldorf, Essen, Karlsruhe
1893	Elberfeld	1911	Halle
1902	Chemnitz	1912	Magdeburg, Straßburg
1905	Dortmund	1913	Wiesbaden
1906	München	1914	Augsburg, Königsberg, Posen
1907	Braunschweig		

Quelle: Reichsbank, 1933, S. 7f

Tabelle I.5: Bestand an offiziellen Reserven der drei großen Notenbanken zur Zeit des Goldstandards (Mill. Dollar, Wechselkurs von 1913)

	Gold	Silber	Devisen
Bank of England	164,9	k.A.	0
Banque de France	678,9	123,5	3,2
Reichsbank	278,7	65,9	49,6
Gesamt	1 122,5	189,4	52,8

Quelle: Lindert, 1969, S. 10

Tabelle I.6: Kontingente der deutschen Notenbanken für den ungedeckten Notenumlauf (in Mark)

Reichsbank	250.000.000
Ritterschaftliche Privatbank in Pommern (Stettin)	1.222.000
Städtische Bank in Breslau	1.283.000
Bank des Berliner Kassenvereins	963.000
Kölnische Bank	1.251.000
Magdeburger Bank	1.173.000
Danziger Privat-Aktienbank	1.272.000
Provinzial-Aktienbank des Großherzogtums Posen	1.206.000
Kommunalständische Bank für die preußische Oberlausitz (Görlitz)	1.307.000
Hannoversche Bank	6.000.000
Landgräflich hessische konzessionierte Landesbank	159.000
Frankfurter Bank	10.000.000
Bayerische Banken	32.000.000
Sächsische Bank zu Dresden	16.771.000
Leipziger Bank	5.348.000
Leipziger Kassenverein	1.440.000
Chemnitzer Stadtbank	441.000
Württembergische Notenbank	10.000.000
Badische Bank	10.000.000
Bank für Süddeutschland	10.000.000
Rostocker Bank	1.155.000
Weimarsche Bank	1.971.000
Oldenburgische Landesbank	1.881.000
Braunschweigische Bank	2.829.000
Mitteldeutsche Kreditbank in Meiningen	3.187.000
Privatbank zu Gotha	1.344.000
Anhalt-Dessauische Landesbank	935.000
Thüringische Bank (Sondershausen)	1.658.000
Geraer Bank	1.651.000
Niedersächsische Bank (Bückeburg)	594.000
Lübecker Privatbank	500.000
Kommerzbank in Lübeck	959.000
Bremer Bank	4.500.000
Gesamtkontingent	385.000.000

Quelle: Notzke, 1924, S. 44

Tabelle I.7: Die Präsidenten der deutschen Notenbank (Reichsbank 1876-1945, Bank deutscher Länder 1948-1957, Deutsche Bundesbank seit 1958)

1876-1890	Hermann F.A. Dechend
1890-1908	Richard Koch
1908-1923	Rudolf Havenstein
1923-1930	H.G. Hjalmar Schacht
1930-1933	Hans Luther
1933-1939	H.G. Hjalmar Schacht
1939-1945	Walter Funk
1948-1957	Wilhelm Vocke (Präsident des Direktoriums) Karl Bernard (Präsident des Zentralbankrates)
1958-1969	Karl Blessing
1970-1978	Karl Klasen
1978-1980	Otmar Emminger
1980-1991	Karl Otto Pöhl
1991-1993	Helmut Schlesinger
1993	Hans Tietmeyer

Quelle: Deutsche Bundesbank, 1976, S. 797

Abbildung I.1: Schätzung der saisonalen Schwankungen des Diskontsatzes der Reichsbank
(monatliche Zahlen der Jahre 1880-1913 aus dem letzten Wochenbericht jeden Monats)

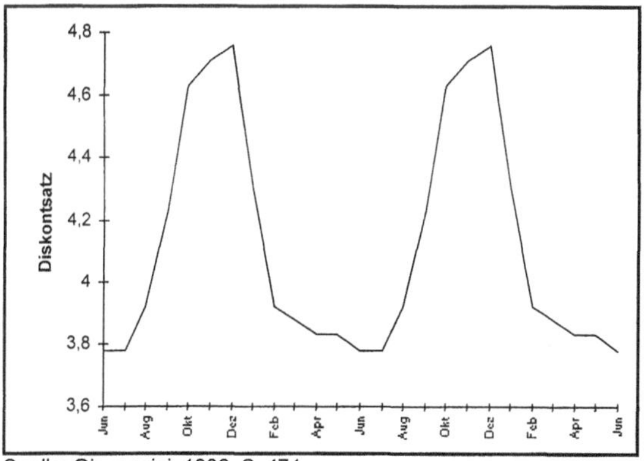

Quelle: Giovannini, 1986, S. 474

Abbildung I.2: Der Bargeldumlauf im Deutschen Reich 1876-1913

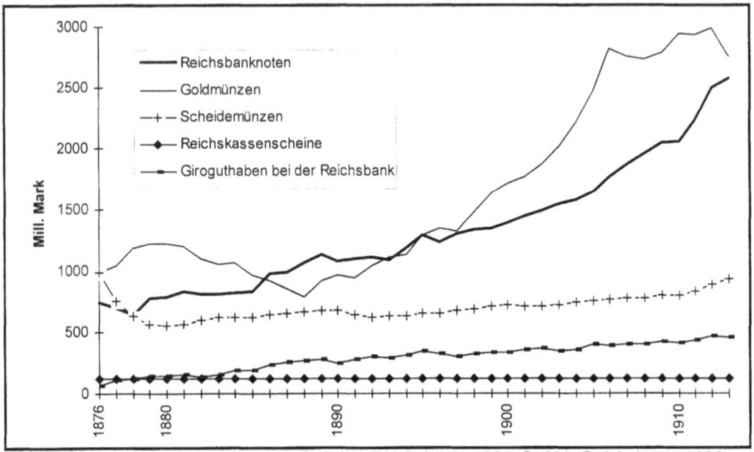

Quelle: Deutsche Bundesbank, 1976, S. 2, 14; Reichsbank, 1901, S. 330; Reichsbank, 1926, S. 48, eigene Darstellung

Abbildung I.3: Die Entwicklung des Giroverkehrs der Privatpersonen bei der Reichsbank 1876-1914

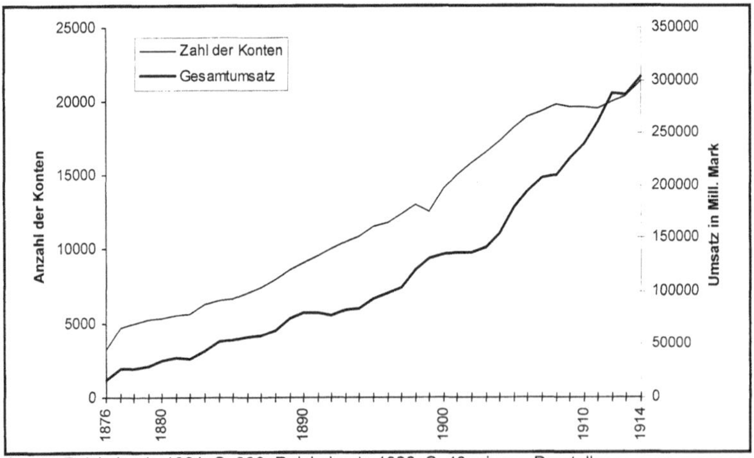

Quelle: Reichsbank, 1901, S. 330; Reichsbank, 1926, S. 48, eigene Darstellung

Abbildung I.4: Die Entwicklung der Goldbestände der Reichsbank
(Reichsgoldmünzen, Barren und Sorten)

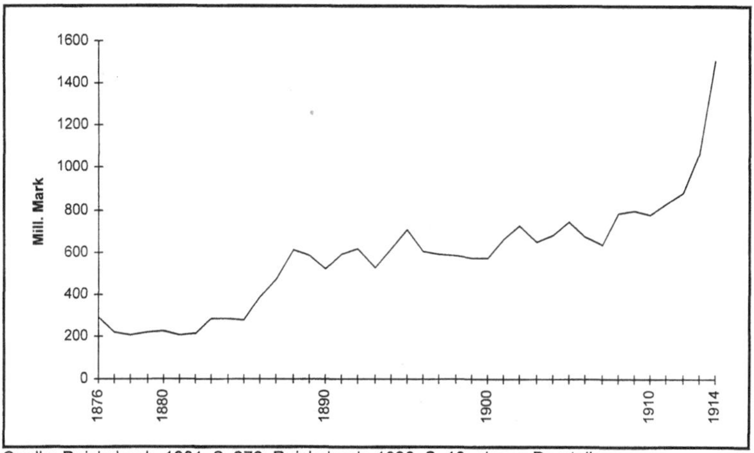

Quelle: Reichsbank, 1901, S. 276; Reichsbank, 1926, S. 19, eigene Darstellung

Abbildung I.5: Nettogoldbewegungen im Deutschen Reich 1876-1914

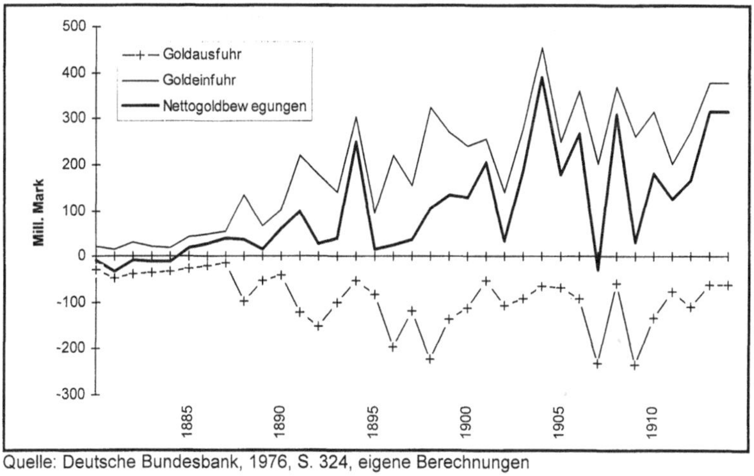

Quelle: Deutsche Bundesbank, 1976, S. 324, eigene Berechnungen

Abbildung I.6: Die Bar-, Metall und Golddeckung der Reichsbanknoten 1876-1913
(jährliche Mittelwerte der wöchentlichen Ausweise)

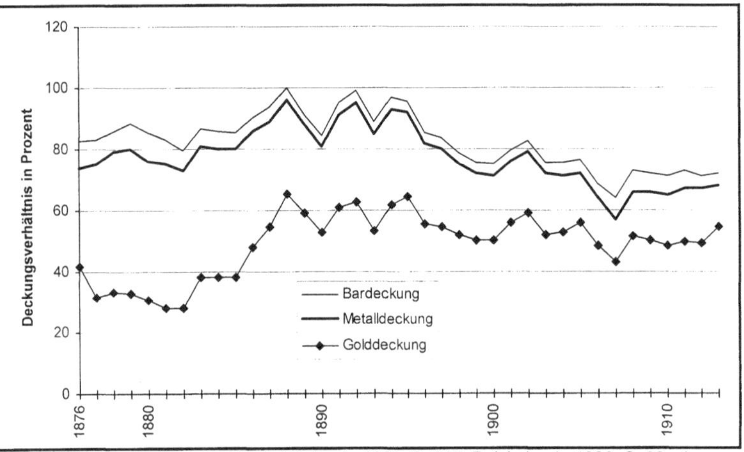

Quelle: Reichsbank, 1914, S. 68f; Reichsbank, 1901, S. 317; Reichsbank, 1926, S. 39, eigene Darstellung

Abbildung I.7: Die Bar-, Metall und Golddeckung der Reichsbanknoten und sonstigen, täglich fälligen Verbindlichkeiten der Reichsbank 1876-1913
(jährliche Mittelwerte der wöchentlichen Ausweise)

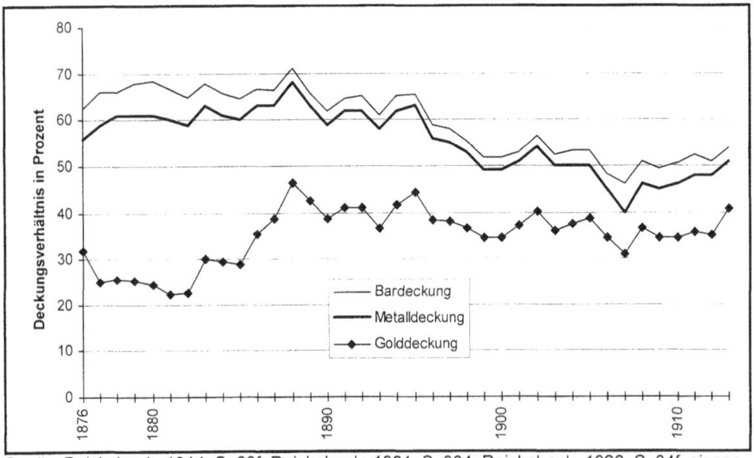

Quelle: Reichsbank, 1914, S. 68f; Reichsbank, 1901, S. 304; Reichsbank, 1926, S. 34f, eigene Darstellung

Abbildung I.8: Der ungedeckte Banknotenumlauf der Reichsbank 1876-1913
(jährliche Durchschnittswerte und Höchststände)

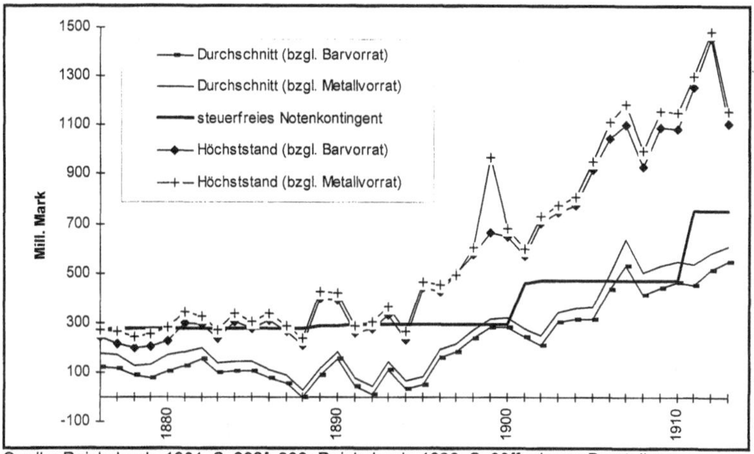

Quelle: Reichsbank, 1901, S. 292f, 299; Reichsbank, 1926, S. 30ff, eigene Darstellung

Abbildung I.9: Der Diskontsatz und der Privatsatz der Reichsbank im Vergleich mit dem privaten Diskontsatz an der Berliner Börse 1876-1914
(jährliche Durchschnitte)

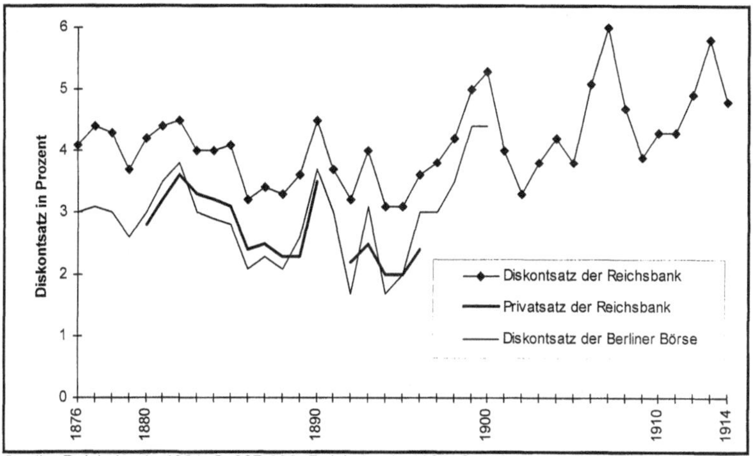

Quelle: Reichsbank, 1901, S. 387-393; Reichsbank, 1926, S. 90f, eigene Darstellung
Der Diskontsatz der Berliner Börse ist in den Veröffentlichungen der Reichsbank nur bis 1900 aufgeführt. Der Privatsatz wurde nur in bestimmten Perioden angeboten.

Abbildung I.10: Die Entwicklung der Wechselanlage der Reichsbank 1876-1914

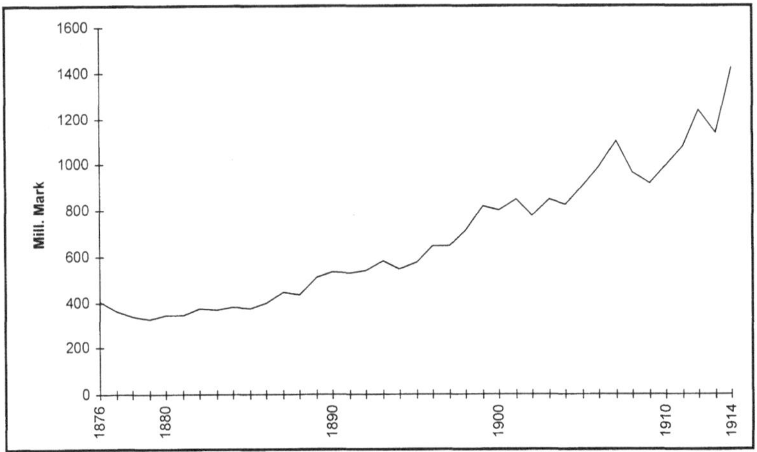

Quelle: Reichsbank, 1901, S. 380; Reichsbank, 1926, S. 86, eigene Darstellung

Abbildung I.11: Die Entwicklung der Auslandsforderungen der Reichsbank 1876-1914

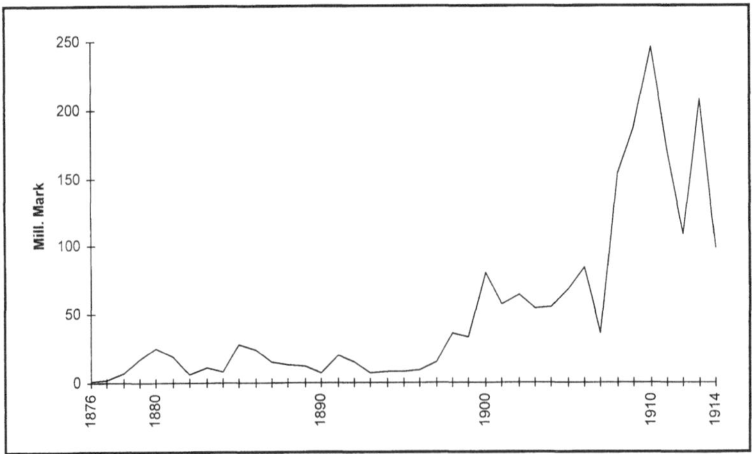

Quelle: Deutsche Bundesbank, 1976, S. 329, eigene Darstellung

Abbildung I.12: Das Verhältnis von Auslandsforderungen zu Goldreserven der Reichsbank

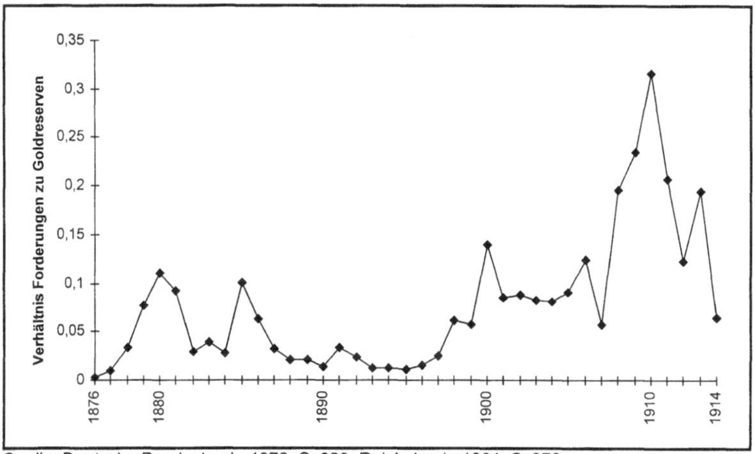

Quelle: Deutsche Bundesbank, 1976, S. 329; Reichsbank, 1901, S. 276; Reichsbank, 1926, S. 19, eigene Darstellung

Abbildung I.13: Die Entwicklung des Nettosozialprodukts des Deutschen Reichs 1876-1913
(in Preisen von 1913 und in jeweiligen Preisen)

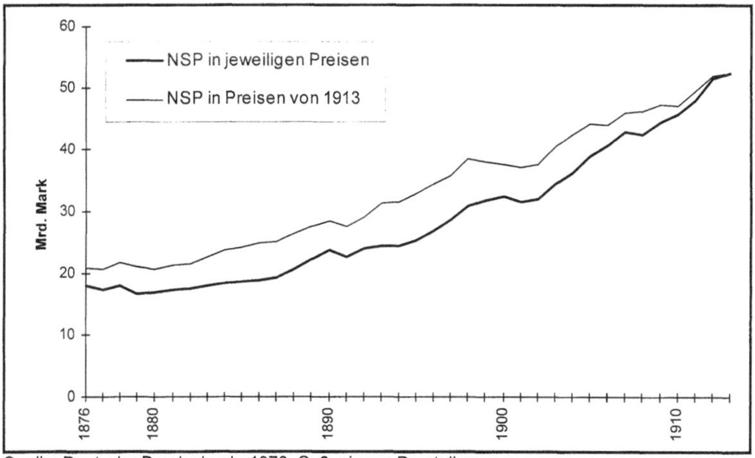

Quelle: Deutsche Bundesbank, 1976, S. 6, eigene Darstellung

Abbildung I.14: Die Entwicklung des Nettosozialprodukts des Deutschen Reichs je Einwohner 1876-1913
(in Preisen von 1913)

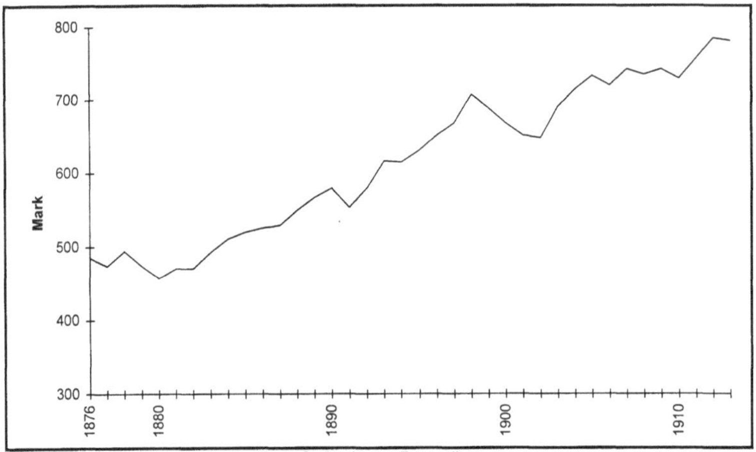

Quelle: Deutsche Bundesbank, 1976, S. 6, eigene Darstellung

Abbildung I.15: Die Entwicklung der Schulden des Deutschen Reichs 1876-1914

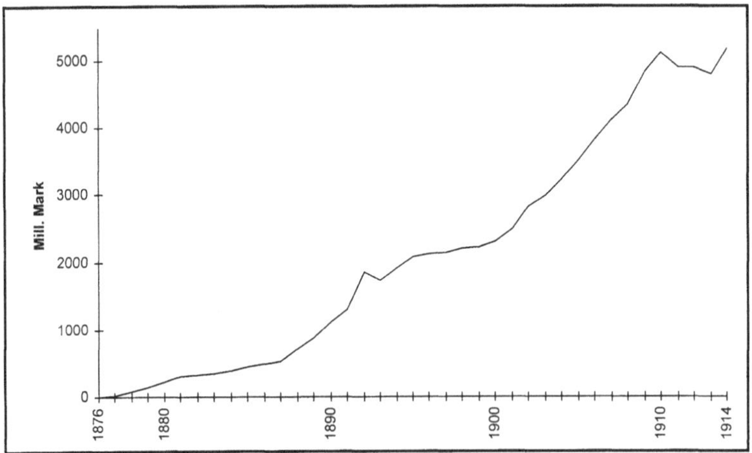

Quelle: Deutsche Bundesbank, 1976, S. 313, eigene Darstellung

Abbildung I.16: Die Schulden des Deutschen Reichs im Vergleich mit der gesamten öffentlichen Verschuldung 1876-1914

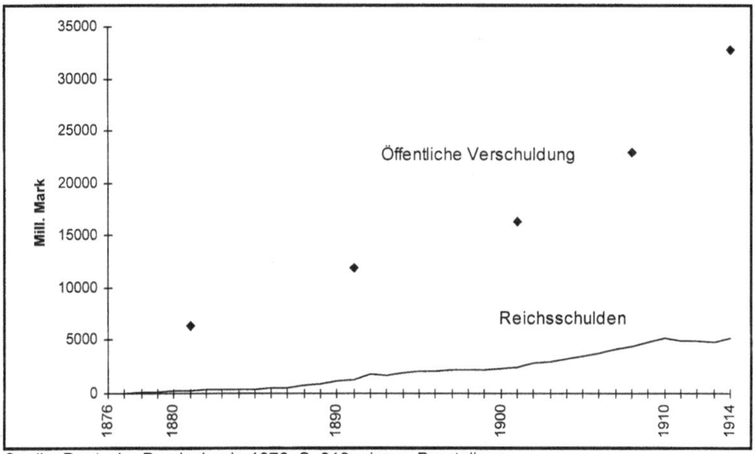

Quelle: Deutsche Bundesbank, 1976, S. 313, eigene Darstellung

Abbildung I.17: Die Schuldenquote des Deutschen Reichs 1876-1913
(im Verhältnis zum NSP in jeweiligen Preisen)

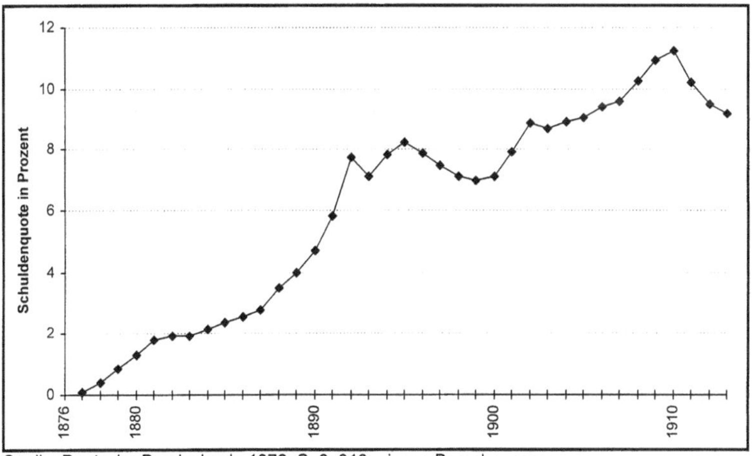

Quelle: Deutsche Bundesbank, 1976, S. 6, 313, eigene Berechnungen

Abbildung I.18: Die jährliche Neuverschuldung des Deutschen Reichs 1876-1914

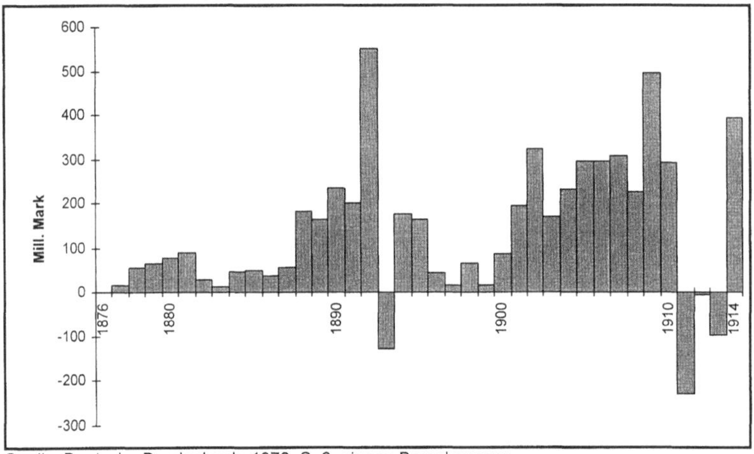

Quelle: Deutsche Bundesbank, 1976, S. 6, eigene Berechnungen

Abbildung I.19: Effektenkonto der Reichsbank 1876-1913, das bis auf kleine Abweichungen die Höhe der Schatzanweisungen bei der Reichsbank angibt

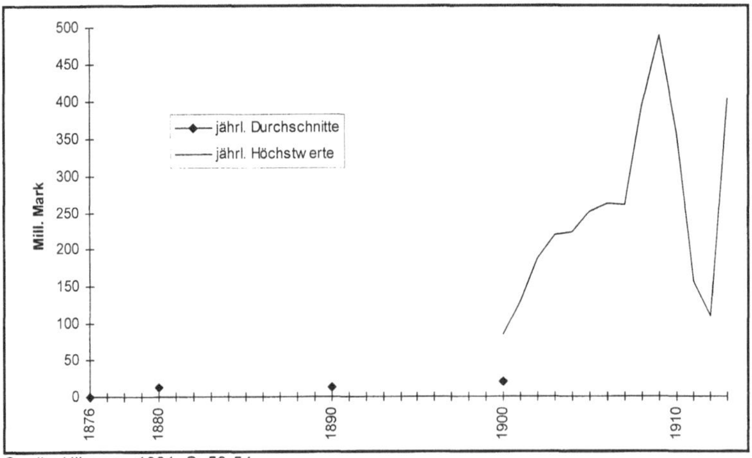

Quelle: Ullmann, 1931, S. 53-54

Abbildung I.20: Preisbewegungen im Deutschen Reich 1876-1913

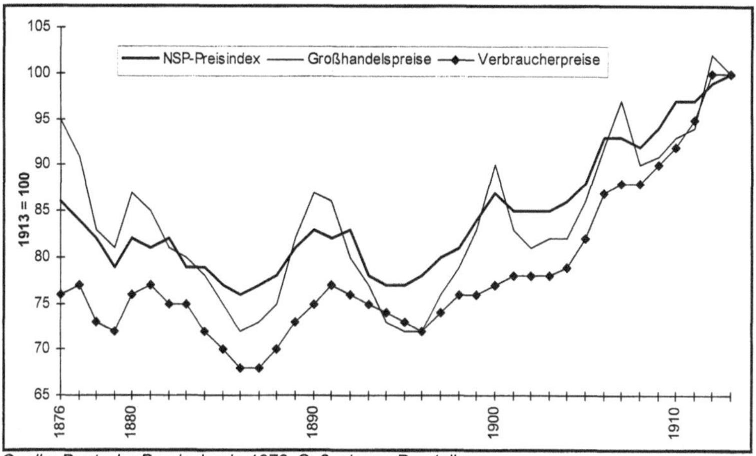

Quelle: Deutsche Bundesbank, 1976, S. 6, eigene Darstellung

Abbildung I.21: Die Migration aus dem Deutschen Reich/Deutschland in die Vereinigten Staaten 1870-1943

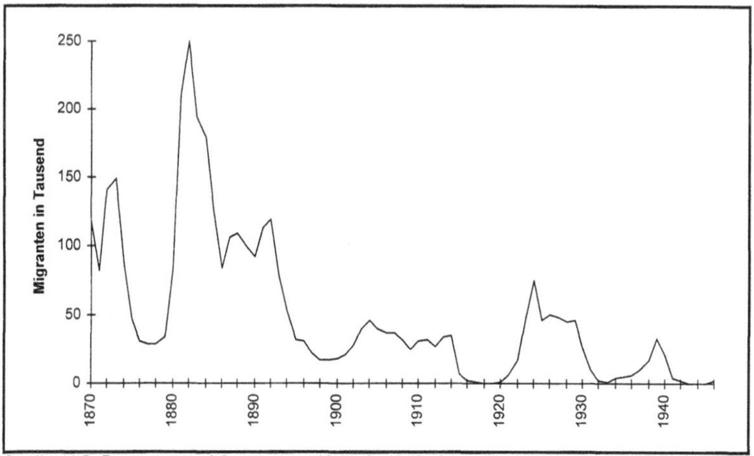

Quelle: U.S. Department of Commerce, 1975, S. 105f, eigene Darstellung

Abbildung I.22: Immigration in die Vereinigten Staaten aus Europa und dem Deutschen Reich/Deutschland 1870-1943

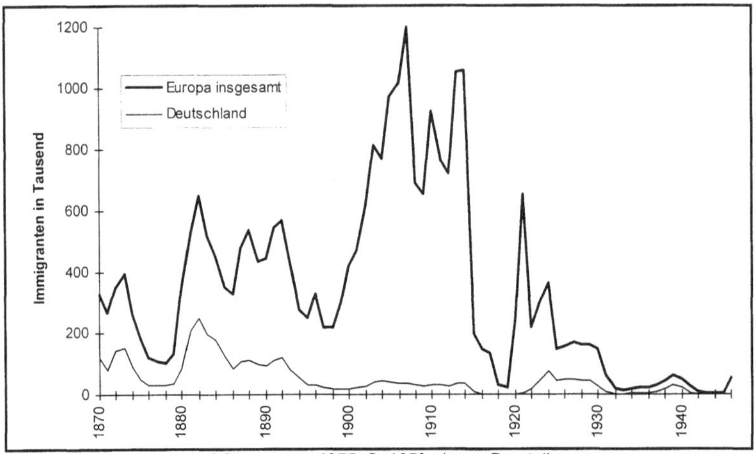

Quelle: U.S. Department of Commerce, 1975, S. 105f, eigene Darstellung

Anhang II: Das Federal Reserve System in den Vereinigten Staaten

Erläuterung II.1: Pläne für die Errichtung eines neuen Zentralbanksystems[1]

Der Aldrich-Vreeland Act 30.06.1908 sah die Emission von Notgeld („emergency currency") vor, hauptsächlich gegen Staatspapiere (90% des Nennwertes) und Handelswechsel (75%).[2] Das Notgeld sollte von National Currency Associations mit zehn oder mehr National Banks als Mitgliedern emittiert werden. Ende Mai 1908 wurde das Gesetz vom Parlament verabschiedet. Die Bestimmungen des Aldrich-Vreeland Act 1908 lauteten folgendermaßen:

1. Die Banken müssen eine Überschußreserve[3] von 20% haben,
2. Die Banken müssen für die Ausgabe gemeinsam mind. $5 Mill. Kapital und Überschußreserve haben und sind für die Noten solidarisch verantwortlich,
3. Noten dürfen zu 90% gegen Staatsanleihen und zu 75% gegen Handelswechsel als Sicherheiten emittiert werden,
4. Ein Fonds von 5% der Notenmenge muß beim Schatzamt hinterlegt werden,
5. Die Gesamtausgabe von National Bank Notes und Notgeld durfte höchstens 125% des Kapitals der Banken betragen,
6. Das Notgeld wurde in den ersten drei Monaten mit 3% besteuert,[4]
7. Nach 1914 konnten alle Mitgliedsbanken zur Ausgabe ermächtigt werden,
8. Das Gesetz ist beschränkt bis zum 30.6.1915.

Das Gesetz war jedoch nur eine Übergangslösung, es etablierte die National Monetary Commission, die sich mit der Struktur eines Zentralbanksystems beschäftigen sollte. Anfang Juni 1908 formierte sich diese Kommission aus Mitgliedern des Senats und des Kongresses unter N.W. Aldrich. Die Kommission verbrachte fast vier Monate in Europa, um dort die Zentralbanken zu studieren. Das Gesetz war ein wichtiger Schritt, um Bankenkrisen zu verhindern. Die Vorkehrungen konnten im Sommer 1914, nach Ausbruch des Krieges, getestet werden, da die Fed erst im November ihre Arbeit aufnahm.[5] Während dieser Krise wurde die Emission des Notgelds vom Schatzkanzler erfolgreich durchgeführt.[6]

---

1 Für eine Aufstellung von einigen Plänen siehe Dykes/Whitehouse, S. 230f.
2 Vgl. Livingston, 1986, S. 187; Keesing, 1915, S. 8f
3 Die über die gesetzlichen Vorschriften hinaus gehaltenen Reserven.
4 Danach steigt die Steuer jeden Monat um 0,5% an bis sie 6% erreicht.
5 Das Gesetz war bis zum 30.6.1915 befristet, weil das Federal Reserve System dann alle Aufgaben übernehmen sollte.
6 Vgl. Fishe, 1994, S. 548

Der Aldrich Plan 1911 war ein Plan für eine National Reserve Association, also eine zentrale Reserveorganisation mit einer elastischen Notenausgabe, basierend auf Gold und Handelswechseln.[7] Dies war keine Notenbank im europäischen Sinne; vorgesehen war eine Bank der Banken, mit Zweigstellen unter der Kontrolle von Direktorien, die die Rediskontoperationen der Mitgliedsbanken überwachten. Der Plan folgte der republikanischen Doktrin „die Regierung aus der Sache herauszuhalten".[8] Der Plan wurde 1912 im Senat abgelehnt.

1911 wurde die „National Citizen's League for the Promotion of a Sound Banking System" gegründet (Vorsitz: P. Warburg), um die Idee einer Zentralbank publik zu machen. Da es Ressentiments in der Bevölkerung gegen den Bankplatz New York gab, war der Hauptsitz der Bewegung Chicago. 1912 gab es eine Veränderung der Ziele: Nach Präsident Taft (Republikaner) wurde der Demokrat Woodrow Wilson gewählt. So mußte die Citizen's League nun verhindern, daß die Demokraten überhaupt keine Reform durchführten; anstatt den genauen Wortlaut für das Gesetz zur Bankreform zu finden.[9]

Erläuterung II.2: Die Zuständigkeiten des Boards in den ersten Jahren[10]

- Entscheidung, welche State Banks in das System aufgenommen wurden, ob Bankenzusammenschlüsse genehmigt wurden, ob Filialen eröffnet werden durften.
- Kontrolle der Banken und des Volumens und der Verwendung von Krediten.
- Überwachung der Bücher und Aktivitäten jeder Distriktbank. Wöchentliche Publikation über die Distriktbanken.
- Möglichkeit, für eine bestimmte Zeit Mindestreservevorschriften außer Kraft zu setzen. Wenn die Goldreserve für Federal Reserve Noten unter 40% bis 32,5% fällt, wird eine Steuer von nicht mehr als einem Prozent fällig. Wenn sie unter 32,5% fällt, dann werden für alle weiteren 2,5% je 1,5% Steuer mehr berechnet. Die Steuer wird von den Distriktbanken bezahlt.
- Überwachung und Regulierung von Umlauf, Ausgabe und Einzug von Federal Reserve Notes.
- Änderung der Anzahl, Reklassifizierung oder Abschaffung von Reserve Cities und Central Reserve Cities.

7 Vgl. Warburg, 1930, Vol. 1, S. 56ff, Geisler, 1953, S. 35f
8 Vgl. Warburg, 1930, Vol. 1, S. 60
9 Vgl. Livingston, 1986, S. 209ff
10 Vgl. Warburg, 1930, Vol. 1, S. 235ff; Garcia/Plautz, 1988, S. 36

- Absetzen von Mitgliedern oder Direktoren von Distriktbanken.
- Abschreibung von zweifelhaften Aktiva bei den Distriktbanken.
- Suspendierung der Geschäfte oder Reorganisation der betroffenen Distriktbank bei Nichtbeachtung der Vorschriften des Federal Reserve Act.
- Aufstellung von Regulierungen für die Aufbewahrung von Sicherheiten, Wertpapieren, Federal Reserve Notes usw.
- Festlegung von Ausnahmeregelungen für National Banks bezüglich Aktien und Wertpapieren.

Erläuterung II.3: Gesetze Anfang der 1930er Jahre[11]

22.1.1932 Reconstruction Finance Corporation (RFC): Diese vergab Kredite an Unternehmen, die finanzielle Unterstützung brauchten. Die Unternehmen, die Kredite bekamen, wurden allerdings auf einer Liste veröffentlicht, das setzte falsche Signale.[12]

27.2.1932 Glass-Steagall Act: Bis zum 3.3.1933 durften die Distriktbanken Staatspapiere als Sicherheiten für Federal Reserve Notes benutzen, außerdem durften sie die Papiere selbst bestimmen, die sie von den Mitgliedsbanken als Sicherheiten annahmen.

9.3.1933 Emergency Banking Act: Das Gesetz gab der Regierung die Befugnis, Kontrolle über die Banken auszuüben, um die Kunden zu schützen. Außerdem durfte sie Banken eröffnen und andere reorganisieren und wiedereröffnen. Alle Goldmünzen und -zertifikate in Privatbesitz durften vom Schatzamt eingefordert werden, bzw. mußten beim Schatzamt eingereicht werden. Der Präsident konnte einen Bank Holiday“ erklären, um die Bankenzusammenbrüche, die beginnende Panik, das vermehrte Horten und das Mißtrauen gegen die Banken in der Bevölkerung zu stoppen. Der Act autorisierte die Mehremission von Federal Reserve Notes, um die Geldknappheit zu verringern. National Banks durften Aktien emittieren, die sie an die RFC verkaufen konnten, um Bargeld zu bekommen.

6.6.1934 Securities and Exchange Act: gab dem Board die Befugnis, über Margin Requirements für spekulative Kredite zu entscheiden.

30.6.1934 Gold Reserve Act: alles Gold bei den Distriktbanken mußte an das Schatzamt transferiert werden, zum Wert von $20,67 pro Unze.

1934 Silver Purchase Act: Der Anteil des Silbers am gesamten Metallgeldumlauf sollte auf ein Viertel vergrößert werden.

---

[11] Vgl. Moore, 1990, S. 86f

[12] Die meisten Unternehmen wollten nicht auf dieser Liste stehen.

Tabelle II.1: Wachstum der Korporierung des Produktionssektors der amerikanischen Wirtschaft

Jahr	Anteil der Korporationen	Anteil der Produkte die von Korporationen gefertigt wurden
1904	23,6	73,7
1909	25,9	79,0
1914	28,3	83,2
1919	31,5	87,7
1929	48,3	92,1
1939	51,6	92,4

Quelle: Bogart/Kemmerer, 1942, S. 825

Tabelle II.2: Anzahl und Depositen der National Banks und der Nonnational Banks im Vergleich

	National Banks		nonnational Banks	
	Anzahl	Depositen (Mill. Dollar)	Anzahl	Depositen (Mill. Dollar)
1870	1 612	1 566	325	215
1880	2 076	2 036	1 279	1 364
1890	3 484	3 062	4 717	3 296
1900	3 731	4 944	9 322	6 444
1910	7 138	9 892	18 013	13 030

Quelle: U.S. Department of Commerce, 1975, S. 1025-27, 1028-30

Tabelle II.3: Anzahl der Angestellten des Board of Governors des Federal Reserve System

1915	58
1920	367
1930	206
1945	455
1960	631
1970	901
1979	1,572
1988	1,573

Quelle: Moore, 1990, S. 224

Tabelle II.4: Kapital der Distriktbanken 1914

Boston	9 720 000
New York	19 932 000
Philadelphia	12 528 000
Cleveland	12 156 000
Richmond	6 534 000
Atlanta	4 722 000
Chicago	13 170 000
St. Louis	5 610 000
Minneapolis	4 848 000
Kansas City	5 610 000
Dallas	5 742 000
San Francisco	7 776 000
Total:	108 348 000

Quelle: Keesing, 1915, S. 11

Tabelle II.5: Änderungen der Mindestreservevorschriften der Mitgliedsbanken des Federal Reserve System

	Sichteinlagen			Termineinlagen
	Central Reserve City Banks	Reserve City Banks	Country Banks	
21.6.1917-15.8.1936	13	10	7	3
16.8.1936-28.2.1937	19,5	15	10,5	4,5
1.3.1937-30.4.1937	22,75	17,5	12,25	5,25
1.5.1937-15.4.1938	26	20	14	6
16.4.1938-31.10.1941	22,75	17,5	12	5
1.11.1941-31.12.1941	26	20	14	6

Quelle: Moore, 1990, S. 90

Tabelle II.6: Die Vorsitzenden des Board of Governors of the Federal Reserve System

1914-1916	Charles S. Hamlin
1916-1922	William P.G. Harding
1923-1927	Daniel R. Crissinger
1927-1930	Roy A. Young
1930-1933	Eugene Meyer
1933-1934	Eugene R. Black
1934-1948	Marriner S. Eccles
1948-1951	Thomas B. McCabe
1951-1970	William McChesney Martin, Jr.
1970-1978	Arthur F. Burns
1978-1979	G. William Miller
1979-1987	Paul A. Volcker
1987	Alan Greenspan

Quelle: Moore, 1990, S. 213

Abbildung II.1: Bankenzusammenbrüche in den Vereinigten Staaten 1892-1920

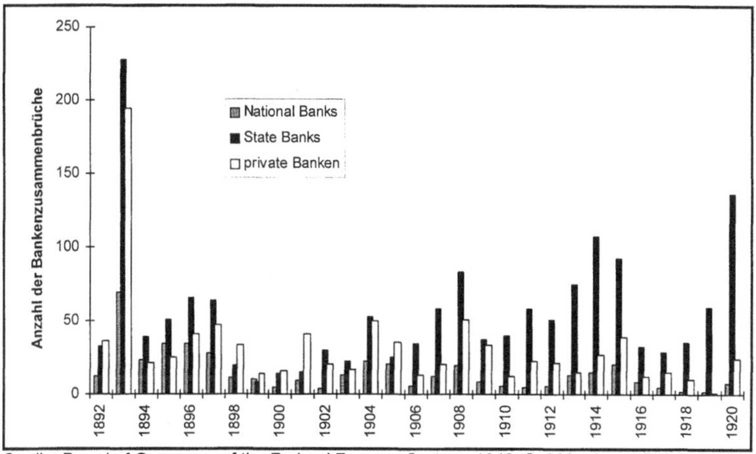

Quelle: Board of Governors of the Federal Reserve System, 1943, S. 283, eigene Darstellung

Abbildung II.2: Bankenzusammenbrüche in den Vereinigten Staaten 1921-1941
(Mitgliedsbanken und Nicht-Mitgliedsbanken des Federal Reserve System)

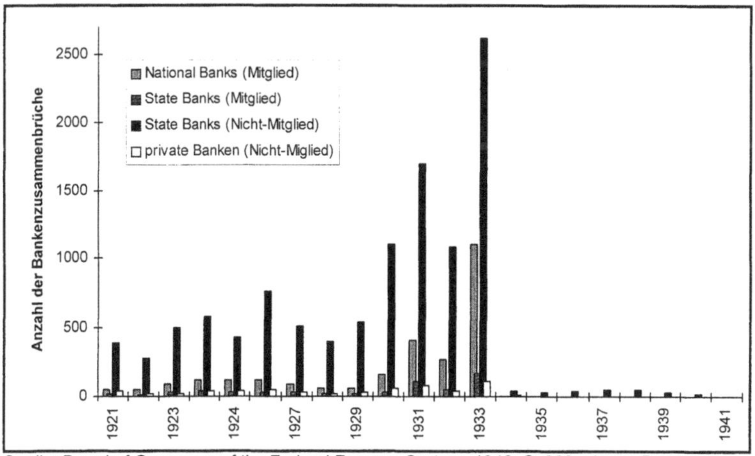

Quelle: Board of Governors of the Federal Reserve System, 1943, S. 283, eigene Darstellung

Abbildung II.3: Geldumlauf in den Vereinigten Staaten von 1860-1913 (I)

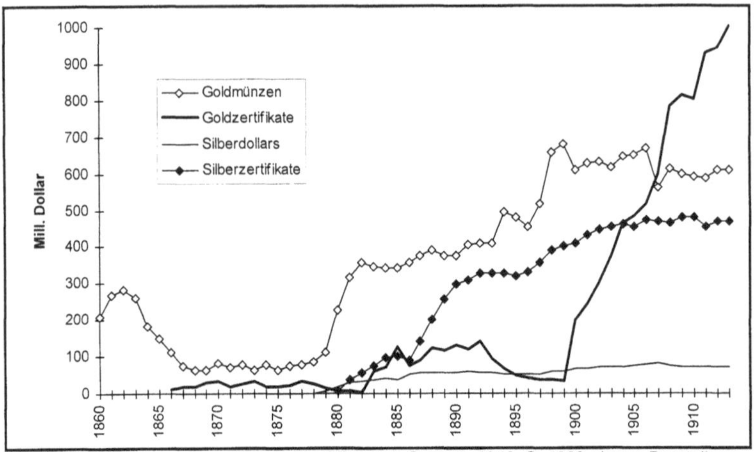

Quelle: Board of Governors of the Federal Reserve System, 1943, S. 408f, eigene Darstellung

Abbildung II.4: Geldumlauf in den Vereinigten Staaten von 1860-1913 (II)

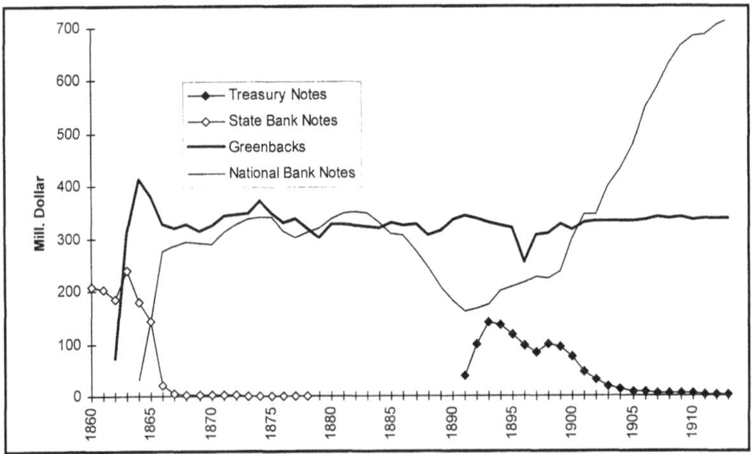

Quelle: Board of Governors of the Federal Reserve System, 1943, S. 408f, eigene Darstellung

Abbildung II.5: Geldumlauf in den Vereinigten Staaten 1914-1941

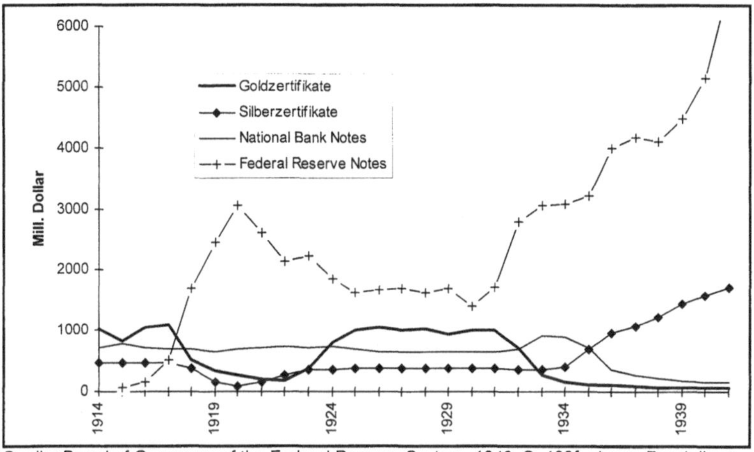

Quelle: Board of Governors of the Federal Reserve System, 1943, S. 408f, eigene Darstellung

Abbildung II.6: Federal Reserve Notes, Reserven und Depositen bei den Distriktbanken 1914-1941

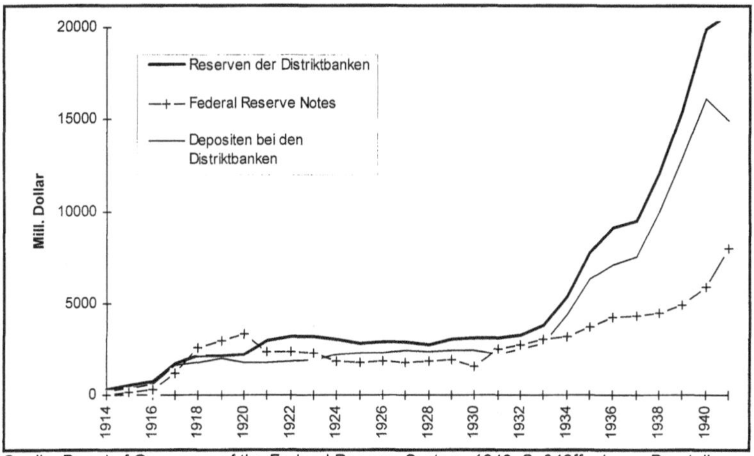

Quelle: Board of Governors of the Federal Reserve System, 1943, S. 346ff, eigene Darstellung

Abbildung II.7: Deckungsverhältnis der Federal Reserve Notes und der Depositen bei den Distriktbanken 1914-1941
(Dezemberwert der jeweiligen Größe)

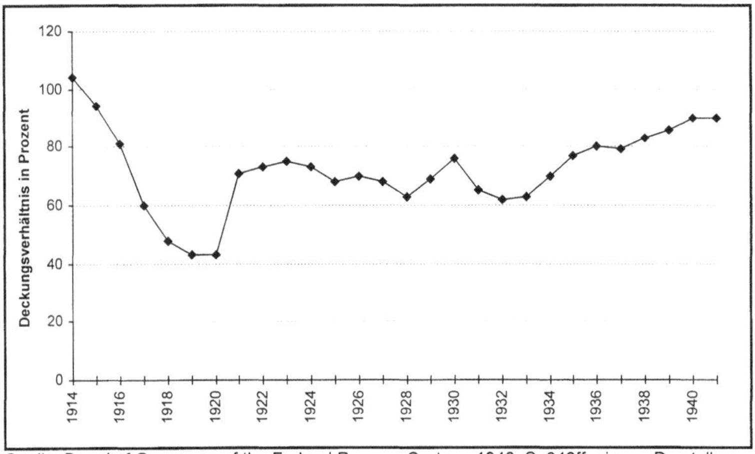

Quelle: Board of Governors of the Federal Reserve System, 1943, S. 346ff, eigene Darstellung

Abbildung II.8: Nettogoldimporte und Goldproduktion der Vereinigten Staaten 1914-1941

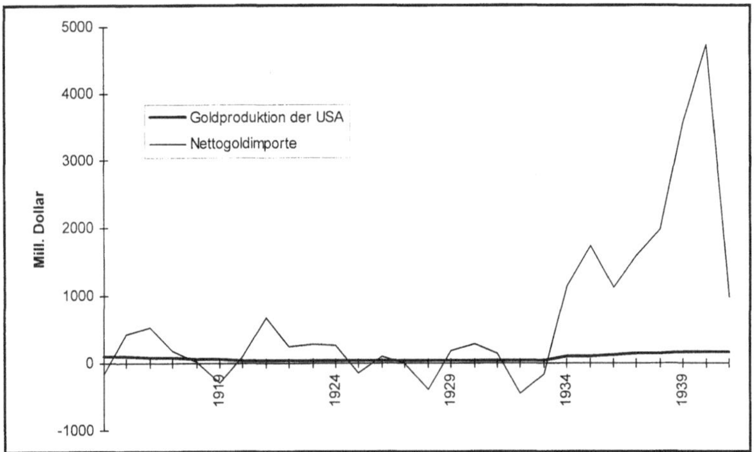

Quelle: Board of Governors of the Federal Reserve System, 1943, S. 536, eigene Darstellung

Abbildung II.9: Streuung der Diskontsätze der zwölf Distriktbanken in den Vereinigten Staaten 1914-1941
(Dezemberwert des Diskontsatzes)

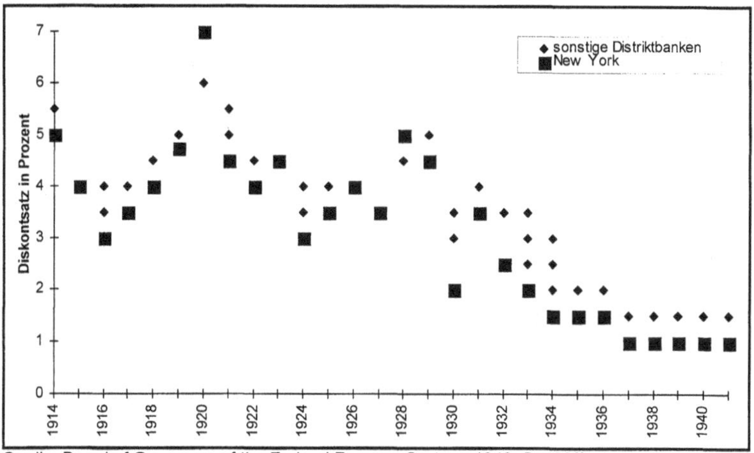

Quelle: Board of Governors of the Federal Reserve System, 1943, S. 439ff, eigene Darstellung

Abbildung II.10: Entwicklung der Staatsschuld der Vereinigten Staaten 1916-1941
(nur Bundesebene)

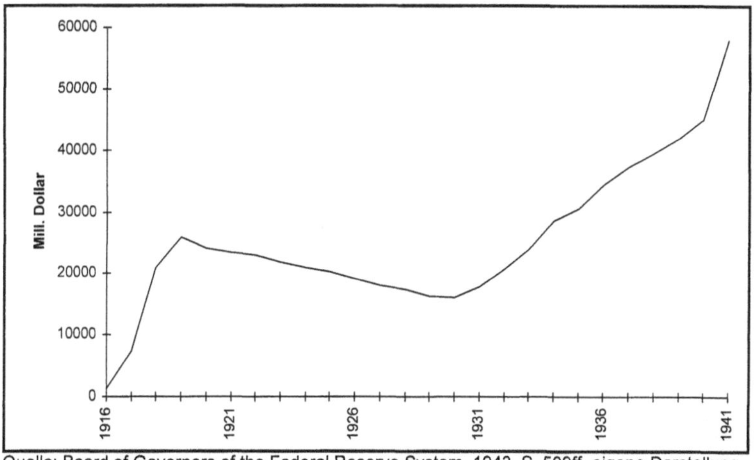

Quelle: Board of Governors of the Federal Reserve System, 1943, S. 509ff, eigene Darstellung

Abbildung II.11: Die Neuverschuldung der Vereinigten Staaten 1917-1941

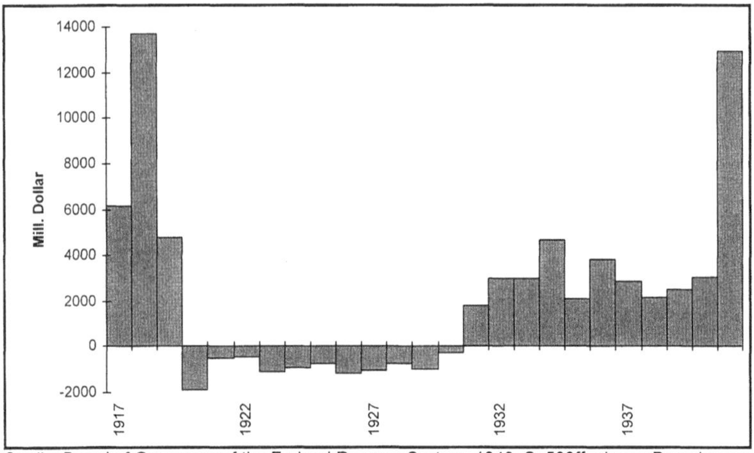

Quelle: Board of Governors of the Federal Reserve System, 1943, S. 509ff, eigene Berechnungen

Abbildung II.12: Die Schuldenquote der Vereinigten Staaten 1916-1941
(BSP in jeweiligen Preisen)

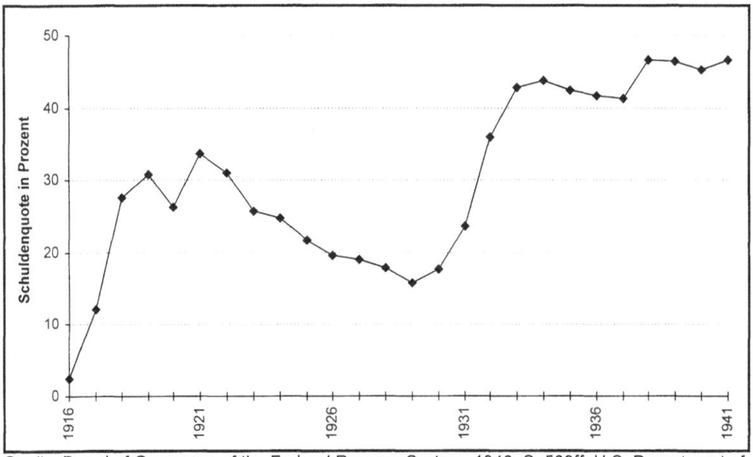

Quelle: Board of Governors of the Federal Reserve System, 1943, S. 509ff; U.S. Department of Commerce, 1975, S. 224, eigene Berechnungen

Abbildung II.13: Die Entwicklung des Bruttosozialprodukts der Vereinigten Staaten 1889-1940

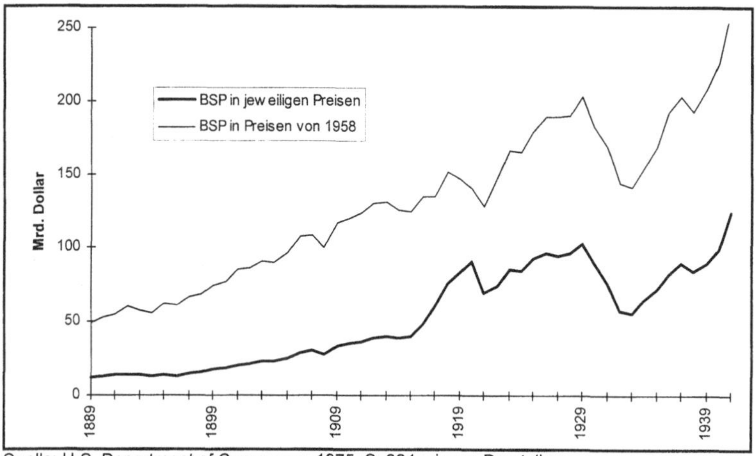

Quelle: U.S. Department of Commerce, 1975, S. 224, eigene Darstellung

Abbildung II.14: Die Gesamthöhe der von den Distriktbanken gehaltenen Staatswertpapiere
(1914-1931 Zahlen vom Ende des Jahres, 1932-1941 Zahlen von Ende Dezember)

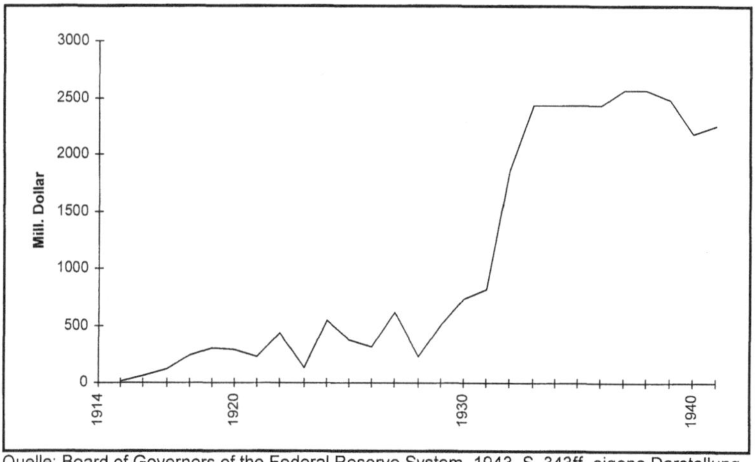

Quelle: Board of Governors of the Federal Reserve System, 1943, S. 343ff, eigene Darstellung

Abbildung II.15: Die Preisentwicklung in den Vereinigten Staaten 1889-1940

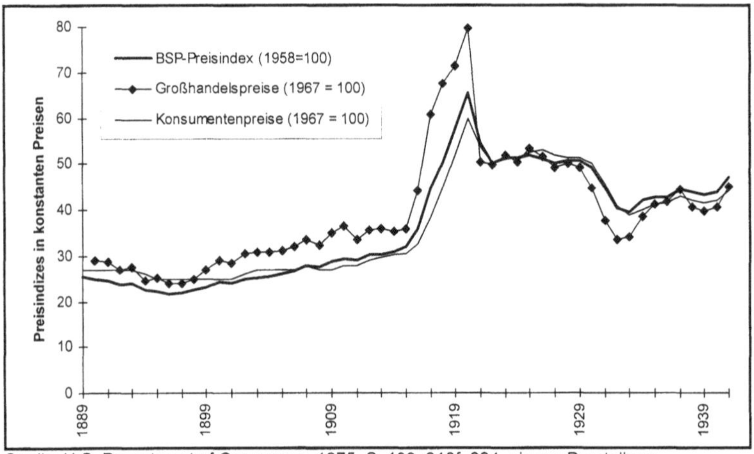

Quelle: U.S. Department of Commerce, 1975, S. 199, 210f, 224, eigene Darstellung

Abbildung II.16: Entwicklung der Anzahl und der Bilanzsumme der National und Nonnational Banks 1863-1940

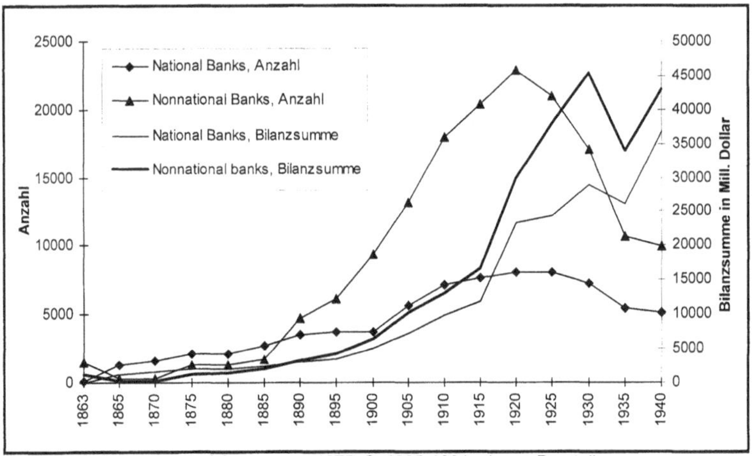

Quelle: U.S. Department of Commerce, 1975, S. 1025-1031, eigene Darstellung

Abbildung II.17: Entwicklung der Anzahl und der Bilanzsumme der National Banks und der Nonnational Banks 1863-1900

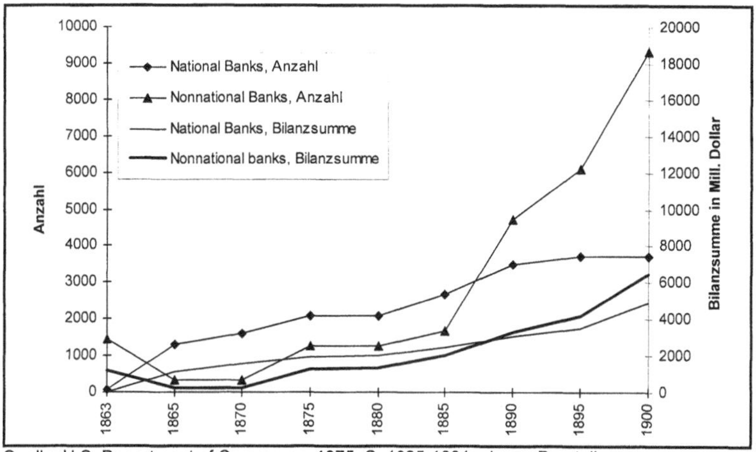

Quelle: U.S. Department of Commerce, 1975, S. 1025-1031, eigene Darstellung

Abbildung II.18: Entwicklung der Sicht- und Zeitdepositen bei Geschäftsbanken 1870-1940

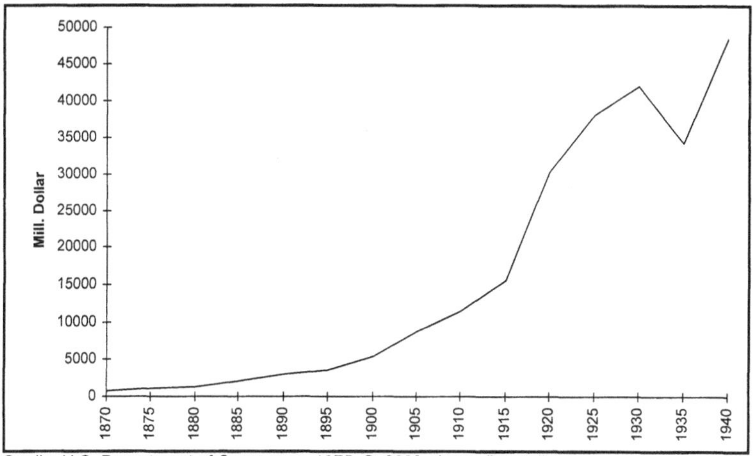

Quelle: U.S. Department of Commerce, 1975, S. 992f, eigene Darstellung

Literaturverzeichnis

Alesina, A., Grilli, V., The European Central Bank: reshaping monetary politics in Europe, in: Canzoneri, M.B., Grilli, V., Masson, P.R. (Hg.), Establishing a central bank: issues in Europe and lessons from the US, Cambridge 1992, Kap. 3, S. 49-77;

Alesina, R., Perotti, R., Spolaore, E., Together or separately? Issues on the costs and benefits of political and fiscal unions, European Economic Review 1995, 39, S. 751-758;

Allemann, W., Deutsche Reichsbank und Schweizerische Nationalbank: Versuch einer Vergleichung auf Grund der darauf bezüglichen Bankgesetze und Bankreglemente, Zürich 1917;

Amatayakul, K., Die Offenmarktpolitik der Bank von England und der Deutschen Reichsbank, Diss., Zürich 1942;

Andel, N., Finanzwissenschaft, Tübingen 1998;

Anderson, R.G., Kavajecz, K.A., A Historical Perspective on the Federal Reserve's Monetary Aggregates: Definition, Construction and Targeting, Federal Reserve Bank of St. Louis Review 1994, 76 (2), S. 1-71;

Angelini, P., More on the behavior of interest rates and the founding of the Fed, Journal of Monetary Economics 1994, 34, S. 537-553;

Bach, H., Reichsbank und Reichsfinanzen in den Jahren 1876-1923 (unter Mitberücksichtigung der preußischen Finanzen), Leipzig 1930;

Bagehot, W., Lombard Street: A Description of the Money Market, Hyperion reprint edition, Westport 1979;

Baumgart, W., Unsere Reichsbank: Ihre Geschichte und ihre Verfassung, Berlin 1915;

Baumgart, W., Die staatsrechtliche Stellung der Reichsbank, Diss., Greifswald 1912;

Becker, G., Abfuhr erteilen, WirtschaftsWoche 7.12.1995, 50, S. 55;

Berthold, N., Währungsunion, Sozialunion und Politische Union - Anmerkungen zur Interdependenz von Ordnungen, Bankhistorisches Archiv 1996, Beiheft 30, S. 52-64;

Berthold, N., 'Fiscal Federalism' in Europa: Voraussetzung für eine erfolgreiche Wirtschafts- und Währungsunion?, in: Gröner, H., Schüller, A. (Hg.), Die europäische Integration als ordnungspolitische Aufgabe, Stuttgart/New York 1993, S. 147-171;

Beutler, R., Die Reichsbank: Ihre rechtliche Natur und Zweckbestimmung, Basel 1909;

Bini Smaghi, L., The Democratic Accountability of the European Central Bank, BNL Quarterly Review 1998, 205, S. 119-143;

Blankart, C.B., Öffentliche Finanzen in der Demokratie: Eine Einführung in die Finanzwissenschaft, München 1994;

Bloomfield, A.I., Patterns of Fluctuation in International Investment before 1914, Princeton 1968;

Bloomfield, A.I., Short term capital movements under the pre 1914 Gold Standard, Princeton 1963;

Bloomfield, A.I., Monetary Policy under the International Gold Standard 1880-1914, New York 1959;

Board of Governors of the Federal Reserve System, The Federal Reserve System: Purposes and Functions, Washington D.C. 1984;

Board of Governors of the Federal Reserve System, Banking and Monetary Statistics 1914-1941, Washington 1943;

Bofinger, P., Braucht die gemeinsame Währung die Politische Union?, Internationale Politik 1995, 9, S. 43-48;

Bofinger, P., Reischle, J., Schächter, A., Geldpolitik: Ziele, Institutionen, Strategien und Instrumente, München 1996;

Bogart, E.L., Kemmerer, D.L., Economic History of the American People, New York 1942;

Bopp, K.R., Introduction To The Federal Reserve System: A Message to New Directors of the Federal Reserve Bank of Phiiladelphia, Federal Reserve Bank of Philadelphia Business Review 1970, 0, S. 3-29;

Bopp, K.R., Die Tätigkeit der Reichsbank von 1876-1914 (I und II), Weltwirtschaftliches Archiv 1954, 72, S. 34-59, 179-224;

Bopp, K.R., Central Banking at the Crossroads, American Economic Review Proceedings 1944, 34, S. 260-287;

Borchardt, K. Währung und Wirtschaft, in: Deutsche Bundesbank (Hg.), Währung und Wirtschaft in Deutschland 1876-1975, Frankfurt/M. 1976, S. 3-55;

Bovenberg, A.L., Kremers, J.J.M., Masson, P.R., Economic and Monetary Union in Europe and Constraints on National Budgetary Policies, IMF Staff Papers 1991, 38 (2), S. 374-398;

Brimmer, A.F., The Political Economy of Money: Evolution and Impact of Monetarism in the Federal Reserve System, in: Wood, J.C., Woods, R.N. (Hg.), Milton Friedman: Critical Assessments, London/New York 1990, S. 95-106;

Brunner, K., Meltzer, A.H., The Phillips Curve and Labour Markets, Carnegie Rochester Conference Series on Public Policy 1976, 1;

Buchanan, J.M., Möglichkeiten für eine europäische Verfassung: Eine amerikanische Sicht, Ordo 1991, 42, S. 127-137;

Buiter, W., Corsetti, G., Roubini, N., Maastricht's fiscal rules: Excessive deficits: sense and nonsense in the Treaty of Maastricht, Economic Policy 1993, April, S. 57-100;

Burns, A.F., The Independence of the Federal Reserve Sytem, Federal Reserve Bulletin 1976, 62 (6), S. 493-496;

Caesar, R., Koordinierung der nationalen Finanzpolitiken in der Wirtschafts- und Währungsunion? Die haushaltspolitischen Regeln des Maastrichter Vertrages, in: Caesar, R., Scharrer, H.-E. (Hg.), Maastricht: Königsweg oder Irrweg zur Wirtschafts- und Währungsunion?, Bonn 1994, S. 236-268;

Calomiris, C.W., Mason, J.R., Contagion and Bank Failures During the Great Depression: The June 1932 Chicago Banking Panic, American Economic Review 1997, 87 (5), S. 863-883;

Cargill, T.F., Irving Fisher Comments on Benjamin Strong and the Federal Reserve in the 1930s, Journal of Political Economy 1992, 100 (6), S. 1273-1277;

Cassel, G., Der Zusammenbruch der Goldwährung, Stuttgart 1937;

Cecco, M. de, The European Monetary Union: Lessons of Historical Experience, Special Issue of the Banca Nationale del Lavoro Quarterly Review 1996, März, S. 55-68;

Clair, R.T., Tucker, P.K., Interstate Banking and the Federal Reserve: A Historical Perspective, Federal Reserve Bank of Dallas Economic Review 1989, November, S. 1-20;

Committee for the Study of Economic and Monetary Union, Report on Economic and Monetary Union in the European Community (Delors Report), Brüssel 1989;

Cooper, R.N., The Gold Standard: Historical Facts and Future Prospects, Brookings Papers on Economic Activity 1982, 1, S. 1-56;

Corsetti, G., Roubini, N., Tax Smoothing Discretion versus Balanced Budget Rules in the Presence of Politically Motivated Fiscal Deficits: The Design of Optimal Fiscal Rules for Europe after 1992, CEPR Discussion Paper, London 1992;

Dankert, J., Die politische Union der EG-Staaten - Stand und Probleme, Potsdam 1992;

De Grauwe, P., The Design of the European Central Bank, Beihefte zu Kredit und Kapital 1998, 14, S. 295-315;

De Grauwe, P., The Economics of Convergence towards European Monetary Union, Banca Nazionale del Lavoro Quarterly Review 1996 (a), Special Issue, S. 33-45;

De Grauwe, P., The Economics of Convergence: Towards Monetary Union in Europe, Weltwirtschaftliches Archiv 1996 (b), 132 (1), S. 1-27;

De Grauwe, P., The Economics of Monetary Integration, Oxford 1994;

De Grauwe, P., Fiscal Discipline in Monetary Unions, CES Discussion Papers, Leuwen 1990;

De Grauwe, P., Spaventa, L., Setting Conversion Rates for the Third Stage of EMU, Banca Nationale del Lavoro Quarterly Review 1997, 201, S. 131-146;

Deutsche Bundesbank, Die Entwicklung der Kapitalverflechtung der Unternehmen mit dem Ausland von Ende 1993 bis Ende 1995, Monatsbericht, Mai 1997, S. 63-78;

Deutsche Bundesbank (Hg.), Deutsches Geld- und Bankwesen in Zahlen 1876-1975, Frankfurt 1976;

Dierschke, K., Müller, F. (Hg.), Die Notenbanken der Welt: unter besonderer Berücksichtigung der Veränderungen und Neugründungen in der Zeit von 1914-1925 und mit dem amtlichen Wortlaut der Notenbankgesetze in Deutschland, England, Frankreich, Russland und den Vereinigten Staaten von Amerika (federal reserve system), Berlin 1926;

Domar, E.D., The „Burden of the Debt" and the National Income, American Economic Review 1944, 34 (4), S. 798-827;

Donges, J.B., Engels, W., Hamm, W., Möschel, W., Neumann, M.J.M., Sievert, O, Einheit und Vielfalt in Europa: Für weniger Harmonisierung und Zentralisierung, Fankfurt 1992;

Dowd, K., Does Europe Need a Federal Reserve System?, Cato Journal 1990, 10 (2), S. 423-442;

Dykes, S.E., Whitehouse, M.A., The Establishment and Evolution of the Federal Reserve Board: 1913-23, Federal Reserve Bulletin 1989, 75 (4), S. 227-243;

Eichengreen, B.J., Déjà vu all over again: lessons from the gold standard for European monetary unification, in: Bayoumi, T., Eichengreen, B.J., Taylor, M., Modern Perspectives on the Gold Standard, Cambridge 1997, S. 365-387;

Eichengreen, B.J., A more perfect union?: the logic of economic integration, Essays in International Finance, Princeton 1996;

Eichengreen, B.J., Fiscal Policy and EMU, in: Eichengreen, B.J., Frieden, J. (Hg.), The political economy of European Monetary Unification, Oxford 1994, S. 167-190;

Eichengreen, B.J., Golden Fetters: The Gold Standard and the Great Depression 1919-1939, New York 1992;

Eichengreen, B.J., Designing a Central Bank for Europe: A Cautionary Tale from the Early Years of the Federal Reserve System, National Bureau of Economic Research, Working Paper No. 3840, Cambridge/Mass. 1991;

Eichengreen, B.J., One money for Europe? Lessons from the US currency union, Economic Policy 1990, S. 118-187;

Eichengreen, B.J., Hagen, J. von, Fiscal Restrictions and Monetary Union: Rationales, Repercussions, Reforms, Empirica 1996, 23, S. 3-23;

Eichengreen, B.J., Hagen, J. von, Fiscal Policy and Monetary Union: Federalism, Fiscal Restrictions and the No-Bailout Rule, CIDER Working Paper, Berkeley 1995;

Europäische Kommission/Generaldirektion Wirtschaft und Finanzen, Ein Markt, eine Währung, Europäische Wirtschaft 1990, 44;

European Monetary Institute, The Single Monetary Policy in Stage Three: Elements of the monetary policy strategy of the ESCB; Frankfurt 1997;

Europäische Zentralbank, Monatsberichte, Januar und Februar 1999;

Europäische Zentralbank, Die einheitliche Geldpolitik in Stufe 3: Allgemeine Regelungen für die geldpolitischen Instrumente und Verfahren des ESZB, Frankfurt 1998;

Eynern, G. von, Die Reichsbank: Probleme des deutschen Zentralnoteninstituts in geschichtlicher Darstellung, Jena 1928;

Feld, L.P., Kirchgässner, G., Fiskalischer Föderalismus, Wirtschaftswissenschaftliches Studium 1998, 27 (2), S.65-70;

Feldstein, M., The Political Economy of the European Economic and Monetary Union: Political Sources of an Economic Liability, Journal of Ecnomic Perspectives 1997, 11 (4), S. 23-42;

Fischer, C., Glaubwürdigkeit in der Währungspolitik: Die Strategie der einseitig festen Wechselkursanbindung in Österreich, den Niederlanden und Belgien, Marburg 1997;

Fishe, R.P.H., The Federal Reserve Amendments of 1917: The Beginning of a Seasonal Note Issue Policy, Journal of Money, Credit and Banking 1991, 23, S. 308-326;

Flannery, M.J., Financial crises, payment system problems and discount window lending, Journal of Money, Credit and Banking 1996, 28, S. 804-831;

Ford, A.G., International financial policy and the gold standard 1870-1914, in: Mathias, P., Pollard, S. (Hg.), The Cambridge Economic History of Europe, The Industrial Economies: The Development of Economic and Social Policies, Vol. 8, Cambridge 1989, Kap. 3, S. 197-249;

Frankfurter Zeitung, Die kleinen Noten der Reichsbank, Frankfurt 1913;

Fratianni, M., Hagen, J. von, European monetary union and central bank independence, Regional Science and Urban Economics 1993, 23, S. 401-425;

Friedhofen, J., Die Diskontpolitik der Deutschen Reichsbank, Diss., Berlin 1963;

Friedman, M., Schwartz, A.J., A Monetary History of the United States, Princeton 1969;

Fröhlich, H.-P., Das Verhältnis von Währungsunion und Politischer Union, in: Caesar, R., Scharrer, H.-E. (Hg.), Maastricht: Königsweg oder Irrweg zur Wirtschafts- und Währungsunion?, Bonn 1994, S. 125-146;

Fröhlich, H.-P., Europäische Währungsunion ohne Politische Union, List-Forum für Wirtschafts- und Finanzpolitik, 18, 1992, S. 232-245;

Fuest, C., Zur Reform der EU-Fiskalverfassung, in: Streit, M.E., Voigt, S. (Hg.), Europa reformieren: Ökonomen und Juristen zur zukünftigen Verfaßtheit Europas, Baden Baden 1996, S. 166-178;

Fuest, C., Budgetdefizite in einer Europäischen Währungsunion: Bedarf es gemeinsamer Verschuldungsregeln?, Zeitschrift für Wirtschaftspolitik 1993, 42 (2), S. 123-149;

Gandenberger, O., Europäische Währungsunion und öffentliche Finanzen: Handlungsbedingungen der Haushaltspolitik in der Zeit nach der D-Mark, in: Bofinger, P., Collignon, S.C., Lipp, E.-M. (Hg.), Währungsunion oder Währungschaos: Was kommt nach der D-Mark?, Wiesbaden 1993, S. 65-80;

Garcia, G., Plautz, E., The Federal Reserve: Lender of Last Resort, Cambridge/Mass. 1988;

Geisler, R.P., Notenbankverfassung und Notenbankentwicklung in USA und Westdeutschland, Berlin 1953;

Giavazzi, F., Pagano, M., The Advantage of Tying One's Hands: EMS Discipline and Central Bank Credibility, European Economic Review 1988, 32, S. 1055-1082;

Ginsberg, R.H., Political Union, in: Harrison, G.-J. (Hg.), Europe and the United States: Competition and Cooperation in the 1990s, Washington 1992, S. 97-107;

Giovannini, A., Bretton Woods and Its Precursors: Rules versus Discretion in the History of International Monetary Regimes, in: Bordo, M.D., Eichengreen, B. (Hg.), A Retrospective on the Bretton Woods System: Lessons for International Monetary Reform, Chicago 1993, S. 109-153;

Giovannini, A., The Rules of the Game during the Gold Standard - England and Germany, Journal of International Money and Finance 1986, 5, S. 467-483;

Giovannini, A., Spaventa, L, Fiscal Rules in the European Monetary Union: A No-Entry Clause, CEPR Discussion Paper, London 1991;

Goldstein, M., Woglom, G., Market-based fiscal discipline in monetary unions: evidence from the US municipal bond market, in: Canzoneri, M.B., Grilli, V., Masson, P.R. (Hg.), Establishing a central bank: issues in Europe and lessons from the US, Cambridge 1992, Kap. 8, S. 228-269;

Goodhart, C.A.E., The Transition to EMU, Scottish Journal of Political Economy 1996, 43, S. 241-257;

Goodhart, C.A.E., The Political Economy of Monetary Union, in: Kenen, P.B. (Hg.), Unterstanding Interdependence: The Macroeconomics of the Open Economy, Princeton 1994, Kap. 12, S. 448-505;

Goodhart, C.A.E., The Evolution of Central Banks, Cambridge/Mass. 1988;

Gros, D., Delivering Price Stability in EMU: the European System of Central Banks, Beihefte zu Kredit und Kapital 1998, 14, S. 341-363;

Gros, D., Thygesen, N., European Monetary Integration, London/New York 1998, S. 317-368;

Guba, J., Der Wandel der amerikanischen Notenbankpolitik, Frankfurt 1989;

Haan, J. de, Sturm, J.-E., Political and institutional determinants of fiscal policy in the European Community, Public Choice 1994, 80, S. 157-172;

Hagen, J. von, Monetäre, fiskalische und politische Integration: Das Beispiel der USA, Bankhistorisches Archiv 1996, Beiheft 30, S. 35-51;

Hagen, J. von, Monetary union and fiscal union: a perspective from fiscal federalism, in: Masson, P.R., Taylor, M.P. (Hg.), Policy issues in the operation of currency unions, Cambridge 1993, S. 264-296;

Hagen, J. von, A Note on the Empirical Effectiveness of Formal Fiscal Restraints, Journal of Public Economics 1991, 44, S. 199-210;

Hagen, J. von, Eichengreen, B., Europe's Moneys and European Institutions: Federalism, Fiscal Restraints, and European Monetary Union, American Economic Review 1996, 86 (2), S. 134-138;

Hagen, J. von, Neumann, M.J.M., Entwurf für eine europäische Geld- und Währungspolitik, Beihefte zu Kredit und Kapital 1998, 14, S. 365-386;

Hailbronner, K., Legal Institutional Reform of the EEC: What Can We Learn from Federalism Theory and Practice?, Außenwirtschaft 1991, 46, S. 485-496;

Hansmeyer, K.-H., Die Rolle des Bankensystems bei der Finanzierung des Staatshaushaltes von 1870 bis nach dem Zweiten Weltkrieg, Banken und Staatsfinanzen, Bankhistorisches Archiv 1994, 25, S. 13-29;

Harder, B. von, Interdependenzen zwischen Währungsunion und Politischer Union in der Europäischen Union des Maastrichter Vertrages, Frankfurt 1997;

Häuser, K., Deutsche Währungsunion nach 1871 - Modell einer Europäischen Währungsunion?, Auszüge aus Presseartikeln der Deutschen Bundesbank, 20.2.1997, Nr. 10, S. 4-9;

Hawtrey, R. G., The Gold Standard and the Balance of Payments, Economic Journal 1926, 36, S. 50-68;

Hayek, F.A. von, Entnationalisierung des Geldes: Eine Analyse der Theorie und Praxis konkurrierender Umlaufsmittel, Tübingen 1977;

Hedrich, C.-C., Die Geschichte der Reichsbank: Ein Beitrag zu den Diskussionen über die Unabhängigkeit der Notenbank und über gemischtwirtschaftliche Unternehmen, Diskussionsbeiträge aus dem Institut für Volkswirtschaftslehre der Universität Hohenheim 1990, Nr. 52;

Hoffmann, W.G., Das Wachstum der Deutschen Wirtschaft seit der Mitte des 19. Jahrhunderts, Berlin/Heidelberg/New York 1965;

Holcombe, R.G., Vibert's Vision: Constitutional Theory in Search of a Constitution, Constitutional Political Economy 1996, 7, S. 281-291;

Holtfrerich, C.-L., The monetary unification process in 19th century Germany: relevance and lessons for Europe today, in: Cecco, M. de, Giovannini, A. (Hg.), A European Central Bank, Cambridge 1989, S. 216 241;

Holtfrerich, C.-L., Relations between Monetary Authorities and Governmental Institutions: The Case of Germany from the 19th Century to the Present, in: Toniolo, G. (Hg.), Central Banks' Independence in Historical Perspective, Berlin/New York 1988, S. 105-159;

Howitt, P., Zero Inflation as a Long-Term Target for Monetary Policy, in: Parkin, M., The Theory of Inflation, Aldershot 1994, S. 391-432;

Hume, D., Of the Balance of Trade, abgedruckt in: Cooper, R.N.(Hg.), International Finance, Harmondsworth 1969, S. 25ff;

Inman, R.P., Do Balanced Budget Rules Work? U.S. Experience and Possible Lessons for the EMU, NBER Working Paper, Cambridge/Mass. 1996;

Ishiyama, Y., The Theory of Optimum Currency Areas: A Survey, International Monetary Fund Staff Papers 1975, 22, S. 344-383;

Issing, O., Europe: Political Union through Common Money?, IEA Occasional Paper 98, London 1996;

Issing, O., Disziplinierung der Finanzpolitik in der Europäischen Währungsunion?, Schriften des Vereins für Socialpolitik, 1993, Bd. 220, S. 181-194;

Issing, O., Disziplinierung der Finanzpolitik in der Europäischen Währungsunion?, Auszüge aus Presseartikeln der Deutschen Bundesbank, 18.3.1992, Nr. 21, S. 1-6;

James, H., Die Reichsbank 1876-1945, in Deutsche Bundesbank (Hg.), Fünfzig Jahre Deutsche Mark: Notenbank und Währung in Deutschland seit 1948, München 1998, S. 29-89;

James, H., Monetary and Fiscal Unification in Nineteenth-Century Germany: What can Kohl learn from Bismarck?, Princeton 1997;

Jarchow, H.-J., Fiskalpolitik in einer Währungsunion, Finanzarchiv 1993, 50, S. 187-202;

Jarchow, H.-J., Rühmann, P., Monetäre Außenwirtschaft II. Internationale Währungspolitik, 2. Auflage, Göttingen 1989;

Jastram, R.W., The Golden Constant: The English and American Experience 1560-1976, New York 1977;

Jerger, J., Menkhoff, L., Refinancing Policy Options of the European Central Bank, Beihefte zu Kredit und Kapital 1998, 14, S. 387-408;

Katzenstein, L., Die dreijährige Geschäftstätigkeit der Reichsbank, Vortrag gehalten am 15.12.1906 in der Volkswirtschaftlichen Gesellschaft Berlin, Berlin 1906, Anhang zu: Baumgart, W., Unsere Reichsbank: Ihre Geschichte und ihre Verfassung, Berlin 1915;

Keesing, L., Geld, Bankreserven und Bankausweise in den Vereinigten Staaten nach dem Inkrafttreten des Federal Reserve Act, Berlin 1915;

Kemmerer, D.L., Jones, C.C., American Economic History, New York 1959;

Knapp, G.F., Gutmann, F., Staatliche Geldtheorie, in Conrad, J., Elster, L. (Hg.), Handwörterbuch der Staatswissenschaften, Bd. IV, Jena 1927, S. 752-762;

Kommission der Europäischen Gemeinschaften, Politische Union, Brüssel/Luxemburg 1990;

Letwin, W., American economic policy 1865-1939, in: Mathias, P., Pollard, S., (Hg.), The Cambridge Economic History of Europe: The Industrial Economies: The Development of Economic and Social Policies, Vol. 8, Kap. 9, Cambridge 1989, S. 641-690;

Lindert, P.H., Key Currencies and Gold 1900-1913, Princeton 1969;

Livingston, J., Origins of the Federal Reserve System: Money, Class, and Corporate Capitalism 1890-1913, Cornell University Press, Ithaca and London 1986;

Lohmann, S., Institutional checks and balances and the political control of the money supply, Oxford Economic Papers 1998, 50, S. 360-377;

Lohmann, S., Political Accountability in an Economic and Monetary Union, Außenwirtschaft 1997, 52 (1/2), S. 159-177;

Lotz, W., Der Streit um die Verstaatlichung der Reichsbank: Vortrag gehalten am 19. November 1897 im Sozialwissenschaftlichen Verein zu München, München/Leipzig 1897;

Lotz, W., Geschichte und Kritik des deutschen Bankgesetzes vom 14. März 1875, Leipzig 1888;

Lucas, R.E. jr., Nobel Lecture: Monetary Neutrality, Journal of Political Economy 1996, 104 (4), S. 661-682;

Lucia, J.L., The Independence of the Federal Reserve System: A Reappraisal, Rivista Internazionale di Scienze Economiche e Commerciale 1980, 27 (10-11), S. 899-915;

Lumm, K. von, Diskontpolitik, Bankarchiv 1911/12, 11, S. 129ff, 145ff, 162ff, 179ff;

MacKay, R.R., Automatic stabilisers, European union and national unity, Cambridge Journal of Economics 1994, 18, S. 571-585;

Masson, P, Mélitz, J., Fiscal Policy Independence in a European Monetary Union, Open Economies Review 1991, 2, S. 113-136;

McCallum, B.T., Crucial Issues concerning central bank independence, Journal of Monetary Economics 1997, 39, S. 99-112;

McCallum, B.T., Two Fallacies Concerning Central Bank Independence, AEA Papers and Proceedings 1995, 85 (2), S. 207-211;

McGouldrick, P., Operations of the German Central Bank and the Rules of the Game, 1879-1913, in: Bordo, M.D., Schwartz, A.J.(Hg.), A Retrospective on the Classical Gold Standard 1821-1931, Chicago 1984, S. 311-359;

McKiernan, B., The Importance of monetary shocks: Evidence from pre-Federal Reserve data, Economics Letters 1994, 45, S. 69-71;

McKinnon, R. I., The rules of the game - International Money in Historical Perspective, Journal of Economic Literature 1993, 31 (1, 2), S. 1-44;

Mélitz, J., Assessing the Costs of European Monetary Union, Beihefte zu Kredit und Kapital 1998, 14, S. 59-73;

Mitchell, B.R., European Historical Statistics 1750-1970, London 1976;

Moore, C.H., The Federal Reserve System: A History of the First 75 Years, Jefferson/London 1990;

Möschel, W., Eine Verfassungskonzeption für die Europäische Union, in: Gröner, H., Schüller, A. (Hg.), Die europäische Integration als ordnungspolitische Aufgabe, Stuttgart/New York 1993, S. 21-39;

Mundell, R., International Monetary Reform: Optimal Mixing by Countries, in: Tobin, J. (Hg.), Macroeconomics, Prices, Quantities: essays in memory of Arthur M. Okun, Oxford 1983;

Mundell, R.A., A Theory of Optimum Currency Areas, American Economic Review 1961, 51, S. 657-665;

Munger, M.C., Roberts, B.E., The Federal Reserve and its institutional environment: a review, in: Mayer, T., The political economy of American monetary policy, Cambridge 1990, S. 83-98;

Musgrave, R.A., Musgrave, P.B., Kullmer, L., Die öffentlichen Finanzen in Theorie und Praxis, Bd. 3, Tübingen 1992;

Neisser, H., Der Internationale Geldmarkt vor und nach dem Kriege, Weltwirtschaftliches Archiv 1929, 29, S. 171*-226*;

Neumann, M.J.M., Monetary Union in the Absence of Political Union, Helsinki 1995;

Neumark, F., Die Finanzpolitik in der Zeit vor dem 1. Weltkrieg, in: Deutsche Bundesbank, Währung und Wirtschaft in Deutschland 1876-1975, Frankfurt/M. 1976, S. 57-111;

Notzke, J. (Hg.), Das Bankgesetz und das Statut der Reichsbank: in neuester Fassung mit Gesetzen, Verordnungen, Bekanntmachungen von 1876 bis heute nebst Darlehnskassen-, Rentenbank-, Golddiskontbankgesetz, Berlin 1924;

Obstfeld, M., Europe's Gamble, Brookings Papers on Economic Activity 1997, 2, S. 241-317;

Oppers, S.E., Was the worldwide shift to gold inevitable? An analysis of the end of bimetallism, Journal of Monetary Economics 1996, 37, S. 143-162;

Padoa-Schioppa, T., The Road to Monetary Union in Europe, Oxford 1994, Kap. 9 und 10, S. 165-191;

Panic, M., European Monetary Union, Lessons from the Classical Gold Standard, London 1992;

Parchmann, A., Die Reichsbank, Berlin 1933;

Parthemos, J., The Federal Reserve Act of 1913 in the Stream of U.S. Monetary History, Federal Reserve Bank of Richmond Economic Review 1988, 74 (4), S. 19-28;

Pasinetti, L.L., European Union at the End of 1997: Who is within the Public Finance „Sustainability" Zone?, Banca Nazionale del Lavoro Quarterly Review 1998, 204, S. 17-36;

Persson, T., Tabellini, G., Monetary and Fiscal Policy: Credibility and Politics, Band 1 und 2, Cambridge/Mass. 1994;

Persson, T., Tabellini, G., Designing institutions for monetary stability, Carnegie-Rochester Conference Series on Public Policy 1993, 39, S. 53-84;

Phillips, R.J., Federal Reserve Regulatory Authority over Bank Holding Companies: An Historical Anomaly?, Research in Financial Services Private and Public Policy 1996, 8, S. 141-166;

Pierce, J.L., Federal Reserve Operating Targets: Past and Present, Business Economics 1991, 26 (3), S. 27-32;

Podiumsdiskussion, Braucht die Europäische Währungsunion die politische Integration Europas?, Bankhistorisches Archiv 1996, Beiheft 30, S. 65-83;

Pohl, H. (Hg.), Transnational Investment from the 19th Century to the Present: Referate und Diskussionsbeiträge des Wissenschaftlichen Symposiums der Gesellschaft für Unternehmensgeschichte e.V. vom 12. bis 14. August 1992 in München, Zeitschrift für Unternehmensgeschichte 1994, Beiheft 81;

Reichsbank (Volkswirtschaftliche Abteilung), Von der Königlichen Bank zur Deutschen Reichsbank: 175 Jahre deutscher Notenbankgeschichte 20. Juli 1765 - 20. Juli 1940, Berlin 1940;

Reichsbank, Fünfzig Jahre Abrechnungsstellen der Reichsbank, Berlin 1933;

Reichsbank, Die Reichsbank 1901-1925, Berlin o.J. (1926?);

Reichsbank, Der Verwaltungsbericht der Reichsbank für das Jahr 1913, Berlin 1914;

Reichsbank, Die Reichsbank 1876 bis 1910: Organisation und Geschäftsverkehr statistisch dargestellt, Jena 1912;

Reichsbank, Die Reichsbank 1875-1900, Berlin o.J. (1901?);

Rompuy, P. van, Abraham, F., Heremans, D., Economic federalism and the EMU, European Economy 1991, Special Edition No. 1, S. 109-135;

Sala-i-Martin, X., Sachs, J., Fiscal federalism and optimum currency areas: evidence for Europe from the United States, in: Canzoneri, M.B., Grilli, V., Masson, P.R. (Hg.), Establishing a central bank: issues in Europe and lessons from the US, Cambridge 1992, Kap. 7, S. 195-219;

Sargent, T-J., Wallace, N., Some Unpleasant Monetarist Arithmetic, Federal Reserve Bank of Minneapolis Quarterly Review 1985, 9 (1), S. 15-31;

Scharpf, F.W., Kann es in Europa eine stabile föderale Balance geben? (Thesen), in: Wildenmann, R. (Hg.), Staatswerdung Europas?: Optionen für eine Europäische Union, Baden-Baden 1991, S. 415-428;

Scheide, J., Trapp, P., Erfordert eine Europäische Währungsunion die Harmonisierung der Finanzpolitik?, in: Siebke, J. (Hg.), Monetäre Konfliktfelder der Weltwirtschaft, Berlin 1991, S. 429-446;

Scherpenberg, J. van, Ordnungspolitik im EG-Binnenmarkt: Auftrag für die Politische Union, Baden Baden 1992, Kap. 7, S. 203-239;

Schmidt-Chiari, G., Währungsunion und Politische Union - Hindernisse für eine EG-Erweiterung?, in: Ramm, U. (Hg.), Challenges of Global Finance, Mainz 1991, S. 203-222;

Schraut, G., Aufbau, Aufgaben und Entwicklung der Reichsbank, Die Sparkassenpraxis - ein Unterichtswerk, Bd.25, Berlin o.J.;

Schremmer, D.E., Taxation and public finance: Britain, France and Germany, in: Mathias, P., Pollard, S., (Hg.), The Cambridge Economic History of Europe: The Industrial Economies: The Development of Economic and Social Policies, Vol. 8, Kap. 5, Cambridge 1989, S. 315-494;

Schubert, A., Wagner, T., Der Übergang zur einheitlichen europäischen Währung nach der Weichenstellung von Madrid, Österreichisches Bank-Archiv 1996, 2, S. 89-97;

Seeger, M., Die Politik der Reichsbank von 1876-1914 im Lichte der Spielregeln der Goldwährung, Berlin 1968;

Sievert, O., Währungsunion und Beschäftigung, Auszüge aus Presseartikeln der Deutschen Bundesbank, 14.2.1997, Nr. 9, S. 6-14;

Sievert, O., Geld, das man nicht selbst herstellen kann - Ein ordnungspolitisches Plädoyer für die Europäische Währungsunion -, in: Bofinger, P., Collignon, S.C., Lipp, E.-M. (Hg.), Währungsunion oder Währungschaos? Was kommt nach der D-Mark?, Wiesbaden 1993, S. 13-24;

Sinn, H.-W., How much Europe? Subsidiarity, Centralization and Fiscal Competition, Scottish Journal of Political Economy 1994, 41 (1), S. 85-107;

Sobel, R.S., Vibert's European Union: A United Nations or a United States?, Constitutional Political Economy 1996, 7, S. 309-316;

Somary, F., Bankpolitik, Tübingen 1915;

Sommer, A., Die Reichsbank unter Hermann von Dechend, Berlin 1931;

Spahn, H.-P., Makroökonomie: Theoretische Grundlagen und stabilitätspolitische Strategien, Berlin 1999;

Spahn, H.-P., Leitwährungsfunktion und Zahlungsbilanz - Goldstandard, EWS und die Zukunft der DM-Hegemonie in Europa, in: Köhler, C., Pohl, R., Währungspolitische Probleme im integrierten Europa, Berlin 1992, S. 95-123;

Stadermann, H.-J., Die Fesselung des Midas: eine Untersuchung über den Aufstieg und Verfall der Zentralbankkunst, Tübingen 1994;

Steuer, M., Europäischer Stabilitätspakt - Ersatz für die Politische Union?, Sinzheim 1997;

Steuer, W., Die stabilitätspolitischen Risiken der Europäischen Wirtschafts- und Währungsunion, List Forum für Wirtschafts- und Finanzpolitik 1992, 18 (3), S. 194-203;

Strong, B., Federal Reserve Control of Credit, Federal Reserve Bank of New York Quarterly Review 1989, 0, Special Issue, S. 6-14;

Sylla, R, The Autonomy of Monetary Authorities: The Case of the U.S. Federal Reserve System, in: Toniolo, G. (Hg.), Central Banks Independence in Historical Perspective, Berlin/New York 1988, S. 17-38;

Teschemacher, E., Ein Beitrag zur rechtlichen Betrachtung des Abrechnungsverkehrs bei den Abrechnungsstellen der Reichsbank, Stuttgart 1910;

Theurl, T., Vernachlässigung wirtschaftspolitischer Interdependenzen im Vertrag von Maastricht: Integrationspolitische Konsequenzen, in: Zohlnhöfer, W. (Hg.), Europa auf dem Wege zur Politischen Union? Probleme und Perspektiven der europäischen Integration vor „Maastricht II", Berlin 1996, S. 33-47;

Theurl, T., Linkages Between Monetary Union and Political Union in the European Union, in: Lang, F.P., Ohr, R. (Hg.), International Economic Integration, Heidelberg 1995, S. 121-148;

Theurl, T., Eine gemeinsame Währung für Europa, 12 Lehren aus der Geschichte, Innsbruck 1992;

Thomasberger, C., Europäische Währungsintegration und globale Währungskonkurrenz, Tübingen 1993;

Thygesen, N., Flexible integration and European monetary union, European Economic Review 1997, 41, S. 451-459;

Tietmeyer, H., Europäische Währungsunion und Politische Union - das Modell mehrerer Geschwindigkeiten, Europa-Archiv 1994, 49, S. 457-460;

Tietmeyer, H., Europäische Währungsunion und Notenbank als Gestaltungsaufgabe, in: Bofinger, P., Collignon, S.C., Lipp, E.-M. (Hg.), Währungsunion oder Währungschaos: Was kommt nach der D-Mark?, Wiesbaden 1993, S. 25-42;

Timberlake, R.H., Monetary Policy in the United States: An Intellectual and Institutional History, Chicago/London 1993;

Timberlake, R.H., Institutional Evolution of Federal Reserve Hegemony, Cato Journal 1986, 5 (3), S. 743-763;

Timberlake, R.H., The Central Banking Role of Clearinghouse Associations, Journal of Money, Credit and Banking 1984, 16 (1), S. 1-15;

Todd, W.F., The Federal Reserve Board and the Banking Crisis of the 1930s, Research in Financial Services: Private and Public Policy 1996, 8, S. 97-139;

Triffin, R., The Evolution of the International Monetary System: Historical Reappraisal and Future Perspectives, Princeton 1964;

Ullmann, H., Die Stellung der Reichsbank auf dem Geldmarkt vor und nach dem Kriege, Hamm 1931;

UNCTAD [United Nations Conference on Trade and Development], World Investment Report 1997: Transnational Corporations, Market Structure and Competition Policy, New York/Genf 1997;

U.S. Department of Commerce (Bureau of the Census), Historical Statistics of the United States: Colonial Times to 1970, Washington 1975, Bd. 1, 2;

Vaubel, R., Institutional Design for a Larger EU: The constitutional reform of the European Union, European Economic Review 1997, 41, S. 443-450;

Vibert, F., The Debate on European Political Union, National Westminster Bank Quarterly Review 1991, 0 (0), May, S. 11-24;

Viner, J., International Finance and Balance of Power Diplomacy 1880-1914, Southwestern Political and Social Science Quarterly 1929, 9 (4), March, S. 407-51, abgedruckt in: Cohen, B.J. (Hg.), The International Political Economy of Monetary Relations, Aldershot 1993, S. 201-245;

Voigt, S., European Political Union - An Appropriate for Applying constitutional Economics to Real-Life Problems?, Ordo 1994, 45, S. 273-286;

Walsh, C.E., Optimal Contracts for Central Bankers, American Economic Review 1995, 85 (1), S. 150-167;

Walsh, C.E., Fiscal Federalism: An Overview of Issues and a Discussion of their Relevance to the European Community, Canberra 1992;

Walter, C., Das Federal Reserve System, die Deutsche Bundesbank und das Europäische System der Zentralbanken/die Europäische Zentralbank im Vergleich, Starnberg 1994;

Warburg, P.M., The Federal Reserve System: Its Origin and Growth; Reflections and Recollections, Vol. 1 and 2, New York 1930;

Watrin, C., Politische Union durch Einheitswährung?, in Willeke, F.-U. (Hg.), Die Zukunft der D-Mark, München 1997, S. 173-190;

Weil, F., Die Rechtsstruktur der Reichsbank, Diss., Heidelberg o.J. (1933?);

Wheelock, D.C., The strategy and consistency of Federal Reserve monetary policy: 1924-1933, Cambridge University Press, Cambridge 1991;

Willgerodt, H., Politische Union als Voraussetzung einer Währungsunion?, in: Bofinger, P., Ketterer, K.-H. (Hg.), Neuere Entwicklungen in der Geldtheorie und Geldpolitik, Tübingen 1996, S. 137-163;

Wincott, D., Between Economic Union and Political Union: European Monetary Union, Federalism and the „Bundesbank Analogy", in: Mullins, A. (Hg.), Economic union in federal systems, Annandale 1994, S. 215-232;

Witt, P.-C., Patriotische Gabe und Brotwucher: Finanzverfassung und politisches System im Deutschen Kaiserreich 1871-1914, in: Schulz, U. (Hg.), Mit dem Zehnten fing es an, München 1992, S. 189-199;

Wyplosz, C., Monetary union and fiscal policy discipline, European Economy 1991, Special Edition No. 1, S. 165-184;

Ziegler, D., Zentralbankpolitische „Steinzeit"? Preußische Bank und Bank of England im Vergleich, Geschichte und Gesellschaft 1993, 19 (4), S. 475-505;

Gesetzestexte:

Vertrag über die Europäische Union (Maastrichter Vertrag), 7.2.1992;

Protokoll über die Satzung des europäischen Systems der Zentralbanken und der Europäischen Zentralbank zum Vertrag über die Europäische Union, 7.2.1992;

The Federal Reserve Act, 23.12.1913, abgedruckt in: Moore, 1990, S. 173-202;

Das Bankgesetz und das Statut der Reichsbank, 14.3.1875, abgedruckt in: Notzke, 1924;

FSC
www.fsc.org
MIX
Papier | Fördert gute Waldnutzung
FSC® C083411

Kolibri 360 GmbH
Ferdinand-Jühlke-Straße 7
99095 Erfurt, Deutschland
produktsicherheit@kolibri360.de

Druck:
CPI Druckdienstleistungen GmbH
im Auftrag der
Kolibri 360 GmbH
Ferdinand-Jühlke-Str. 7
99095 Erfurt